U0660061

# 儿童社会性发展与培养

Childhood Social Development

郑淑杰◎著

中国社会科学出版社

**图书在版编目(CIP)数据**

儿童社会性发展与培养/郑淑杰著．—北京：中国社会科学出版社，2012.5

ISBN 978-7-5161-1056-0

Ⅰ.①儿…　Ⅱ.①郑…　Ⅲ.①儿童教育—研究　Ⅳ.①G610

中国版本图书馆 CIP 数据核字(2012)第 145682 号

**出 版 人**　赵剑英
**特约编辑**　王　茵
**责任编辑**　喻　苗
**责任校对**　石春梅
**责任印制**　王炳图

**出　　版**　中国社会科学出版社
**社　　址**　北京鼓楼西大街甲 158 号（邮编 100720）
**网　　址**　http://www.csspw.cn
中文域名:中国社科网　　010-64070619
**发 行 部**　010-84083685
**门 市 部**　010-84029450
**经　　销**　新华书店及其他书店

**印　　刷**　北京君升印刷有限公司
**装　　订**　廊坊市广阳区广增装订厂
**版　　次**　2012 年 5 月第 1 版
**印　　次**　2012 年 5 月第 1 次印刷

**开　　本**　710×1000　1/16
**印　　张**　22.25
**插　　页**　2
**字　　数**　375 千字
**定　　价**　66.00 元

凡购买中国社会科学出版社图书，如有质量问题请与本社联系调换
电话:010-64009791

# 序

人的发展（human development）可以分为三个大方面：生理发展或称身体发育、认知发展、社会性与人格发展。生理发展，包括脑、感觉、知觉和运动能力等的发展，是人的心理发展的基础；认知发展，也称一般能力或智力发展，是人赖以认识周围的物理环境和社会环境、学习科学知识、掌握劳动本领、进行发明创造的基本条件；社会性与人格发展，则是每个人作为独特个体、适应社会环境、与周围人交往与合作的必要条件。

本书作者郑淑杰教授2005年出版《儿童社会性发展》之后，又在她研究和积累大量国内外最新研究资料基础上，又撰写了这本《儿童社会性发展与培养》。郑淑杰教授自从1983年在北京师范大学教育系学前教育专业学习期间，就开始对幼儿人格与社会性发展感兴趣，在此后的将近30年的学术生涯中，她在这一领域从事了扎实的研究。2000—2003年，在北京师范大学随我攻读心理学博士学位，期间曾于2001—2002年到加拿大西安大略大学心理学系随著名华裔心理学家陈欣银教授做访问学者，她的博士学位论文《学前儿童社会退缩行为的影响因素、亚类型及其行为适应》正是在陈欣银教授和我的共同指导下完成的，在此期间，她的研究工作完成了向国际水平的进步。

本书共三个部分：第一部分为总论（第一、二章），阐述了儿童社会性发展研究的起源、基本理论和研究方法；第二部分为主体内容（第三章至第八章），阐述了儿童社会性发展各方面的概念、理论和研究成果，内容涉及气质、情绪、社会行为、社会认知、游戏等，介绍这些心理成分在儿童身上的产生、发展、影响因素、未来的研究方向及培养；第三部分为总结（第九章），在对第二部分内容加以讨论的基础上，阐明了作者对儿童社会性发展与培养的独特见解。

本书的部分内容在国内相关著作中还很少有人涉及，如父子依恋、兄弟姐妹关系、儿童的嬉闹游戏行为等问题，作者引用了国外最新资料，介绍了研究的现状和进展。本书所介绍的很多研究成果，引自美国《儿童发展》（Child Development）和《发展心理学》（Developmental Psychology）等权威杂志，体现了参考资料的前沿性、权威性和丰富性，以及作者在国外完成博士论文期间打下的坚实功底。作者还对已有研究中存在的问题及研究的未来走向提出了自己的独特理解和思考，对研究者有很好的启发意义。尤其应该指出的是，本书注重理论与实践相结合，研究与推广相结合，在儿童社会性的“培养”上不惜笔墨，突出了本书的应用性，这一点也属难能可贵。

相信本书的出版，可为我国高等院校心理学专业、教育学专业的教师和学生以及中等师范学校的师生提供一部很有价值的教学参考书，为教育理论工作者提供一部了解本领域国外研究的详尽资料，也为广大家长提供一本孩子“情商”发展的教育指南。

陈会昌

2012 年 4 月 14 日于北京学知园

# 目　录

# 第一章　绪论

做事情的方向很重要，在错误的方向走得越远，所犯的错误就越大。教育孩子也存在方向的问题，那就是要明确培养目标。

物竞天择，适者生存。“适”即适应，适应环境者才能生存下去，才有可能发展。培养适应环境的人是教育的基本目标。

人类生存的环境包括自然环境和社会环境两个部分。对自然环境的适应，如围海造田、卫星上天、汽车制造等活动，主要是智力活动的结果，即靠智力适应自然环境。学校通过有结构的学科教育，主要培养学生的智力。社会环境指人类生活的直接环境，如家庭、学习条件、劳动组织和其他集体性社团等。社会环境的构成主体是人，对社会环境的适应是智力所不及的，心理学将适应社会环境的能力称为社会性。社会性的获得与发展不是靠间接经验完成的，而主要靠直接经验，在与人互动、交往过程中实现的。

在现实的中国，父母、教师关注的是学生的成绩和智力，忽视或不重视社会性的培养，以至于出现智力超常但社会性发展滞后而难以适应工作、生活的天才。良好社会性的发展是心理健康的基础，社会性发展不良是心理不健康的表现，早期社会性发展不良往往是后期心理问题出现的先兆。因此，研究儿童社会性发展对于人健康成长、适应现代生活的意义是巨大的。

## 第一节　社会性及其研究缘起

### 一　社会性与社会化

社会性是指与他人交往时表现出的行为、情感、认知模式，如果通俗地理解就是如何与人相处和交往的行为总和。以往，心理学对人的心理持三分法——认知、情感和意志。而事实上，人的心理活动同时受多种心理成分制约，认知活动同样参与人的社会性活动，所以认知也就不可避免地成为社会性的研究领域。

谈到社会性就必然要涉及社会化的问题。社会化是指人从生物实体成长为社会实体的过程，个体形成了为其生存环境所认可的行为、情感、认知模式。社会化是指人的社会性形成的过程，社会性是指社会化这一过程的内容与结果。所以，社会性与社会化是两个不同的概念，但两者关系紧密。

## 二　社会性研究的起源

研究儿童社会性发展开始于 20 世纪初，起因主要有两个方面。一是人们对儿童本身的兴趣使然，希望了解某一年龄段儿童是什么样的，儿童与人交往的能力如何？怎样才能使儿童社会化？儿童表现出巨大个体差异的原因是什么？早期的社会行为表现能否预期以后的发展？上述问题的提出既是理论的需要也是实践的要求。从理论角度来看，心理学想了解新生儿来到这个世界上是否就具有了不同的适应社会的机制，这有助于了解儿童最初是依靠什么“进入”社会的，是理论大厦建立的基石。从实践的需要来看，教育工作者在实践中会遇到很多现实的问题，如 1 岁孩子的需要是什么？他们的母亲可以工作吗？对不同年龄阶段儿童最适合的群体数（幼儿园的班级容量）是多少？何时开始性教育？性教育要包括艾滋病内容吗？

推动儿童社会性研究的第二个因素是对发展的关注，即对发展的性质、过程及结果感兴趣。在研究成人个体差异原因时，往往要涉及发展的问题，因为人们认为儿童早期的经验对后期的发展起着非常重要的作用。以弗洛伊德为代表的心理分析理论认为，成人的心理疾患源于童年期的经验，早期的经验在个体身上持续存在，可以解释心理发展常态和非常态行为。弗洛伊德的理论不断受到后人质疑，弗洛伊德认为婴儿期的经验是非常关键的，但研究结果并没有证实他的论断，而且早期的经验远比最初想象的复杂得多。尽管弗洛伊德关于早期经验的学说受到质疑，但是我们不能否认童年期的经验是影响后期乃至成人阶段的一个重要因素。在人生最初短短的几年中，儿童的依赖性降低，自我控制能力增强，理解社会行为规则，学会了交朋友和建立友谊等，对这些发展变化的理解、解释和评价是发展心理学的任务。

## 第二节　社会性的意义

儿童来到这个世界上还只是一个生物实体，在后天的社会环境中，一方面他作为一个生物体继续生长、发育、成熟，同时也在接受人类社会文化的熏陶，逐渐学习所在社会的社会规范与要求，获得社会性。儿童社会性的获得与发展，是儿童作为一个完整的人所必需的部分，对儿童发展具有非常重要的意义。

### 一　理论意义

首先，儿童社会性发展研究的开展充实了儿童心理学的研究内容，对儿童的认识更为全面。社会性作为儿童发展的表现之一，是儿童心理发展的一个有机组成部分，对儿童社会性发展的研究有助于全面了解和认识儿童，做到真正认识儿童而不只是认识儿童的一个或某些方面（儿童认知的发展）。

其次，从人文视角来看，研究儿童社会性使成人对儿童的认识更为人性化，将儿童视为一个有血有肉有感情的个体，而不仅仅是智慧发展和知识容纳的机器。当心理学对儿童社会性发展的研究、了解逐渐深入以后，人们会惊讶地发现：原来在成人眼里只是一个喜欢吃东西爱睡觉的婴儿对社会刺激是如此之敏感（婴儿对人的声音有着特殊的敏感性）；父母的笑脸与身体接触对儿童的情绪、情感如此之重要；父母与婴儿之间建立起的亲密情感关系对人一生的影响都是深远的……所有的这些都表达这样一个事实：儿童一出生就是一个对“社会”感兴趣、对“社会”刺激渴望与敏感的有机体。

最后，研究儿童社会性发展，在一定程度上为深入认识儿童心理学理论问题提供一定的论据。如研究儿童社会性，需要探讨影响儿童社会性发展的因素，考察行为的先天遗传性与后天获得性，为进一步理解和认识遗传与环境在儿童心理发中的作用及其相互关系提供了一个新的视角。

### 二　实践意义

研究儿童社会性的实践意义主要表现为适应社会环境。

从心理健康的角度来看，童年期的经验可能对人一生都存在着影响，是成年期某些心理疾病和障碍的“始作俑者”。如果童年期的社会性没有得到正常的发展，那么就为后期的心理发展与表现埋下了消极的种子。如，儿童早期与父母建立起的亲密情感、积极的依恋关系对儿童以后拥有健康的情感、健全的人格都是积极的因素；相反，早期与父母没有建立起积极依恋关系的儿童，在以后的发展中有可能出现人格障碍等问题。

## 第三节　研究问题的选择与研究层次

科学研究始于问题，没有问题，研究就无从谈起，所以在做研究之前首先要有问题，那么研究问题从何而来呢？

### 一　研究问题的来源

研究问题的产生受多种因素影响，心理学研究问题的来源大致有四个方面。

理论是心理学研究问题产生的一个来源。理论存在的一个意义就是提出新问题并用研究加以验证。例如，心理分析理论强调早期经验在发展中的重要作用，这直接导致了大量研究关注儿童早期的教养经验与人格发展的关系；皮亚杰认为儿童具有自我中心的特点，于是研究儿童如何适应他人和环境成为一度的时尚；动物行为学对依恋形成的认识，导致儿童心理学从新的视角去研究老问题。

研究方法和技术的更新是导致研究问题产生的另一个因素。心理学传统的研究方法不适合于年龄小的儿童，如问卷、访谈、测验等，直到 Fantz（1961）、Lipsitt（1963）和 Papousek（1961）等人使用观察技术，研究婴儿的选择性注视、吸吮和转头等生理反应时，才开创了用实证方法研究婴儿的先河。Fantz 发明的视觉偏爱技术的使用，让我们了解了新生儿对人类面部的知觉水平，知道了新生儿具有选择和谐刺激的能力，以及婴儿期区别熟悉和陌生刺激的能力。Ainsworth 用陌生情景法对婴儿依恋的研究，使我们对依恋性质及其形成的认识成为可能。

社会的需要是致使研究问题产生的第三个因素。社会发展与技术变革的结果之一是新问题的诞生，如离婚家庭儿童的发展，电视暴力对儿童发展的影响等，都是随时代的发展而产生的新问题。于是，不同的时代，研究的问题也就打上了时代的烙印，因此网络对儿童发展的影响则成为心理学家今天的课题。

引发研究问题产生的第四个因素就是知识本身。由于理论、方法和社会需要等种种原因使心理学有了研究的问题，而对这些问题研究的结果，又进一步增加了新的研究问题。如由于 Kagan 使用陌生情景技术研究儿童的气质特征（见第三章），使我们对婴儿气质特征的认识上升到了一个新的阶段，于是研究者进一步提出了这样的问题：具有不同气质特征的儿童与父母的互动模式是否存在差异？即儿童自身的气质特征是否是一个影响父母教养行为的变量？可见知识本身也会成为一个影响研究问题产生的因素。

除上述因素外，在心理学研究领域中还有一些从始至终就没有得到解决的难题，如先天和后天因素对人发展的影响及其关系问题。

## 二　研究的层次

任何研究都是不断深入的，由表及里、由浅入深，所以心理学的研究也存在不同的层次。描述、解释、预测和干预是心理学研究的四个层次。

描述是心理学发展初期的主要研究层次，目的在于了解心理现象的基本事实和表现，回答"是什么"的问题。"是什么"就是一种对问题和现象的描述：某种心理现象的表现是怎样的？在哪种条件下容易表现出来？年龄、性别和文化与其表现有何关系？如对儿童游戏行为的研究发现，儿童最早的游戏是单独游戏，然后发展为平行游戏，之后才是与他人互动的小组游戏。描述层次的研究使我们对人的心理有了整体的印象和概貌。描述是其他三个层次研究的基础。

描述心理现象之后是对这些现象的解释，回答"为什么"的问题。"为什么"涉及解释的问题，它要回答行为产生的原因、内在的过程。如为什么儿童最早表现出单独游戏？平行游戏与小组游戏的关系是什么？对所描述现象的解释使心理学对研究对象的认识由表及里，加深了一步。

在过去，发展心理学很重视实验室的研究，一时间成为一种风尚，因为实验室研究能得到因果关系的结论，能很好地回答"为什么"这个问题。但由于研究的生态效度低，对结果的解释缺少坚实的基础而受到批评。为改变这种状况，研究的取向发生了变化，对发展的描述更为关注，研究者从熟悉儿童的人（父母、老师、同伴等）那里收集的信息：某一年龄阶段的儿童在什么样的环境下有什么样的表现。

此外，动物行为学对发展心理学的影响，也是导致关注儿童行为描述的一个原因。动物行为学的研究范式是描述先于解释，研究者要花大量的时间在自然环境中对动物的行为进行详细的描述，在此基础上才是实验室中的分析研究，洛伦兹提出的“生物印刻”现象就是在这样思想指导下取得的成果。动物行为学对心理学的影响主要表现为对儿童社会性发展的研究上，在研究中要求对儿童的行为进行大量的描述。

导致对描述关注的第三个原因是研究技术的变革。过去，由于技术的局限，只能对某一个或很少的个体予以研究，如传统的操作条件反射只能将观察集中到某一个具体的刺激和反应上；而现代录像技术的使用，能使我们看到个体是如何加入到一个群体中的，个体使用什么样的策略加入群体，群体中的个体是如何作出反应的——接受、拒绝、忽视等，对这一复杂过程的观察，仅靠人的双眼是无法完成的。

知道了心理现象产生的原因，就可以预测特定条件下人的行为表现具有什么特征。如心理学研究发现，儿童语言的获得与语言环境有非常密切的关系，那么如果一个儿童在缺乏言语刺激环境下长大，就可以预知该儿童的言语发展可能存在问题。需要指出的是，到目前为止，心理学对很多心理现象产生的原因还没有很清楚的认识；另外，心理现象的度量不可能像自然科学那样精确。所以，对心理现象的预测，也不可能像自然科学对研究现象预测那样精确，即心理学对心理现象的预测具有一定的“模糊性”。

如果对心理现象产生的原因有了清楚的认识，那么就可以对儿童的行为进行干预和控制，如让儿童表现那些好的行为，尽量避免不好行为的出现。干预和控制主要是通过对制约行为产生发展因素的控制和改变而改变人的行为，如攻击行为是一种常见的儿童问题行为，研究发现他人的攻击行为是儿童攻击行为获得的一种影响因素，于是可以通过减少榜样的攻击行为、或惩罚榜样的攻击行为而减少被干预者的攻击行为。

## 第四节　研究设计

一项好的研究在进行之前，总要进行一定的规划、计划，以保证达到研究目的，这就是研究设计。所以，研究者在进行实际研究之前必须清楚地知道什么样的设计能达到预期的研究目的。研究设计可以从多个层面或角度来理解，本节主要探讨横断研究、纵向追踪研究及聚合式交叉设计。

## 一　横断研究

横断研究是指在同一时间点对不同年龄阶段儿童心理进行研究的设计。如研究 3—7 岁儿童的社会行为问题，可以同时选取 3 岁、4 岁、5 岁、6 岁、7 岁五个年龄段的儿童，分别考察他们的社会行为表现与特征，发现随年龄增长表现出的变化和发展趋势。

这种设计的优点是省时、省力，能选取大量的样本进行研究，在短时间内收集到大量的资料，研究结果的代表性强。但是横断研究存在无法解释的误差，尽管在被试选取上尽量做到不同年龄段的被试在可控变量（性别、社会阶层、种族）上的一致，但是，仍有一些影响研究结果的因素是无法控制的，所以不能完全肯定不同年龄段行为差异是时间（发展）造成的。实际上横断研究是一种研究发展的模拟形式，研究的不是真正的发展，真正的发展是发生在同一个体身上的，只有纵向追踪设计才能达到研究发展的目的。

## 二　纵向追踪研究

纵向追踪研究是对同一个体或同一群体在较长时间内进行定期考察的研究设计。这种研究设计获得的发展信息是可靠的，行为的变化是时间（发展）的结果，它的优点是可以获得心理发展的连续性和阶段性的资料，探讨由量变到质变的飞跃，考察早期发展与后期变化的关系，这是横断研究无法代替的。追踪研究可以对儿童各个方面做细致、整体考察，揭示心理各组成部分的关系和各种因素对发展的影响。

纵向追踪研究的不足是周期长，需要大量的人力、财力，所以不能选取大量的被试进行研究，代表性受到限制；由于家庭的搬迁、父母不愿意继续合作，被试在追踪过程中必然会流失，那么剩下样本的代表性问题就更加突出；追踪研究要在多个时间点对被试进行观察、测量、访谈等，这种反复的“研究”可能造成被试的厌烦情绪和“练习效应”；长期的追踪研究不能将时代变迁的影响剥离出来；在研究过程中不断有新的更有效的研究工具与方法的诞生，那么研究者将陷入是继续使用原来的工具还是使用新工具的两难境地中。

### 三 聚合式交叉设计

从上述分析可知，横断研究与追踪研究设计各自存在优点与不足，如果能将两者结合起来，取两者之长，避双方之短将是一种较好的研究设计。为此，出现一种将两者结合起来的设计——聚合式交叉设计，即包含了横断研究和纵向研究的设计。例如，在同一时间里选择 3—6 岁的儿童追踪研究 4 年，四年后研究被试的年龄是 7—10 岁，该研究在 4 年内获得了 3—10 岁儿童的追踪研究资料，同时在每一个时间点都可以进行横断研究。

这种研究设计可以在短期内了解各个年龄阶段儿童的发展情况，具有横断研究的优点；同时又可以从纵向追踪的角度看到同一个体在不同年龄段的发展特点，具有纵向追踪研究的优势；对横断研究与纵向研究结果的比较，可以考察社会历史因素对儿童心理发展的影响。所以，聚合式交叉设计是一种比较好的研究设计。

## 第五节 收集资料的方法

研究方法是科学发展的手段与工具，它有层次之分，从高到低可以分为三个层次：哲学方法论、学科方法论和具体的研究技术。本节只在具体研究技术层面上讨论方法问题。

科学研究的结果不是简单地放在那里等你去拿，研究方法在获得科学研究的结果中扮演着重要的角色。在同一问题研究中，由于使用方法的不同可能得出不同的结果。如对儿童攻击行为的研究，可以使用观察、访谈和问卷等。如果选择了观察法，接下去还有一系列的技术问题：时间取样还是事件取样？在哪种背景下观察？观察多长时间？由谁来观察？如果选择了访谈或问卷法，那么研究的对象是谁？老师、家长还是儿童？哪种形式的访谈或问卷能获得我们预期的信息？数据用哪种方法处理？

所以说，可以有多种方法研究同一问题，没有脱离研究方法而独立存在的研究结果，每一种研究方法都影响着研究结果的获得，所以关注研究过程有助于对研究结果的理解。

心理学收集资料的技术很多，下面介绍研究儿童社会性发展时使用的主要方法。

## 一 自然观察

### （一）自然观察的概念与意义

自然观察法是儿童社会性研究中最常用的方法之一，所谓自然观察法就是通过对儿童在自然环境（条件）下行为表现有系统、有目的、有计划地记录，从中发现心理现象产生、发展规律的研究方法。观察法最大的优点是情景真实，所以儿童的行为表现也就更真实。

这种方法对儿童社会性的研究还存在其特殊的意义。儿童社会性研究的内容是与“社会”有关的，儿童的社会性是在与他人交往中形成、表现、发展和变化的，所以，儿童的生活环境是儿童社会性研究的一个重要基础，脱离环境研究儿童的社会性显然是不可取的。观察法刚好能满足研究儿童社会性的这种需要，所以说用这种研究方法所得的结果生态效度高；同时观察法还可以对儿童发展进行描述，弥补了实验室研究只有数据没有“人”的不足，能看到研究中活生生的人。由于儿童言语能力还不是很强，对自己的行为不能进行准确的描述，所以观察在研究儿童时具有其他方法无法替代的作用。又由于儿童的心理活动具有突出的外显性，为行为观察的实施提供了可能。

现代媒体技术与统计分析技术的使用，使得观察法焕发了新的研究魅力。如录像技术引进心理学研究，使研究者能准确记录儿童的行为表现，如面部表情，细微的动作，这种记录甚至可以远距离拍摄。观察记录的内容是很庞杂的，有的行为表现是在瞬间完成的，而录像可以反复播放、慢放，对观察内容进行反复的考察，从而进行准确编码分析。现代统计分析的发展为复杂数据的分析提供了可能，如时间序列分析技术可以处理交往对象之间互动的数据，谁发起社交活动？对方的反应性如何？互动的特征是什么等。

尽管观察法存在上述优点，但同时也存在不足。如在研究中，我们观察到的可能不是所期望的，希望出现的行为并没有观察到，所以观察有一定的被动等待性；另外，观察法并非在所有情况下都适用，有的行为可能不宜或无法使用观察法。

### （二）如何通过观察获得高质量的资料

在研究中观察可以在不同层面上进行，根据研究需要决定观察的详略程度。但是，一般来讲，社会互动经常是在很短时间内完成的，所以观察记录的详细程度至关重要，这对于了解社会情景中的行为无疑有很大的帮助。过去的研究在收集资料时有一种“掩盖研究目的”的倾向，有“单盲”（被试不知道研究目的）和“双盲”（被试和收集者都不知道研究目的），认为这样做避免了研究误差，资料更为可靠。也许这种做法对于精确控制无关变量的实验室研究来说是一种有效的措施，但对于研究儿童的社会性来说，可能不是一个好策略。因为，儿童的社会性是在与人交往的社会情景中发生的，所以观察研究是在自然情景中进行的，而不是毫无目的地在记录事实。如果在观察之前观察者就有问题在头脑中，带着问题去观察是比较好的，观察的目的性强，有利于获得有效的结果。完全开放式的观察（不带任何问题的观察），在理论上是行得通的，但在实际观察中可行性不强。

（三）观察法的种类

1. 有结构观察和无结构观察

从观察的内容与计划性来看，自然观察可以分为有结构观察和无结构观察两种。无结构观察又可以分为参与观察与非参与观察。

有结构观察严格界定研究问题，依照一定的步骤与项目进行，研究者通常事先计划了要观察哪些活动或行为，预测有哪些事件可能发生、行为反应有哪些类型。结构观察通常是不让被观察者知道有人在观察他们，结构观察一般都有固定的观察项目，即对观察的行为有所选择，对每一项的记录设计也比较周详。除了选择观察的行为外，有时观察者还会根据研究的需要“引发”被观察者表现出某些行为，这种观察与实验室的观察比较接近，所不同的是，有结构观察是在自然情景中进行的。

无结构观察对记录内容的范围采取较宽松和弹性的态度，进行的步骤与观察的项目也不一定有严格的计划。这种观察通常在研究者对研究问题缺乏了解的情况下使用。因此常被用来做探索性研究，是下一步更有计划研究的基础。

所谓“参与”与“非参与”是指研究者是否置身于他所研究的对象之中。研究者参与到被观察者活动中去，叫做参与观察。研究者不参与被观察者活动的叫非参与观察。

在无结构非参与观察中，研究者是“局外”人。尽管观察是无结构的，为使观察结果科学有效，观察者要处理好三个问题。

观察什么？在观察过程中观察者通常要注意以下五个方面：情景、任务、目的、社会行为、频率与持续时间。

如何记录？在观察内容无法使用录像技术进行记录时，就要处理两个问题——何时记录、记录如何积累与保持。当场记录是最为准确的，但是有时并不适合于当场记录，如一连串急性事件的发生，一面观察一面记录是不可能的，所以可以使用一些符号将事件记录下来，作为事后的回忆线索。在观察记录积累到一定数量后，需要对观察的资料进行分类，以便于查阅。

如何使观察所得结果更正确？除了观察者拥有敏锐的洞察力、保持注意力、快速的记录、高度的记忆，以维持观察结果的客观性外，还要有其他的手段来加强观察结果的客观性，如录音、录像技术的使用。如果没有条件使用这些技术，则可以由两个观察者进行观察记录，把两份记录结果相互对比使记录结果更为完整。

无结构参与观察中，研究者不是“局外”人，而是加入到研究对象的活动中，成为其中的一分子。所以观察者如何加入到研究对象群体中，被观察对象接受，是观察者首先要解决的一个问题；其次是参与到观察对象的活动中去，如与儿童一起做游戏，拉近与孩子之间的距离，消除观察对象的疑虑，会看到、听到儿童的“隐私”，观察更深入；在参与儿童活动时，既可以参加群体活动，也可以个别接触。

参与观察能使研究者摆脱自己的立场去思考儿童的问题，理解儿童的思想与行为，也不失为一种客观地研究儿童的取向。

2. 时间取样观察和事件取样观察

从观察的取样来看，观察可以划分为时间取样观察和事件取样观察。所谓时间取样是指在规定的时间内观察目标行为，如研究儿童的社会行为，可以在儿童自由游戏时观察，每天观察 10 分钟，连续观察一个星期。事件取样是指在观察过程中只对目标行为进行观察和记录，忽视其他的行为。

（四）观察资料的编码

获得了观察资料之后的工作是对观察结果的处理——编码，这一环节是科学结论得出的一个重要保障。编码就是根据研究的需要和目的，对观察获得的原始资料进行归类、整理、量化的过程，为进一步的统计分析做好准备。这是一项耗费大量时间、技术性很强的工作。

观察信度是确保资料编码准确的一个指标。观察研究的信度一般包括三种类型：（1）相关系数——不同观察者对同一事件观察的一致程度；（2）稳定系数——同一观察者在不同时间对同一事件观察的一致程度；（3）信度系数——不同观察者在不同时间对同一事件观察的一致程度。一般来说，观察信度的获得侧重于不同观察者的一致程度；但是有研究者认为，增加观察的次数要比增加观察者的人数更合理。

### 二　个案

个案研究是对一个或少数个体进行系统研究的方法，其特点是研究对象的数量少，因其数量少，所以，便于深入、追踪，可以使用观察和回溯调查的技术。

如对不安全型依恋儿童做个案研究，调查他们的家庭背景、父母的教养态度与行为、儿童的气质特征等，不但追溯他的过去，还要跟踪他的未来，考察依恋性质的稳定性、变化性、年龄特征，及其对儿童发展的影响。有时在不能使用其他方法时，个案研究有其特殊的意义，如对“狼孩”的研究。

在使用这种方法时存在一个间隔多长时间对被研究者进行研究的问题。一般来讲年龄是决定时间间隔的一个因素，儿童越小研究的时间间隔应该越短，避免漏掉重要的变化信息，因其发展变化非常迅速。由于现代科技的发达，各种媒体——录音机、摄像机都可以在个案研究中使用，增强了记录的准确性。

个案研究虽然是在长期日常生活中记录儿童的行为、活动，但是这种观察记录同样是在科学指导下进行的，不是生活的流水账。观察记录关键的资料和重要的镜头，不是记录数量庞杂而意义不大的生活片段。

个案研究最大的优点是资料细致、系统，是同一个体在不同阶段的表现，能真正考察儿童的发展，看到个体发展的轨迹及其影响因素。当然个案研究也存在着不足，它获得的是个别资料，缺乏可供比较的个体或群体，所以用这种研究方法所获结论的代表性成为一个无法避免的缺陷，不能将结论推论到大多数儿童身上。

### 三　访谈

访谈法是指通过谈话的途径来了解研究问题、获得资料的研究方法。如通过对父母的访谈了解儿童的活动特点及父母的教养行为，从而寻找教养行为与儿童行为之间的关系。访谈既可以作为主要的资料收集方法，也可以作为辅助的资料收集手段。如果将该方法作为主要的资料收集方法，那么在访谈过程中要有一定的控制，访谈哪些人、哪些事件、访谈的问题应周详。如果该方法作为辅助的研究方法，只是为了澄清某些变量、关系、假设、步骤等，那么访谈的设计可以宽松一些，不必严格控制。

根据对访谈问题的控制程度不同，将访谈分为结构访谈和非结构访谈两大类。所谓结构访谈是指对访谈问题控制严格的一种访谈，访谈问题是标准化的，所有被试回答同一结构的问题，这种访谈又称为标准化访谈。非结构访谈是指自由程度较大的访谈方式，访谈者和访谈对象在一个特定的谈话领域自由交流。

为使访谈顺利进行，收到预期的效果，访谈者在访谈进行之前的准备工作是必要的。在访谈之前，访谈者首先要明确访谈的目的，如研究家庭关系对儿童发展的影响，那么访谈最好是在家庭中进行，对象主要是家庭成员，除了通过访谈了解所研究的问题外，还可以看到家庭成员间的互动。其次是对访谈对象及其生活背景有一个初步的了解，如城市中的父母与农村中的父母对待不同性别儿童的态度是存在差异的，这可能影响到父母对待不同性别儿童行为的态度。之后是拟订一个访谈程序表，这个程序表包括：访谈之前应该阅读哪些资料？对访谈对象应了解到什么程度？对哪些特殊任务或事件做事先准备？在什么地方访谈？第一个问题是什么？问题的排列顺序怎样？

做好上述准备工作，只是访谈成功的一半，访谈技巧的具备是访谈成功的另一半，访谈技巧主要涉及以下几个方面。在访谈之前做好物质工具的准备——录音机、摄像机、纸张文具等；心理准备——如何与被访谈者开始交流？怎样使被访谈者尽快消除紧张疑虑？在访谈开始用简洁恰当的语言将自己介绍给被访谈者，说明访谈的目的，营造友好的气氛，对被访谈者提出必要的要求，对被访谈者远离主题的诉说采取认真倾听的态度，在适当的时机将话题拉回访谈的“正题”。

访谈法的优点是弹性大、面对面的交流，有机会发现问题，对不清楚的问题可以重复、追问，能观察到表情和动作。该方法的不足是，访谈者可能有主观猜测和解释的成分；访谈者与被访谈者之间生活经验和价值取向的不同，可能造成沟通障碍与困难。

访谈所获得的大量资料，要使用编码技术进行处理，这与录像观察资料编码的原理是一样的。

## 四 测量

测量法，就是通过心理测验来研究心理的一种方法，测验材料一般选用标准化量表，也可以使用自编测量工具。心理测量的基本特征是间接性和相对性。所谓间接是指通过被测验者的外显行为来推论其内在心理特征；是一个由“结果”追溯“原因”的研究思路。所谓相对性，是指测量结果的参照点不是绝对的，测量的单位不是相等的，参照点和测量单位都是相对的，参照点是人为定的，测量单位是不等价的。

测验工具的信度和效度是一个良好测验必须具备的条件。信度就是指测验的可靠程度，即同一测验引起被试同样反应的程度，表现为同一测验分数前后两次测验的一致性；如果前后测验结果的一致性高，就说明这个测验的信度高，反之则信度低。效度是指测验工具达到目的的程度；如果用儿童行为量表测量儿童的智力就是无效的，如果用它来测量儿童的问题行为就是有效的。

编制测量工具是一项浩繁的工程，如果有现成的工具，而且具备了可接受的信度和效度，就可以使用，一般无须自己编制。

测验法在具体使用过程中，既可以个别施测，也可以集体施测；既可以用文字测量，也可以用非文字测量。测验的实施要遵循特定的程序，以保证测验结果的准确性。

在研究儿童社会性问题时，测验法的使用主要是针对与儿童成长关系密切的人——抚养者、教师等，通过对这些人的测量，了解儿童的生活、行为特征、成长经历以及抚养者、教师的行为特征和教养态度等，从而考察这些外在的因素与儿童社会性发展之间的关系。

## 五 实验

严格的实验法是指在实验室中进行的，通常严格控制各种变量，操控自变量，考察自变量对因变量的影响。对自变量的操控，使研究的主动性掌握在研究者手中；对无关因素的控制，使因果推论成为可能。但是，严格控制的实验情景与现实生活相去甚远，研究结果的生态效度低。所以，在使用实验法研究儿童社会性问题时，通常是准实验设计。所谓准实验设计，是指在研究中控制一定的变量但不是非常严格。自然实验法就是准实验设计研究的一种代表。

自然实验法是在日常生活中，适当控制条件，考察变量之间关系的研究方法。其特点是既控制条件，可以进行因果推论，又在生活中进行，研究结果的生态效度高。如关于儿童社会行为的获得，曾有一个这样的研究。一名女实验员带5—8岁儿童去游戏室玩耍，在去游戏室的途中，这位实验员告诉孩子们说，她要去图书馆办事情，请儿童在离图书馆不远的一个房间里一边看电视一边等她。电视的内容是一名男子对一个玩偶作出各种侵犯行为。看完电视，将儿童带到游戏室玩耍，通过单向玻璃观察儿童在观察室内的行为，考察观看暴力内容电视对儿童攻击行为产生的影响。这是一个典型的自然实验法研究。

在实验室中还有一种介于观察和实验之间的方法——实验室观察。这种方法是在实验室中进行的，所以有一定的条件控制，但是又是以观察儿童的行为为主，所以称为实验室观察，通常使用录像技术记录儿童的表现。

实验室观察主要是设置一定的情景，引发儿童表现出一定的社会行为，从而对儿童社会行为予以观察研究的方法。如主试进入观察室，佯装找东西，然后观察儿童的反应：是否能帮助主试找东西。在实验室内还可以通过操控一定的条件，考察变量之间的关系，从而研究儿童社会行为。如研究儿童依恋时，在实验室内让儿童与母亲暂时分离，陌生人进入观察室，过一段时间之后母亲回到观察室。在上述过程中，考察儿童与母亲分离后的表现，陌生人对儿童的抚慰作用，母亲回来后儿童与母亲重聚时的行为表现等，这是研究儿童依恋的一个典型观察情景。

有的实验室观察是比较松散的、结构性不强，如在研究儿童社会性发展问题时将同性别同年龄的四名儿童放到观察室，提供玩具让儿童进行自由游戏。这种观察的结构性不强，对儿童行为记录使用录像技术，全面观察儿童的行为。通过对儿童自由游戏行为的分析可以考察儿童社会性多方面的表现，如社会行为——亲社会行为、反社会行为，儿童与同伴互动交往行为——交往的质量与数量，儿童游戏行为——游戏的社会组织程度等。

本节介绍了研究儿童社会行为时使用的主要方法，在具体的研究中选择哪种研究方法，在一定程度上取决于研究的问题。例如想了解孩子的睡眠状况就必须借助于母亲的报告，而要想知道不同母亲与孩子交往互动的细微差别，就必须依靠观察。当选择了一种研究方法后，研究者和读者一定要清楚地意识到每种研究方法的优点和不足，研究的结论与研究的方法是密切相关的。为保证研究的科学性，在心理学的研究中，最好用多种方法考察同一个问题，相互取长补短，避免单一方法的局限性，这被称为“三角测量”。“三角测量”源于航海学，指的是从三个点来确定某一个点的方位最为准确。三角测量在心理学中的应用基于这样的前提，即每种方法只能揭示行为的一个方面，通过多种方法可以考察研究对象的多个侧面，帮助研究者克服由单一研究方法造成的误差。

## 第六节 研究方法的多元取向

在心理学领域，以实证主义哲学为指导的研究被称为主流心理学，在心理科学研究中占据着重要地位。实证研究对心理学的发展作出了卓越的贡献，而且在今后也将继续扮演着重要角色。但是由于自身的不足，这种研究取向现在也面临着挑战和质疑。

### 一 实证研究的性质与不足

科学研究有其自身的特征，实证研究表现出的特征如下。经验证明性，结论要根据直接经验得出，是可验证的；系统性，研究过程有明确而清晰的计划（研究设计），这就具体化了研究的每一个阶段和内容，从始至终都是如此，不是随心所欲地去做研究；控制性，如果研究的目的是解释（回答为什么），那么就必须控制某些变量，同时与非控制组对比，才能得出因果关系的结论，达到解释的目的；定量性，定量是比较组间、实验处理差异的必然要求，量化的数据使研究者有充分的论据得出组间是否存在差异、实验处理是否有效的结论；公开性，任何研究的任何内容，从方法到结论都必须是尽可能详尽，为他人验证提供充足的信息。

上述特性虽然保证了实证研究的客观性，但是其局限性也随之而来。

（一）方法的局限

如前所述，科学发现受方法的限制，矛盾的研究结论往往是因为研究者使用不同的研究方法所致，关于儿童自我中心问题的研究就是一个最好的例证。

皮亚杰认为儿童要到 7 岁，即前运算期结束前都一直具有自我中心特性，这一结论的得出源于他的“三座山”实验，这个实验希望儿童能够通过想象知道别人从不同角度看这“三座山”的结果。但是有人认为这个实验对学前儿童来说，问题本身没有意义、难度太大，如果问一个与儿童生活相关的有意义的问题，那么很小的儿童就具有从别人角度出发看问题的能力。可见，研究材料选取的差异可以得出不同的结论，所以，结论与方法是密切相关的。

另外，自我中心究竟是单一的心理结构，还是由多特质构成的综合体？对自我中心心理结构所持的观点和认识决定着如何去测量儿童的自我中心。这说明，每一种研究方法都存在着局限，解决的办法是用多种方法研究同一个问题，如果不同的方法得出相同的结论，那么结论的可信度就高。

（二）取样的局限

样本是指研究中被研究的个体总和，一般来讲取样应该具有代表性，便于研究结果的概括与推论。但事实上，要想取到代表所有儿童的被试样本是不可能的，研究的样本通常是在研究者生活附近的区域选取，所以研究的取样也只在一定范围内具有代表性，研究结论的推论范围就受到取样代表性的限制。皮亚杰对儿童的研究是从观察自己三个孩子开始的，他的理论在世界各地不同文化背景下被重复验证，才最终被认可。所以，研究结论一定要在不同的样本中重复验证，才能得出具有普遍适用性的结论。

（三）研究者效应

科学研究是由人来完成的，研究过程和结果鲜明地体现出个人的期望、抱负，科学研究程序的建立就是为了消除个人主观性对研究的影响，这是一件说起来容易做起来很难的事情。在心理学研究中采用随机取样、设置控制组、双盲程序等技术提高研究的客观性，减少研究的主观性，但是主观性仍然难以避免。例如，早期关于单亲家庭儿童发展的研究，是在这样的认识背景下进行的：离婚是完全消极的。在这种思想的指导下，研究者探讨的都是消极的后果：儿童的焦虑、恐惧、攻击、逃学、学业不良等，没有人关注儿童从一个充满暴力和矛盾冲突家庭中解放出来有什么积极意义的问题。后来，随着社会环境和价值观念的变化，研究者才开始重新审视离婚究竟带给儿童的是什么。

（四）时间的局限

在某一时期得出的结论具有其特定的时代特征，不能简单地泛化到其他时代，特别是那些受时代背景影响强的心理和行为方面的结论。对一代人适用的结论对下一代未必奏效，心理学面临着不断检验已有知识适用性的任务，这是一项浩繁的工程。

（五）伦理的限制

研究要以尊重被研究者、不违反伦理道德为前提来进行，这在一定程度上限制了研究方法和技术的使用。早在20世纪30—40年代，人们致力于生理成熟和后天经验在儿童早期发展中作用的研究，为此人们设想如果儿童没有早期经验会是怎样的结果？Dennis夫妇从一个穷困潦倒的母亲手里租了一对刚出生36天的双胞胎，用一年的时间在这对双胞胎身上进行研究。将他们生存环境的刺激降到最低点，房间里的家具极少，两个儿童床之间用屏风隔开，避免他们两个相互看见，儿童透过窗子看到的只能是天空和树木，他们偶尔会因为洗澡等原因而被带出这个房间，其余的时间基本上是在这个房间里度过的。一年之后发现，这两个儿童生理发展基本正常，关键性动作出现的时间与大多数儿童是相同的，但是在需要后天经验练习而发展的动作方面，这两个孩子表现出迟钝，如抓握物体。该研究得出了早期发展主要是生理成熟在起作用的结论。尽管重复这种研究在今天不是一件难事，但是伦理道德已经不容许这样的研究继续下去，在保证儿童身体和精神健康的前提下进行科学研究是研究者必须遵守的原则。

## 二　研究方法的多元取向

实证研究在心理学研究中居统治地位，是主流心理学。但是心理学从诞生之日起，就存在以非实证主义哲学为指导的心理学理论和流派，在心理学的发展中也作出了重要的贡献。如以现象学为指导的格式塔学派和人本主义心理学，以释义学为指导的精神分析学派。以现象学和释义学为指导思想的心理学研究发展到今天被称为质的研究。

（一）什么是质的研究

质的（qualitative）研究又译为定性研究。质的研究是以研究者本人作为研究工具，在自然情景下采用多种资料收集方法对社会现象进行整体性探究，使用归纳法分析资料和形成理论，通过与研究对象互动对其行为和意义建构获得解释性理解的一种活动。它具有以下特征：研究者在自然状态下进行研究，不人为地强加或改变环境；研究者就是研究的工具，通过与被研究者长期的接触搜集资料；采用多种方法收集资料，访谈（结构的、非结构的、群体的)、参与或非参与观察、人种志决策模型等；注重整体性，将研究者及其所在背景、环境作为一个整体来看待，在没有预设的理论和假设的情况下就开始收集资料，在情景下理解人的心理及行为；是归纳式的研究，其结论或理论的形成是一个自下而上的过程，即在资料的基础上提炼出分析类别或理论假设。特征还可以罗列下去，但上述几个特征基本上能反映质的研究方法的本质特点。

质的研究最早源于人类学的“人种志”（ethnography），又译为“民族志”、“文化人类学”法，该方法要求对研究对象及其文化进行详尽的、情景化描述。博厄斯（F. Boas）于 19 世纪末、马林诺夫斯基（B. Malinowsky）于 20 世纪初开始了真正的质的研究——现场研究（fieldstudy），并对后来西方的人类学产生了深远的影响。与此同时，西方社会学领域也使用这种方法研究社会问题，美国的芝加哥学派于 1910—1940 年期间普遍使用该方法。40 年代以后，由于数理统计、计算机的发展，定量的研究方法占据主导地位，质的研究受到削弱，近年来又重新受到重视，但还没达到库恩所提出的“范式”水平。

（二）质的研究方法与定量研究方法的区别、联系

在比较中更有利于对事物的认识，谈到质的研究方法必然要提及定量研究方法，在认识定量研究方法中有助于我们更进一步地了解质的研究方法的精髓。定量研究就是对事物的量的分析和研究，事物的量就是事物存在和发展的规模、速度、程度，以及构成事物的共同成分在空间上的排列等可以用数量表示的规定性。

定量研究方法使心理学脱离了哲学的怀抱，成为一门独立的科学。1879 年冯特在德国德莱比锡大学建立了第一个心理学实验室，并采用实验法来研究心理，标志着心理学的诞生。此后，定量的研究方法一直处于统治地位，进行了大量的研究，积累了丰硕的研究成果。以这种方法研究的心理学被称为科学心理学、主流心理学。行为主义、认知心理学等都是以定量研究为核心方法的学派。在心理学的发展历史中，质的研究方法一直处于从属的、次要的地位，不被科学心理学认可。格式塔心理学、精神分析、人本主义心理学在某种程度上来说于今天所讨论的质的研究有许多相似之处，是心理学界早期的质的研究。

从方法论的角度来看，定量研究与质的研究两者有着根本的区别，它们是不同的研究范式。定量研究是由概念、假设组成的一组模型，强调标

准研究程序和预先设计。而质的研究从属于自然主义的范式，即研究在自然情景中进行，研究所使用的定义也只适用于特定的条件和情景。可见，两者的哲学基础是不同的。定量研究是以实证主义哲学为指导的，强调主体与客体的对立，认为社会现象是客观存在的，不受主体价值因素的影响，一切知识都必须是实证的、经验的。质的研究方法以现象学和释义学（后实证主义、批判主义、建构主义）为哲学指导思想，认为主客体之间并非对立、截然分开的，主体在认识对象时与其相互作用、重新建构，研究者与研究对象互为主体、相互渗透。具体差别表现如下：

1. 对待理论的态度不同

定量研究一般从理论出发，以理论为指导，是从一般到特殊的演义过程。质的研究在开始时可以没有理论，理论可以在研究的过程中形成，并随着研究的进展而被修改、精炼或者放弃，质的研究是一个从特殊到一般的归纳过程。

2. 研究目的不同

定量研究的目的是寻求普遍规律、达成共识，寻找事物间的关系、影响因素，预测并控制人的心理与行为。质的研究目的在于理解研究对象，从而为类似的情景提供参考，不追求找到一个可以推广的普遍规律。

3. 研究过程不同

定量研究的基本过程是在理论的指导下提出假设、确定具有关系的各种变量、抽样、选择测量工具、控制无关变量、收集资料、处理数据、分析验证假设，其程序是固定不变的。质的研究过程一般包括：确定研究问题、陈述研究目的、界定研究的背景知识、选择研究对象、与研究对象建立关系、搜集资料、分析资料、形成结论，在研究过程中可以随着研究的进展而改变研究的问题，研究程序不是固定不变的。

4. 研究者角色不同

定量研究不考虑研究对象与特定情景的关系，认为现实是客观存在的，研究者不介入研究，持价值中立的态度，用客观的态度对待被研究者并获得相应的资料。质的研究认为研究者本人就是研究工具，不可能做到价值中立，研究者要参与到研究过程中去，在特定的情景中理解人的心理和行为。

5. 适宜研究的问题不同

定量研究适宜研究那些不受或较少受文化、历史因素影响的心理现象与行为。质的研究更适宜研究受文化、历史因素影响的问题。

6. 对量化数据的要求不同

定量研究一定要有量化的数据资料，而质的研究可以以描述为主，但不排除使用量化资料。

上述分析主要讨论了两种研究取向的差异，但两者又非截然对立。质的研究与量的研究与其说是相互对立的两种取向，不如说是一个连续统一体，它们之间有很多相辅相成之处。所以说在实际研究中，两者的连续性多于它们的两分性，要结合起来使用。

（三）心理学需要质的研究

虽然在心理学中存在以质的研究取向为指导的研究，但这种研究取向并没有得到应有的认可，其地位有待于提高。

1. 心理学的研究现状需要质的研究

自1879年心理学学科的诞生，定量的研究方法一直处于主导地位，指导着心理学的研究，为心理学的发展作出了历史性的贡献，但其局限性也随之凸显，已有许多研究者著文评述。因此，质的研究方法以新的视角来研究人的心理与行为，克服了定量研究的不足。

2. 心理学的研究对象需要质的研究方法

心理学的研究对象为人，人具有质的多样性——物理性、生理性、社会性，因而对人的研究也就具有不同的层次。在研究人的低级心理现象时，定量的研究方法可能是比较恰当的，例如对感觉的研究，感觉阈限及其定律的获得比较精确且与实际相符。而对高级心理现象，特别是人的社会性方面，定量研究显得力不从心，无法控制真实生活中繁杂的变量而获得精确的研究结论。即使能控制一定的变量而进行研究，其结论的生态效度低，研究的意义大打折扣。

3. 后现代主义思潮奠定了质的研究方法在心理学中的地位

后现代是指20世纪中期西方发达国家开始由现代工业社会步入后工业社会或信息社会。后现代主义是对“现代”西方文化精神和价值取向的一次重大变革，它坚决反对二元对立，即思想与存在、现象与本质、理论与实践、主体与客体、事实与价值、经验与先验的对立。反对确定性，强调不确定性，否定固定不变的中心，强调多元化。作为一种文化思潮，后现代主义对整个西方包括心理学界产生了重大的影响。在二元对立思维模式的影响下，心理学研究常常在追求普遍的一致性的结论，研究方法大一统，缺少丰富性和多样性。后现代主义对二元对立的消解，有助于心理学研究的多样性和丰富性，在研究方法的使用上持包容的态度，反对理性至上的权威，反对将理性的方法夸大成唯一的、无限的方法。在对理性主义批判的同时，后现代主义将非理性主义推向了前台，在心理学领域表现为对人的感情、意志、价值、信仰的重视，关怀人的价值和尊严。对上述问题的研究，定量研究方法有些勉为其难，从而为质的研究方法应用打开方便之门。后现代主义否定科学主义，反对将科学方法泛化到存在的各个领域，认为不能以近代自然科学的知识和真理概念作为衡量一切其他知识的标准。因而不能用科学主义的研究方法来衡量心理学知识，于是新的方法必然要在心理学领域占有一席之地，这就为质的研究方法开了绿灯。

4. 心理学本土化运动的发展推动了质的研究方法在心理学领域的运用

"本土化"指第二次世界大战以后，美国以外的其他工业国组成的第二世界国家和包括中国在内的第三世界国家掀起的一种普遍的社会科学运动，其主旨是认为美国的理论并非放之四海而皆准，难于应用于其他国家的实践，故倡导对外来理论进行重新反思。本土化思想最早由巴西的社会学家拉莫斯于 1953 年提出，中国社会科学的本土化运动始于 20 世纪 70 年代的台湾，心理学、人类学、社会学等学科的学者，联合起来共同探讨社会科学中国化的可能性。1980 年在台湾召开了"社会及行为科学研究的中国化国际研讨会"，倡导并实施社会科学研究的本土化，得到了香港、大陆学者的响应。

本土心理学有两种含义，一种是指实证心理学之外的，不同本土文化自生的传统形态的心理学，即存在于当地人头脑中的许多与心理有关的看法及惯思，而非一门整体的学问，英文使用复数（indigenous psychologies）。另一种是指不同文化圈中对西方或美国的实证心理学进行本土化改造而形成的科学形态的心理学，意在描述和解释当地人心理和行为的学问，英文用单数（indigenous psychology）。目前中国心理学界所讨论的本土心理学是指后者，即摆脱西方心理学阴影，使中国人的心理学成为真正描述和解释中国人的学问。

本土心理学强调以当地人、当地社会及当地文化为主体的主位研究策略（emic approach），即通常是在某一特定的具体文化内部进行研究的策略。研究者熟知该文化的概念、理论架构、工具、手段，尽可能详尽地描述该文化的特征，不必对其他文化进行概括和了解，这种研究通常是在非常具体水平上进行的。不鼓励有别于此的客位研究策略（etic approach）。中国的本土心理学思想以台湾的杨国枢和香港的杨中芳等人为代表，我们可以看到他们的观点与质的研究有许多相似之处。80 年代初杨国枢提出心理学研究中国化的四个层次与方向，其中之一为改良旧方法与设计新方法，90 年代又指出：至于研究的方法，至少在可以预见的未来，应采取多元化的原则，到目前为止，我们还无法确定哪一种方法论或研究方法是唯一有效的做法，而其他方法论或研究方法则可扬弃不用……不论是实证论的方法也好，现象论的方法也好，诠释学的方法也好，凡此种种，只要能增进对中国人心理与行为的了解，都可加以采用。本土心理学的研究领域及开放的研究态度为质的研究方法的使用开辟了新天地。

### 心理学是科学还是前科学？

1879 年冯特建立了心理学的第一个实验室，从此心理学脱离哲学的怀抱成为一门独立的学科，在科学的殿堂占据一席之地。回望心理科学的发展，在欣欣向荣的背后还有很多值得深思的问题。有人质疑心理科学的科学性，认为心理学是前科学，没有达到科学的水平，因为心理学的研究结论不能像自然科学那样精确。

心理学有主流心理学和非主流心理学之分，所谓的主流心理学是以实证主义哲学为指导的，这种心理学占据着心理学的主体地位，它的特点是量化、精确、可重复验证、元素分析、客观。精确客观的研究只能在实验室里完成，尽管实验室研究能得出因果关系的结论，但是这种研究结论的外部效度低，所以对于指导人们的现实生活意义不大。

为克服实验室研究的不足，心理学在研究技术上有了相应的改进，如进行实验室观察，使用自然实验法等，尽管方法在改进，但研究的指导思想仍然是实证主义的。这种量化客观的研究思路之所以一直占据着心理科学的主体，是因为心理学一直在向自然科学靠拢，用自然科学的研究范式指导心理学的研究，期望得到自然科学那样的精确结论。那么这种追求正确吗？

从研究对象来看，心理学的研究对象应该是最为复杂的。心理学的研究对象是人，人具有多种属性——物理性、生物性和社会性。心理学更关注人的社会性这一层次，也是最高的层次，因此心理学的研究对象不同于自然科学的研究对象。人的心理本身就具有一定的模糊性，所以很难得出自然科学那样的精确结论。那么，自然科学的标准能成为衡量心理学的指标吗？

**参考文献**

劳拉·E. 贝克：《儿童发展》，吴颖等译，江苏教育出版社2002年版。

# 第二章　指导儿童社会性发展研究的理论

科学总是与理论联系在一起，理论是系统化的认识，是借助于一系列的概念、判断、推理表达出来的知识体系，包括概念、原理、定律、假说等形式。

理论在科学发展中具有重要的作用。第一，理论能为具体研究提出假设和预测，哲学家波普尔（K. R. Popper）指出，科学知识并非始于经验，而是始于问题；理论先于经验观察，指导经验观察，因为科学研究是有目的的活动，研究者总是以一种预想的理论去观察事物，观察和实验都是在一定理论指导下进行的。第二，理论所使用的逻辑分析具有判断和鉴别概念、命题、理论真伪的功能，并非时时刻刻需要实验验证。第三，理论具有抽象和综合的功能，科学研究的目标是对事物本质的把握，对本质的认识必然要对来自经验的材料去粗取精、去伪存真、由表及里，这一过程就是理论形成的过程。

对儿童社会性发展的研究，积累了大量的研究成果，科学研究并不是将研究结果简单地堆砌在一起，而是需要整合，这种整合应该是在理论的指导下进行。在理论的指导下产生研究的问题，提出研究假设并加以证明，用实证研究的结果进一步修正理论，是多年来科学研究的模式，其特征是理性、客观、非人情味（cold-blooded）。

指导儿童社会性发展研究的理论，可分为传统经典理论和现代新理论两大类别。经典理论主要是指心理分析理论、社会学习理论和认知发展理论三个派别，其特点是涵盖内容广，理论概括性强；现代新理论包括习性学、行为遗传学、生态系统观、现代认知观，这些理论的特点是理论的概括性低，只适用于某一或某些研究领域。

## 第一节 儿童社会化的经典理论

### 一 心理分析理论

心理分析又称为精神分析，是西方心理学的主要流派之一，在发展心理学方面有代表性的人物是弗洛伊德和艾里克森。

（一）弗洛伊德的发展心理学理论

弗洛伊德（S. Freud，1856—1939）在从事精神病的治疗和研究工作中，提出了人格及其发展理论。其理论核心是，认为存在于潜意识中的性本能（libido，里比多）是心理的基本动力。

弗洛伊德认为人格结构由三部分组成：本我（Id）、自我（Ego）和超我（Superego）。

"本我"是指人类本能的性的内驱力和被压抑的习惯倾向，是原始的、本能的，是人格结构中最难接近的部分，同时它又是最强有力的部分，是无意识的。"本我"的原则是争取最大的快乐和最小的痛苦，但"本我"不能直接同外界接触，必须通过"自我"才能得到满足。在心理发展中，年龄越小，本我的作用越重要，婴儿几乎全部处于本我的状态。

"自我"是意识的一部分，是满足"本我"需要的途径，它不会凭冲动随心所欲，而是控制"本我"的冲动，遵循现实的原则，考虑现实的要求。它是从"本我"中发展起来的，是联系"本我"和外界现实世界的中介。

由于"自我"不足以控制"本我"，于是出现了"超我"，它包括两个部分，一个是良心，一个是自我理想。儿童接受来自成人的要求，并将成人的要求内化为自己的行为准则，就是良心。自我理想是指抽象的、积极的、个体为之奋斗的目标。"超我"代表着道德标准和人类生活的高级方向。

人格的三个部分在正常情况下是相对平衡的，如果这种平衡遭到破坏，就会产生病态。"自我"和"超我"都是人格的控制系统，"自我"控制的是"本我"的原始冲动；"超我"根据一定的标准，力图延迟满足"本我"的需要，并且不完全满足"本我"的需要。可见，"本我"和"超我"存在对立的一面。

在心理发展阶段上，弗洛伊德根据里比多集中投放身体部位的不同，将儿童心理的发展分为五个阶段。

口唇期（0—1 岁），里比多的发展是从嘴开始的，吸吮本能使儿童体验到快感。

肛门期（1—3 岁），儿童的性兴趣集中到肛门区域，以排泄为快乐。

前生殖期（3—6 岁），儿童开始出现恋母情结或恋父情结，依恋异性父母。

潜伏期（6—11 岁），儿童性的发展处于停滞或退化的状态，是一个相当平静的时期。

青春期（11—13 岁），儿童开始产生摆脱父母束缚的愿望，性冲动强烈，容易与成人发生冲突。

上述不同阶段在儿童发展中的作用是不一样的，弗洛伊德认为，人生早期的发展对以后一生的发展都有重要的影响。

（二）艾里克森的心理社会发展阶段理论

艾里克森（E. H. Erikson，1902—1994）在承袭精神分析理论主要观点的同时，重视社会因素在人格发展中的作用，根据不同时期自我与社会环境冲突的不同，提出了人格发展八阶段理论。

他认为人格是一个逐渐发展的过程，要经过几个固定不变的阶段。每一个阶段都有自己的主要任务，这些任务是个体成熟与社会文化环境、社会期望间不断产生的冲突或矛盾所决定的。每个阶段矛盾冲突的解决，就完成了该阶段的任务，形成了积极的个性品质，为顺利地发展到下一个阶段做好了准备。如果矛盾没有得到很好地解决，则会形成消极个性品质。每个阶段儿童所完成的任务，一般都介于积极和消极之间。如果某一阶段的任务完成得不好，在以后的阶段中还有补偿的机会。在不同的阶段对发展起影响作用的人（因素）是不完全相同的。

艾里克森将人格的发展分为八个阶段。

第一阶段为婴儿期（出生—2 岁），主要任务是满足生理上的需要，心理冲突表现为信任对不信任，对儿童有重要影响的人是母亲，这个阶段发展得好，儿童就会对周围的世界产生信任。

第二阶段是童年早期（2—4 岁），主要任务是获得自主感而克服羞怯和疑虑，冲突表现为自主对羞怯、疑虑，对儿童有重要影响的人是父母，该阶段的顺利度过，影响到以后对社会组织和社会理想的态度，对未来的秩序和法制生活做好了准备。

第三个阶段是学龄前期或游戏期（4—7 岁），发展的任务是获得自主感和克服内疚感，矛盾冲突也就来自于自主与内疚的对立，家庭对此阶段儿童的发展影响力最大，该阶段矛盾冲突的顺利解决，对儿童将来适应社会，取得工作上的成功有重要的影响。

第四阶段是学龄期（7—12 岁），该阶段的任务是获得勤奋感而克服自卑感，矛盾冲突是勤奋对自卑，邻里和学校对儿童的影响力最大，这一阶段的顺利发展，影响到将来学习和工作的态度、习惯。

第五个阶段是青少年期（12—18 岁），任务是建立同一感和防止同一感混乱，矛盾冲突是同一性对角色混乱，对儿童有重要影响的人是同伴群体和所崇拜的英雄人物，这一阶段的顺利发展有助于将来的社会创新。

第六阶段是成年早期（18—25 岁），任务是获得亲密感以避免孤独，矛盾冲突是亲密对孤独，对发展有影响的人是朋友和异性伙伴，该时期的发展对能否满意进入社会有影响。

第七阶段是成年中期（约至 50 岁），主要任务是获得繁殖感避免停滞感，主要矛盾是生殖对停滞，对他们有影响的人是配偶和子女。

第八阶段是老年期（直到死亡），主要任务是获得完善感和避免失望和厌倦感，矛盾是自我整合对绝望，对该阶段有影响的因素是自我与他人的对比。

（三）心理分析理论的贡献与不足

弗洛伊德的理论开创了无意识研究领域，这在心理学研究的历史上是一个里程碑，对于理解人的心理又有了一个新视角；在心理发展的动力上，他强调人的性本能作用，这是他不同于他人之处；重视童年经验在心理发展中的作用；提出了心理发展的阶段说，看到了不同发展时期的独特特征。

弗洛伊德理论的不足是对性驱力作用的夸大；在发展因素上只强调内部的需要，而没有看到社会因素在人发展中的作用；研究结论多以思辨为主，缺少足够的论据。

艾里克森的理论克服了弗洛伊德只强调发展的内部因素而不考虑外部因素的不足，艾里克森强调社会因素在人发展中的作用；他的发展观由过去的只讨论儿童的发展，拓展为生命全程的发展；他的发展阶段论，强调了不同时期存在不同的任务和矛盾，阶段之间是相互联系相互影响的，这体现了辩证的哲学思想。

与弗洛伊德理论一样，艾里克森的理论也缺乏足够的证据；他虽然看到社会因素在人发展中的作用，但是对于内外因素在发展中作用的论述还带有机械论倾向。

**二　社会学习理论**

由华生（J. B. Watson，1878—1958）创立的行为主义，是对西方心理学影响最大的流派之一。该学派主张心理学要研究人的行为而不是意识，强调环境在人发展中的重要性，否认有机体内部过程在心理产生发展中的作用。这种极端化和简单化倾向招致了心理学界的强烈批判，于是行为主义者们开始反省行为主义的不足。与此同时，认知心理学逐渐强大，影响着心理学的发展，行为主义开始重视内部心理过程，班杜拉（A. Bandura，1925—　）的思想观点开始向认知方面转变，提出了社会学习理论。

（一）观察学习的概念

观察学习在班杜拉的理论中具有核心地位，观察学习又称为替代学习，是指对他人的行为及其强化结果的观察。观察学习具有如下的特点：

首先，观察学习并不具有必然的外显反应。班杜拉区别了学习和操作，认为学习者由观察而获得的行为反应，并不需要外显的操作。

其次，强化在学习中不是关键的因素，因为观察者没有表现出外在的操作，也就不可能获得强化，但学习依然可以发生。

最后，强调认知过程在观察学习中起重要作用。观察本身就是认知过程的一部分，观察到的事件以表象或语言反应得以表征。

在班杜拉看来，观察不同于模仿，模仿是指学习者对榜样行为的简单复制，而观察学习是指从他人的行为及其后果中获得信息，它既可能包含模仿，也可能不包含模仿，观察学习是比模仿更为复杂的学习过程。

在观察学习中，观察学习的对象称为榜样或示范者，观察学习的主体称为观察者。班杜拉认为榜样或示范者不一定是人，也可以是以其他形式（艺术作品中）存在的人、事件等。榜样的基本类型有：活的榜样——现实生活中观察者所接触到的具体的、活生生的人；符号性榜样——通过语言或影视的图像而呈现的榜样；诫例性榜样——以语言描绘或形象化表现的某个带有典型特点的榜样，用于告诫儿童学习或借鉴某个榜样的行为方式。民族英雄、邻居的孩子都可以成为观察学习的榜样。

与前两种榜样相比，诫例性榜样反映了社会规范的要求，是父母有意识地主动地对儿童实施的社会化教育；而对前两种榜样的观察，是儿童在无意识中接受社会影响而产生的社会化过程。

班杜拉认为观察学习的基本类型有三种：

直接的观察学习，也称为行为的观察学习，是指对行为示范者的简单模仿，日常生活中的大部分观察学习都属于这一类。

抽象的观察学习，观察者从他人的行为中获得的一定行为准则或原理，观察者在以后的行为中体现出来。如先前观察别人的攻击行为，在日后的冲突情景中表现出攻击行为。

创造性观察学习，观察者将各个不同榜样行为的特点，组合成不同于榜样的新行为的学习。

（二）观察学习的过程

班杜拉受认知心理学的影响，强调心理的内部过程，他认为学习过程受四个子过程的影响。

1. 注意过程——对榜样的知觉

学习者必须对榜样给予足够的注意，精确地知觉到示范行为的特点和突出的线索，否则观察学习就无法实现。对榜样的知觉受以下因素影响。一是示范活动的特点，示范活动的显著性和复杂性影响着观察学习的速度和水平，那些突出而简单的活动最容易成为观察学习的对象。二是示范行为的实用价值，成功的行为比非成功行为更容易引起人们的注意；与观察者期望有关的行为容易引起观察者的注意；受到奖励的榜样行为比受到惩罚的榜样行为容易引起观察者的注意。三是榜样的特点，那些具有一定的社会地位、较高的能力、较大权力和有吸引力的榜样，更容易引起观察者的注意。四是观察者的特点，观察者并非被动接受外界的影响，而是主动调节自己的注意方向，观察者的经验、认知和定势都影响着观察者对信息的选择。五是社会交往范围，班杜拉认为人的交往范围限定了观察模仿行为的种类，由于某些行为的重复出现而使观察者容易学习到。班杜拉还特别强调电视在观察学习中的重要作用，认为电视导致了人们在选择观察学习榜样方面发生了变化。

2. 保持过程——示范信息的存储

知觉到的信息进入大脑后，主体的任务是对这些信息进行存储，在存储信息过程中主体要对信息的符号进行转换、表征和演习。

所谓的符号转换，是指在行为观察学习中，学习者观察到的行为包含很多无关紧要的细节和特征，学习主体为减少工作负担，必须把观察到的复杂行为转换为简洁的符号，去掉无关的细节，只记住行为的基本特征和结构。这些被转换后的行为以两种形式被表征——表象和语言概念。表象的表征是指被转化后的信息以表象的形式存储。语言概念的表征是指被转化后的信息以语言概念的形式被存储，这是信息表征的主要形式。

班杜拉认为由观察而习得的行为，需要经过认知上的演习或实际上的操作后，才能进入长时记忆。在很多情况下，不可能实际操作已经习得的行为，于是人们在想象中观察自己执行已经习得的行为，这就是认知演习。演习对操作程度的改善受以下因素的影响：一个是演习的时间，认知演习开始于观察后不久效果比较好；二是演习的内容，正确的演习有助于操作的产生，而错误的演习有损于操作；复杂行为比简单行为在认知演习后有明显的效果；四是动机因素影响主体选择所演习的内容。

3. 再造过程——由记忆向行为的转换

在这个阶段，观察者将习得的行为从信息转换为适当的行为，是一个从信息到行为、从内到外的过程。他认为大脑中枢控制着观察学习，观察学习的指标是语义再造和再认。前者是指可以口头描绘所学到的示范行为，后者是指观察者能从相似的行为中区别出所观察的行为。行为再造过程被视为概念——匹配过程，操作行为的信息进入大脑，与业已存在于中枢的概念模式相比较，比较的结果是不正确的操作行为得以纠正，概念和行为逐渐相对应。

4. 动机过程——从观察到行动

班杜拉认为，习得的行为并不都表现出来，示范行为的获得和示范行为的操作是不同的，已经习得的行为在下述因素的作用下表现为操作行为。第一个是直接的诱因，如果获得的行为能导致有价值的结果，人们倾向于操作所获得的示范行为；第二个是替代诱因，看到他人成功能增加自己表现这种行为的倾向，而看到他人行为受到惩罚，则降低自己表现出这种行为的倾向；第三个是行为的个人标准，人们愿意表现那些令自己满意的行为。

（三）自我效能原理

班杜拉于 20 世纪 70 年代末提出自我效能这一概念，是对自己在特定的情景中是否有能力操作行为的预期，这种预期是认知与行为的中介，决定着行为。他进一步将预期分为结果预期和效能预期，前者是对某种行为导致某种结果的个人预测，后者是指个人对自己能否顺利地进行某种行为以产生一定结果的预测，被知觉到的效能感越强，越倾向于做更大程度的努力。他认为自我效能是自我生成的能力，是人最根本的能力。

自我效能感的形成依赖于以下五种信息源。一是行为的成败经验，成功的经验可以提高自我效能感，相反，失败的经验能减少自我效能感。二是替代性经验，通过观察他人的行为而获得替代性经验，影响自我效能感，如看到一个与自己水平相似的示范者获得成功会增加自己的效能感，反之，会降低自我效能感。三是言语劝说，有声望、地位、专长人的劝说，容易使人具有自我效能感。四是情绪唤起，高度的情绪唤起和紧张的生理状态会妨碍行为操作，自我效能感降低。五是情景条件，在熟悉情景中比在陌生情景中的自我效能感强。

（四）社会学习理论的贡献与不足

对被忽视的学习形式——观察学习的研究，是班杜拉的杰出贡献。在观察学习理论中，重视社会因素的影响，对社会交往和电视在观察学习中的作用予以了研究和肯定，克服了旧行为主义只在个体水平上研究行为的狭隘倾向。吸收了认知心理学的研究成果，用信息加工理论解释行为的过程，克服了极端环境论的倾向。以人为研究对象，结论具有可推广性，以大量的实验为基础，结论可靠性强。

该理论的不足主要表现为，作为一种理论，其内在的结构和逻辑性尚需完善，欠缺在实证研究基础上的理论建构。对时间变量没有给予足够的重视，在观察学习中抹杀了发展对儿童行为获得的影响。在研究方法上，存在着违背伦理问题，如让儿童观察攻击行为的榜样，这无异于教孩子学习攻击行为。

### 三 认知发展理论

广义的认知就是指人的认识活动，由于心理是作为一个整体而存在的，认识活动对人的社会行为必然产生着影响，所以对儿童认知的研究、对儿童社会认知的研究是儿童社会性发展的一个重要研究领域。在儿童社会认知发展的研究领域中，以皮亚杰和柯尔伯格的理论为代表，内容详见第五章。

## 第二节　儿童社会化的新理论

自心理学诞生之日起，理论的建构与探索就未曾停止过。心理学在经历了少数几大理论主宰天下的几十年后，人们发现各种理论都强调了研究领域的一个方面，不能全面解释人的心理现象。于是开始转而用“小”理论指导研究，解释心理现象。所谓“小”理论，是指这些理论的概括性不如过去经典理论强，所指导的研究领域有限，理论的结构体系不是很完善，有的是在借鉴了其他临近学科理论后发展起来的。在过去近40年的发展中，这些“小”理论的共同特点是：将发展的人视为积极的生物体；从遗传与环境交互复杂的背景中理解人的行为。

### 一　习性学：现代进化论

习性学又称动物行为学，作为生物学的一个研究分支，是研究动物进化和动物行为机能的学科。开创该领域研究先河者为洛伦兹（K. Z. Lorenz）和廷伯根（N. Tinbergen）。

该理论强调环境的作用，认为对特定物种行为的理解最好是在它生存、进化的环境中进行，每个物种有区别于其他物种的行为模式，就像每一个物种有区别于其他物种的身体特征一样。研究者的主要工作是在自然环境中观察动物行为的模式，在观察过程中不但要详尽描述动物的行为，而且还要有理论指导下的观察，并把观察到的行为进行合理地结构组织。即在不同的层面上研究动物的行为：对行为的详尽描述，对行为机能、进化和原因进行研究。

在分析中强调“固定行为模式”（fixed action patterns），这一概念是指有助于特定物种适应其环境的一系列行为反应方式，生物印刻是一个典型的例证。生物印刻是指某种鸟类（鸡或鸭）在出生后对看到的第一个移动物体的追随现象。这种行为模式不是后天习得的，是本能的行为，它有助于幼小动物对父母产生依恋（因为通常情况下幼小动物出生后第一眼看到的移动物体是他们的父母），受到父母的保护从而生存下去。这种行为模式产生的关键，是父母的出现这一环境因素，但是环境因素又是一个很宽泛的东西，研究发现移动的箱子、足球甚至是人，都可以成为动物产生印刻的物体。

这种对动物的观察研究具有重要的意义，对心理学研究有很多的启示。

第一，这种研究能区分本能行为和习得行为，生物印刻的行为模式是先天固有的，但它的机能却是与后天对环境中客体的识别有关。可见，它们生而具有某种内置的学习能力，这在进化过程中有利于它们适应环境。我们在研究人类行为时，要充分考虑生理因素的作用，个体来到这个世界时不是一个“空”的有机体，而是带有自己独特的“个性”，这种独特的个性，影响到他人对儿童作出的反应，决定着个体行为的发展，就像动作发展有其固定的顺序一样。动物行为学认为，儿童生来就是一个社会动物，具有保持与人社会交往的遗传机制；人类具有遗传的亲社会动机，保证人类在和谐的环境中发展。

第二，学习的时间非常重要，生物印刻现象只能在特定而短暂的时间内获得，这个时间段被称为敏感期。毫无疑问，这启发了我们人类在研究个体发展时，重视学习时机。

第三，对低等动物的研究结果为发展心理学研究注入了活力，开始了对儿童“固定行为模式”，及何种环境刺激引发该模式的出现进行研究，对婴儿微笑和吸吮反应的研究就是一个成功的例证。

第四，动物行为学家的研究，使我们重视个体生存环境的意义，研究自然环境下的真实行为而不是实验室内的“人工”行为。动物行为学家并非完全排斥实验室研究，而是恰当地处理了自然观察和实验室分析之间的关系，那就是先观察，在自然环境下充分观察的基础上才进行实验室研究。在研究方法上对心理学的启发是，在正常真实的环境下研究人类行为，将人类行为与其他物种行为进行比较而给予理解。

动物行为学的不足主要表现为，结论缺乏有力的证据；对生物遗传的作用有夸大的倾向，批评者认为，即使生来存在“内置”的发展倾向，这些先天的反应方式在出生后很快会被后天的学习所改变。

### 二　行为遗传学：个体差异的生物学基础

行为遗传学是研究基因类型如何与环境交互作用从而影响行为特征（智力、人格、心理健康）的学科，是基于遗传学和行为科学的边缘学科。它应用遗传学的基本研究方法，尤其是一些量化的统计分析方法，考察遗传基因如何对人的智力、人格和其他心理特质产生影响。其基本思路是将基因和环境的作用分离开，并依靠数学的估计方法确定某种特质是否受遗传基因影响，以及遗传和环境在解释个体差异方面的贡献率各是多少。具体地说，行为遗传学主要使用三种方法：家庭研究、双生子研究和收养研究。

（一）研究方法与研究结论

1. 家庭研究

根据生物学的研究，如果人的行为确实受遗传基因影响，那么有相似基因的个体行为表现就应该很相似，所以，孩子更像他们的父母，同胞之间的行为比非同胞之间相似。许多研究者沿着这种思路对不同血缘关系的家庭成员进行了分析，例如研究者对亲兄弟、表姐妹或同父异母、同母异父的同胞等进行了研究，结果发现血缘关系越近的个体，行为的相似性就越大，甚至在反社会行为和同伴冲突的研究中也得到了相似的结论。所以，研究者认为在分析心理行为的差异时首先应考虑个体间的基因联系。

2. 双生子研究

但是家庭研究并没有完全将遗传基因的作用与环境的影响分离开，所以，研究者进一步提出双生子比较的研究策略。因为同卵双生子的遗传基因是完全相同的，异卵双生子的遗传基因有50%是相同的，所以，研究者假设同卵双生子间的行为差异由环境决定，而异卵双生子间的差异由环境和基因共同决定，而且如果他们生活在相同的环境中，同卵双生子行为间的一致性比异卵双生子行为间的一致性高。研究结果证实，在智力、人格、问题行为、职业兴趣、社会态度等方面，同卵双生子间的相关都高于异卵双生子间的相关 。

但是研究者对类似研究结果的解释却有不同意见，他们发现，父母倾向于用同样的态度对待同性别的双生子或者长相很相似的双生子，所以同卵双生子行为相似性高也可能是因为他们受到了更为一致的环境因素的作用。为了防止过高估计遗传的影响，研究者设计了双生子的扩展研究，即对被共同抚养的双生子和被分开抚养的双生子进行研究，假设如果在不同环境中长大的同卵双生子仍然表现出比异卵双生子更高的相似性，那么就可以较为肯定地说，这是遗传基因的作用。实证研究结果显示，即使同卵双生子在很小时就被分开抚养，他们在情绪方面的相似性仍然高于被共同抚养的异卵双生子。Rose等人（1988）对芬兰的7144对成年双生子的人格倾向进行了测查，发现同卵双生子间外向性的相关系数高于异卵双生子

间的相关系数 。这些研究都进一步证实，在人格、智力等方面都存在基因效应。

3. 收养研究

另一种试图证明基因效应的研究思路是对收养儿童进行研究，主要是比较儿童的心理特征是更接近于亲生父母还是更接近收养父母，如果与亲生父母更接近就说明主要受基因影响，与养父母更接近就表明主要受环境影响。

研究结果显示，养子与亲生父母智商间的相关程度远远高于与养父母之间的相关。以“美国得克萨斯收养研究”为例，研究者对300个收养家庭进行分析，发现即使被收养的孩子从未与生母一起生活过，他们与生母智商间的相关仍然很高，而与养父母智商的相关却较低。还有，研究者发现，同一家庭中收养的无血缘关系的孩子，在青少年时期智力间的相关为零。这些都有力地证明了智力受遗传基因的控制。

从研究方法角度看，行为遗传学的研究策略主要是采取控制其中一个因素考察另一个因素的作用，例如，收养研究是控制环境因素，考察基因的影响作用，而双生子研究是控制或匹配遗传基因，研究环境的作用。目前，行为遗传学研究方法更注重借鉴生物学和遗传学的最新研究结果，分析个体行为差异的原因，例如DNA技术和基因图谱的发现等。总之，行为遗传学的研究方法比较特殊，尤其是研究者借鉴遗传学的思路，提出计算遗传率的方法，对于我们深入了解个体差异的原因很有帮助。

（二）基本观点

根据以上研究方法得到的结果，行为遗传学家提出如下一些基本观点。

1. 所有心理特征在一定程度上都受遗传基因的影响

基于许多研究结果，行为遗传学家认为，人类所有的行为都在一定程度上受基因的影响，而且，这种影响的程度会随年龄和具体特征的不同而有差异。

对年龄而言，一般认为基因在人生早期发挥巨大的影响作用，在婴儿期之后环境的因素越来越重要，其实并非如此。从双生子和收养研究中，研究者发现基因对智力的影响随年龄增长而增大，婴儿期智力测验得分总变异的15%来源于基因的差异，在童年期，基因对智商的影响估计在50%左右。Plomin（1997）总结了相关的研究结果，提出不论在发展过程中基因发生多大的变化，它的影响都在增加，当然研究的证据仅局限于智力领域。考虑到一些由基因所决定的行为在儿童早期并未出现，如性行为和一些认知能力等，所以遗传基因对个体发展的影响形式应该是非常复杂的。

由于不同心理特征对基因影响的敏感性不同，所以其变化过程可能更为复杂。从整体上看，遗传基因对生理特征及智力特征的影响比对社会性、个性特征的影响更为显著，这可能是因为实证研究对前者的测量更为客观可靠。但目前许多研究也都发现，遗传基因对态度、社会行为、离婚、宗教和教养方式都有重要的影响作用。面对这种结果，研究者需要探究的问题将更为复杂，因为遗传基因不可能直接对这些社会行为产生影响，那么遗传基因对社会行为的影响机制究竟如何呢？

2. 非共享环境影响比共享环境影响更重要

行为遗传学家在强调遗传基因作用的同时，也非常重视环境的作用，因为基因对行为的解释率最多也只有40%—50%，剩余的部分除了误差之外，都应该由环境因素来解释。但是，研究者认为应该从细致的方面分析环境，即应该将环境区分为共享环境和非共享环境，共享环境指在同一家庭中对所有孩子成长都一致的影响因素，例如家庭所在的社区、父母的受教育水平、家中的书籍数量、抚养孩子的主导思想等，所有这些都使同一家庭中的孩子彼此相似。根据行为遗传学家的观点，对个性起主要影响作用的是非共享环境，它使个体之间产生差异。在家庭中这种非共享环境包含很多内容，例如，父母对儿子和女儿的态度就不一样，父母对不同出生顺序的孩子的态度也不同，而多子女家庭中孩子间的交往更是非共享环境的重要表现。例如，哥哥姐姐一般会领着弟弟妹妹，所以他们容易形成控制和支配的个性，而弟弟妹妹则可能容易形成服从、被动的个性。

这一观点的重要意义在于，提醒研究者应注意家庭内变量，即细致考察父母在养育某个儿童时特殊的教养态度及其他相关变量。如前所述，在同一家庭中成长的被收养的孩子，在心理发展的任何方面都不相似，即使是亲兄弟姐妹的心理行为也有差异。这说明共同环境因素的影响要比从前假设的弱得多，当然这并不否定共同环境的重要性，但我们可以从非共享环境中发现新的东西，因为它强调要关注不同孩子在同一家庭面临的不同环境。已有研究结果显示，兄弟姐妹之间确实由于父母的不同教养行为而经历了不同的环境，而不同的教养行为与每个孩子的心理调节都密切相关。所以是儿童体验的相对数量，而非绝对数量影响了他们的发展。行为遗传学家认为共享环境影响确实可以解释个体间的心理差异，但相信更多的时候是非共享环境影响了他们的发展。

3. 遗传基因影响环境的测量

研究心理发展的常用方法是测量环境的某些方面，然后考察它与某些行为表现之间的联系。例如许多研究发现，父母的敏感性与儿童的安全感有关，家中书籍的数目与孩子的阅读能力有关，父母的纪律方面要求与孩子的道德行为有关等。这些研究的前提假设是，对个体产生影响的环境是一种纯粹的外部力量。

但行为遗传学家指出，遗传基因和环境因素之间存在显著的交互作用，那些与父母有关的环境因素更是如此。例如，父母的敏感性在一定程度上受父母基因的影响，所以不能完全将其视为环境因素；家中的书籍可能反映了父母的智力水平，而父母的智力和儿童的智力是有关的；是否提出纪律方面的要求是父母个性的表现，但父母的个性与儿童的个性也是有关联的。简言之，行为遗传学认为，家庭环境因素，尤其是父母教养与儿童行为表现间的关系，在一定程度上可能受基因的影响。

其实，父母对子女的影响主要是通过环境的影响和遗传基因的影响来完成的。例如，儿童害羞可能是因为他们有害羞的父母，对此可以有两种解释，一是环境的因素，例如父母保护孩子不让他们与他人接触，或者通过自己的行为树立榜样，另一种是通过基因的方式将此特质传递给孩子。所以行为遗传学家提出，应该重视环境因素与遗传基因的互动，分别确定两种效果的大小。这可以通过比较收养儿童与非收养儿童来实现，如果遗传基因在环境因素和儿童发展之间起一定作用，那么在非收养家庭中，这种联系就应该是显著增大的。Hilary 等人（1990）对收养和非收养家庭做了比较，结果发现，非收养家庭中 7 岁儿童的智商和环境因素的相关显著地高于收养家庭中的同龄儿童，这说明遗传基因在环境与智力的关系中起着重要作用。所以，传统地认为父母行为对儿童发展产生显著影响的观点并不完全正确，在这些关系中，基因至少会产生 50% 的影响作用。

行为遗传学的上述结论，有些已经得到了实证研究的支持，有些还只是假设，当然，要验证这些假设还需要更多的研究。从理论的角度出发，可以认为行为遗传学的研究在心理学研究和基因科学之间搭起了桥梁，为研究者深层次地探讨儿童发展的机制提供了思路，尤其是近期行为遗传学采用分子生物技术，对人的行为及个别差异进行分析，更突破了以前由于研究手段或研究方法不足而产生的认识上的局限。现在，行为遗传学的研究，可以帮助心理学研究者更全面地认识和评价儿童心理的发展及个别差异。

行为遗传学虽然强调遗传基因的作用，但并没有忽视环境的意义，反而更强调遗传基因和环境的互动作用。因为只有通过良好的环境作用，儿童潜在的基因特征才可以成为现实的行为表现。另外，行为遗传学家也提出遗传率只是对遗传特征是否存在的概率的估计，遗传特征是否成为现实还取决于与环境的互动。

所以，现在也不能片面强调基因的作用，偏废环境的影响。正确理解行为遗传学的基本观点，对于研究实践和教育实践都是非常有意义的。在研究个体差异时，借鉴行为遗传学的研究思路和基本观点可以帮助我们作出更有利于揭示真实情况的研究设计，而在教育实践中，研究者和教育者都可以借鉴行为遗传学的观点科学地评价儿童的个体差异，例如对于学习困难或者其他行为不良的儿童，可以首先从遗传基因的角度出发进行分析，并根据学生基因的特点设置匹配环境，为儿童选择强化或保持遗传潜质的环境提供条件，使“基因—环境”匹配的效应达到最大。例如，如果教师认识到聪明的儿童具有更好的基因潜质，就应该为他们提供更好的学习环境，鼓励他们更多地学习，从而取得更好的成绩。

但是，目前的实证研究在很多具体的方面并没有得到完全一致的研究结论，尤其是关于遗传率的问题在理论界还存在许多争议。如前所述，行为遗传学研究方法的基本出发点是将环境因素与遗传影响分离开，分别分析两者的效应。虽然目前的研究设计也得到了一些有意义的结果，但是由于研究对象的特殊性，研究者无论从技术上还是从伦理上，都很难将这两种因素完全分离开。也许正是这种研究方法的困难造成了目前实证研究结果的不一致。总之，行为遗传学为我们了解遗传和环境对个体差异的作用提供了良好的思路，但是关于遗传与环境的古老论题可能还会继续下去。

### 三　生态系统观：现代环境论

美国心理学家布朗芬布伦纳（Urie Bronfenbrenner）提出了儿童发展的生态学模型，他指出人类发展的生态学就是对人与人直接生活的环境之间相互适应的科学。这里所说的人，具有积极主动、不断发展的特征，环境也是不断变化的。人与环境的相互适应过程受环境之间相互关系的影响，同时也受环境所处的大环境的制约。

他认为儿童发展的生态环境由若干相互嵌套在一起的系统组成（图 2—1），对于心理学研究者来说最熟悉的是“微系统”（microsystem）——个人直接体验到的环境，主要指家庭与学校中的活动、角色及人际关系模式，这些角色所表现出的鲜明特征是影响儿童发展的重要变量。再高一个层次是中间系统（mesosystem），指儿童直接参与的微系统之间的联系与相互影响，如家庭生活质量可能影响到儿童在学校中的表现。第三个水平是外层系统（exosystem），指那些儿童未直接参与但却对个人有影响的环境。如父母的工作环境通过影响父母的教养行为而对儿童产生影响。最后一个层次是宏系统（macrosytem），指儿童生存环境中的社会机构或意识形态。上述各层次环境是相互影响的，该理论基本观点如下。

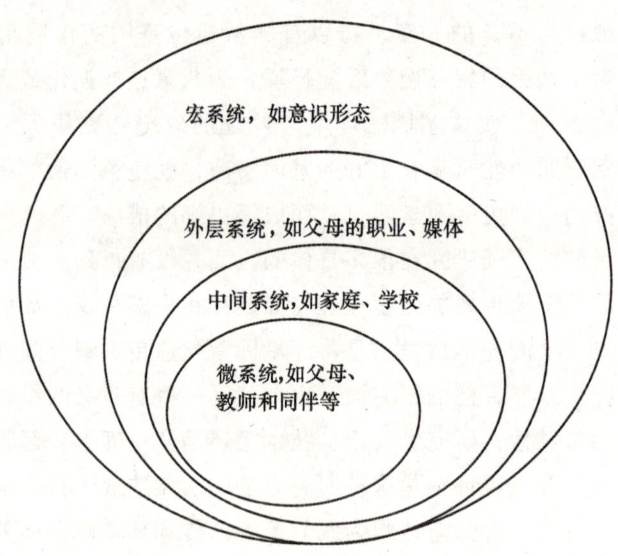


图 2—1　布朗芬布伦纳的宏观、外层、中间和微系统之间的嵌套模型

（一）环境与发展相结合的生态学范式

该理论的基本观点认为，发展是人与环境的复合函数，这一研究范式是从勒温的理论——行为是人与环境的复合函数中演化发展而来的。布朗芬布伦纳将“行为”改为“发展”，因为“发展”包含了“行为”中所

没有的时间维度，这里的“发展”指的是特定时间点上的发展结果而不是发展的现象，发展不是即刻完成的而是需要时间的。用公式表示如下：$D_t = f_{(t-p)}$ $(PE)_{(t-p)}$。上述公式中“t”是指对发展结果进行观测的时间，“t－p”是指时间段。方程的左边是来自个人与环境影响共同作用的结果，这种共同作用不是两者的简单相加，不是代数和。在研究中要考察某一现象产生的过程，才能看到个体与环境的交互作用，而不是对两个因素各自作用的简单相加。

（二）在环境中考察发展

勒温提出过两种研究范式的划分及其根本差异。一种是分类理论范式——根据一个现象所属的类别对其作出解释，是一种静态的研究范式；另一种是动态的、对现象所产生的过程进行研究的范式。第二种研究范式能实现在环境中考察发展的目的。

目前心理学的研究还处于初级阶段，多数的研究属于分类理论式的。如考察环境对人的影响，研究社会阶层、家庭环境、出生次序、居住环境对人的影响，这种研究被称为“社会地址模型”。这种研究只看到了社会环境的标签，忽视了具体的环境是怎样的？什么样的人生活在哪里？在做什么？而这些因素恰恰是对人有影响的环境因素。分类理论式研究的另外一种表现是针对“人”进行的，如关于智商恒常性的研究，认为发展是个体早期特征的函数，而忽视了在早期与后期之间人与环境的互动。这种研究设计被称为“个人特征模型”。

分类理论式研究的不足是对环境的割裂，对人与环境的割裂。针对上述两种分类理论范式的不足，有一种将两者结合起来的设计，被称为“人—环境”模型。该模型把人和环境特征结合起来考察，具有一定的生态效度，其生态效度的大小，取决于“生态组合”能力的大小。所谓“生态组合”是指，具有某种特征的人与有利于或不利于他发展的环境区域的结合，环境和个人特征的特定结合构成了特定的“生态组合”。如考察出生低体重婴儿与环境（母亲的文化程度、居住社区、年龄、种族）的关系。但是这种模型没有解释生态组合是如何影响人发展的。为此布朗芬布伦纳提出了“过程—人—环境”模型和“历时系统”模型，用以研究人在环境中的发展。

1. 过程—人—环境模型

这种设计的意图是将发展的变异过程和结果作为人与环境特征的复合

函数来分析。例如，有一项儿童出生体重对后来发展影响及影响机制的研究，在7年的追踪研究中，被调查的对象分为两组，一组是出生体重低于正常标准的儿童，一组是正常儿童。在测查中发现低体重儿童容易出现下列问题：身体发育问题、对疾病的易感性高、智力缺陷和课堂表现差，男孩在上述所有方面都比女孩显著。在对这些儿童的家庭访问中发现，低体重儿童的母亲在亲子关系、家庭管理和卫生习惯等方面的得分都低于正常儿童的母亲。这项研究为我们提供了生理与环境交互作用的数据，说明母亲呵护得越精心，儿童发育得越好。这种模型强调的是，研究要考察的环境是不能脱离人而存在的，是被试生存的环境而不是抽象的环境。因此，这种模型不仅能够对发展的结果作评价，而且能对导致这些结果的过程做评价；能解释个体特征与环境是如何交互作用而发展的，以及发展过程是如何发生变化的。

2. 历时系统模型

该模型关注的是生活事件和经验所引发的发展性变化，生活事件和经验是指兄弟姐妹的出生、入学、父母离异、疾病、青春期等，这类事件的关键特征是它们改变了人与环境的关系，从而引发心理上的变化。

历时系统模型可以是短期的也可以是长期的，如弟妹出生带来的亲子关系变化的研究就属于短期的；长期的历时系统设计能够考察出一系列的生活过度事件的累计效应。

（三）从生态学的角度看“人”的特征

1. 环境中的认知

在业已存在的心理学概念中，对人特征的定义并没有考虑到其生存的环境，也就是说人的特征（如思维）是不随环境的变化而改变的，存在着不受文化、时代、社会影响的特征。我们姑且称之为“环境无关论”。

然而人心理的实际表现与这种“无环境”的心理存在差异，如人们在解决实际生活中数学问题的能力要好于没有任何环境说明的单纯计算；购物时计算的准确性与测验成绩毫无关系。所以，人的认知能力是在一定环境下表现出的能力，不存在与环境无关的认知。

2. 对理论和研究设计的意义

这种强调认知环境的理论认为，来自不同文化或亚文化的群体之间，认知成绩的差异是由他们不同的经历造成的。这种经历指的是，在历史发展的某个阶段，在个体成长的过程中，某一特定的文化或亚文化所存在的认知加工类型的不同。所以对任何个体或群体认知能力的评价，必须参照他成长的文化或亚文化来做解释；在环境中研究发展，需要更多地考察那些受文化影响的认知能力；要真正了解发展，研究者的角色是由那些了解研究对象文化的人来承担。可以使用“环境式”（考察环境对心理影响的研究设计）和“非环境式”（游离于文化和亚文化的研究设计）的两种研究设计，这样有助于提高对“在环境中的发展”的认识，揭示某种类型的认知能力或技巧在不同文化环境中的意义和作用的差异，考察特定文化背景中人的认知功能，这是目前心理学中缺少的研究取向。

3. 社会性研究与测量

气质与人格特征是社会性研究的重要领域，在对气质与人格的定义中，我们可以看到气质与人格被视为具有跨时空的统一性，即无论个体生长的文化环境如何，某种特定的社会情绪特征总是具有同样的心理意义。但是下面的两个研究结果告诉我们事实并非如此。一个研究是用陌生人观察儿童气质特征的遗传性，结果是“同卵和异卵双生子的相关在对待陌生人的社会行为上存在显著差异，但在对待母亲上却没有显著差异”。但有另一个研究用相同年龄的被试却得出不同的结论——“同卵和异卵双生子在一组被称为社交性的行为上表现出极大的差异”，该研究是通过母亲报告得出的。即不同的观察者（陌生人、母亲）对同一个问题得出了不同的结论，于是得出“在婴儿期，遗传对于婴儿对不熟悉人的社会反应的影响要大于对熟悉人的社会反应的影响”的结论。上述两个研究都发现了遗传效应，但却与不同的对象有关，这说明环境是一个非常重要的变量。

上述例子说明，气质和性格的连续性主要不是通过个体行为本身跨时空的恒定性来表现的，而是通过个体变化其行为的方式具有的跨时空一致性来表现的。个体的行为是其所生活的环境（近处和远处）的函数，它随环境而变化。所以说，从生态学的角度看，要更加科学地认识个体的心理特征及其发展，就要借助于这样一种研究设计——能够将与个体关系不同、扮演角色也各不相同的观察者在不同背景下的评价结果进行比较和解释的研究设计，这些观察者可以是父母、同伴、教师、经过培训的研究者或被研究者自己。

在研究中个体的特征常常被当做因变量来研究，把个体特征作为今后发展的先兆来研究的很少，把个体特征看做是今后发展过程中的中介因素来考察的就更罕见了。个体的特征中，并不是所有的都对今后的发展具有同等的影响力，某些特征可能相对更重要一些。对后期发展有影响力的个体特征具有的特点是：引起或组织某种环境反应，从而可能阻碍或促进心理成长过程（吸引人的漂亮外貌对抚养者是一个积极的刺激，有利于积极亲子关系的建立）；能够积极主动地适应环境与环境交互作用（智力上的好奇、建立与维持人际关系）。

在个体的特征中，最有可能对其发展产生影响的是其行为或信念模式。这种模式反映了个体对环境的积极主动、有选择、结构化的定向，并会激发环境的反应。所以研究者要考虑到与性别、年龄、种族有关的过程和结果上的差异。

尽管我们强调个体特征对发展的影响，但是这种个体特征不是独立存在或独立对发展产生影响的，个体特征是源于一定环境的，在环境中展示个体特征的意义或得到充分的发挥。

简而言之，人类发展的生态学是一种“发现式”的科学研究，其目的不是验证假设而是提出假设。即为系统研究人类发展中有机体与环境的交互作用提供一种整体结构和方向。

### 四 现代认知观：维果斯基的社会文化观

维果斯基（Л. С. Выготский，1896—1934）是前苏联的心理学家，与鲁利亚（А. Р. Лурия）、列昂节夫（А. Н. Леонтьев）一同研究人的高级心理机能，他们的理论被称为“维列鲁学派”或“文化历史学派”。

该学派用“文化—历史发展理论”解释人类心理的本质。维果斯基认为由于工具的使用，引起人新的适应方式——物质生产的间接方式，而不像动物单凭身体的直接方式来适应自然。工具生产凝聚着人类间接经验，即社会文化知识经验，这就使人类的心理发展规律不再受生物进化规律的制约，而是受社会历史发展规律的制约。

他认为发展是指心理的发展，是个体在环境与教育影响下，在低级心理机能基础上，逐渐向高级心理机能的转化过程。这种高级心理机能出现的标志是：心理活动的随意机能；心理活动的抽象概括机能；各种心理机能之间的关系不断变化、组合，形成间接的、以符号或词为中介的心理结构；心理活动的个性化。心理机能由低级向高级的转化基于三个方面的原因：社会规律的影响；儿童与成人交往中通过掌握高级心理机能的工具——语言、符号这一环节，使其在低级心理机能的基础上形成各种新质的心理机能；高级心理机能不断内化。

在教学与发展的关系上，他提出了三个重要的问题：一是“最近发展区”思想；二是教学应走在发展的前面；三是关于学习的最佳期限问题。维果斯基认为人存在两种发展水平，第一是现有的发展水平，第二是在有指导情况下借助别人的帮助所达到的解决问题的水平，也是通过教学所获得的潜力。在别人的帮助下消除这种差异，就是“最近发展区”。在教学与发展的关系上，他认为教学应走在发展的前面，教学是人为的发展，它决定着智力发展的内容、水平、活动特点和发展速度。在发挥教学最大作用上，他强调“学习的最佳期限”，在发展的最佳年龄实施教育。

在分析智力形成过程基础上，提出了“内化”学说，维果斯基是最早提出“内化”学说的心理学家之一。他指出教学激起与推动学生一系列内部的发展过程，从而使学生通过教学掌握全人类的经验，这种经验的内化是通过语言而实现的。

## 理论在心理科学研究中的作用

科学总是与理论联系在一起，理论是科学的组成部分之一，理论在科学发展中具有重要的作用。以实证主义为指导的心理学研究范式有一套严格的程序，在研究之前通常进行理论的分析，在分析的基础上建立研究假设并加以验证。

在研究之前先有理论的指导，那么研究之前的理论是否一定对研究起到积极作用？理论是否也可能局限了研究者的思维而对研究有消极的影响？

**参考文献**

陈波等：《社会科学方法论》，中国人民大学出版社 1989 年版。

陈向明：《质的研究方法与社会科学研究》，教育科学出版社 2000 年版。

高峰强：“科学主义心理学方法论基础的动摇”，《山东师大学报》（哲社版）2002 年第 2 期。

葛鲁嘉:《心理文化论要》，辽宁师范大学出版社 1989 年版。

刘济良:“论后现代主义对教育科学研究方法的影响”，《教育理论与实践》2000 年第 5 期。

杨国枢:《社会及行为科学研究的中国化》，中国台北中央民族研究所 1982 年版。

杨国枢:“我们为什么要建立中国人的本土心理学?”，《本土心理学研究》，1993 年第 1 期。

Bryman, A. (1998). Quantity and Quality in Social Research. London: Unwin Hyman Ltd.

Brent, D. S. & Richard, N. W. (1997). Toward a Theoretical Psychology. American Psychology, 52, 117 - 129.

Hilary, C. & David, F. (1990). Home environment and cognitive ability of 7 - year - old children in the Colorado Adoption Project: Genetic and environmental etiologies. Developmental Psychology, 26, 459 - 468.

Hudelson, P. M. (1994). Qualitative Research for Health Programmes. Word Health Organizasion.

Plomin, R. & Petrill, S. A. (1997). Genetics and Intelligence: Whats New? Intelligence, 24, 53 - 57.

Rose, R. J., Koskenvuo, M., Kaprio, J., Sarna, S. & Langinvainio, H. (1988). Shared Genes, Shared Experiences, and Similarity of Personality: Data From 14, 288 Adult Finnish Co - Twins. Journal of Personality and Social Psychology, 54, 161 - 171.

# 第三章　气质

气质是一个古老的概念，从古希腊就开始有研究。希波克里特（Hippocrates，公元前460—公元前377年）认为体内有四种体液：血液、黏液、黄胆汁、黑胆汁，根据四种体液在个体内比例的不同，将人分为四种类型：多血质、黏液质、胆汁质和抑郁质。此后，罗马医生盖伦（Galen，约130—200）明确使用"气质"这一术语，并对气质类型进行了划分。

进入到现代，气质研究以巴甫洛夫对神经活动的研究为代表。根据神经活动兴奋和抑制过程的特点——强度、平衡性和灵活性，划分出高级神经活动类型，即气质的生理基础。

对儿童气质的研究，是从20世纪50年代开始的，以亚历山大·托马斯（Alexander Tomas）和史迪拉·切斯（Stella Chess）进行的纽约追踪研究为代表。

## 第一节　气质概述

气质是指个体生而具有的，在童年早期可见的行为风格差异，是最早表现出的稳定的个体差异。"生而具有"表现出了气质的遗传生理特性；学界都同意气质是"个体差异"，但这种差异究竟具体表现为什么，不同学者的观点不尽相同。

### 一　托马斯和切斯的研究

1956年，托马斯和切斯创建纽约纵向研究所，以婴儿为被试研究气质，一直追踪到青春期，部分个案追踪到成人期。托马斯和切斯将儿童气质概括为九个维度（见表3—1），从这九个方面描述儿童的行为差异，认为气质特征影响着后期的心理发展。

表 3—1　　托马斯和切斯的气质九维度结构

| 气质维度 | 表现 |
| --- | --- |
| 活动水平（Activity） | 各种活动（进食、游戏、穿衣）中身体活动的数量。 |
| 节律性（Rhythmicity or regularity） | 进食、入睡、排泄等生理活动的规律性。 |
| 注意力不集中（Distractibility） | 外界无关刺激对正在进行活动的干扰程度。 |
| 接近/退缩（Approach/withdrawl） | 对陌生人和新环境的反应——主动接近或退缩。有的儿童容易接纳新环境，与陌生人呀呀交流，探索新环境；有的儿童惧怕陌生人，在新环境中拘谨、害怕。 |
| 适应性（Adaptability） | 对陌生人、新环境、新食物的接纳速度。有的迅速接纳；有的很长时间才能接纳。 |
| 坚持性（Persistence） | 在有或没有外界干扰时，特定活动的持续时间。 |
| 反应强度（Intensity of reaction） | 反应的紧张程度和能量水平。有的儿童哭、笑声音很大；有的则比较柔弱。 |
| 反应阈限（Threshold of responsiveness） | 对刺激（光线、声音、食物）的敏感程度。 |
| 情绪品质（Quarlity of mood） | 愉快与不愉快数量的对比。有的儿童愉快情绪表现多；有的儿童不愉快情绪表现多。 |

根据上述九个维度，托马斯和切斯划分出了三种儿童气质类型。

“容易型”，约占40%。这类儿童的生活（进食、睡眠）有规律；容易接纳新事物（食物、环境），适应性强；经常保持积极愉快的情绪；对刺激的反应强度大，如大声回应成人的招呼。

“困难型”，约占10%。这类儿童表现出较多的负面情绪，经常哭泣；进食、睡眠无规律；对新食物和新环境不容易接纳；很难被抚慰。

“迟缓型”，约占15%。这类儿童典型的表现是安静、退缩，对新事物接纳、适应速度慢；在没有压力境况下，对新事物缓慢地发生兴趣，慢慢地活跃起来。

## 二　凯根的研究

20世纪80年代美国心理学家凯根（Jerome Kagan）提出了行为抑制—非抑制理论，用“抑制（inhibition）”、“非抑制（noninhibition）”描述儿童的气质特征。这一术语是对巴甫洛夫思想的继承，凯根认为“抑制”能有效地反映人的气质特征。

在面对陌生情景和人的最初时间（约10—15分钟）内，儿童的表现存在个体差异。有的儿童变得安静，停止他们正在进行的活动，退回到熟悉人的身边，或者远离不熟悉的情景、事物及人。与此相反，有的儿童没有明显改变他们正在进行活动的倾向，甚至可能会接近陌生的事物与人。前者的特点被凯根称为抑制，后者的特征被称为非抑制。

在日常生活中，父母经常用下述词汇描述抑制的行为特点：谨慎、胆小、敏感、害羞；相应地非抑制的特征使用的词汇有：胆大、适应、好交往。

凯根以117名中产阶级白人儿童为被试进行追踪研究，从14个月开始，分别于14、20、32、48、66、89个月用录像记录儿童面对陌生情景和人的行为特征。结果显示，样本中属于抑制和非抑制的儿童各占20%和30%。对于没有进行筛选的整个样本来说，儿童在14个月或20个月时的抑制性指标不能预测4岁时的行为差异。当只分析那些处于抑制性分布两端的各20%儿童时，才发现在4岁时这两个极端组儿童之间的行为存在显著差异（J. Kagan，J. S. Reznick & J. Gibbons，1989）。

### 三　对气质概念的不同理解

#### （一）气质维度的数量

托马斯和切斯的研究是开创性的，其九维度气质结构研究成果受到广泛的关注。后来的研究者不断修正九维度气质结构，有人提出婴儿的六维度气质结构、三维度结构（林崇德，2009）。迄今为止，已有大量的研究对婴儿的气质结构进行分析，但难于达成一致的结论。

难于达成一致结论的原因至少包括以下两个方面。其一，研究者不在一个概括层面上对气质维度进行划分。如，有的研究使用“消极情绪”作为气质的一个维度，而有的研究则把消极情绪具体化为“害怕”、“悲伤”、“易激惹”。其二，不同研究者使用不同的术语表达同一个或相似的概念。如婴儿气质问卷（RITQ）、婴儿特质问卷（ICQ）、婴儿行为问卷（IBQ）都测量了新异刺激带来的不适，IBQ的“害怕”、ICQ的“不适”、RITQ的“接近/退缩”，三者之间的得分呈高相关，母亲提供的测量信息，这三者的相关系数在0.6—0.69之间浮动；教师提供的测量信息，这三者的相关系数在0.51—0.73之间浮动。

很多研究结果一致显示，只有少数维度反映了气质结构，被认同的气质结构主要有三个。第一个为反应性或消极情绪，指负面情绪、易怒、固执、高强度的消极反应，有时变异为对限制的苦恼（易怒、愤怒）或者对新环境的恐惧。第二个为自我控制，即对注意和情绪过程的控制，包括不受情境影响、对情绪控制。第三个是接近/退缩（抑制），指对新环境和陌生人是趋近还是退缩、焦虑。

气质是变化的，很难将气质结构视为不变的。因此，婴儿气质结构并不适合后期的儿童，于是就出现了描述气质的新概念。如感官刺激寻求（sensation seeking）被称为气质的一个维度，指对变化、新奇、复杂感受和经历的需要，愿意冒风险满足这种需要；努力控制（effortful control）也是气质的一个维度，指管理注意的效能，包括抑制优势反应、激活弱势反应、制订计划和发现错误（Xu，2009）。

可见，究竟气质有多少维度？在哪个层面上概括气质维度？这些基本问题还没有得到很好地解决。不同学者使用的气质维度不同而又交叠，导致了研究结论的相悖，也使学术对话变得困难。

（二）气质特质论

与人格问题一样，对气质的研究也存在特质论和类型论之争。气质的特质论认为，人人都具有各气质维度，只是在各维度上存在量的差异。气质的类型论认为，个体并不具有所有气质维度，只具有部分气质维度，分属于不同的群体。

以简驭繁的科学研究原则支持特质论观点，认为气质维度是一个连续体。统计分析技术广泛应用于心理学的研究，推论统计的使用成为研究层级的标志。相关、t 检验、方差分析、回归分析等对数据的要求都是连续变量，那么，将气质视为连续体非常有利于统计推论。研究者在追求“先进、科学”统计方法的同时，不自觉地成为方法中心论的实践者。

但是，非线性关系在生命科学中非常普遍。人们熟知的关于动机强度与活动效果关系的耶克斯—多德森定律就是一个最好的例证。托马斯和切斯将气质在九个维度上的变化视为连续的，接近/退缩维度反映了一个连续体的两级，个体对陌生事物的反应（接近或退缩）都可以放在这个连续体上。但是，一个不爱接近陌生人的儿童，与一个不回避陌生人的儿童，可能是质的差异而不是量的不同。

（三）气质类型论

另外，不同气质维度组合被划分为某一类气质类型。托马斯和切斯最早使用“困难型”这一气质类型术语。但是，后来的研究常常与托马斯的描述有出入，不同的研究者定义了他们各自所认为“困难型”的儿童。

对儿童气质分类研究存在的问题有二。首先，“困难”本身具有价值判断的暗示倾向，忽视了气质特征的“容易”、“困难”是与环境有关的。其次，对儿童气质分类的研究取向模糊了各气质维度在发展中的作用。

（四）气质的生物学基础

气质具有生物学基础，这已得到广泛的认同。Roisman 和 Fraley（2006）以双生子为被试进行追踪，研究遗传和环境对气质的影响。结果显示，遗传和非共享环境对儿童气质（母亲报告）具有很好的解释力，而共享环境对研究者观察到的气质具有解释力。该研究仍然使研究者思考尚没有解决的问题——谁提供的气质信息可信？另有研究表明，某些气质维度比另一些气质维度更具有遗传特征，目前，相关的研究正在探讨神经科学模式、心理生物学的某些变量与气质的关系。但是，气质生物基础方面的研究仍很薄弱。

## 四 气质的稳定与变化

如果气质没有或很少有跨时间的稳定性，那么研究气质对儿童发展的影响则无从谈起。研究结果显示，气质表现出跨年龄的中等偏弱的稳定性，相关系数从 0.2—0.4（Slabach，1991）不等。

影响气质稳定性的因素主要有三个方面。首先，即使有生物基因为基础，也不意味着稳定不变，某些气质维度随年龄而变化。其次，只能从行为表现评价气质特征，而行为表现随年龄增长有所不同，很难保证在不同年龄段通过行为评价获得的气质结构是相同的。最后，使用相关来说明气质的稳定性没有考虑到测量的误差。

在澳大利亚所做的一个研究，从婴儿开始追踪到 7、8 岁，使用结构方程模型（修正测量误差对相关系数减弱的影响）分析数据，发现气质具有很高的稳定性，系数在 0.7—0.8 之间（Pedlow，1993）。当然，0.7—0.8 的稳定系数仍然说明气质有变化的可能。那么，气质是如何变化的，仍是该领域重要的研究课题。

## 五 气质的测量

对气质测量的争议由来已久。气质是指整体的行为风格，并非即时的行为特征。最了解儿童的是抚养者，通常使用问卷的方法由父母提供信息来评价儿童的气质。研究发现，尽管母亲的特征——抑郁、紧张影响到母亲对儿童的评价，使问卷结果具有一定的主观性，但是，母亲问卷结果的效度还是比较高的（Bates，1991），父母报告与研究者观察结果之间也具有一致性（Allen，1995）。目前的研究倾向是，使用观察方法即凯根的研究范式来评价儿童的气质，其局限是观察的时间和背景不具优势。目前被认可的做法是对气质的多重测量，当然这样做的研究还不多。

## 六　气质对社会性发展影响的理论分析

气质对儿童社会性发展有影响，这是共识。但是，气质如何影响发展，还存在不同的认识，概括起来有四种观点。

（一）直接、线性说

认为气质对社会性发展的影响是直接的、线性的。例如，某一气质维度的极端表现成为特定行为的代名词，极端抑制就是退缩的代名词；极端气质特征还可以导致或直接影响某一结果，如反应的强度高导致儿童应对挫折的行为是攻击。

（二）中介说

认为儿童气质可以影响周围的环境，而环境对儿童的发展是有影响的，故气质对儿童发展的影响是以环境为中介的。一般来讲，儿童的不同气质特征能引起抚养者不同的抚养行为。活泼、爱笑的孩子比情绪化、退缩的孩子更容易诱发父母积极的教养行为；儿童负面情绪容易诱发父母的惩罚，父母的惩罚又增加了儿童出现攻击行为的概率。

（三）简单相互作用模型

托马斯和切斯认为，儿童气质特征与环境的匹配可以解释气质对发展的影响，特定的气质特征与特定的环境有最佳的匹配。如，一个爱动（活动水平高）的儿童生活在空间狭窄的家庭，那么他的发展可能受限制；如果生活空间宽敞，那么他的活动方式是安全的、结果是积极的（A. Thomas & S. Chess，1977）。研究还发现各气质维度之间是相互影响的（Rothbart，1998）。例如，有关自我调控的气质特征可以改变其他气质特征（反应性的强度或水平）的表现，提高儿童的胜任力。尽管在研究中“匹配”的操作很困难，实证研究也比较少，但这仍然是一个被广泛认可的理论模型。

（四）复杂交互影响说

解释最为详细的是复杂交互影响模型。该模型认为发展是儿童内在特征与外在环境不断相互影响的结果。一个儿童的健康状况、认知能力、气质、父母与家庭环境、社会文化背景，都会影响到儿童发展，都是预测儿童发展的变量。在这个模型中，儿童的气质被视为发展的危险或保护因素。

在上述四个模型中，被普遍接受的是简单相互作用模型和复杂交互影响模型，因为这两个模型较好地解释了发展过程。简单相互作用模型的理论建构较容易，但是，由于研究方法和分析技术的局限，使得这种模型的理论思想难于付诸研究实践，复杂交互影响说付诸研究实践就更为困难。目前的研究基本是线性模型的。

## 第二节　气质对儿童社会性发展的影响

### 一　气质与同伴关系

很多研究关注抑制这一气质特征对社会退缩的影响。抑制是面对新环境、具有挑战情景时表现出的谨慎、小心翼翼的气质特征。社会退缩是指面对熟悉和陌生同伴时表现出持续的独处、旁观、无所事事的行为。如前所述，抑制的行为特征与社会退缩行为有交叉重叠之处。

（一）年龄特征

对3—4岁儿童的横断、纵向追踪研究显示，早期的抑制与社会退缩相关联，早期抑制与学前阶段的同伴互动经验少相关联（Sanson，2000）；教师的报告显示，同伴对抑制水平低而活动性高的儿童态度更为积极（Parker - Cohen，1988）；任务定向（注意的自我调控）、灵活性（积极情绪、适应性）与同伴互动数量多相关联；坚持性水平高且活跃的男孩与同伴有更多的社会互动，坚持性水平低且不活跃的男孩表现出较多的消极同伴互动（Keogh，1988）。

观察研究发现，婴儿期的抑制与5—7岁时的社会退缩有关，极端抑制组与社会退缩的关联更为明显（Kagan，1988）。在21个月时，将儿童鉴别为抑制的和非抑制的，上幼儿园后发现，与非抑制儿童相比，那些抑制儿童与同伴互动的时间少，更多时候是一个人独处（Gersten，1988）。婴儿期的社会性抑制（面对陌生成人时表现出的抑制）能预测5岁时面对同伴的害羞、社会退缩，而非社会性抑制（面对陌生情境时表现出的抑制）能预测5岁时较少参与团体游戏（Kochanska，1992）。这说明不同类型的抑制，其同伴关系的发展是有差异的。

横断研究发现，抑制水平低（母亲评价）的5—6岁儿童，教师报告这些儿童的同伴关系积极（Skarpness，1986）。对5—10岁儿童的横断研究表明，与不合群儿童相比，合群（sociable）儿童更受同伴欢迎、与朋友的关系更为积极（Stocker，1990）。

在婴儿和学前期为抑制的儿童，在8—11岁期间表现出面对同伴的退缩（Eisenberg，1998）。3—7年级被同伴拒绝的儿童，表现出较低的自我调控能力，如注意力不集中、生活无规律（Kurdek，1985）。

Chen等人（2009）以中国儿童（N=200）为被试，追踪研究了2岁时的抑制与7岁时社会性发展的关系。结果显示，2岁的抑制与7岁时的合作、同伴接纳相关。

（二）性别差异

对气质性别差异的研究不多，还没有形成规律性的结论。有研究显示，母亲报告的抑制和教师报告的社会退缩之间的关联无性别差异（Skarpness，1986）。但是，一个对4岁儿童的研究表明，抑制的女孩不与同伴交往，而抑制的男孩则无这种行为倾向（Hinde，1993）。追踪研究早期（1—3岁）气质类型与后期（11—12岁）同伴交往的关系发现，1—3岁时自我调控水平低（坚持性差、任务定向能力低）的男孩会存在同伴关系的问题；1—3岁、9—10岁时表现出不安、倔强的男孩同伴关系也存在问题，而具有同样气质特征的女孩则没有同伴关系问题（Sanson，1996）。

（三）文化差异

从文化差异角度直接研究气质与同伴关系之间关系的研究并不多，仅有的一些研究多是对中国儿童与北美儿童的比较。对8—10岁儿童的研究表明，同伴提名鉴别出的抑制儿童比攻击、一般儿童更容易被同伴接纳、获得较多荣誉、担任团体领导角色（Chen，1995）。这种差异可能源于不同文化对抑制的认知，在中国，抑制被视为成熟的表现，是积极的品质，与北美对抑制的价值判断不同。但Hart等人（2000）对4—6儿童的研究，结论与上述研究相悖。从这些研究我们可以看到，气质本身没有好坏之分，但是气质会通过文化规范、价值认同对发展有不同的影响。

基于特定文化背景下的父母教养观念和行为，是调节气质对发展影响的中介变量。Chen等人（1998）的研究发现，研究者通过观察获得的儿童抑制特征与母亲报告的教养行为之间的关系因文化的不同而存在差异。在中国，儿童的抑制与母亲的接纳、鼓励教养行为成正相关；而在加拿大，这种关系是负的（Chen，1998）。如果这样的研究在年龄和背景两个方面再进一步拓展，将有助于对下述问题有更深入的了解：气质在特定文化背景下，如何通过教养态度、父母期望、教养行为影响儿童发展。

Chen 等人（2011）以中国农村小学生（三至五年级）为被试（820 人，男孩 442 人，女孩 378 人），研究了害羞—敏感、不合群（unsociability）与社会性发展、学业成绩（学校表现）、心理适应之间的关系。结果显示，不合群与社会性发展、学校表现、心理问题相关；害羞预示着适应良好——同伴接纳、社交能力强、学业成绩好。该研究结果说明，中国农村文化在评价儿童社会行为意义时扮演着重要角色。

（四）气质与同伴关系关联的发展模型

关于气质与同伴关系之关系的发展，为人熟知的是 Rubin 和 Stewart（1996）提出的社会退缩发展的“厄运之庙”（temple of doom）模型。该模型认为，对于存在紧张性刺激的家庭来说，婴儿期的抑制是潜在的紧张性刺激，这种家庭的父母容易作出消极的反应（不敏感、过度保护、过度控制），从而形成不安全的依恋关系。不安全依恋的儿童在同伴环境中容易退缩，最终受到同伴的拒绝。在这个模型中，儿童的气质特征（抑制）被视为发展的危险因素，气质对发展的作用受到气质所诱发的父母教养行为的影响。在该模型中没有提及其他的气质特征（自我调控、反应的强度等）对发展的影响。

Fox 和 Calkins（1993）所建构的模型也具有启发意义。该模型不但考虑了婴儿气质（反应强度、情绪控制）与父母教养对发展的影响，同时也强调气质与父母教养的相互作用对儿童发展的影响。该模型假定，儿童发展的差异是反应性与调控能力共同所致。例如，对外界刺激给予消极反应、表现出害怕的婴儿，在 14 个月时会被同伴孤立、表现出退缩行为（Kagan，1998）。Fox 认为父母对儿童的支持可以改变这一发展结果。该模型之所以被提及，是因为它不仅涉及了气质的两个维度，而且意识到父母对儿童发展的潜在调节作用。

已有文献关于气质、父母教养对儿童发展影响的结论，支持复杂交互影响模型。认为，如果在父母的过度保护和控制下成长，抑制儿童则容易出现同伴关系困难。

（五）小结

在气质与同伴关系之关联方面，对抑制这一气质特征关注较多，研究的结论不完全一致。但是，有很多研究显示，早期的抑制特征与后期的同伴、特别是社会退缩之间存在关联，不同的抑制类型会形成不同的同伴关系。还有少部分研究关注了抑制之外的气质特征——自我调控、反应性，认为这些气质特征也影响同伴关系。

到目前为止，只有很少的研究显示，气质与同伴关系之间的关联存在性别差异。这种关联还存在文化差异，表明了气质所产生的影响受到父母和文化期望的调节。关注气质与同伴关系之关联的潜在、调节变量的研究不多，这样的研究很有价值，能解释气质与同伴关系之间的因果关系。总之，未来的研究应该注重解释气质与父母教养的相互作用是如何影响儿童同伴关系的。

## 二 气质与社交能力、亲社会行为

研究显示，气质特征与儿童的社交能力、亲社会行为相关联。

（一）年龄特征

1. 3—4 岁儿童

对 4 岁儿童的气质与朋友互动之关系的研究发现，消极情绪与遵从同伴建议相关联（Dunn，1999）。遵从同伴建议，一方面反映了儿童的社交能力，另一方面也反映了儿童互动中的依赖性。使用自然观察法研究流浪家庭的学前儿童发现，那些活跃的（active）、易安抚或坚持性好的儿童比害羞、情绪化儿童表现出更多的积极行为（Youngblade，1998）。Farver（1994）等人对学前儿童的研究发现，与“困难型”和“迟缓型”儿童相比，“容易型”的儿童对同伴的痛苦给予了更多的亲社会性反应。

Eisenberg（1993）等人的研究关注反应性（reactive）/情绪、自我调控及其相互作用的研究发现，低情绪性、高控制性能预测观察到的社交能力，特别是自我调控的预测力更为明显。情绪性强且调控水平低的儿童，其社交能力水平低、同伴地位低。Fabes（1999）等人使用自然观察法对135 名学前儿童（平均年龄 50. 88 个月）的研究发现，互动时的社交能力与自我调控相关联。在紧张、压力社会背景下，努力控制自己的儿童较少表现出强烈的消极情绪，但是，这种情形只在互动紧张程度很强时才存在。可见，在紧张、压力的社会情景下，气质与社会功能存在特别的关联。

Eisenberg 等人（2000）用纵向追踪数据，研究了情绪和自我调控（self - regulation）对社会性的影响。结果显示，中等以上的自我调控能力与良好社会功能相伴随。即使儿童有消极情绪，但是由于自我调控水平较高，消极情绪并没有导致社交能力降低。极端自我控制被认为是过度控制，是社交技能低的表现。而低自我控制被认为是外显行为问题的危险因素，并与低社交能力相关，如果低自我控制与消极情绪并存，外显行为问题与低社交能力更为严重。可见，该研究强调气质维度间相互作用的重要性，指出自我调控能力的关键作用。尽管非线性的关系还需要考虑，但是，这一研究对未来研究仍具有启发的意义。

2. 5—7 岁儿童

1994 年 Rothbart 等人的研究认为，消极情绪与不同的社会行为之间存在更为复杂、性质不尽相同的关系。害怕（不安、担忧）、悲伤（情绪低落、无精打采）、努力调控等气质特征与移情、内疚和羞愧相关联。愤怒、不愉快等消极情绪与反社会行为相关联，但与亲社会行为无关。上述研究结果还得到了纵向追踪研究的支持。在澳大利亚对 5—6 岁儿童的研究显示，注意力自我调控也可以预测父母、教师报告的社交技能水平，能解释 24% 的变异（Paterson，1999）。

Kochanska（1993）等人研究了气质在良心形成中的作用。她认为，行为控制和违规后的情绪——内疚、焦虑，与良心的发展有影响。可见，她强调的是气质中的情绪、自我调控以及认知能力，认为良心是通过儿童的气质与父母教养方式之间微妙的互动而出现的。有研究支持该观点。对婴幼儿（第一次收集数据是在 26—41 个月，第二次收集数据是在 43—56 个月）的追踪研究发现，抑制控制（不动禁止动的东西、做单调无聊的事情、不违规）在良心的形成中扮演着重要角色（Kochanska，1996）。气质与父母教养的相互作用对良心的形成也具有一定的作用（Kochanska，1997）。对于具有恐惧气质特征的儿童，如果在婴儿期受到母亲约束，母亲的约束有助于学龄前儿童良心的发展；而那些非恐惧儿童，婴儿期的高安全性依恋、母亲对婴儿的高反应性能预测儿童后期的良心发展。恐惧与非恐惧儿童良心发展的速度是有差异的，具有恐惧气质特征的儿童其良心的发展速度明显快于非恐惧的儿童。因儿童气质特征、母亲教养方式的不同，儿童良心（conscience）形成的路径也存在差异。

3. 8—12 岁儿童

Prior（2000）等人对气质与社交技能（social skill）关系进行了追踪研究。结果显示，5—6 岁、7—8 岁时的气质特征，分别可以解释 11—12 岁时社交技能 16% 和 20% 的变异，注意力和情绪调控是最重要的预测变量。11—12 岁时的气质特征可以解释同一时期社交技能 48% 的变异，其中注意力自我调控（attentional self - regulation）是最有预测力的变量，合群（socialbility）和反应性（reactivity）也具有一定的预测力。

追踪研究儿童同情心发展趋势及其与气质（自我调控、消极情绪）、社会适应的关系，结果发现，青少年的同情心与教师和父母报告的气质特征（高自我调控、低消极情绪）、亲社会行为成正相关，青少年时期的同情心还与早期（2 岁、4 岁、6 岁）的气质特征、亲社会行为存在正相关。回归分析显示，在控制了消极情绪后，2 岁和青少年期的自我调控能力可以预测青少年期的同情心（Murphy，1999）。这一研究再次说明了自我调控的重要性。

（二）性别差异

Eisenberg（1993）等人研究了情绪（强度与消极情绪）与社交能力的关系，结果显示，在学前期，男孩的高强度消极情绪与低社交技能相关联，低强度情绪与高社会技能相关。对于女孩，情绪强度高与低社交技能相关联，但是，中等及其以下情绪强度的女孩在社交技能方面无差异。这说明，高强度消极情绪对男孩和女孩来说都是发展的危险因素，低消极情绪只对男孩是保护因素。

Eisenberg（1996）对三到六年级学生的研究显示，与男孩相比，女孩更容易被同伴接纳、在同伴提名时得到较多的积极提名、社交能力强。对气质与同伴积极提名关系的分析显示，男孩、女孩的情绪强度高与同伴的积极提名成负相关，男孩的自我调控与同伴积极提名呈正相关，女孩的自我调控与同伴积极提名相关不显著。该研究还考察了情绪、自我调控与同伴积极提名的关系，结果发现，情绪对同伴积极提名的影响受自我调控的调节，这种调节作用表现出性别差异；不管情绪水平如何，自我调控能力低的男孩受到同伴积极的提名较少，高自我调控的女孩受到同伴积极提名较多。相反，高情绪强度与较少同伴积极提名相关，这种相关在自我调控水平高的男孩和自我调控水平低的女孩身上存在。这些研究结果说明，从学前期开始，气质与社交能力之间关系存在复杂的性别差异。

Kochanska（1994）以171个21—27个月的儿童为被试，研究儿童良心的发展。该研究区分了两个重要的构成要素——情绪不安（焦虑唤起、内疚、懊悔）、道德行为控制（对错误行为的抑制、对冲动的控制）。结果发现，女孩的情绪不安水平高，而气质中的高反应性、自我控制能预测女孩的这种不安，对男孩的情绪不安无预测作用。男孩、女孩的自我控制与道德行为相关。女孩的反应性、男孩的冲动性、感觉刺激寻求与低水平的道德行为相关。

女孩的移情、同情、内疚水平高于男孩，气质与移情、同情、内疚等情绪存在关联，这种关联表现出性别差异。Bryant（1987）的研究发现，强烈情绪、不易被安抚与女孩的高水平移情相关，但男孩不存在这种关联。教师报告显示，消极情绪、自我调控与同情之间存在显著相关，这种相关只在女孩群体中存在，男孩群体中不存在；自我调控与同情之间的显著相关只在男孩群体中存在（Murphy，1999）。

（三）小结

已有研究显示，气质的某些维度与儿童的社交技能相关，与社交技能有关的气质维度是：消极情绪或情绪反应（紧张、不安、情绪化）、情绪调控（控制情绪唤起的能力）和注意力调控（坚持注意以完成特定的任务）、接近与合群（approach /sociability）。

与亲社交技能关系密切的气质维度是抑制、害羞、消极情绪和自我调控。消极情绪与亲社交技能的关联提示我们，消极情绪由两个要素构成：抑郁、恐惧和不安、愤怒，抑郁、恐惧与亲社会行为的发展相关联，而不安、愤怒与不良同伴关系、攻击行为、发泄行为有关。

多数研究表明，气质特征与亲社会行为之间的关系是线性的，也有研究表明气质与教养的相互作用、气质与气质之间的相互作用对亲社会行为的发展过程有影响。

## 三　气质与社会适应不良

（一）年龄特征

1. 3—4岁儿童

Billman和McDevitt（1980）对幼儿的观察研究发现，父母、教师报告的气质特征——活动水平、接近/退缩、注意力不集中、紧张、感觉阈限，与社会行为（抢东西、打人、把东西带出幼儿园）相关；“困难型”

儿童比“容易型”儿童表现出更多的嬉闹游戏（rough and tumble）和攻击行为；“困难”的气质特征与循证实践[①]（EBP，evidence - based practice）相关联。一项对2400名儿童从2岁追踪到8岁的研究显示，那些攻击行为具有跨时间稳定性儿童的气质类型是“困难型”的，这些儿童与母亲的关系是消极的、对同胞敌意，其父母的教养行为是严厉的（Kingston，1995）。Bates等人（1991）的研究显示，在学前期和童年中期，“困难”气质特征（消极情绪和注意力降低）与循证实践呈中等程度的相关。

某些气质维度与EBP之间亦存在相关。有研究发现，婴儿期的冲动性、活动性和消极情绪能预测4岁时的循证实践（Hagekull，1994）。敌对行为与下述气质特征呈正相关：强烈情绪、高活动性、低坚持性、高合群性；“困难型”儿童的母亲与儿童互动时表现更多的对儿童不接纳、消极行为（Webster - Stratton，1982）。

对79名学前儿童的研究显示，情绪调控与循证实践存在即时和延时的相关；与那些适度表达情绪的儿童相比，不表达情绪、过度表达情绪的儿童，在学前期和两年之后更容易出现问题（Cole，1996）。另有一项对96名4岁儿童的研究显示，情绪调控能力与社会互动方式能共同预测内隐和外显行为问题。该研究根据儿童的气质特征和同伴自由游戏，将儿童分为五类：A类互动水平低但情绪调控水平高、B类互动水平高但情绪调控水平低、C类互动和情绪调控水平都高、D类互动和情绪调控水平都低、E类互动和情绪调控都为平均水平。结果发现，与C类、E类儿童相比，B类儿童表现出更多的外显行为问题；而与B类、E类儿童相比，D类儿童表现出更多的内隐行为问题（Rubin，1995）。可见，情绪调控能力低，可能是发展的危险因素，而受外界影响的情绪表达更可能是一个影响发展的敏感因素。

2.5—7岁儿童

多个研究表明，婴儿期或童年早期“困难型”气质特征与学龄期的问题行为相关联。儿童5岁时父母报告的消极情绪能预测其8岁时教师报

---

① 循证实践是指把最好的研究证据、治疗师的临床技术及经验以及病人的选择和评估这三个方面结合起来，作为对某个病人制订治疗方案的依据。刘兴华、姚萍、段桂芹：“临床心理治疗中的循证实践”，《中国心理卫生杂志》2007年第5期。

告的外显问题行为，能中等程度反向预测8岁的积极社会行为（Nelson，1999）。Sanson（1993）的研究显示，与无问题行为儿童或仅活动过度儿童相比，活动过度又有攻击行为的儿童，表现出较少的合作性、不容易管理、婴幼儿期的不安、童年早期的不灵活和坚持性差。

3. 8—12岁儿童

调控能力特别是情绪调控能力、情绪性/反应性，是研究该阶段儿童的主要内容。Wertleib等人（1987）以158名6岁和9岁儿童为被试的研究发现，消极的情绪、不适应、活动性、反应的紧张度、坚持性差与问题行为相关。这种关联在另一研究中得到印证，该研究对象是8岁和11岁的儿童，由母亲报告儿童的发展情况，结果显示，儿童气质特征（消极反应性、坚持性差）和母亲的特征可以直接解释儿童56%的外显行为问题，消极反应性和母亲的特征可以解释33%的内隐行为问题（McClowry，1994）。Maziade（1989）的研究显示，具有反社会行为和行为失调的儿童表现出"困难型"的气质特征——适应性差、注意力不集中、退缩、紧张度高和消极情绪。Sanson（1996）的研究发现，11—12岁具有问题行为的男孩在早期表现出更多的易怒和不灵活，具有问题行为的女孩也表现出相同的气质特征但程度弱些。早期的坚持性差与男孩、女孩的问题行为都相关。Xu等人（2009）以中国上海三、四年级小学生（平均年龄9.29岁）为被试，研究气质与攻击行为的关系。结果显示，儿童感官刺激寻求与发起攻击行为相关，而愤怒/挫折与反应性攻击行为相关；两种攻击行为都与儿童努力控制呈负相关。

（二）性别差异

气质特征与问题行为关联的性别差异研究并不多，原因可能有二。其一是女孩的问题行为要少于男孩；其二是男孩和女孩表现出的问题行为的形式可能不同。但是，仍有研究发现了两性之间的差异。Fabes等人（1997）对57名儿童（男孩29名，女孩28名，平均年龄54.5个月）的研究显示，唤醒水平（arousal level）高的男孩，在同性别同伴游戏时表现出问题行为增加的趋势，而唤醒水平高的女孩则没有这种特点。Sanson（1996）的研究显示，易怒和不灵活对男孩问题行为的长期预测作用强于女孩，而低接近（approach）和高焦虑（常常是内隐行为问题的前兆）有时能预测女孩的问题行为。一项从婴儿期到8岁的追踪研究结果表明，气质的不灵活性是预测男孩（7—8岁）问题行为的最强变量；相对女孩来讲，男孩早期的坚持性对问题行为的预测力更强（Prior，1993）。

（三）小结

已有的研究显示，与攻击和反社会行为有关的气质维度包括：消极情绪、不灵活的反应性、注意力调控能力低以及“困难型”气质特征。多数研究的结论是，气质与反社会行为的关联程度要强于气质与亲社会行为的关联。

## 四 气质对儿童社会性发展影响小结

前述内容，介绍了大量的气质与社会性发展之间的关系，包括即时相关和延时相关，被试从婴幼儿到童年晚期。气质与社会性发展之间关联的个体差异是社会性发展的结果，对儿童社会性发展过程理论模型的建构是未来研究应该关注的领域。

特定的气质维度与特定的社会性发展内容相关联。与同伴关系发展关联密切的气质特征是抑制，反应性、注意力的自我调控也与同伴关系的发展相关联。注意力、情绪自我调控的气质特征对社交能力和亲社会行为最为重要。反应性和注意力、情绪自我调控的气质特征对外显行为问题影响大。

一般来讲，对气质特征有积极和消极的划分。消极的气质特征往往与社会性的消极发展相关联，但并非所有研究结果都是如此。首先，研究显示，消极反应性这一气质特征有助于良心的发展；跨文化的研究结果显示，抑制这一气质特征在儿童发展中所起的作用受到文化因素的调节。这些研究结果印证了托马斯和切斯提出的气质与环境的匹配度问题。将某些气质特征视为“困难型”的，有简化问题之嫌，将某些气质特征的组合称为“困难型”的，也是不恰当的。

气质与社会性发展相关联，这是很多研究的共识，但气质的特定维度与发展的关系在不同研究中的结论却不完全相同。原因之一是气质概念及其操作定义的一致性不强。就目前的研究来看，气质的维度——反应性、自我调控和趋近/退缩（approach/withdrawal）是认可程度比较高的，但是，这些维度仍需要进一步细化，自我调控包括注意力调控和兴趣调控，消极反应性包括害怕、焦虑和愤怒、不安。细化后的这些气质特征，对社会性发展的作用是不同的。

对气质进行测量是比较困难的，因为很难将气质特征与发展结果区分开来，因此，气质测量的信度和效度问题仍然是该领域需要进一步关注的问题。

大量的研究使用横断设计进行相关分析，对气质发展过程关注较少。当然，也有一些研究采用关注过程的纵向设计。如对退缩行为、社交能力、良心发展模型的研究，这些模型提出了可供进一步研究的假设，并为理论的进一步升华提供了基础。

这些模型的特点之一是强调相互作用过程：气质与教养之间的相互作用、气质维度之间的相互作用。正是这些相互作用模型加深了对发展的理解，干预问题行为时可以综合考虑儿童、父母、环境及其关系，使干预模式更为有效。这种相互作用模型的验证，需要复杂统计模型用以说明变量间潜在的非线性相互作用关系。

社会性发展的性别差异是普遍存在的，如亲社会行为和问题行为都存在性别差异。已有研究显示，气质对发展过程的影响因性别而异，但是，还没有得出规律性的结论。气质对不同性别儿童发展的影响路径是未来研究需要关注的领域，社会阶层及文化在气质对社会性发展影响中的中介作用也少有涉及。

尽管气质对发展影响的事实有时被解释为生物因素，但是，气质对发展的作用受到气质与环境匹配的影响，气质表现出跨时间的中等程度的稳定性，这些都说明气质是可变的。因此，在优化儿童社会性发展时要考虑气质因素，要求环境与儿童的气质特征达到最佳的匹配，即父母教养、学校教育与儿童特点匹配，帮助儿童拥有最好的管理自己气质倾向的策略。

## 第三节 气质的培养

教育的基本原则之一是因材施教，即根据受教育者的特点实施教育。受教育者的特点表现为很多方面，性别、气质、智力、体貌等，不一而足。而气质是最早表现出的心理特点，由于气质是生而具有的特征，所以，每个刚出生的婴儿都不是任人图画的白纸，而是有自己“颜色”的“彩纸”。

气质对社会性发展的影响在本章前部已有详细论述。气质无好坏之分，如优秀人物可来自不同的气质类型，包括“困难型”气质类型的人。但是，有些气质维度与儿童的积极发展结果相关，而有些气质维度更容易与儿童适应不良相关。如何减少、避免这些不适应，是心理学和教育学工作者的课题。

### 一 气质的可改变性

尽管气质具有生物遗传性，改变起来有困难，但并不等于不可改变。曾倩等人（2007）以173名婴儿（3个月至1岁3个月，干预组87名，对照组86名）为被试，在婴儿3、6、9、12、18、24、30个月时对父母进行气质教育训练的指导，由父母实施对婴儿的气质训练，干预婴儿的气质，实验持续一年。结果显示，早期干预可促使婴幼儿气质向良性发展，接受早期干预的幼儿，其气质维度突出表现为适应性、节律性、持久性增强，对外界刺激的敏感性低，适应环境的能力更强，做事更有规律性，注意力也较集中，更愿意接受新事物。还有其他研究（陈学诗等，2006）也证明了气质的可变性。

### 二 气质干预的理论分析与研究

本章曾提到气质作用中介说，认为气质对儿童发展的影响是以环境为中介的，而教养是构成这个环境的主要部分。

Lipscomb等人（2011）以382个收养家庭儿童为被试，追踪（9、19、27个月）研究了儿童的消极情绪、父母教养效能感与父母过度反应的发展路径。结果显示，随年龄增长儿童的消极情绪、父母的过度反应呈增长趋势，母亲的教养效能呈下降趋势。儿童消极情绪的增长与父母过度反应的增长、母亲教养效能下降相关。

McElwain等人（2007）研究了父母对儿童消极情绪反应与儿童情绪理解、儿童友谊质量的关系。结果显示，父母对儿童消极情绪予以支持性反应有助于儿童（3—5岁）与同伴游戏的和谐。如果父母一方对儿童消极情绪支持性低，而另一方支持性高，这个高支持性反应与儿童（5—6岁）情绪理解水平高、同伴间冲突少相关（仅存在于男孩群体）。该研究结果说明，儿童受益于父母对其消极情绪的不同反应。

简单相互作用说认为，儿童气质特征与环境的匹配可以解释气质对发展的影响，特定的气质特征与特定的环境有最佳的匹配。

Stright等人（2008）报告了追踪研究的结果，被试从美国10个城市选取，从出生追踪到一年级。在6个月时测量婴儿的气质特征，在15、

24、36、54 个月和一年级时测量母亲的教养方式，一年级时考察儿童的发展情况。结果显示，婴儿期母亲教养方式与儿童一年级发展（学业成绩、社交技能、师生关系、同伴关系）的关系，受儿童气质特征的调节。与非“困难型”气质儿童相比，“困难型”气质特征儿童的母亲早期教养方式与后期发展的关系更为密切。如果母亲教养质量高，“困难型”气质特征儿童会比非“困难型”儿童发展得好；如果母亲教养质量低，“困难型”儿童的发展就会出现问题。

复杂交互影响说认为，发展是儿童内在特征与外在环境不断相互影响的结果。Zhou 等人（2008）以中国儿童为被试追踪研究了父母教养、儿童气质与外显行为问题的关系。结果显示，父母权威、专制教养方式与儿童愤怒/沮丧（anger /frustration）能预测儿童的外显行为问题。

尽管上述各理论模型不同，但其共同点都是强调气质并非单独、直接对儿童发展起作用。这就为改变气质对儿童发展的影响提供了理论依据。

## 三　应对气质的策略

### （一）识别气质特点

识别气质特征是气质培养的第一步。对儿童气质特征的了解，可以通过标准化的测量工具来实现。但是，对多数教师和父母而言，观察儿童的行为是了解气质的主要且方便的渠道。

通过儿童日常生活的饮食、睡眠、游戏、学习、人际交往等活动，就可以了解儿童的气质特点。气质是指在上述各种活动中稳定下来的特点，但是，要把问题行为和气质特点区分开。

### （二）接纳并正确对待不符合成人期望的气质特点

任何气质特点表现在行为中都有其两面性。如，一个注意力集中的儿童，会表现为上课认真听讲，但是，在超市买东西时会翻来覆去挑选而不能抉择。一个对新事物很容易接纳的孩子，可能表现为“自来熟”，但缺少礼貌。既然，一个硬币由两面构成，那么就要接受儿童这些气质特点，引导儿童减少表现出“不理想”的那一面，而不是简单地呵斥、拒绝。

对待那个在超市里很难作出决定的儿童，可以在进超市后与儿童约定，如果他在规定的时间内作出决定，就给予奖励。为了获得奖励，儿童会加快速度。这样的方法还可在日常生活中的其他场景使用，长期练习后儿童的做事“速度”就会有所提高。

对待难以适应新事物的儿童，需要父母、教师给儿童更多的注意和耐心，在新事物呈现之前多做准备工作、进行“预热”。如，带儿童去一个陌生的地方，去之前给儿童描述新环境、可能遇到的人、事、物，应对各种人、事、物的策略、技巧等。

（三）根据气质特点选择教养

不同的气质特点对教养的反应存在差异。有的儿童更多地对奖励作出反应，外向的、积极情感和趋近性高的个体对奖励更加敏感；而有的儿童更多地对惩罚作出反应，内向的、害怕和恐惧程度高的个体对惩罚更敏感。而有些儿童对二者都作出很高的反应。

在刺激量的偏好上存在个体差异。有些儿童偏好低水平的刺激，愿意保持事物的平静；有些儿童偏好高水平的刺激，愿意使事物变得兴奋。因此，给一个偏好低水平刺激的儿童过度刺激，或者要求偏好高水平刺激的儿童长时间保持安静，将使家长和儿童都陷入困境。

家庭和学校对儿童的期望标准、要求往往合适占多数“容易型”的儿童，而“困难型”儿童和“缓慢型”儿童则不容易达到这些要求，容易与环境发生矛盾冲突，造成对能力发展和学习成绩的消极影响。如果能根据儿童的特点调整期望和教养方式，将有利于儿童的发展。

（四）放松

有些孩子的气质特点可能会让父母精疲力竭，如睡眠无规律，“黑白颠倒”、夜里哭闹和玩耍。这的确使父母休息和工作都受到影响，进而产生消极的教养方式，在养育孩子事情上有挫折感。遇到这样的孩子，父母可使用暂时放松的方法来缓解，在周末把孩子送到祖父母家，使自己有一个彻底放松和调整的机会。

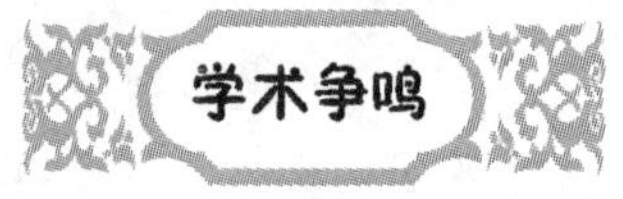


### 气质的稳定性

气质是儿童生而具有的、表现出最早的行为风格差异，很多研究探讨气质对儿童发展的影响。如果承认气质对儿童发展的影响，就隐含着这样的前提——气质具有稳定性，否则，气质对儿童发展的影响则无从谈起。

然而，实证研究结果显示，气质表现出的跨年龄的稳定性并不高。

于是，就出现了逻辑上的矛盾。大量的研究在讨论气质对儿童发展的影响，但是，这个影响的前提——气质的稳定性并没有得到很好的证实。仅从逻辑视角来看，下述推理成立：因为气质的稳定性没有得到很好地证实，所以，气质对儿童的影响很难成立。尽管逻辑推理是成立，但是，儿童心理发展的事实及其特征令人很难否认气质影响的存在。那么，如果解释和解决这一矛盾？

笔者认为，气质是客观存在的，气质对儿童发展的影响也是客观事实。解决矛盾的关键是对气质稳定性的研究。多年来对气质的测量是从行为风格表现入手的，而不同年龄的行为特征存在差异，因此，探讨气质的稳定就变得困难重重。气质不同于其他心理现象的显著特征是其生物学性，气质具有遗传生物学基础，也许从生物学视角更有可能寻找到气质的稳定性。

## 参考文献

陈学诗、郑毅、崔永华：“早期干预对独生子女气质培养作用的初步评估”，《中国心理卫生杂志》2006 年第 20 期。

林崇德、李其维、董奇译：《儿童心理学手册》（第六版）第三卷（上），华东师范大学出版社 2009 年版。

曾倩、阮世晓、杨月萍等：“早期干预对小儿气质影响的研究”，《中国妇幼保健》2007 年第 24 期。

Allen, K., & Prior, M. (1995). Assessment of the validity of easy and difficult temperament through observed mother – child behaviours. *International Journal of Behavioural Development*, 18, 609 – 630.

Bates, J. E., Bayles, K., Bennett, D. S., Ridge, B., & Brown, M. M. (1991). Origins of externalizing behavior problems at eight years of age. In D. J. Pepler & K. H. Rubin (Eds.), *The Development and Treatment of Childhood Aggression* (pp. 93 – 121). Hillsdale, NJ: Erlbaum.

Billman, J., & McDevitt, S. C. (1980). Convergence of parent and observer ratings of temperament in observations of peer interaction in nursery school. *Child Development*, 51, 395 – 400.

Bryant, B. K. (1987). Mental health, temperament, family, and friends: Perspectives on children's empathy and social perspective taking. In N. Eisenberg & J. Strayer

( Eds. ), *Empathy and its development* ( pp. 245 – 270). Cambridge, England: Cambridge University Press.

Chen, X. , Rubin, K. H. , & Li, B. (1995) . Social and school adjustment of shy and aggressive children in China. *Development and Psychopathology*, 7, 337 – 349.

Chen, X. , Hastings, P. D. , Rubin, K. H. , Chen, H. , Cen, G. , & Stewart, S. L. (1998) . Child – rearing attitudes and behavioral inhibition in Chinese and Canadian toddlers: A cross – cultural study. *Developmental Psychology*, 34, 677 – 686.

Chen, X. , Chen, H. , Li, D. , Wang, L. (2009) . Early Childhood Behavioral Inhibition and Social and School Adjustment in Chinese Children: A 5 – Year Longitudinal Study. *Child Development*, 80, 1692 – 1704.

Chen, X. , Wang, L. , Cao, R. (2011) . Shyness – Sensitivity and Unsociability in Rural Chinese Children: Relations With Social, School, and Psychological Adjustment. *Child Development*, 82, 1531 – 1543.

Cole, P. M. , Zahn – Waxler, C. , Fox, N. A. , Usher, B. A. , & Welsh, J. D. (1996) . Individual differences in emotion regulation and behavior problems in preschool children. *Journal of Abnormal* Psychology, 105, 518 – 529.

Dunn, J. , & Cutting, A. L. (1999) . Understanding others, and individual differences in friendship interactions in young children. *Social Development*, 8, 201 – 219.

Eisenberg, N. , Fabes, R. A. , Bernzweig, J. , Karbon, M. , Poulon, R. , & Hanish, L. (1993) . The relations of emotionality and regulation to preschoolers' social skills and sociometric status. *Child Development*, 64, 1418 – 1438.

Eisenberg, N. , Fabes, R. A. , Karbon, R. , Murphy, B. C. , Wosinski, M. , Polazzi, L. , Carlo, G. , & Juhnke, C. (1996) . The relations of children's dispositional prosocial behavior to emotionality, regulation, and social functioning. *Child Development*, 67, 974 – 992.

Eisenberg, N. , Shepard, S. A. , Fabes, R. A. , Murphy, B. C. , & Guthrie, I. K. (1998) . Shyness and children's emotionality, regulation, and coping: Contemporaneous, longitudinal, and acrosscontext relations. *Child Development*, 69, 767 – 790.

Eisenberg, N. , Fabes, R. A. , Guthrie, I. K. , & Reiser, N. ( 2000 ) . Dispositional emotionality and regulation: Their role in predicting quality of social functioning. *Journal of Personality and Social Psychology*, 78, 136 – 157.

Fabes, R. A. , Shepard, S. , Guthrie I. K. , & Martin, C. L. (1997) . Roles of temperamental arousal and gender – segregated play in young children's social adjustment. *Developmental Psychology*, 33, 693 – 702.

Fabes, R. A. , Eisenberg, N. , Jones, S. , Smith, M. , Guthrie, I. K. , Poulin,

R. , Shepard, S. , & Friedman, J. (1999) . Regulation, emotionality, and preschoolers' socially competent peer interactions. *Child Development*, 70, 432 - 442.

Farver, J. A. M. , & Bransletter, W. H. (1994) . Preschoolers' prosocial responses to their peers' distress. *Developmental Psychology*, 30, 334 - 341.

Fox, N. A. , & Calkins, S. D. (1993) . Pathways to aggression and social withdrawal: Interactions among temperament, attachment, and regulation. In K. H. Rubin & J. B. Asendorpf (Eds. ), *Social Withdrawal, Inhibition, and Shyness in Childhood* (pp. 81 - 100) . Hillsdale, NJ: Erlbaum.

Gersten, M. (1988) . Behavioral inhibition in the classroom. In J. S. Reznick (Ed. ), *Perspectives on Behavioral Inhibition* (pp. 71 - 91) . Chicago: University of Chicago Press.

Hagekull, B. (1994) . Infant temperament and early childhood functioning: Possible relations to the five - factor model. In C. J. Halverson, Jr. , G. A. Kohnstamm, & R. P. Martin (Eds. ), *The Developing Structure of Temperament and Personality* (pp. 227 - 240) . Hillsdale, NJ: Erlbaum.

Lipscomb, S. T. , Leve, L. D. , Harold, G. T. , Neiderhiser, J. M. , Shaw, D. S. , Ge, X. , Reiss, D. (2011) . Trajectories of Parenting and Child Negative Emotionality During Infancy and Toddlerhood: A Longitudinal Analysis. *Child Development*, 82, 1661 - 1675.

Hart, C. H. , Yang, C. , Nelson, L. J. , Robinson, C. C. , Olsen, J. A. , Nelson, D. A. , Porter, C. L. , Jin, S. , Olsen, S. F. , & Wu, P. (2000) . Peer acceptance in early childhood and subtypes of socially withdrawn behavior in China, Russia and the United States. *International Journal of Behavioral Development*, 24, 73 - 81.

Hinde, R. A. , Tamplin, A. , & Barrett, J. (1993) . Social isolation in 4 - year - olds. *British Journal of Developmental Psychology*, 11, 211 - 236.

Kagan, J. (1988) . The concept of behavioral inhibition to the unfamiliar. In J. S. Reznick (Ed. ), *Perspectives on Behavioral Inhibition* (pp. 1 - 23) . Chicago: University of Chicago Press.

Kagan, J. , Reznick, J. S. , & Gibbons, J. (1989) . Inhibited and uninhibited types of children. *Child Development*, 60, 838 - 845.

Kagan, J. , Snidman, N. , & Arcus, D. (1998) . Childhood derivatives of high and low reactivity in infancy. *Child Development*, 69, 1483 - 1493.

Kingston, L. , & Prior, M. (1995) . The development of patterns of stable, transient and school - age onset aggressive behavior in young children. *Journal of the American Academy of Child and Adolescent sychiatry*, 34, 348 - 358.

Keogh, B. K. , & Burstein, N. D. (1988) . Relationship of temperament to preschoolers' interactions with peers and teachers. *Exceptional Children*, 54, 456 - 461.

Kochanska, G. , & Radke - Yarrow, M. (1992) . Inhibition in toddlerhood and the dynamics of the child' s interaction with an unfamiliar peer at age five. *Child Development*, 63, 325 - 335.

Kochanska, G. (1993) . Toward a synthesis of parental socialization and child temperament in early development of conscience. *Child Development*, 64, 325 - 347.

Kochanska, G. , DeVet, K. , Goldman, M. , Murray, K. , & Putnam, S. P. (1994) . Maternal reports of conscience development and temperament in young children. *Child Development*, 65, 852 - 868.

Kochanska, G. , Murray, K. T. , & Coy, K. C. (1996) . Inhibitory control as a contributor to conscience in childhood: From toddler to early school age. *Child Development*, 67, 490 - 507.

Kochanska, G. (1997) . Multiple pathways to conscience for children with different temperaments: From toddlerhood to age 5. *Developmental Psychology*, 33, 228 - 240.

Kurdek. L. , & Lillie, R. (1985) . The relation between classroom social status and classmate likeability, compromising skill, temperament, and neighborhood social interactions. *Journal of Applied Developmental Psychology*, 6, 31 - 41.

Maziade, M. (1989) . Should adverse temperament matter to the clinician? An empirically based answer. In G. A. Kohnstamm, J. E. Bates, & M. K. Rothbart (Eds. ), *Temperament in childhood* (pp. 421 - 435) . Chichester, England: Wiley.

McElwain, N. L. , Halberstadt, A. G. &Volling, B. L. (2007) . Mother - and Father - Reported Reactions to Children's Negative Emotions: Relations to Young Children's Emotional Understanding and Friendship Quality. *Child Development*, 78, 1407 - 1425.

Murphy, B. C. , Shepard, S. , Eisenberg, N. , Fabes, R. A. , & Guthrie, I. K. (1999) . Contemporaneous and longitudinal prediction of dispositional sympathy to emotionality, regulation, and social functioning. *Journal of Early Adolescence*, 19, 66 - 97.

Nelson, B. , Martin, R. P. , Hodge, S. , Havill, V. , & Kanphaus, R. (1999) . Modeling the prediction of elementary school adjustment from preschool temperament. *Personality and Individual Differences*, 26, 687 - 700.

Parker - Cohen, N. Y. , & Bell, R. Q. (1988) . The relationship between temperament and social adjustment to peers. *Early Childhood Research Quarterly*, 3, 179 - 192.

Paterson, G. , & Sanson, A. (1999) . The association of behavioural adjustment to temperament, parenting and family characteristics among 5 - year - old children. *Social Development*, 8, 293 - 309.

Pedlow, R. , Sanson, A. , Prior, M. , & Oberklaid, F. (1993) . Stability of maternally reported temperament from infancy to 8 years. *Developmental Psychology*, 29, 998 - 1007.

Prior, M., Smart, D. F., Sanson, A. V., & Oberklaid, F. (1993). Sex differences in psychological adjustment from infancy to eight years. *Journal of the American Academy of Child and Adolescent Psychiatry*, 32, 291 – 304.

Prior, M., Sanson, A., Smart, D., & Oberklaid, F. (2000). *Pathways from infancy to adolescence: The Australian Temperament Project: 1983 – 2000*. Melbourne, Australia: Australian Institute of Family Studies.

Roisman, G. I. & Fraley, R. C. (2006). The Limits of Genetic Influence: A Behavior – Genetic Analysis of Infant – Caregiver Relationship Quality and Temperament. *Child Development*, 77, 1656 – 1667.

Rothbart, M. K., Ahadi, S. A., & Hershey, K. L. (1994). Temperament and social behavior in childhood. *Merrill – Palmer Quarterly*, 40, 21 – 39.

Rothbart, M. K., & Bates, J. E. (1998). Temperament. In W. Damon (Series Ed.), & N. Eisenberg (Vol. Ed.), *Handbook of child psychology: Volume* 3. *Social, emotional and, personality development*, 5th ed. (pp. 105 – 176). New York: Wiley.

Rubin, K. H., Coplan, R. J., Fox, N. A., & Calkins, S. D. (1995). Emotionality, emotion regulation, and preschoolers' social adaptation. *Development and Psychopathology*, 7, 49 – 62.

Rubin, K. H., & Stewart, S. L. (1996). Social withdrawal. In E. J. Mash & R. A. Barkley (Eds.), *Child psychopathology* (pp. 277 – 307). New York: Guilford Press.

Sanson, A. V., Smart, D. F., Prior, M., & Oberklaid, F. (1993). Precursors of hyperactivity and aggression. *Journal of the American Academy of Child and Adolescent Psychiatry*, 32, 1207 – 1216.

Sanson, A., Oberklaid, F., Prior, M., Amos, D., & Smart, D. (1996, August). *Risk factors for* 11 – 12 *years olds' internalising and externalising behaviour problems*. Paper presented at the International Society for the Study of Behavioural Development Conference, Quebec City, Canada.

Sanson, A. (2000, July). *Temperament and social development in children*. Keynote address at the 16th biennial meeting of the International Society for the Study of Behavioral Development, Beijing, China.

Skarpness, L. R., & Carson, D. K. (1986). Temperament, communicative competence and the psychological adjustment of kindergarten children. *Psychological Reports*, 59, 1299 – 1306.

Stright, A. D. Kathleen, C. G., & Ken, K. (2008). Infant Temperament Moderates Relations Between Maternal Parenting in Early Childhood and Children's Adjustment in First Grade. *Child Development*, 79, 186 – 200.

Slabach, E. H., Morrow, J., & Wachs, T. D. (1991). Questionnaire measurement of infant and child temperament: Current status and future directions. In J. Strelau & A. Angleitner (Eds.), *Explorations in temperament: International perspectives on theory and measurement* (pp. 205 - 234). New York: Plenum.

Thomas, A., & Chess, S. (1977). *Temperament and development.* New York: Brunner/Mazel.

Stocker, C., & Dunn, J. (1990). Sibling relationships in childhood: Links with friendships and peer relationships. *British Journal of Developmental Psychology*, 8, 227 - 244.

Webster - Stratton, C., & Eyberg, S. M. (1982). Child temperament: Relationship with child behavior problems and parent - child interactions. *Journal of Clinical Child Psychology*, 11, 123 - 129.

Wertleib, D., Weigel, C., Springer, T., & Feldstein, M. (1987). Temperament as a moderator of children's stressful experiences. *American Journal of Orthopsychiatry*, 57, 234 - 245.

Xu, Y., Farver, J. M. & Zhang, Z. (2009). Temperament, Harsh and Indulgent Parenting, and Chinese Children's Proactive and Reactive Aggression. Child Development, 80, 244 - 258.

Youngblade, L. M., & Mulvihill, B. A. (1998). Individual differences in homeless preschoolers' social behavior. *Journal of Applied Developmental Psychology*, 19, 593 - 614.

Zhou, Q., Wang, Y., Deng, X., Eisenberg, N., Wolchik, S. A. & Tein, J. (2008). Relations of Parenting and Temperament to Chinese Children's Experience of Negative Life Events, oping Efficacy, and Externalizing Problems. *Child Development*, 79, 493 - 513.

# 第四章　情绪与依恋

人们常用“呱呱坠地”来描述刚出生的孩子，人是伴随着哭声来到这个世界的。哭表达了不愉快的情绪，儿童生而具有情绪。情绪既是儿童社会性发展的结果，同时也是影响社会发展的因素，具有非常重要的作用。

## 第一节　情绪的意义及其发展

### 一　情绪的意义

（一）情绪对身体发育的影响

良好的情绪有利于身体的健康。积极、轻松的情绪，使中枢神经系统兴奋性增强、激素分泌正常，从而体内的新陈代谢旺盛。睡眠和饮食状态良好，精力旺盛、头脑清醒。

两种严重的生长紊乱可以说明情绪对身体发育的影响（劳拉·E. 贝克，2002）。

其一是“非器质性不健壮”（nonorganic failure to thrive），通常在1.5岁时发生。其特征是婴儿身体消瘦、身材矮小、行为退缩、表情淡漠，对人和周围的事物不感兴趣，母亲离开没有分离焦虑。这些儿童有足够的食物，医学检查没有明显的疾病。研究发现，这些婴儿生活在缺乏温暖、缺乏父母关爱的家庭，是情绪困扰引起的发育紊乱。

其二是“剥夺性侏儒”（deprivation dwarfism），通常出现在2—15岁之间。显著的特点是身高大大低于平均水平，生长激素分泌减少、骨龄不成熟。究其原因是严重的情感剥夺影响下丘脑和脑垂体之间的交流，阻碍生长。当这些儿童离开对他们情绪不适宜的环境时，其生长激素会回到正常水平。

即使身体处于疾病状态，情绪依然在起作用。胜利者的伤口比失败者的伤口容易愈合，充满信心的病人比恐惧疾病的患者更容易恢复健康。

（二）情绪的心理学意义

1. 情绪的动机作用

如果把人的心理比做一辆车，这辆车由两个内在力量推动——认识和情绪。

情绪是动机的基本要素，是动机的源泉之一。“兴趣是最好的老师”是对情绪动机作用的经典诠释。

情绪的动机作用对所有人都适用，但对儿童有特殊的意义。童年早期，抽象逻辑思维还没有发展起来，他们不理解与自己现实生活关联不大的事物，如学习的重要性他们很难理解，因此，对他们讲学习的意义是徒劳的。可见，儿童做事更多是出于喜欢，而不是认识到做事的重要性。所以，情绪是儿童最主要的动机来源。

例如，幼儿园训练礼貌用语，要求幼儿早晨来园时对老师说“早上好”，下午离园时对老师说“再见”。结果发现，幼儿对“再见”的使用频率高于“早上好”，即离园时愿意与老师打招呼，而来园时不愿意与老师打招呼。究其原因，幼儿不愿意来幼儿园，来园时情绪不高，缺乏说话的动机；而离园时见到父母特别高兴，说话的动机强烈。良好的情绪状态是活动效果的保证。

2. 情绪的信号功能

刚出生的婴儿没有言语功能，哭是他们与成人交流的基本方式。身体不舒服、饥饿、需要换尿布都用哭来表达。与情绪体验相伴随的还有外部表情——微笑、皱眉等，成人可以通过解读儿童的表情了解他们的需要。

儿童具有了言语表达能力后，表情依然在人际交流中有重要的意义。表情是言语交流的重要补充，积极的言语内容匹配微笑会收到更好的效果。

3. 情绪是重要的个性特征

儿童情绪发展的趋势是逐渐稳定，那些经常体验的情绪稳定之后成为个性特征的一部分。如果父母对儿童的需求敏感，精心呵护，儿童经常体验的是积极健康的情绪，积极健康的情绪则成为儿童的个性特征之一。

人不可能在所有时候都体验积极的情绪，消极的情绪体验不可避免。但是，一时的、较少的体验不足以成为稳定的特征，经常的体验才能成为稳定的特征。

## 二　婴儿早期情绪的发生与分化

### （一）新生儿的情绪反应

儿童一出生就有情绪，明显的情绪反应是饥饿后的啼哭，吃饱、睡足后的安静。这些情绪反应是与生俱来的，被称为原始的情绪反应。原始的情绪反应与生理需要是否能够得到满足直接关联，机体内外任何不舒服的刺激——疼痛、饥饿、湿尿布都会引起啼哭，当不舒服刺激解除后，则表现为安静、愉快。

根据对500多名初生婴儿的观察，行为主义创始人华生认为，新生儿已有三种主要的情绪反应：怕、怒、爱。

他认为引起怕的因素有二。一个是大的声音，强烈的声音会产生惊跳反射；另一个是失持，突然失去平衡和依托后表现出啼哭、呼吸急促、屏息、双手乱抓等反应，从高处快速把婴儿放到床上就可以看到这样的情绪反应。

怒是指限制婴儿活动时所表现出的情绪，如身体挺直且哭叫、四肢活动。

爱是指婴儿被抚摸皮肤、怀抱时表现出的安静、愉快的情绪。婴儿对某些部位非常敏感，如唇、耳、颈部、乳头、性器官等。

也有心理学家不同意华生的观点，认为原始的情绪反应是笼统的，没有区分得那么精确。最多能分为愉快和不愉快，所谓愉快，也仅是“不是不愉快”的表现而已。

### （二）情绪分化的理论

在最初原始情绪基础上，婴儿的情绪是逐渐分化的。对于具体情绪的分化不同学者的观点存在分歧。下面介绍两个有代表性的观点。

加拿大心理学家布里奇斯提出了0—2岁儿童情绪分化模式，其根据来源于对100多名婴儿的观察。认为刚初生的婴儿只有皱眉和哭的反应，这种反应是未分化的一般性激动，是强烈刺激引起的内脏和肌肉反应。3个月以后，婴儿的情绪分化为快乐和痛苦。在快乐和痛苦的基础上，再进一步分化。布里奇斯的理论被较多人接受，但是也遭到质疑，主要是情绪分化缺乏具体的可操作的指标。

我国心理学家林传鼎于1947—1948年期间，对500多个出生1—10

天的婴儿进行观察，观察的内容是54种动作。据此提出了既不同于华生的原始情绪高度分化，也不同于布里奇斯关于出生时情绪完全未分化的观点。他认为，新生婴儿已有两种完全可以分辨得清的情绪反应，即愉快和不愉快。二者都是与生理需要是否得到满足有关的表现。愉快的情绪反应表明其生理需要得到满足，是由一些有利于机体安全的刺激引起，如吃饱、换上柔软干爽的尿布、四肢自然放松活动等，这是一种积极生动的反应，通常婴儿在洗澡后表现更明显；不愉快的情绪反应表明其生理需要没有得到满足，是由所有不利于机体安全的刺激引起，如饥饿、疼痛、身体活动受束缚等。

林传鼎提出，从出生后0.5个月至第3个月末，相继出现了6种情绪，即欲求、喜悦、厌恶、忿急、烦闷、惊骇。这些情绪不是高度分化的，只是在愉快或不愉快的轮廓上附加了一些东西，主要是面部表情，而惊骇则是强烈的特殊体态反应。4—6个月已出现由社会性需要引起的喜悦、忿急，逐渐摆脱与生理需要的联系，如出现了对友伴、玩具的情感。

（三）婴儿期的主要情绪

1. 哭

婴儿出生时就会哭，表达的是消极情绪。在发展的不同时期引起哭的原因是有差异的。出生第一周，引起哭的原因主要是饥饿、冷、疼痛、想睡眠等；此后，引起啼哭的原因不断增加，如中断吃奶、吃新食物等也能引起新生儿的消极情绪。

引起哭的原因不同，婴儿啼哭的模式也存在差异。研究发现健康婴儿啼哭有多种不同模式，可以根据啼哭的模式判断婴儿啼哭的原因。

饥饿时的啼哭，是有节奏的，频率通常为250—450赫兹。啼哭时往往伴随闭眼、号叫、双脚紧蹬（类似于骑自行车）。新生儿时期这种啼哭较多，6个月时这种啼哭下降到30%。

疼痛的啼哭通常突然出现，拉直了嗓门连哭数秒，然后是平静地呼吸。偶发性的疼痛声音很响、哭声突然激烈、极度不安，伴有痛苦的表情。

引人注意的哭，从第三周开始出现。这种啼哭以吭吭吱吱为开端，然后是频率缓慢地哭、断断续续，如果没有理会就转变为大声啼哭。

在良好的生活环境下，婴儿的啼哭会随年龄的增长而减少。因为，婴儿的适应力增强，减少了不愉快情绪体验；与此同时，婴儿学会用新的方式——动作和言语来表达自己的愿望。

2. 微笑

婴儿的微笑被认为是第一个社会行为，是婴儿积极情绪的表达。微笑可以引起周围人的注意，激发抚养者积极的教养行为。微笑是逐渐发展起来的，一般把微笑发展划分为三个阶段。

第一阶段：自发的微笑（0—5 周）

这种笑可以在没有外部刺激的情况下产生，是一种生理表现，不是社交的表情手段。主要出现在婴儿睡眠时，出现突然、强度低，表现为嘴角周围肌肉的活动。研究发现，抚摩婴儿的脸颊、腹部或听到柔和的声音也能引出婴儿这种微笑。这种微笑在出生 3 个月后逐渐减少。

第二阶段：社会性微笑（5 周—6 个月左右）

人的声音和面庞特别容易引起婴儿的微笑，即社会性刺激引起婴儿微笑。微笑时除嘴部肌肉活动外，眼周的皮肤会皱起，但持续时间比较短。在该阶段，婴儿对陌生人与抚养者的微笑没有本质区别，只是对后者的微笑较多一些。

曾有一个实验研究 3 个月大的婴儿对陌生人和木偶的反应（劳拉·E. 贝克，2002）。给婴儿看四个头像：1 个陌生人和 3 个不同程度像人脸的木偶。婴儿对木偶微笑的次数明显少于陌生人，对三个木偶微笑的次数以木偶与人相似程度的不同而异。

第三阶段：有选择的社会性微笑（6—7 个月）

儿童已经能区分熟人和陌生人，开始对熟人和生人作出不同的反应。婴儿对熟悉的人微笑，对生人表现出带有警惕的注意，除了微笑婴儿已经能出声地笑。

3. 恐惧

新生儿的恐惧是本能行为，这时的恐惧不是由视觉引起的，是由听觉、机体觉引起的，如大的声音、失持等能引起恐惧。

随着儿童经验的增多，出现了后天习得的恐惧。最典型的社会性恐惧是 6 个月左右出现的“认生”，对陌生人持排斥的态度，称为“陌生人焦虑”。在“视觉悬崖”实验中婴儿的表现是对深度的恐惧。

儿童认知的发展使恐惧表现出认知的特点。2 岁时，儿童出现预测性恐惧，如怕黑、怕坏人、怕鬼，这是因为想象的出现。5—6 岁的孩子怕细菌，这是因为抽象逻辑思维的萌芽，懂得细菌致病。

# 第二节　母子依恋

## 一　依恋概述

依恋（attachment）是指儿童与抚养者之间形成的亲密的情感联结，在6个月左右出现，表现为“认生”。大多数的抚养者是母亲，所以，绝大部分婴儿依恋的对象是母亲。当然，因为某种原因母亲不能照顾婴儿，婴儿也可以依恋其他的抚养者。如果不做特别说明，本节依恋概念一般指母子依恋。

与其他社会关系相比，Bowlby认为依恋有四个决定性的特征。第一，趋近行为（Proximity Maintenance）：个体寻求并试图保持与依恋对象的接近，不愿与之分离。第二，分离痛苦（Separation Distress）：抗拒与依恋对象的分离，分离时会感到痛苦。第三，避风港（Safe Haven）：把依恋对象作为一个避风港，当遇到问题和威胁时，会转向依恋对象寻求安慰和帮助。第四，安全基地（Secure Base）：把依恋对象作为一个安全基地，它的存在使个体的探索性增强，并能提高个体的社交能力。其中，第一个特征为外在行为表现，第二个特征为内在情感表现，这二者是依恋行为的两种最主要的表现形式；第三、四个特征则集中表现了依恋对个人发展的意义，前者具有工具性意义，后者具有社会意义（琚晓燕，2005）。

依恋建立起来以后，婴儿对依恋对象有强烈的追随倾向，喜欢与依恋对象在一起，与依恋对象在一起时有安全感、情绪积极。当婴儿生病或害怕时，依恋对象比其他人更能抚慰婴儿；在陌生情景下，依恋对象在身边时，婴儿表现出积极的探索行为，如果依恋对象不在身边，婴儿的探索行为受到抑制。如果与依恋对象分离（妈妈去上班），婴儿会表现出哭闹、不安、焦虑。

依恋不但可以给儿童带来心理的安宁，还可以对父母的教养行为产生影响，儿童对抚养着的依恋可以激发积极的教养行为。依恋是儿童社会性发展中最早形成和发展起来的情感，是儿童早期生活中最重要的社会关系。

## 二　依恋的产生

依恋不是生而具有的，也不是突然出现的，是在后天生活中逐渐形成的。是以感知、记忆、表象等心理能力发展为基础的，是儿童与环境相互作用的结果。

（一）鲍尔贝的依恋发展阶段论

第一阶段（0—3 个月）：对人无差别反应阶段

该阶段婴儿对所有人的反应都一样，没有差别。他们喜欢人脸，当人们出现在婴儿视线范围内时，婴儿会用注视、微笑、手舞足蹈表达他们的愉快情绪。他们喜欢人类的语音，能听出母亲的声音，但是对母亲和其他人的反应没有差别。

第二阶段（3—6 个月）：对人有选择反应的阶段

对不同人的反应出现差别，对熟悉和陌生人反应不同。对母亲的反应表现出更多的微笑、咿呀、身体的趋近；对熟悉的家庭成员也有上述表现，但量少一些；对陌生人的上述反应最少，但还没有出现怯生现象。

第三阶段（6 个月—3 岁）：特殊情感联结形成阶段

婴儿在 6、7 个月时形成了与抚养者的依恋。婴儿特别愿意与依恋对象在一起，与依恋对象在一起时情绪愉快、与依恋对象分离时哭喊、不愿意让她们离开，当依恋对象回来时婴儿即刻寻求与依恋对象的亲近。

在婴儿对抚养者表现出明显依恋的同时，大多数婴儿对陌生人的态度有了很大的变化。他们见到陌生人时不再微笑、咿呀，而是紧张、恐惧，如果陌生人强行拥抱婴儿，婴儿则哭闹、大喊大叫，即出现怯生现象。

（二）谢弗和爱默逊的依恋发展阶段论

在鲍尔贝之前，谢弗和爱默逊，从儿童选择依恋对象的视角，对儿童早期依恋的发生发展进行了阶段划分。

第一阶段：非社会性阶段（0—6 周）

婴儿只能发出哭、笑等无定向的信号，这些信号不一定专门指向人类或具体的个人。

第二阶段：无分化的依恋阶段（6 周—7 个月）

婴儿会对任何“人”（无论熟人或生人）发出信号并从中得到安慰与关注。

第三阶段：具体依恋阶段（7—11 个月）

7 个月以后，婴儿形成了与特定个体的依恋，依恋行为的组织也更具有选择性。这一时期，许多婴儿最初依恋一个人，一些婴儿则形成对多个人的依恋，但绝大多数孩子能很快由“单恋”转向“多恋”。

谢弗、爱默逊的依恋阶段与鲍尔贝的阶段论虽然在具体的划分标准与时间上有所差异，但他们关于依恋发展阶段特征的研究结论基本是一致的。相较而言，鲍尔贝的理论更系统地阐述了婴儿期依恋发展的一般规律及其内在机制，这也是它产生重要影响的主要原因。

## 三 依恋的测量方法

### （一）陌生情境测验

20 世纪 60 年代，Ainsworth 首创陌生情境测验来研究婴儿的依恋，这是一个半结构化的实验室观察，适用于测量约 12—20 个月婴儿的依恋行为、探索行为和依附行为。是在一系列标准事件的过程中实施的综合测量方法，由以下几部分构成：（1）行为主体变量：抚养者（主要是母亲）、婴儿和陌生人；（2）人际关系变化；（3）焦虑源：与抚养者及陌生人的相互作用；（4）主要情境：陌生人入场和退场、亲子分离和团聚。测验程序见表 4—1。

表 4—1 **陌生情境的实验步骤**

| 情节 | 事件 | 观察的依恋行为 |
|---|---|---|
| 1 | 在一位实验员的带领下，儿童由母亲带进室内，实验员随即离去； | — |
| 2 | 母亲将儿童放在地板上，当儿童玩玩具时，母亲坐在那儿看； | 母亲作为安全基地 |
| 3 | 陌生人进入室内，坐下，并和母亲谈话； | 对陌生人的反应 |
| 4 | 母亲从容离开房间，只有陌生人和儿童在一起，如果儿童焦虑不安，陌生人前去安抚； | 分离焦虑 |
| 5 | 母亲回来并招呼儿童，必要时安抚儿童，陌生人悄然离开，只留下母亲和儿童； | 对重聚的反应 |
| 6 | 母亲离开房间，让儿童独自待在室内； | 分离焦虑 |
| 7 | 陌生人进入室内，必要时安抚儿童； | 儿童是否接受陌生人的安抚 |
| 8 | 母亲返回室内，如有必要安抚儿童，让儿童重新对玩具感兴趣。 | 对重聚的反应 |

实验进程中，情节 1 持续 30 秒钟，其他各情节分别持续 3 分钟。如果母婴分离时婴儿反应强烈，该情节的时间可以缩短；母婴重聚时，如果婴儿需要更多的时间才能平静，该情节可适当延长。

这项测验设计了压力不断增加的情况下，对婴儿多种行为反应的测量。诸如婴儿在陌生情境中和不同的人或单独一个人探索环境的行为，对与不同个体分离的行为反应，对陌生人在场和双方互动的反应以及亲子重聚时的反应。它被认为是一种研究婴儿依恋的有效方法。Ainsworth 及其追随者对它进行了数次修订，使之更完善。

虽然有研究证实陌生情境中的婴儿依恋行为可以在一定程度上反映儿童在日常生活环境中对母亲的依恋行为，但毕竟这些依恋行为是在陌生的实验室情境中观察到的，与现实生活必然会存在一定距离。因而有一些研究者指出，陌生情境法的最大局限性就在于这种实验程序缺乏生态效度，因为它只能观察到在实验室的任务情境中儿童对母亲的依恋行为，这些行为可能与日常熟悉环境中的母子依恋行为有所不同。

陌生的情境、陌生的人，这些都促使婴儿产生过度的情绪反应，不能准确代表婴儿在日常熟悉环境中的行为，以及与抚养者真实的依恋关系。而且，陌生情境不太适合测量 2 岁以上儿童的依恋特征，2 岁大的儿童已经习惯与抚养者短暂的分离，有与陌生人接触的经验。另外，对陌生情境测验结果进行可信、有效的判断需要接受大量培训。

（二）依恋 Q 分类法

Q 分类法（AQS，attachment Q－set）设计了连续的测量尺度，用来代表依恋关系安全性的程度，共有 90 个描述与依恋有关的行为，反映了儿童的安全性、依赖性和社会性，要求观察者——受过训练的观察者或母亲对这 90 个项目进行归类，分成九类，每一类包括的项目是固定的。

Q 分类法主要考察家庭环境中 1—5 岁儿童的依恋行为，克服了陌生情境法在生态效度上的缺陷。把依恋安全作为连续变量，区分出依恋安全性量的差异。但是，在分类操作中，不能一次确定某一项目的所在类别，需要不断调整项目所在类别，致使分类者感到繁琐，会影响到测量效果。

一些研究表明，Q 分类法测量到的依恋与陌生情景测验所得依恋之间的一致性不高，再次说明，熟悉和陌生情景诱发出的依恋行为是不一样的。

（三）依恋表征测量

随年龄增长，儿童表征、言语能力提高，可以通过符号而不是实际行为来表达儿童内在的与依恋有关的经验。即在依恋对象不出现的情况下，使用儿童表征或符号能力完成测量。最常用的两种依恋表征测量是玩偶游戏（doll play procedures）和图片反应（picture response procedures），应用于3—8岁儿童。

玩偶游戏是给儿童提供家庭人物玩偶，主试给儿童讲述与依恋有关的标准化故事开头，然后由儿童故事续讲。通过对儿童讲述的分析来推断其依恋的性质。给儿童呈现的故事一般包括压力情景（儿童上床睡觉感到害怕）、分离或重聚场景（父母出差然后回来、购物时与父母走散）。在实际研究中各研究者所使用的故事在4—6个之间。

图片反应是给儿童呈现图片，描述儿童与父母分离，然后询问被试图片中儿童的感受、原因及可能的行为。对被试报告结果的分析，不同研究者之间存在差异。最为广泛接受的是 Slough 等人（1990）的分析结构：压力很大情景下分离时言语表达的脆弱性、中等程度压力下言语表达的自信、对分离讨论的回避。

上述各方法主要是对年龄较小儿童的测量，对年龄较大、具有一定阅读能力的儿童和成人则用问卷的方法测量依恋。

## 四 依恋类型

### （一）陌生情景测验的研究结果

安斯沃斯研究对象是10—14个月的婴儿，分析婴儿与母亲分离前后的行为、婴儿独自或与陌生人在一起时的行为、婴儿与母亲重聚时的行为，将儿童的依恋分为三个类型。

1. 安全型依恋（securely attached）

当母亲在场时这类儿童很快对周围环境进行探索，表现为摆弄玩具。在玩耍的过程中不时看母亲、对母亲微笑或与母亲有距离地交谈。当母亲离开时，其探索行为和操作活动受到影响，明显地表现出不安、苦恼，想寻找母亲回来。对陌生人表现出不同程度的警觉与怕生，但有时也能试图接近并向陌生人表示友好。当母亲回来时，儿童会主动发起与母亲的互动，寻求与母亲的身体接触，很快从不安中平静下来，继续玩玩具。这类婴儿约占65%—70%，也被称为B类儿童。

2. 回避型依恋（avoidant attached）

进入游戏室后，这类儿童立即开始玩耍，没有注意或很少注意到母亲的离去，母亲离开时，他们并不表示反抗，很少有紧张或忧虑的表现，在母亲离去后仍能继续玩耍。他们不回避陌生人，接受陌生人的安慰就像接受母亲的安慰一样。母亲回来时，他们往往不予理会，不注视母亲，而是自顾自地玩，有时也会欢迎母亲的到来，但只是短暂的，很快离开母亲。

实际上这类儿童并未形成对人的依恋，所以也称其为“无依恋的儿童”，被称为 A 类儿童，约占 20%。

3. 反抗型依恋（resistant attached）

进入实验室后，这类儿童没有探究环境的动机，对环境不感兴趣。整个实验过程都担心母亲的去向，总显得很警惕，有点儿大惊小怪。当母亲离开时，表现得非常苦恼、极度反抗，任何一次短暂的分离都会引起大喊大叫。对陌生人不主动接近。当母亲回来时表现出矛盾的既想寻求接触母亲又抗拒母亲的行为，对母亲的拥抱会生气地拒绝、推开，或刚被抱起来又挣扎着要下来。要他重新回去玩玩具又似乎不太容易，总是不时地朝母亲那里看。这类婴儿约占 10%—15%，也被称为 C 类儿童。

在这三种依恋类型中，安全型依恋被认为是良好的、积极的，其他两种类型的依恋为不安全型。

在上述三种依恋类型的基础上，Main（1990）的研究又提出了一种新的依恋类型——混乱型不安全依恋，是一种最不安全的依恋类型。在陌生情境下，婴儿行为表现为杂乱无章，缺乏目的性、组织性、前后不连贯。在这种依恋类型中，前述三种类型的依恋行为以非同寻常的方式复杂地结合起来。

梁兰芝（1997）对 2 岁儿童的研究发现，中国 2 岁儿童对母亲的依恋有 4 种类型：淡漠型、安全型、缠人型、混乱型，比例分布分别为 11%、73%、7%、9%。其中安全型和混乱型依恋的表现与国外研究者描述的西方、日本等国家儿童的行为大体相同，但淡漠型和缠人型依恋为我国儿童所特有，其表现特点与国外研究者描述的焦虑—回避型不安全依恋、焦虑—矛盾型不安全依恋有明显区别。

安斯沃斯的研究在心理学界被奉为经典，其划分的三种依恋类型亦被广泛引用，但也有研究结果与安氏不同。笔者认为，这种不一致可能源于以下两个方面。首先，文化是塑造行为的背景，行为的意义因文化而不同，视儿童的依恋不受文化的影响很难被接受，所以，不同文化背景下依恋类型不一样就不难理解。其次，类型的划分总是根据一定的维度和标准，当维度数量、标准改变后，划分出的类型数量自然会变化。

（二）熟悉情景下的研究

尽管陌生情景测验开创了亲子依恋研究的新纪元，成为研究婴儿亲子依恋的范式。但是陌生情景下的行为是否能代表婴儿真实生活的全部，是否能准确反映亲子之间的关系受到质疑。于是有人试图在日常背景下研究依恋。

马玲（2007）编制了“幼儿依恋行为问卷”。该问卷借鉴陌生情景的分离、重聚的场景，考察熟悉情景下幼儿早晨在幼儿园与母亲分离、晚上离园时与母亲重聚的依恋行为。该问卷共21个题目，分为焦虑和亲近两个维度，采用里克特5点记分。该量表的总体内部一致性信度为0.84，焦虑和亲近维度的内部一致性系数分别为0.82和0.75。

徐晶晶（2009）以马玲编制的问卷为工具，以2—3岁儿童为被试，研究熟悉情景下母子依恋。通过聚类分析，母子依恋可分为四种类型：和谐型（31.47%）、焦虑型（17.26%）、矛盾型（29.20%）、平淡型（22.0%）。

和谐型：这一类别的幼儿很愿意来幼儿园，来幼儿园时不会哭闹，能有礼貌地和老师打招呼，在母亲或其他抚养者要离去时，幼儿会强调让父母早点儿来接，然后就进教室玩耍。等下午家长来接时，会高兴地扑到家长怀里，要求回家。

焦虑型：这一类幼儿对来幼儿园这一事件感到很焦虑、恐惧，每次来幼儿园时，多数情况都会哭闹，不愿意来，就是勉强到了幼儿园，也不让家人离去，会要求家人带自己回家。当家人离去后，会有很长一段时间在教室哭闹，不和其他小朋友交往。到下午家人来接时，会马上扑过去，抓住家人哭闹，马上回家。

矛盾型：这一类幼儿来幼儿园时表现很平静，但当家人要离去时，便会哭闹不让离去，当家人已经离去后，情绪会很快平静，能和同伴玩耍；下午家人来接时，不会表现得很亲近、很高兴，有时会拒绝家人的拥抱。

平淡型：这一类幼儿在来幼儿园时并不表现出特别的高兴或伤心，家长送来幼儿园，就会进入教室坐好或玩耍，下午回家时，见到父母也很平静。他们没有多大的亲和需要，对于家人的离开不会显得痛苦和焦虑，焦虑性程度也相应的较低。

其中，和谐型和平淡型依恋，为安全性依恋，共占53.5%；焦虑型和矛盾型为不安全性依恋，占46.5%。不同依恋类型的幼儿在人数上有显著的差异，和谐型依恋所占比例最大，是总人数的31.4%；焦虑型幼儿比例最小，占总人数的17.3%。不同依恋类型的幼儿在性别方面有显著差异。从各类型上来看，平淡型的幼儿在男女比例上有显著的差异，女孩占的比例是28.1%，男孩占的比例是15.2%。其他类型的幼儿在性别上没有显著的差异。不同依恋类型的幼儿在年龄上有显著的差异。3岁幼儿基本形成了以安全性依恋为主的依恋模式，2岁幼儿正处在良好依恋关系的建立期。

（三）依恋类型的稳定性

依恋类型形成后表现出稳定的特征，但也不是一成不变的。如果教养环境发生较大变化即母亲与儿童的交往发生改变，依恋类型也可以发生变化。安全型与不安全型之间可以相互转换。

有研究追踪检测被试在14、24、58个月大时的依恋类型，发现被试在14和24个月时的依恋表现出稳定性，而14个和58个月之间、24个和58个月之间的依恋并没有表现出明显的稳定性；那些没有表现出稳定依恋的被试的母亲较少报告积极的生活事件，更多报告了消极事件。运用分离—重聚方法研究儿童在3.5岁和5.5岁时的依恋类型，结果发现依恋类型还是比较稳定的，少数安全依恋发生变化的儿童，也都报告了消极事件（马伟娜，2009）。

熟悉情景下对2—3岁幼儿母子依恋的追踪研究显示，一年后没有发生类别变化的儿童占35.5%，发生类别变化的儿童占64.5%。矛盾型、和谐型儿童数量有所下降，但焦虑型、平淡型儿童数量有所增长。其中焦虑型中未变化占36.4%，和谐型中未变化为21.1%，平淡型中未变化为50%，矛盾型中未变化为28.1%（赵琳，2010）。第三年的追踪结果显示，与前一年相比，类别变化的幼儿占67.8%，未发生变化的占32.2%（焦丽妃，2011）。

## 五　依恋的影响因素

（一）养育特征

1. 对动物依恋的研究

哈洛在20世纪50年代，以恒河猴为对象所做的一个研究，对于理解依恋的产生可以很有启发。他为恒河幼猴设计了两个代理妈妈，一个是用金属丝构成的圆筒，称“金属母猴”，另一个是在圆筒外面盖上一层柔软的毛巾布，称“布母猴”，这两个母猴都装有可供幼猴吸吮的奶瓶。实验时将幼猴分为两组，一组在金属母猴那里吃奶，另一组在布母猴那里吃奶。

实验结果表明，不论布母猴是否供应食物，除了吃奶时间之外，幼猴大部分时间愿意与布母猴在一起。哈洛把一只大的发条玩具熊放进笼内，那只单由布母猴抚养的幼猴会立即逃到布母猴那里，紧紧地抓住它。过一会儿，它才会大着胆子去探索这个“不速之客”。而那个单由金属母猴抚养的幼猴，一看到那个“怪物”不是逃向“母猴”，而是猛力地想把那怪物推开，或者把自己摔在地板上，或者靠着笼子去摩擦身子。

为了测定幼猴与两个代理母猴的依恋程度，实验者把幼猴与代理母猴分离一段时期，然后再放回原处。此时，两个代理母猴抚养的幼猴，其行为表现很不一致。由布母猴抚养的幼猴，回到原处时似乎感到了一种安慰，依然保持着对布母猴的依恋。而由金属母猴养大的幼猴并无类似的表现，也并未因见到“母亲”而安静下来。

2. 对人类依恋的研究

早期的一些研究主要强调照料者在形成依恋关系中的作用。以鲍尔贝、安斯沃斯为代表的大部分依恋研究者都认为，由照料者的抚养行为所提供给婴儿的早期经验，对不同依恋类型起主导作用，尤其是对婴儿各种信号的敏感性反应，更是依恋关系的主要影响因素。安斯沃斯通过对母亲在婴儿出生后最初 3 个月喂养方式的研究，发现高敏感性的母亲能使 1 岁的婴儿形成安全型依恋，反之，那些低反应性、低敏感性母亲喂养的婴儿大多形成回避型或拒绝型依恋。后来安斯沃斯等人又从敏感—不敏感、接受—拒绝、合作—干涉、易接近—忽视四个维度分析母亲的教养行为，发现安全型依恋的母亲大多能保持稳定而一致的接纳、合作、敏感、易接近等特性，而回避型依恋的母亲倾向于拒绝、不敏感，拒绝型依恋幼儿的母亲则倾向于拒绝、干涉或忽视。

然而，也有一些研究得出的结论不太相同。在实验室情景中，对焦虑型婴儿的母亲与婴儿的交往过程进行了观察，发现在敏感性上，她们与安全依恋型婴儿的母亲并无显著差异，只是与其他母亲相比，这些母亲报告她们更焦虑而且对婚姻较少感到满意。至今，有大量的研究证实了母亲行为，尤其是母亲敏感性对幼儿依恋的重要影响。但是研究结果所证明的，敏感性对依恋影响的程度都远未达到安斯沃斯的实验结果 。因此人们逐渐认识到，母亲敏感性在依恋形成过程中是“一个重要但非唯一的影响因素”，从而重新科学地确立了抚养敏感性在幼儿依恋形成中的地位（宋海荣，2003）。

此外，母亲的抑郁、压力、母子冲突等都可能与依恋有关。

有研究显示，母亲抑郁与不安全依恋相关联。Murray（1992）的研究结果显示，与产后精神健康的母亲相比，产后抑郁的母亲更容易导致不安全依恋婴儿的出现。元分析研究显示，母亲抑郁与不安全依恋之间呈中等程度相关（Atkinson，2000）。

Stelter（2011）以85对亲子（48%非裔美国人、6%欧洲后裔、46%美裔印第安人，40%母女、42%母子、13%父子、5%父女）为被试，探讨父母压力、父母对儿童情绪意义的认知（4个维度：积极情绪的价值、消极情绪的价值、所有的情绪都是问题和不健康的表现、情绪无好坏之分）与儿童感知到的亲子安全依恋的关系，模型包括父母压力、父母认知对亲子安全依恋的直接预测，父母压力在父母认知对亲子依恋影响中的调节作用。被试是4年级和5年级的学生（平均9.61岁，范围从8—11岁）。结果显示，当父母压力低时，父母的认知与儿童的安全依恋无关；当父母压力高时，除“所有的情绪都是问题和不健康的表现”这个维度外，父母压力的调节在其他三个维度上都存在。这说明父母的压力也影响到亲子依恋。

Laible（2008）研究儿童依恋、儿童气质与母子冲突（质与量）之间的关系。64位母亲和其孩子参加了本研究，在儿童30个月时，母子参加了实验室观察，在儿童36个月时进行家庭观察。用观察资料评价母子间的冲突，母亲填写问卷评价儿童的依恋和气质特征。结果显示，在两个时间点安全依恋都与母子间的冲突性质（母亲解决冲突的策略、母亲的说理、母亲的承诺）有关，而与冲突的数量无关。

综观已有研究，承认作为抚养着的母亲在母子依恋中的作用已达成共识。但是母亲养育是一个复杂的行为，如何解构教养行为？不同的学者从不同的视角解构母亲的养育行为，这是导致研究结果矛盾冲突或互不关联的一个重要原因。如，母子冲突这一变量，可能就包含了敏感性、反应性，也就是说在解构教养行为时，母子冲突在概括程度较高的层次，而敏感性、反应性在概括程度较低的层次。那么究竟应该解构到哪一个层次更为合理，这是今后该领域仍需进行深入研究的问题。对教养行为构成要素的研究，不仅有助于对亲子依恋的认识，也有助于对其他研究问题认识的深入。在解构教养行为的基础上，还需要厘清教养行为中的哪些维度与依恋有关？哪些与依恋无关？哪些维度直接影响依恋？哪些维度间接影响依恋？

（二）儿童的气质

Sroufe（1983）认为，母亲的养育质量决定了依恋的类型，而婴儿的气质决定了不安全依恋的特殊表现形式。

Belsky（1984）从生态学视角提出了一个抚养因素的一般模型（general model of determinants of parenting）。认为影响父母行为的因素主要有三类：父母的特征（个性特点、成长经历）、儿童自身的特点（年龄、气质）和社会环境因素（社会支持、工作、婚姻关系等）。这三方面的因素通过不同的组合方式直接或间接地影响父母养育行为，从而影响亲子互动的质量，进而影响依恋的质量。Laible（2008）对依恋、气质与母子冲突（质与量）之间关系的研究显示，儿童气质——活动水平（activity level）、冲动性（impulsivity）与消极的反应性（negative reactivity），与母子冲突的质、量都存在显著相关。

事实表明，不同气质类型的婴儿都有可能形成安全的依恋。因此，婴儿气质不直接影响依恋类型的形成，而是通过对抚养着的抚养行为的影响而影响依恋类型的形成。所以，抚养者的行为与婴儿气质特征的“匹配”，是形成安全依恋的关键。

## 六　早期依恋对后期发展的影响

心理分析理论和生态学认为，早期的依恋关系对后期发展的影响是全方位的，对认知、情绪和社会行为都有影响。

纵向追踪研究表明，在婴儿期表现为安全依恋的儿童，在2岁玩游戏扮演角色时，表现更精确、更热情、更灵活，解决问题时更有耐心。4岁时，老师对他们的评价是自尊心强、社交能力强、善于合作、自主、受人欢迎。而回避型依恋的儿童被认为是孤僻、不合群的；反抗型依恋儿童被认为是分裂的、交往困难的。11岁时这些儿童参加同一个夏令营，婴儿期为安全型依恋的儿童，与同龄人的交往好，有亲密的朋友和良好的社交技能（劳拉·E. 贝克，2002）。

Oppenheim（2007）研究了1岁时婴儿的安全依恋与后期情绪表达的关系，用陌生情景法评价99名1岁婴儿的母子依恋，在被试4.5岁、7.5岁时收集与母亲谈话时情绪表达的数据。谈论的内容是过去的情绪事件和母子分离，将被试的情绪表达分为恰当组和三个非恰当组。结果显示，婴儿期的安全依恋与4.5岁的恰当情绪相关显著；4.5岁与7.5岁的情绪表达呈中等程度的稳定性；1岁时的依恋仍能预测7.5岁的情绪表达。

McElwain（2008）追踪研究了依恋对友谊的影响。被试共有1071个（536个男孩，535个女孩），在36个月时测量其依恋的性质，在54个月时测量被试的言语能力、归因和母子间情感互动，在一年级时测量其言语能力、归因和同伴交往的社交技能，在3年级时由母亲和教师报告被试的同伴友谊质量。用结构方程分别检验依恋对母亲和教师报告的同伴友谊的作用。结果显示，在两个模型中安全依恋对同伴友谊的间接作用都显著，这种间接作用的中介是母子间良好的情感互动、儿童良好的言语能力（54个月）、较低的敌对归因（只存在教师模型中）、较高的社交技能（一年级）。

Sheree（2009）追踪研究了婴幼儿及其母亲，在被试20个月、36个月时测量其依恋，在被试36个月和48个月时测量其适应发展水平。结果显示，母亲的抑郁对儿童适应有消极的影响，而这种影响又受儿童依恋性质的影响，安全型依恋能降低母亲抑郁对儿童适应不良的影响。

Stupica（2011）追踪研究了84名婴儿期安全依恋与后期社会性发展是否受不安（irritability）气质特征的影响。在被试12个月时测量其安全依恋，在被试18个月和24个月时测量其与陌生成人在一起时的探索行为和社会性。结果显示，12个月时的不安与依恋的交互作用能预测18个月和24个月时的探索行为和社会性；那些不安、不安全依恋分数高的儿童，表现出较少的探索行为；与不安水平为中等的婴儿比，那些不安水平高的婴儿在社会性方面有两种表现，如果不安水平高的婴儿有安全的依恋，那么就表现出较好的社会性，如果不安水平高的婴儿形成不安全的依恋，那么就表现出较差的社会性。

Englund（2011）的一项26年的追踪研究结果表明，早期（12—18个月）的母子依恋与16岁时的友谊、23岁时的恋人关系、26岁时的适应（人际关系、工作、心理健康和自我评价）、28岁时的适应（心理、社会和职业）呈显著正相关，与28岁时的生活压力成显著负相关；早期的母子依恋能直接预测16岁时的友谊、28岁时的适应功能。

虽然有众多研究表明早期依恋对后期有影响，但是，到目前为止，还缺乏足够的实验结果可以证明早期的依恋性质会对以后的行为和个性产生持久的影响（详见第九章）。但是，早期的非安全依恋仍然是后期发展的不利因素，而早期安全依恋的形成对儿童后期的发展起到积极作用。

综合上述研究，可以看到早期依恋对儿童心理发展的影响是多方面的。但是，这种影响力究竟能持续多久？早期消极依恋的影响是否可以被积极的因素所减缓、抵消等，仍需要长期的追踪研究方可知晓。

## 第三节 父子依恋

在依恋领域，对父子依恋的研究远远落后于母子依恋，近些年的研究开始重视父子关系在儿童社会化过程中的作用。对父子依恋的研究是从借鉴母子依恋研究开始的，目的在于探讨父子依恋与母子依恋的不同：依恋的形成、表征和意义。安斯沃斯对母子互动的观察，不但形成了测量依恋的标准（陌生情景程序），而且奠定了认识人类依恋的理论基础。

### 一 父子依恋测量

最早的研究将安斯沃斯的方法应用于父子，所得研究结果往往不同于母子依恋，甚至不支持母子依恋的结果。Belsky（1983）的研究认为，父亲的敏感性多不能预测儿童的依恋，但 van IJzendoorn（1997）使用元分析技术的研究结果表明情况不总是这样。与母子安全依恋相比，父子安全依恋对儿童社会、情绪发展的影响不明显。Main 和 Weston（1981）对 55 个研究的分析显示，父亲的权威教养与儿童问题行为之间的相关为 -0.23，与儿童内隐行为问题之间的相关为 -0.27。这说明父亲教养与儿童发展结果之间为中等程度相关，但是，这些研究并没有控制母子关系，因为有研究显示，父亲和母亲之间的教养行为相关显著。另有一些研究，在控制了母子关系后，父亲教养与儿童发展结果之间的关系会出现不显著的结果（Barnett，1991；Brody，1994；Wright，1990）。当然，也有研究显示，在控制了母亲行为后，父亲对儿童的影响依然显著（Browne，1991）。

根据这些早期的研究，在当时的心理学领域形成了这种认识：父子依恋在儿童发展中只是一个次要角色，认为父亲对儿童社会性及情绪的发展所起作用是“添加剂”（母子、父子两个安全依恋要好于一个母子安全依恋）。但是，后来的研究逐渐改变了这一看法。

近两年有研究（Paquette，2010）提出“危险情境”（Risky Situation）来测量父子关系和父子依恋。给儿童提供有“危险”感的情境，诱发儿童寻求父亲的安慰，最终目的是使儿童在探索环境和寻求安慰间找到平衡。该程序需要20分钟完成观察，适合于12—18个月大的婴儿，该方法对过程信息编码的内容简单、易用，将父子间的互动分为三类：活跃型（activated children）约38%、不活跃型（under - activated）约33%、过度活跃型（overactivated）约29%。

## 二　父亲作为依恋对象

Lamb（1977）观察了20名婴儿与父亲和母亲的互动，结果显示，婴儿在依恋行为上并没有表现出对父亲或母亲的偏向，这说明在依恋形成的初期，婴儿对父母双方都形成了明显的依恋。婴儿对父亲发起的父子游戏反应更为积极，因为父子之间的互动主要是游戏，而母子间的互动主要是照料婴儿。所以，研究者推测父亲和母亲对婴儿及其发展的影响是不同的。

一个22年的追踪研究认为，父子依恋质量、母子依恋质量、对发展的预测力源于父母与婴儿互动经验的不同，因此，对亲子依恋、母子依恋及其影响的评价也应该是不同的（Grossmann，2008）。所以，不能将父子依恋作为作为母子依恋的“附属”物。

对婴儿哭泣的反应，也说明了父母之间的差异。Stallings（2001）的研究发现，与父亲相比、与非产后女性相比，母亲和产后女性对婴儿轻微痛苦的反应性、准确性都要好一些。Lamb（1977）的研究表明，婴儿在积极情绪状态下更愿意与父亲在一起。这些研究可能预示着，父亲对婴儿痛苦觉知的阈限更高（不敏感），父亲与婴儿探索外界的动机更契合。还有一系列的研究与该观点相一致，父亲鼓励儿童的探索活动、父亲鼓励儿童冒险性游戏、或者与儿童一起分享兴趣与活动（Bretherton，2005；Paquette，2004；Cabrera，2007；Grossmann，2008；Newland，2008）。

Veríssimo（2011）探讨了学前儿童母子依恋、父子依恋的关系。35个来自里斯本的完整家庭（父母、儿童）参加了本研究，有20个女孩、19个男孩；第一次测量时被试的年龄介于29—38个月之间，亲子依恋通过家庭行为观察获得；结果显示，母子依恋与父子依恋间存在显著相关，即与父母一方建立了良好的依恋关系意味着会与另外一方形成良好的依恋关系。

在各种社会文化背景下，父亲作为儿童主要依恋对象的比较少。在对婴儿到青少年依恋的大量研究中，父亲作为儿童更愿意依恋对象的大概占5%—20%。Freeman（2001）以99名11、12年级的青少年为被试，研究其与父母依恋和同伴依恋的性质。将被试的依恋分为安全型、不安全退缩型（insecure dismissing，特点是拒绝分离、不表达情绪、解决问题时不寻求支持）和不安全情绪型（insecure preoccupied，特点是高焦虑、对周围人愤怒、行为前后不一致）三种风格。被试报告自己主要的依恋对象，并评价从母亲、父亲、最好朋友和异性朋友那里获得依恋的支持程度。结果显示，把父母和同伴作为主要依恋对象的被试数量相等，个体依恋对象的选择主要与其依恋类型有关。安全依恋型被试更多地把母亲作为依恋的主要对象，而不是父亲、好朋友、异性朋友；有异性朋友的安全依恋型被试，他们对母亲给予的依恋支持评价不高，但是他们中没有人将异性朋友作为主要的依恋对象。相反，不安全依恋类型被试，表现出强烈的把异性朋友、好朋友作为主要的依恋对象；有1/3的不安全拒绝型被试把自己作为主要的依恋对象。

研究发现父子依恋与儿童的性别、年龄相关联。父亲更愿意参与男孩的活动，更愿意与年龄大的儿童（童年晚期到青少年早期）在一起；对于寻求依恋的儿童来讲，在婴儿期及成年早期不愿意寻求依恋父亲。

Doherty（2004）以812名成年人（16—90岁；男性248名、女性564名；平均34.86岁、标准差18.55岁）为被试，研究成人依恋结构。结果显示，平均依恋对象为9.69个，女性比男性列举的依恋对象要多（女性10.03个、男性8.92个），作为依恋对象的女性（5.51个）显著多于男性（4.19个）。根据年龄将被试分为四组：成年早期（16—25岁，384人）、成年期（26—45岁，181人）、中年期（46—60岁，144人）和老年期（61—90岁，103人）；单因素方差分析结果显示，老年组列举的依恋对象显著少于其他三组（老年=8.41、成年早期=9.69、成年=10.15、中年=10.02）。该研究还分析了被试依恋对象（伴侣/配偶、母亲、父亲、同胞、朋友、子女）的重要程度，结果显示被试对伴侣/配偶的依恋程度最强，依次是子女、朋友、母亲、同胞、父亲；在成年早期，不到1%的女性与异性保持长期的情侣关系。

Freeman（2010）以1012个年龄在18—45岁（平均20.4岁）的成年

人为被试，进行了三年的追踪，研究被试如何将父亲作为依恋对象。被试报告从父亲、母亲、好友和恋人那里获得支持、寻求支持的程度，支持包括承诺、亲近、陪伴、建议和浪漫经历。结果显示，约10%的被试把父亲视为依恋支持的主要来源；与没有把父亲作为依恋支持主要来源的被试相比，把父亲作为依恋支持主要来源的被试主要是男性、年龄在20岁以下、没有恋人、性行为少；回归分析显示，性行为多、与恋人关系密切能预测较少的将父亲作为依恋支持源；父亲被作为依恋支持源主要是因为父亲能用开诚布公的谈话解决亲子间的矛盾，实现亲子间的相互尊重。

Trinke（1997）以223名大学生为被试，从五个维度评价其依恋：恐惧时将依恋对象作为避风港、将依恋对象作为探索世界的安全基地、与依恋对象情绪连接的强度、寻求空间上的接近、依恋对象离去时的消极情绪。结果显示，被试平均有5.38个依恋对象，包括家庭成员、异性朋友、好朋友；对上述人物的依恋既有安全的，也有非安全的。

根据上述研究，人们逐渐认识到父子依恋与母子依恋同样重要，父子依恋对儿童发展的影响被赋予了更重要的地位。

### 三　父亲教养与父子依恋

Grossmann（2002）追踪了44个家庭，从儿童出生到16岁，研究父亲对儿童依恋的影响。结果发现，1岁时父亲的教养质量（敏感性、反应性）可以预测2岁时亲子游戏中父亲对婴儿的敏感性、挑战性，这种敏感性、挑战性连续4年表现出稳定性，与父亲依恋内部工作模式紧密相关。在12—18个月期间通过模式情景测验获得的父子依恋、母子依恋质量与6岁时的安全依恋相关显著。婴儿期父亲的敏感性、母子依恋质量能预测儿童10岁时的依恋内部工作模式，反之亦然；婴儿期父亲的敏感性能预测16岁时的依恋。该研究的结果说明，婴儿期父亲教养的敏感性比父子安全依恋对童年期依恋的预测力要好。

Newland（2008）以102名学前儿童及其父亲为被试，研究安全依恋、父亲教养（父亲参与教养时间、父亲教养在时间维度上的一致性、父母教养的一致性）、父亲背景因素（父亲的内部工作模式、父亲对社会支持的使用）之间的关系。有关父亲的信息和父子依恋的信息都由父亲提供。结果显示，父亲参与教养能调节父亲背景因素与儿童安全依恋间的关系，该结论支持儿童安全依恋形成的多层生态观。

Howard（2010）以72个父亲及其孩子为被试，追踪研究了父亲的恋爱关系、父亲的教养知识、父子安全依恋、儿童依赖性之间的关系，在婴儿6个月和12个月大时收集数据，各变量都由父亲提供信息。结果显示，那些认为父子依恋是安全的父亲，其教养压力低、教养的自我效能感高、教养知识丰富，即父亲教养压力与父子安全依恋相关联。

George（2010）以236个家庭及其学前儿童为被试，研究父亲教养（关心、反应性）对父子依恋的影响，父母报告自己和配偶的教养行为，使用陌生情景测验划分幼儿的依恋类型。依恋类型分为四种：安全型、不安全回避型、不安全矛盾/依赖型和其他型。结果显示，父母的关心与父子安全依恋、母子安全依恋无关，与母子回避型依恋、父子回避型依恋无关；父亲、母亲对儿童消极情绪的反应性能分别预测父子安全依恋和母子安全依恋；尽管父母的低反应性与不安全父子依恋、不安全母子依恋相关联，但是，父母教养与不安全依恋相关的机制是不同的，父亲的低反应性与不安全回避型依恋相关联，而母亲的低反应性与不安全矛盾型依恋相关联。

Newland（2010）以274对父子（儿童的年龄在8—11岁）为被试，研究美国和中国台湾两种文化背景下父亲的养育特征、父子依恋与儿童发展的关系。父亲填写问卷测量父亲的亲密人际关系（与父亲、母亲、配偶）、压力、社会支持、儿童的学业成就；儿童填写问卷评价父亲的养育方式、父子依恋、儿童的情绪与自我认知。结果显示，父亲的压力、社会支持与父子依恋存在关联。

Coyl（2010）以235名学前儿童及其父母为被试，研究安全依恋、教养行为（亲子活动、教养一致性、父母合作教养）、教养背景因素（内部工作模式和对社会支持的使用）之间的关系。结果显示，父母的教养行为能调节父母教养背景因素与儿童安全依恋之间的关系。

Hazena（2010）以125个家庭的父母及其孩子为被试，研究父亲的恐吓和敏感对儿童发展的影响。在孩子12—15个月时（105对父子参加），用陌生情景测量父子依恋，父子依恋分类如下：58个安全型、12个不安全回避型、14个不安全反抗型、14个混乱型。结果显示，父亲恐吓、敏感与父子之间的依恋类型无关。

从上述研究可见，对父亲教养的关注是多方位和多方面的，有敏感性、反应性、参与教养的时间、教养压力、教养的自我效能感、拥有的教养知识、得到的社会支持等。既包括教养行为（敏感性、反应、教养压力）也涉及教养认知（知识、效能感）；既有从分子层面进行研究的（敏感性、反应、教养压力、效能感）也有从更为概括层面进行讨论的（参与时间）；多数是影响依恋的直接因素，少数是影响依恋的间接因素（社会支持、教养知识）。

但是，勾画出父亲教养对依恋影响的清晰路径尚需时日。除了寻找到主要的教养因素外，还需要考虑这些因素因儿童性别和年龄不同而作用各异。

## 四　父子依恋形成的背景

### （一）对动物的研究

对灵长类动物的观察发现，如果环境是有利的，几乎所有的灵长类雄性都可以被诱导出恰当的养育行为（Hrdy，1999）。人类的雄性比较特殊，人类为儿童提供直接和间接的养育，这种养育甚至持续到孩子成年，但是父亲养育行为的个体间差异却很大。

母子依恋的生物学基础，根植于洛伦兹对动物印刻现象和哈洛等对灵长类动物的观察研究，那时基本没有涉及对雄性动物父亲的研究。最初对幼崽依恋母亲行为的研究，主要集中于这样的物种——在幼崽早期发展阶段父亲远离幼崽。鲍尔贝对依恋动机系统的分析仅局限于哺乳和鸟类两种动物。尽管在哺乳动物中父亲直接参与养育的比例少（不到5%的物种），但是，在灵长类和食肉动物中有30%—40%物种的父亲直接参与幼崽的养育。在鸟类中有多于90%的物种，父亲扮演养育合作者的角色，单独由父亲抚养幼崽的情况很少。

在所有鸟类和哺乳动物中，能预测父亲直接养育幼崽的突出变量是其养育方式。在灵长类动物中，雌性抚养幼崽很普遍，但是，如果父亲与幼崽的母亲保持长期的性关系，特别是在一夫一妻制的两性关系中，父亲也表现出建立依恋的行为——拥抱、抚摸幼崽等。在鸟类中双亲抚养幼崽很普遍，但是，单独由父亲抚养幼崽仅存在于少数的一夫多妻中的物种中。

动物界的多种“夫妻”关系及养育方式在人类中都存在：一夫多妻、终身的一夫一妻、阶段式的一夫一妻。这为研究父子依恋提供了多种背景和条件，但是，目前的研究基本上是对一夫一妻制背景下父子依恋的研究。对哺乳动物和鸟类的研究，有助于心理学对人类群体中的父亲直接参与儿童养育的理解，以及这种参与对父母之间关系的维持有何作用。

（二）父母合作养育、夫妻关系与父子依恋

近年来对婚姻关系的研究，显示了婚姻关系质量是如何影响儿童与父亲建立安全依恋关系的。

Volling（1992）追踪研究了父母都工作家庭和只有一人工作家庭中的父子依恋。被试为113个家庭及其头生子，在儿童出生前及出生后3个月、9个月、13个月时收集数据；在被试3个月和9个月大时通过家庭观察获取父亲教养行为的信息，母亲填写婴儿气质问卷，父亲填写婚姻关系问卷；在被试13个月大时用陌生情景测量依恋，将依恋分为安全和非安全两大类。结果显示，在家庭中父亲承担的家务劳动量与父子安全依恋相关联，而父母都工作的家庭中父亲参与家务劳动多；在父母都工作的家庭中，那些与孩子依恋为非安全型的父亲，在孩子出生后的3—9个月期间，婚姻冲突和消极感受有增加的趋势，这种增加的趋势比其他家庭显著。

Owen和Cox（1997）以38对夫妻及他们的第一个孩子（15个男孩23个女孩）为被试，在第一个孩子出生前及出生后3个月、1岁时收集数据。结果表明，婚姻冲突、父母的敏感、与孩子互动时的投入能预测亲子间、特别是父子间的不安全依恋；混乱的亲子依恋行为主要源于婚姻冲突而不是父母心理成熟度和教养的敏感性。Floyd（1998）的研究显示，婚姻质量对父母的教养行为、亲子互动有显著影响。

Caldera和Lindsey（2006）以60名（男女各半）11—15个月大的婴儿为被试，比较父母教养的行为、质量与儿童依恋（父母评价）之间的关系。结果表明，父母之间竞争式的合作教养与不安全依恋相关，而母亲的行为与母亲评价的安全依恋相关；在家庭中如果母亲对儿童进行消极控制、如果父母之间的竞争强烈，那么父母对儿童依恋关系的评价差异比较大。该研究结果支持家庭系统影响亲子关系质量这一观点。

Laurent等人（2008）以80对夫妻及他们的头生子（2岁）为被试，追踪研究了夫妻间的冲突、夫妻间依恋与儿童安全依恋的关系。分层回归的结果显示，夫妻间心理敌意（不尊敬的言语、强迫对方）能预测父子间安全依恋水平低，这种预测不受夫妻间关系的影响；如果父亲感觉与配偶的关系不够安全，夫妻间的积极投入（敞开心扉、表达积极情感、给予建议等）能预测父子间较低的安全依恋；夫妻之间互动时任何一方的回避，都不能预测儿童低水平的安全依恋。

Cowan（2009）以73名父亲和母亲及其第一个孩子为被试，追踪研究夫妻关系与儿童依恋之间的关系，在幼儿期（平均4.9岁）和一年级时收集数据。结果显示，儿童发展的差异可由父亲报告的夫妻关系解释5%—18%，母亲报告的夫妻关系可以解释变异的4%—18%。

Brown（2010）以68个有婴儿（男33、女35）的家庭为被试，追踪研究了夫妻合作教养与母子安全依恋、父子安全依恋间的关系。在婴儿3.5个月时，使用观察和问卷的方法测量父母间教养的合作、父母教养的敏感性，在婴儿12—13个月时使用陌生情景测验确定母子依恋、父子依恋的安全性。结果显示，父母间的合作教养与父子间安全依恋相关联，在控制了父亲教养的敏感性后，这种关联依然存在，但与母子间的安全依恋无关。父母间的合作教养与亲子间安全依恋的关系受婴儿性别的影响，在男婴家庭中父母的合作教养与父子安全依恋、母子安全依恋都有显著关联，在女孩家庭中，父母的合作教养与父子安全依恋、母子安全依恋都无关联。可见，从父母的合作教养关系到父子安全依恋关系的建立，在研究家庭与依恋关系时需要同时考虑父母和婴儿的性别。

Wilson（2010）以110个家庭（有2个以上的3—12岁的孩子）为被试，研究父亲独自照看孩子的经历及相关因素。结果显示，父亲单独照看孩子的时间显著少于母亲；父亲独自照看孩子的时间与父亲知觉到的母亲支持、母亲工作中的社会地位呈显著正相关；父亲将父子依恋视为重要的照看孩子的内容之一。

Howard（2010）以72个父亲和其孩子为被试，追踪研究了父亲的恋爱关系、父亲的教养知识、父子安全依恋、儿童依赖性之间的关系。结果显示，与恋人的关系影响到父亲的教养观念，而父亲的教养观念导致了不同依恋模式及儿童依赖性的形成。

综合上述研究发现，在涉及婚姻关系与父子依恋主题的研究中，有三个变量是所有研究都关注的：婚姻满意度、父母合作教养的质量、父亲与配偶的关系。目前，对父子依恋关系的研究是在家庭系统背景下进行的，同时考察个体和家庭互动过程。

### 五　父子依恋的作用

Suess（1992）以39名儿童为被试，追踪研究母子依恋、父子依恋对儿童发展的影响。在被试 12 和 18 个月时进行安斯沃斯的陌生情景测验，5 岁时进行自由游戏观察。被试对母亲的依恋类型分布如下：11 人（28%）为不安全依恋（A 型）、24 人（62%）为安全依恋（B 型）、4 人（10%）的依恋无法划分即未作分类（U 型）。被试对父亲的依恋类型分布如下：16 人（41%）为不安全依恋（A 型）、17 人（44%）为安全依恋（B 型）、6 人（15%）的依恋无法划分即未作分类（U 型）。对父母依恋都为不安全的 9 人；对父母依恋都是安全的有 9 人。5 岁时观察的变量有游戏行为、人际互动、冲突解决和行为问题。结果显示，B 型依恋和 A 型依恋之间在多个变量上存在差异，与母亲的 A 型依恋和 B 型依恋之间在六个变量（冲突解决、退缩、行为问题、怪异行为、敌意和集中于游戏）上存在差异，除冲突解决时 B 类依恋组的分数高于 A 类依恋组，其余各变量都是 A 类依恋组高于 B 类依恋组；与父亲 A 型依恋组和与父亲 B 型依恋组之间在紧张和消极情绪两个变量上存在差异，A 类依恋组高于 B 类依恋组。如果同时考虑被试对父母依恋的类型，两类依恋组在发展上的差异更为明显。

María Cristina Richaud de Minzi（2010）以阿根廷 860 名中产家庭儿童为被试，其中 146 名（男孩 77 名、女孩 69 名）8 岁儿童、167 名（男孩 71 名、女孩 96 名）9 岁儿童、171 名（男孩 77 名、女 94 名）10 岁儿童、190 名（男孩 89 名、女孩 101 名）11 岁儿童、186 名（男孩 93 名、女孩 93 名）12 岁儿童，研究亲子依恋对儿童发展的影响。使用问卷的形式由被试分别报告母子和父子依恋（信赖、得到），以及学业能力、同伴接纳程度、抑郁、孤独。结果显示，母子依恋的两个维度分别与父子依恋的两个维度之间呈中等程度显著相关，这在一定上说明母子依恋和父子依恋的结构不完全相同。母子依恋、父子依恋对儿童发展结果的预测力不同，父子依恋的两个维度对儿童抑郁的预测力非常强；母子依恋的两个维度对儿童孤独的预测力非常强。亲子依恋的预测力不存在性别差异。

Priddis（2010）以 61 名 5—6 岁澳大利亚儿童为被试，研究亲子关系与记忆的关系，结果显示亲子关系与儿童回忆能力之间显著相关，回忆能力与儿童安全依恋存在关联。

Michiels（2010）以 600 名（女 299、男 301）4—6 年级儿童为被试，研究父子依恋、父亲积极情绪对儿童发展的影响。被试报告与父亲和母亲的依恋，教师和父母报告儿童的问题行为（情绪问题、同伴问题、过度活跃、攻击行为）和亲社会行为，父母报告教养中的积极情感。结果显示，父亲的教养能预测所有被试的情绪问题、同伴问题和亲社会行为；在所有回归分析模型中，父亲的因素增加了自变量对各因变量的解释率；在情绪问题上，父亲变量的解释率（3%）高于母亲（1%），特别是对女孩情绪问题的预测父亲的作用更为明显。

Newland（2010）对美国和中国台湾8—11岁儿童的研究表明，父子依恋与儿童社会情绪、学业成绩相关。

Veríssimo（2011）探讨了学前儿童母子依恋、父子依恋与儿童拥有双向朋友（相互接纳对方为朋友）数量的关系。结果显示，父子依恋与朋友数量之间存在显著相关；回归分析表明，在控制了母子依恋后，父子依恋仍能预测朋友数量。

综合上述研究结果，父子依恋对儿童发展的影响是显著的，对儿童发展的影响是全方位的，既影响儿童社会性的发展也对认知发展有影响。但是，对这些影响实现的路径和机制的认识还不清晰。

除了个体和家庭背景，更为广泛的文化规范也会影响到教养行为及父子依恋的形成，因此，研究依恋关系还要考察文化因素的影响。鲍尔贝认为依恋关系发生于特定的社会—文化背景下，在家庭、社会和文化背景下能更好地理解依恋。对父母教养与儿童发展的跨文化研究表明，父母的角色、行为和教养风格受家庭文化氛围的影响。目前对父子依恋的研究，基本在西方文化背景下进行，从被试的选择到研究方法的使用都深深地打上西方文化的烙印。非西方文化背景下的父子依恋研究还不够丰富。

## 第四节　儿童情绪的发展与培养

随年龄的增长，儿童的情绪不断发展、成熟，表现在社会性、自我调节、理解他人情绪几个方面。儿童的情绪需要有意识地培养，才能健康地发展。

### 一　儿童情绪的发展

#### （一）情绪的社会性

新生儿的情绪是与生俱来的，主要是与生理需要是否得到满足相关联的体验，被称为原始情绪。随着与人交往经验的增多，情绪的社会性增强。

1. 情绪中的社会交往成分不断增加

婴儿在5周后看到人脸就会微笑，这是社会性的情绪；6个月时出现的“认生”及依恋都是与人交往相关联的，体现了情绪的社会性。

在幼儿园观察儿童的微笑，发现儿童的微笑可分为三类：自己玩得高兴时的微笑、对教师的微笑和对同伴的微笑。其中，第一类不是社会性的，后两类是社会性的。1.5岁和3岁儿童的不同种类微笑次数不同（表4—2）。3岁时对他人的笑（教师和同伴）远远多于1.5岁。

表4—2　　**1.5岁和3岁儿童各类微笑次数的比较**

| | 1.5岁（%） | 3岁（%） | 1.5:3岁 |
|---|---|---|---|
| 自己笑 | 67（55.3） | 117（15.62） | 1:1.75 |
| 对教师笑 | 47（38.84） | 334（44.59） | 1:7.11 |
| 对同伴笑 | 7（5.79） | 298（39.7） | 1:42.57 |
| 总数 | 121（100） | 749（100） | 1:6.19 |

（资料来源：陈帼眉：《学前心理学》，人民教育出版社2003年版，第296页。）

2. 引起情绪反应的社会性动因不断增加

年龄小时的情绪反应主要是与生理需要是否得到满足相联系的，如环境是否舒适、睡眠是否充足、饮食是否可口。随着年龄的增长，引起情绪的社会性动因不断增加。1岁后孩子有了独立的需求，什么事他们都想“自己来”：摆脱成人的搀扶自己走，拒绝成人喂饭自己吃等。如果他们的这些独立需求得不到满足就表现出不愉快的情绪。

幼儿期，孩子喜欢身体的接触。他们喜欢老师拉拉自己的手、摸摸自己的头。一个从幼儿园回来的孩子对妈妈说：老师很喜欢我。妈妈问：为什么说老师喜欢你？孩子回答：因为老师今天摸我头了。

与人交往需要也是引起儿童情绪体验的重要因素。在群体背景下，孩子特别怕孤独，“不跟他/她玩”是儿童惩罚同伴的常用武器。受到成人和同伴的关注，如表扬、赞美是儿童积极情绪的源泉。

3. 情绪的外在表达——表情的社会化

不同种族儿童刚出生时的表情是很相似的，这是遗传的。孟昭兰

(1985) 等研究了中国一岁婴儿六种基本情绪的表情照片——愉快、惊奇、悲伤、愤怒、厌恶和惧怕。结果支持了婴儿具有基本面部表情模式的立场，所得表情模式与 Izard 的研究结果基本一致。由此证明基本情绪的面部模式具有跨文化的性质。

但是，随着年龄的增长，表情的差异逐渐显现出来。对 5—20 岁的先天盲人和正常人表情的研究发现，年幼盲童与正常儿童相比，在面部表情数量和表达的适当程度上，都没有明显的区别。但是，正常儿童的面部表情的数量和表达的逼真程度，都随年龄的增长而有进步，而盲童则没有进步。

（二）情绪的自我调节

情绪调节是指将情绪性质和状态调整到与环境要求匹配，如从号啕大哭状态调整为平静状态。

儿童最初是不会自我调整情绪的，由外部抚养者帮助儿童调节情绪。如将大哭的婴儿抱起、轻拍婴儿、和婴儿说话、喂奶等，平复婴儿的情绪。当儿童能听懂语言时，抚养着就不断要求孩子控制自己的情绪，如“不许哭”、“再哭就不带你出去玩”。在外界的要求下，儿童开始控制自己的情绪，即情绪调节由外在向内在转化。

随着儿童年龄的增长，他们掌握和使用相应的策略来调节自己的情绪。如会爬行和独立行走的婴儿主动远离不愉快的刺激，避免不愉快情绪的产生，与陌生人保持一定的距离就是他们常使用的策略，类似的策略还有闭眼睛、捂耳朵等。王莉等（1998）考察了 2 岁儿童在实验室压力情境下的情绪调节策略及特点，结果发现 2 岁儿童已经具有使用复杂的情绪调节策略的能力，如分心、寻求他人安慰、回避等。随着言语的发展，幼儿能使用相应的策略调节情绪，如自我安慰（我不哭了）、用言语表达自己的情绪（我害怕）等。小学生会使用与知心朋友谈心、运动、弹奏乐器等方式转移注意力，排解消极情绪。

因为儿童对自己的情绪进行了调节，所以，儿童情绪的冲动性逐渐降低，大喊大叫、号啕大哭的现象随年龄增长而减少；情绪的稳定性增加，在婴儿期常有破涕为笑的现象，两种对立情绪在短时间内迅速转化，但在学前晚期这种现象就减少了；情绪的表达逐渐内隐，由最初完全不加掩饰，发展到学会掩饰自己的情绪，如在幼儿晚期就学会了不愉快时不哭、或者不出声的哭等掩饰情绪的方式。

（三）情绪的理解

情绪的表达是与对情绪的认识、理解密切相关的，后天习得的情绪就是以对情绪认识、理解为基础的。

1. 对情绪状态的理解

对情绪状态的理解，首先是识别表情，反映了通过表情推测他人内部心理状态的能力。

有研究表明，7—9 个月的婴儿能将积极表情与消极表情区分开来，从而作出不同的反应；依恋建立以后，婴儿会以依恋对象的表情作为参照从而决定自己的行为，如在陌生的环境中，依恋对象积极的表情对婴儿探索周围环境是一个鼓励，反之，婴儿探索行为受到抑制；2 岁左右，幼儿已能认识情绪经验的主观性，即能认识到别人的内心情绪体验与自己不同，如幼儿主动去安慰哭泣的小朋友。

王振宏（2010）对 3—6 岁幼儿面部表情识别与命名能力进行了研究，研究工具为面部表情图片，共有六种表情：高兴、愤怒、悲伤、恐惧、惊奇、厌恶。结果表明，幼儿最先能识别的表情是高兴，其次是愤怒、悲伤，再次是恐惧、惊奇、厌恶。3 岁幼儿对于六种表情均不能正确命名，4—6 岁幼儿对高兴、愤怒、悲伤面部表情能较好地命名，但对恐惧和惊奇的命名成绩次之，3—6 岁幼儿对厌恶表情均不能命名。3—6 岁幼儿对面部表情的识别能力高于命名能力，3—5 岁是表情识别和命名的快速发展时期，5 岁后达到一个相对稳定的时期。

侯瑞鹤（2005）以小学生为被试，使用访谈的方法研究小学生对情绪表达规则的认知水平。结果发现，随着年龄的增长，小学生对情绪表达规则的认知水平不断提高，一、三年级存在显著差异，三、五年级之间存在显著差异。

其次，具有情绪情景识别能力。情绪情景识别是指在特定情景中，对主人公的情绪进行识别或推断。

对情绪情景识别能力的研究方法是创设情景，以故事的方式呈现给儿童，从而考察儿童是否可以对情景中人物的情绪进行正确识别。情景任务分为明显情景任务和非明显情景任务。明显情景任务指大多数人在此情景中都体验到某种情绪，比如得到冰淇淋体验到高兴。非明显情景任务是指在情景中有些人体验到某种情绪，而另一些人体验到另一种情绪。比如跳入游泳池，有人感到高兴，有人感到害怕。

研究结果显示，在明显情景中，高兴、伤心最容易识别，害怕最难识别；在非明显情景中，当人物的情绪性质和儿童相反时，儿童更容易识别，积极—消极情绪的组合较消极—消极情绪的组合容易识别，其中高兴—伤心非明显情景最容易识别，生气—害怕非明显情景最难识别（徐琴美，2006）。

最后，是对混合情绪理解。混合情绪理解指儿童认识到同一情景可能会引发同一个体两种不同或矛盾的情绪反应。研究时，设置能同时诱发两种截然相反情绪（如主人公在放暑假时同时感到高兴和伤心，高兴是因为放假了，伤心是因为不能跟同学一起玩了）的情景，然后，询问被试主人公的感受。结果发现，6 岁的儿童已经开始对混合情绪有所了解。

Harter（1987）对混合情绪作了更细致的区分，包括同一性质的混合情绪和不同性质的混合情绪等。发现 7 岁儿童只能识别同一性质的混合情绪，例如同为积极情绪，或者同为消极情绪；只有到了 11 岁儿童才能理解存在一种以上不同性质的情绪同时发生在同一个体的现象。

上述研究要求儿童用言语报告，由于认识、体验情绪和用言语准确命名情绪的不同步，认识、体验情绪的能力要早于用言语准确表达的能力，所以，儿童不能准确报告情绪，不能说明他们没有体验到。

2. 对情绪过程的理解

对情绪过程的理解指理解情绪发生的原因、情绪可能引起的结果，也就是理解情绪前因后果的整个过程。

在日常生活中可以观察到，4—5 岁儿童对常见情绪产生的原因给予正确的判断。如，“妈妈上班了，所以他不高兴”；“今天去公园了，他很高兴”。

对情绪产生原因的研究主要使用访谈的方法，请儿童对特定情景下人物情绪的原因进行解释。结果发现，5—6 岁的儿童已经能够对自己和他人的情绪体验给出合理的解释。相比积极情绪，儿童对消极情绪产生的原因能够识别得更好。

学龄前儿童还能预测情绪对行为的影响。4 岁的孩子知道愤怒的同伴可能有攻击行为、争抢玩具，高兴的同伴会分享自己的玩具。

有研究发现，小学生认为愤怒、悲伤和恐惧情绪标志着表达者不同的人际地位，会诱发接受者不同的情绪和后继行为：愤怒情绪标志着表达者的支配地位，会诱发出接受者的恐惧情绪和道歉认错行为；悲伤和恐惧标志着表达者的非支配地位，会诱发出接受者的悲伤情绪和目标恢复行为，恐惧情绪有时还会诱发接受者的高兴情绪。在对愤怒、悲伤和恐惧情绪所反映表达者的社会目标的理解上，没有差异，小学生认为都反映了表达者期待接受者采取目标恢复的社会行为（罗峥，2002）。

3. 移情

移情是指不仅能识别他人的情绪，而且能用感受到他人的情感，产生共鸣，移情是复杂的认知与感受的融合过程。

最早的移情是婴儿看到别人哭自己也哭；1岁左右的孩子会拿自己的玩具去安慰同伴；言语能力提高后会用语言安慰他人："不哭了，我给你好吃的"；最后，儿童能从对他人即时痛苦的理解，发展到对他人生活境遇的理解，知道这种痛苦是持续的情绪生活。

## 二　儿童良好情绪的培养

### （一）情绪培养的内容

情绪培养内容包括情绪理解能力、情绪表达能力和情绪调控能力三方面。

情绪理解能力是指对自己和他人情绪的认识，包括面部表情、身体语言、音调和语言内容等的辨识。

情绪表达能力就是以社会认可的、为大家所接受的方式表达感受、体验。首先，学会表达积极的情绪。用微笑表达友好，接受帮助后要说谢谢，不小心碰到别人要说对不起。其次，恰当表达不良情绪，如可以用言语表达愤怒，但不能用拳头表达不满。

情绪调控包括情绪控制和调节两个部分。情绪控制主要是抑制冲动，提高耐受力。情绪调节主要是降低消极情绪的强度，或者将消极情绪转变为中性、积极的情绪。

### （二）情绪培养的原则

情绪培养应遵循一定的要求。首先，以积极情绪体验为主。长期体验的情绪会稳定下来成为个性特征的一部分，因此，避免儿童经常体验消极情绪。为此，要满足儿童的基本需要，使其处于积极愉快的情绪状态下，使积极的情绪成为儿童的个性特征。

其次，在日常生活中培养情绪。情绪随时都可以产生，日常生活的每个环节都可能使人体验某种情绪。因此，情绪的培养更多的应着眼于日常生活而不是课堂，随时随地进行培养。在日常生活中，人际交往时的情绪和电视中人物的情绪都可以作为培养儿童情绪识别能力的素材。通过问题提高儿童对情绪的识别能力："电视中的那个人是高兴还是不高兴"，"妈妈现在这个样子着急吗"。通过上述问题使儿童了解不同情绪的表情、言语、身体姿态。

最后，父母要给儿童提供情感的支持。本章第二、三节曾论述过母子依恋、父子依恋对儿童发展的影响，安全的亲子依恋对儿童情绪的发展具有积极的促进和支持作用，同时，在亲子依恋中体验到的情绪也可以成为儿童体验、认识、表达情绪的范本。

（三）情绪培养的方法

1. 角色扮演

情绪是一种体验，只有体验了才能真正理解。因此，给儿童提供扮演角色的机会，通过扮演不同的角色体验角色的情绪，在角色之间转化，加深了对情绪的理解和表达。如扮演摔倒的儿童接受一个同伴的帮助，从而理解一个人需要帮助的感受，及接受帮助后的感激。

2. 游戏

游戏是儿童最喜欢的活动，游戏带给儿童的是快乐，能体验到发现的惊喜、合作的愉快等丰富多彩的情绪。同时，为使游戏进行下去，必须调节自己的情绪，如在当哨兵的游戏中，儿童要向哨兵一样站岗、保持一个姿势。

3. 榜样的作用

模仿是儿童学习的一个途径，身边人的情绪表达就成为儿童模仿的榜样。因此，父母和教师的情绪表达要恰当，为儿童情绪表达提供好的范例。

4. 延迟满足

延迟满足是让儿童学会控制情绪的一个很好的方法。当儿童有需要时不马上满足，而是拖延一段时间，使儿童学会压抑冲动，提高忍耐力。如，孩子想买玩具，妈妈可以对孩子说：每天要按时上床睡觉，如果你能坚持一个星期，妈妈就给你买这个玩具。

5. 转移注意力

当儿童有消极情绪时，为避免持续体验消极情绪，可使用转移注意力的方法，让儿童关注其他的事情，忘掉不愉快。如，一个儿童因为同伴间的矛盾而哭泣时，可以通过给儿童提供新玩具而使其忘掉不愉快。

6. 认知调整

随儿童年龄增长，认知能力不断提高，而情绪体验是受认知影响的，因此，可以通过改变儿童对事件的认识而调整其情绪。儿童间因矛盾而出现不愉快时，就觉得自己委屈。可以这样启发儿童：小刚打了你，你觉得很委屈；但是，你也打了小刚，那小刚会怎样想？他会觉得委屈吗？这样可以改变儿童的认知（认为自己不是唯一的“受害者”）。

7. 倾诉与宣泄

倾诉是消极情绪缓解的一个重要渠道。当儿童有了负面情绪时，给他们表达的机会，表达负面情绪本身就是在缓解消极情绪。容许儿童适当的哭泣来宣泄消极情绪，此时需要成人给儿童身体的支持：将孩子拥在怀里、抚摸孩子等。

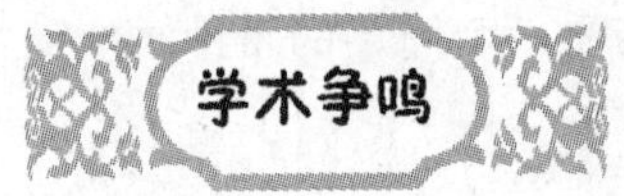


## 依恋研究的类型与维度

自安斯沃斯用陌生情景测验开创依恋研究以后，对婴幼儿依恋的研究基本以类型学为主导，将依恋分为不同的类型。安斯沃斯将依恋分为三类，也有分为四类的。但是，并非所有的个体都能按分类标准被划分为某一类别，那么这些不能被划归为某类的儿童就被研究所忽略。

因此，转换研究视角，从维度视角研究依恋，是对婴幼儿依恋研究的补充与完善。有研究（李同归，2006）认为，安斯沃斯对依恋测量的数据可以更好地解释为连续的维度：依恋回避和依恋焦虑。有研究（马玲，2007）从维度视角研究幼儿的依恋，但是，研究的数量还很少。从类型学和连续维度两个视角研究依恋，将有助于对依恋理解的深入。

**参考文献**

侯瑞鹤、俞国良：“儿童情绪表达规则认知发展及其与焦虑的关系”，《中国临床心理学杂志》2005 年第 3 期。

李同归：“依恋理论中的几个热点问题概述”，《北京大学学报》（自然科学版）2006 年第 1 期。

梁兰芝等："两岁儿童对母亲的依恋类型"，《心理科学》2000 年第 3 期。

罗峥、郭德俊、方平："小学生对情绪社会调节作用的理解"，《心理发展与教育》2002 年第 3 期。

焦丽妃：《幼儿依恋的发展及依恋对同伴交往能力的影响》，鲁东大学硕士学位论文，2011 年。

琚晓燕：《青少年依恋的测量及其与自尊、社会适应性关系研究》，浙江师范大学硕士学位论文，2005 年。

马玲：《熟悉环境下幼儿对抚养者依恋行为的研究》，内蒙古师范大学硕士学位论文，2007 年。

马伟娜、曹亮、桑标："从婴儿期到成年期的依恋稳定性"，《心理科学》2009 年第 4 期。

劳拉·E. 贝克：《儿童发展》，吴颖等译，江苏教育出版社 2002 年版。

孟昭兰、阎军、孟宪东："确定婴儿面部表情模式的初步尝试"，《心理学报》1985 年第 1 期。

宋海荣、陈国鹏："关于儿童依恋影响因素的研究述评"，《心理科学》2003 年第 26 期。

徐晶晶：《熟悉情景下 2—3 岁幼儿的依恋行为及影响因素》，鲁东大学硕士学位论文，2009 年。

赵琳：《3 岁儿童依恋及其社会性发展的纵向研究 》，鲁东大学硕士学位论文，2010 年。

王莉、陈会昌："2 岁儿童在压力情境中的情绪调节策略"，《心理学报》1998 年第 3 期。

王振宏、田博、石长地等："3—6 岁幼儿面部表情识别与标签的发展特点"，《心理科学》2010 年第 2 期。

徐琴美、何洁："儿童情绪理解发展的研究述评"，《心理科学进展》2006 年第 2 期。

Atkinson, L., Paglia, A., Coolbear, J., Niccols, A., Parker, K. C. H., & Guger, S. (2000). Attachment security: A metaanalysis of maternal mental health correlates. *Clinical Psychology Review*, 20, 1019 - 1040.

Barnett, R. C., Kibria, N., Baruch, G. K., & Pleck, J. H. (1991). Adult daughter - parentre lationshipsa nd their associationsw ith daughters's ubjectivew ell - be - ing and psychological distress. *Journal of Marriage and the Family*, 53, 29 - 42.

Belsky, J. (1983). *Father - infant interaction and security of attachment: No relationship.* Unpublished manuscript, Pennsylvania State University.

Belsky, J. (1984). Determinants of parenting: A process model. *Child Development*,

55, 83 - 96.

Brody, G., Stoneman, Z., Flor, D., McCrary, C., Has - tings, L., & Conyers, 0. (1994). Financial resources, parental psychological functioning, parent co - care - giving, and earlya dolescentc ompetencei n ruralt wo - parent African - , merican families. *Child Development*, 65, 590 - 605.

Browne, C. S., & Rife, J. C. (1991). Social, personality, and genderd ifferencesi n at - riska nd not - at - risks ixth grade students. *Journal of Early Adolescence*, 11, 482 - 495.

Brown, G. L., Schoppe - Sullivan, S. J., Mangelsdorf, SC. & Neff, C. (2010). Observed and reported supportive coparenting as predictors of infant - mother and infant - father attachment security. *Early Child Development and Care*, 180, 121 - 137

Caldera, Y. M., & Lindsey, E. W. (2006). Coparenting, mother - infant interaction, and infant - parent attachment relationships in two - parent families. *Journal of Family Psychology*, 20 (2), 275 - 283.

Coyl, D. D., Newland, L. A. & Freeman, H. (2010). Predicting preschoolers' attachment security from parenting behaviours, parents' attachment relationships and their use of social support. *Early Child Development and Care*, 180, 499 - 512.

Cowan, P. A., & Cowan, C. P. (2009). Couple relationships: A missing link between adult attachment and children's outcomes. *Attachment & Human Development*, 11 (1), 1 - 4.

Doherty, N. A., & Feeney, J. A. (2004). The composition of attachment networks throughout the adult years. *Personal Relationships*, 11 (4), 469 - 488.

Englund, M. M., Kuo, S., Puig, J. & Collins, W. A. (2011). Early roots of adult competence: The significance of close relationships from infancy to early adulthood. *International Journal Behavioral Development*, 35 (6), 490 - 496.

Floyd, F. J., Gilliom, L. A., & Costigan, C. L. (1998). Marriage and the parenting alliance: Longitudinal prediction of change in parenting perceptions and behaviors. *Child Development*, 69, 1461 - 1479.

Freeman, H., & Brown, B. B. (2001). Primary attachment to parents and peers during adolescence: Differences by attachment style. *Journal of Youth and Adolescence*, 30 (6), 655 - 674.

Freeman, H. & Almond, T. M. (2010). Mapping young adults' use of fathers for attachment support: implications on romantic relationship experiences. *Early Child Development and Care*, 180, 227 - 248.

Grossmann, K., Grossmann, K. E. & Fremmer - Bombik, E. (2002). The Uniqueness of the Child - Father Attachment Relationship: Fathers' Sensitive and Challenging Play as a Pivotal Variable in a 16 - year Longitudinal Study. *Social Development*, 3

(1), 307 - 331.

George, M. R. W., Cummings, E. M. & Davies, P. T. (2010). Positive aspects of fathering and mothering, and children's attachment in kindergarten. *Early Child Development and Care*, 180, 107 - 119.

Grossmann, K., Grossmann, K. E., Kindler, H., & Zimmermann, P. (2008). A wider view of attachment and exploration: The influence of mothers and fathers on the development of psychological security from infancy to young adulthood. In J. Cassidy and P. R. Shaver (Eds.), *Handbook of attachment: Theory, research, and clinical applications* (2nd ed., pp. 880 - 905). New York: Guilford Press.

Harter S. (1987). Children's understanding of the simultaneity of two emotions: A five - stage developmental acquisition sequence. *Developmental psychology*, 23, 388 - 399.

Hazena, N. L., McFarlandb, L. & Jacobvitza D. (2010). Fathers' frightening behaviours and sensitivity with infants: relations with fathers' attachment representations, father - infant attachment, and children's later outcomes. *Early Child Development and Care*, 180, 51 - 69.

Howard, K. S. (2010). Paternal attachment, parenting beliefs and children's attachment. *Early Child Development and Care*, 180, 157 - 171.

Hrdy, S. B. (1999). *Mother nature: Maternal instincts and how they shape the human species.* New York: Ballantine.

Laible, D., Panfile, T. & Makariev, D. (2008). The Quality and Frequency of Mother - Toddler Conflict: Links With Attachment and Temperament. *Child Development*, 79 (2), 426 - 443.

Lamb, M. E. (1977). Father - infant and mother - infant interaction in the first year of life. *Child Development*, 48, 167 - 181.

Laurent, H., Kim, H., & Capaldi, D. (2008). Prospective effects of interparental conflict on child attachment security and the moderating role of parents' romantic attachment. *Journal of Family Psychology*, 22 (3), 377 - 388.

Lindsey, E. W., Caldera, Y., & Colwell, M. (2005). Correlates of coparenting during infancy. *Family Relations*, 54, 346 - 359.

Main, M., & Weston, D. (1981). The quality of the toddler' s relationship to mother and to father: Related to conflict behaviour and the readiness to establish new relationships. *Child Development*, 52, 932 - 940.

Main, M., & Solomon, J. (1990). Procedures for identifying infants as disorganized/disoriented during the Ainsworth strange situation. In M. T. Greenberg, D. Cicchetti, & E. M. Cummings (Eds.), *Attachment in the preschool years* (pp. 121 - 160). Chicago: University of Chicago Press.

María Cristina Richaud de Minzi. （2010）. Gender and cultural patterns of mothers' and fathers' attachment and links with children's self - competence, depression and loneliness in middle and late childhood. *Early Child Development and Care*, 180, 193 - 209.

McElwain, N. L., Booth - LaForce, C. & Lansford, J. E. （2008）. A Process Model of Attachment - Friend Linkages: Hostile Attribution Biases, Language Ability, and Mother - Child Affective Mutuality as Intervening Mechanisms. *Child Development*, 79 (6), 1891 - 1906.

Michiels, D., Grietens, H., Onghena, P. & Kuppens, S. （2010）. Perceptions of maternal and paternal attachment security in middle childhood: links with positive parental affection and psychosocial Adjustment. *Early Child Development and Care*, 180, 211 - 225.

Murray, L. （1992）. The impact of postnatal depression on infant development. *Journal of Child Psychology and Psychiatry*, 33, 543 - 561.

Newland, L. A., Coyl, D. D. & Freeman, H. （2008）. Predicting preschoolers' attachment security from fathers' involvement, internal working models, and use of social support. *Early Child Development and Care*, 178, 785 - 801.

Newland, L. A., Coyl, D. D. & Chen, H. H. （2010）. Fathering and attachment in the USA and Taiwan: contextual predictors and child outcomes. *Early Child Development and Care*, 180 (1), 173 - 191.

Oppenheim, D., Koren - Karie, N. & Sagi - Schwartz, A. （2007）. Emotion Dialogues Between Mothers and Children at 4.5 and 7.5 Years: Relations With Children's Attachment at 1 Year. *Child Development*, 78 (1), 38 - 52.

Owen, M. T., & Cox, M. J. （1997）. Marital conflict and the development of infant - parent attachment relationships. *Journal of Family Psychology*, 11 (2), 152 - 164.

Paquette, D. & Bigras, M. （2010）. The risky situation: a procedure for assessing the father - child activation relationship. *Early Child Development and Care*, 180, 33 - 50.

Priddis, L. E. & Howieson, N. D. （2010）. Parent - child relationships and quality of children's episodic recall. *Early Child Development and Care*, 180, 1299 - 1309.

Roopnarine, J. L., Krishnakumar, A., Metindogan, A., & Evans, M. （2006）. Links between parenting styles, parent - child academic interaction, parent - school interaction, and early academic skills and social behaviors in young children of English - speaking Caribbean immigrants. *Early Childhood Research Quarterly*, 21, 238 - 252.

Sheree, L. T., Fred, A. R., & Dante, C. （2009）. Maternal Depression, Children's Attachment Security, and Representational Development: An Organizational Perspective. *Child Development*, 80 (1), 192 - 208.

Slough, N., & Greenberg, M. (1990). Five - year olds' representations of separation from parents: Responses from the perspective of self and other. In I. Bretherton & M. W. Watson (Eds.), New directions for child development: No. 48. *Children's perspectives on the family* (pp. 67 - 84). San Francisco: Jossey - Bass.

Sroufe, L. A. (1983). Infant - caregiver attachment and patterns of adaptation in preschool: The roots maladaptation and competence. In M. Perlmutter (Ed.), *Minnesota Symposium in Child Psychology*, 16. Hillsdale, NJ: Erlbaum.

Stallings, J. F., Fleming, A. S., Corter, C., Worthman, C. M., & Steiner, M. (2001). The effects of infant cries and odors on sympathy, cortisol, and autonomic responses in new mothers and nonpostpartum women. *Parenting*: *Science and Pratice*, 1, 71 - 100.

Stelter, R. L. & Halberstadt, A. G. (2011). The Interplay Between Parental Beliefs about Children's Emotions and Parental Stress Impacts Children's Attachment Security. *Infant and Child Development*, 20: 272 - 287.

Stupica, B., Sherman, L. J. & Cassidy, J. (2011). Newborn Irritability Moderates the Association Between Infant Attachment Security and Toddler Exploration and Sociability. *Child Development*, 82 (5), 1381 - 1389.

Suess, G., Grossman, K. E., & Sroufe, L. A. (1992). Effects of infant attachment to mother and father on quality of adaptation in preschool: From dyadic to individual organization of self. *International Journal of Behavioural Development*, 15, 43 - 65.

Trinke, S. J., & Bartholomew, K. (1997). Hierarchies of attachment relationships in young adulthood. *Journal of Social and Personal Relationships*, 14 (5), 603 - 625.

van IJzendoorn, M. H., & De Wolff, M. S. (1997). In search of the absent father - metaanalyses of infant - father attachment: A rejoinder to our discussants. *Child Development*, 68, 604 - 609.

Veríssimo, M., Santos, A. J. & Vaughn, B. E. (2011). Quality of attachment to father and mother and number of reciprocal friends. *Early Child Development and Care*, 181, (1), 27 - 38.

Volling, B. L., & Belsky, J. (1992). Infant, father, and marital antecedents of infant - father attachment security in dual - earner and single - earner families. *International Journal of Behavioural Development*, 15, 83 - 100.

Wilson, K. R. &Prior, M. R. (2010). Father involvement: the importance of paternal Solo Care. *Early Child Development and Care*, 180 (10), 1391 - 1405.

Wright, D. W., Peterson, L. R., & Barnes, H. L. (1990). The relation of parental employment and contextual variablesw ith sexual permissivenessa nd genderr ole attitudes of rural early adolescents. *Journal of Early Adolescence*, 10, 382 - 398.

# 第五章　社会行为

社会行为是指社会心理的外部表现，是社会化的结果。社会行为种类众多，可以从不同的角度进行划分。比较常用的是通过社会影响，根据社会行为所起的作用，将社会行为分为积极的和消极的。前者被称为亲社会行为，后者被称为反社会行为。在两者之间还有社会影响不明显的社会退缩行为。当然，社会行为还可以从合作和竞争的角度来划分，这一划分不关乎行为的社会意义。

## 第一节　亲社会行为

### 一　亲社会行为及相关概念

亲社会行为是指对他人和社会有积极意义的行为，助人、分享、安慰等都是亲社会行为的具体表现。社会行为是外在的，其内在的动机不容易看到，有的亲社会行为是不图回报的，而有的亲社会行为是有所图的。显然，不图回报的亲社会行为境界更高，这种行为被称为利他行为。可见，利他行为是亲社会行为的一个子集。由于动机很难识别，因此，在研究中对亲社会行为的操作定义往往不考虑动机。

道德行为是指在道德意识支配下表现出来的、对他人和社会有道德意义的活动（朱智贤，1989）。从结果来看，道德行为与亲社会行为是一致的。道德行为强调的是行为受道德意识支配的行为；而亲社会行为并不强调意识，可以是意识支配的也可以是不受意识支配的。从这个角度来看，道德行为一定是亲社会行为，但亲社会行为不一定是道德行为。

### 二　亲社会行为的产生与发展

亲社会行为的形式有多种，助人、分享、安慰都是儿童主要的亲社会行为形式。亲社会行为萌芽于人生的早期，1 岁的婴儿已经具有安慰他人、参与家务、帮成人递东西的能力。

（一）助人行为

瑞哥德（Rheingold，1982）曾对儿童早期出现的助人行为进行过研究。在该研究中她对年龄分别为 18 个月和 30 个月的婴儿在父母和陌生人做家务（包括摆放桌子、整理散乱的杂志和扑克牌、整理衣服、扫地和整理床铺）时的表现进行了观察。发现 65 % 以上的 18 个月幼儿和所有 30 个月的幼儿能帮助成人完成大部分的家务。

Svetlova（2010）设计了一个儿童助人行为的研究，意在了解亲社会行为的机制。被试为 32 个 1.5 岁（M = 18.46 月、SD = 0.48；15 个男孩、17 个女孩）和 33 个 2.5 岁（M = 30.32 月、SD = 0.68；18 个男孩、15 个女孩）儿童，来自工人和中产阶层，其中 78% 为白人、11% 为亚裔、7% 为非洲裔、4% 为西班牙裔。

主试为两位女性，设计一定的情景，引起被试对情景中人物（主试扮演）进行推测（人物的需要和满足程度），然后，根据推测将适当的物品（被试的或主试的）递给她。情景分为三种。第一种情景是对外在行为的理解，即儿童要推测与人物行为相关的目标而不是内心状态，然后，根据推测把恰当的物品（主试的）递给该人；该情景突出的是行为中断，不强调人物内在情绪状态，被试的助人行为是基于对人物（主试）行为目标的理解，是被试想帮助主试完成一个中断的任务，该情景被称为行为情景。第二种情景是对情绪的理解，即被试要推测人物的情绪和内在状态，然后，根据推测把恰当的物品（主试的）递给该人，该情景被称为情绪情景。第三种是对利他的理解，即被试要推测人物的情绪和内在状态，然后，根据推测把恰当的物品（被试的）递给该人，该情景被称为利他情景。后两种情景突出的是人物内在情绪状态，被试的助人行为要改变的是主试的内心状态。

每一种情景重复三次，每次需要提供的物品（发卡、毯子、玩具）不同，即被试要在 9 种情景下完成助人任务，使用拉丁方设计平衡顺序效应。每一次情景中，人物都按相同顺序使用不同的形式表达相同的需求，最多可以表达 8 次，8 次需求表达排列顺序依其难度而定，最初的表达形式是表情和动作（如，冷得发抖），这是最难理解的，最后的表达形式是明确的请求（如，能把毯子递给我吗?），这是最容易理解的。在实验情景中，主试依次表达自己的需求，如果在主试表达了某一形式的需求后，被试能将目标物递给主试，则该情景就结束，如果被试不能将目标物递给主试，则主试继续表达自己的需求，直至最后使用言语明确表达自己的需求。在主试第一次表达了需求后，被试能将目标物递给主试，记 8 分，以此类推，在主试第 8 次表达需求后才能将目标物递给主试则记 1 分。

综上所述，本研究操控的变量有：年龄、社会认知（对行为目标的认知、对内在心理状态的认知）、自我奉献（把自己的物品给主试）、对他人需求理解的水平（主试表达几次，被试才能理解其需要）。

结果显示，所有被试都有一定程度的助人行为表现，1.5 岁被试在 9 种情景中至少有 2 次递物品给主试，2.5 岁被试在 9 种情景中至少有 6 次递物品给主试；需要注意的是，该统计数字只表达了被试拿物品给主试，并不一定是目标物，即助人行为不一定是准确的。不考虑主试表达需求的次数，只考虑被试助人的准确性，那么 2.5 岁被试的助人行为显著多于 1.5 岁被试的；被试在行为情景下的助人行为显著多于情绪情景下的，在情绪情景下的助人行为显著多于利他情景下的。分析主试表达需求的次数与被试助人行为的关系发现，与 1.5 岁被试相比，2.5 岁被试在主试表达需求次数较少时就可以表现出准确的助人行为，被试在行为情景下的助人行为显著多于情绪情景下的，在情绪情景下的助人行为显著多于利他情景下的；年龄和情景之间存在交互作用，在行为情景下，1.5 岁被试需要主试表达需求次数显著少于其他两种情景，就可以表现出准确的助人行为，2.5 岁被试在行为情景下的助人行为显著多于情绪情景下的，在情绪情景下的助人行为显著多于利他情景下的。为了解被试能否在第一时间（主试用表情、动作第一次表达自己的需求后）表现出准确的助人行为，进行了非参数检验，结果显示，在行为条件下，有 44% 的 1.5 岁被试在主试第一次表达需要后能作出准确的助人行为，在情绪背景下，这个比例是 13%，在利他背景下比例是 6%；在行为条件下，有 87% 的 2.5 岁被试在主试第一次表达需要后能作出准确的助人行为，在情绪背景下，这个比例是 64%，在利他背景下比例是 18%；在行为情景和情绪情景下，第一时间表现出助人行为的人数存在年龄差异，在利他情景下，第一时间表现出助人行为的人数不存在年龄差异。

总之，该研究发现了 2 岁末儿童重要的发展变化，即该阶段儿童助人行为具有了源于移情、工具性的助人行为，源于利他动机的助人行为的出现晚于上述两种助人行为。对于2岁儿童来讲，很难理解利他式助人动机。这说明社会认知的变化和亲社会动机可能是紧密相连的，与关注他人相对应的是儿童理解他人主观的内在状态能力的发展，利他式助人行为出现较晚，与之对应的是对社会和道德规范的理解。

李丹、李伯黍（1989）使用假想和实际情景，研究了4—11岁儿童的利他行为，结果发现，各年龄儿童作出利他选择的人数比例随着年龄的增长而增多。

Stabu（1979）的研究发现，儿童的助人行为是随着年龄的增长而变化的，5—8岁期间的助人行为是随着年龄的增加而增加的，而9—12岁期间的助人行为呈下降趋势。

总之，从婴儿时期起，儿童就表现出助人的倾向。随年龄的增长，助人行为增加，一般认为6—12岁是助人行为发展最快的时期。

（二）分享行为

分享包括物质分享和心理分享两种形式。在日常生活中可以观察到，1岁的婴儿会把物品、玩具放在人们的手上或腿上，然后继续操纵这个物体，这是分享行为的萌芽。

郭忠玲（1996）对3.5—5.5岁（小班和中班）幼儿的研究显示，小班幼儿的分享行为显著少于中班。两个班幼儿的分享以被动分享为主，随年龄增长主动分享增加，分享动机主要来自外部——诱发、互惠、权威。

王海梅（2005）的研究显示，4岁儿童中大约1/4的人能够把在实验室情境中偶然得到的、自己喜欢的物品让给未得到该物品的同伴分享，能够这样做的5岁儿童大约有一半，而6岁儿童能够这样做的人达到七成以上，从4岁到6岁，分享行为发展趋势非常明显。在对“自己拥有”物品的分享上，大多数4—6岁儿童都不能将其让给在竞赛中失败、未获得该物品的同伴分享。

陈会昌（2004）等以一、三、五（7—11岁）年级小学生为被试，考察了儿童的物品、游戏、学习和心理四种分享行为的发展，并访谈了儿童的分享动机。结果发现，从总体上看儿童的分享行为随年龄增长呈下降趋势，游戏分享和物品分享随年龄呈显著下降趋势；心理分享呈V字形发展，三年级儿童的心理分享显著多于一年级和五年级；而学习分享在各年级之间无显著差异。各年级的主要分享内容不同，一年级以游戏分享和物品分享为主，三年级以心理分享为主，五年级以学习分享和心理分享为主。从分享动机的道德发展水平来看，一年级儿童的主要分享动机是个人功利的，三年级主要是遵守规则和尊重利他的，而五年级呈现出分化发展的趋势。

在土耳其所做的一项研究，被试为4—12岁的儿童，要求与其不认识的一个同龄儿童分享奇数个好东西，如果儿童分给别人的比自己留下的多（或者拒绝分剩下的零头，两人平分），就被划分到利他组，如果自己保留的比他们分给他人的多，就被划分到自私组。结果显示，分享行为随着年龄增长而显著增多。69%的6—7岁儿童，81%的7—9岁儿童，96%的9—12岁儿童采用了利他性的分配方式，而只有33%的4—6岁儿童选择了利他性的分配方式。在以色列、美国、英国、日本和中国的研究也发现了类似的情况（王海梅，2004）。

分享行为是与分享观念相关联的，观念是行为的基础。岑国祯、刘京海（1988）对中班幼儿和小学二、四、六年级学生进行分享观念发展的研究。结果表明：（1）物品件数和分享人数两者相等时，儿童都倾向于“均分”；两者不等时，则都倾向于“慷慨”。（2）在“慷慨分享”上，儿童对一般物品大多指向“需者”，但此倾向在9岁时占优势；对荣誉物品则有一个从指向“能者”到指向“需者”的发展过程，其转折在7—9岁之间。

总之，分享行为出现较早，在学前阶段表现出随年龄而增加的趋势，但是，进入小学后，发展趋势变得较为复杂。因为，分享行为的动机、儿童认知水平、分享的内容等都在复杂化。

（三）安慰

安慰行为指个体觉察到他人的消极情绪状态，如烦恼、哭泣等，并试图通过语言或行动使他人消除消极情绪状态，变得高兴起来的亲社会行为。

林崇德（1995）持续9个月对10—20个月儿童的追踪研究表明，1岁前的婴儿经常注意到他人的痛苦并常以哭喊、烦躁或者啜泣给予反应；1岁开始有安慰他人的表现，通常表现为触摸、轻轻拍打受伤害者，或者提供给受伤害者物品。在学前期安慰行为逐渐增多并多样化，如，一个同伴被他人攻击而感到痛苦，儿童可以通过保护被攻击者物品，甚至惩罚攻击者而安慰同伴。

Baillargeon（2011）以加拿大儿童为被试追踪研究亲社会行为的发

展，父母报告儿童行为发展状况。结果显示，17 个月的婴儿中有 60% 的男孩、65% 的女孩表现出安慰的亲社会行为（安慰哭泣、不安的同伴），29 个月时有 90% 的男孩、95% 的女孩能安慰同伴，41 个月时有 91% 的男孩、96% 的女孩能安慰同伴。

Dunfield（2011）以 24 名（女孩 11 人、男孩 13 人）18 个月、24 名（女孩 11 人、男孩 13 人）24 个月大的婴儿为被试，用实验室观察的方法，设计一个成人女性不小心受伤而痛苦的情景，诱发被试的安慰行为。实验情景分为两种：自发情景，受伤者没有明确的请求表现，被试表现出的安慰是自发的；控制情景，受伤者用眼神与被试交流，表现自己的痛苦，被试表现出的安慰是被诱发出来的。结果发现，在自发情景下，两个年龄段的被试都没有表现出安慰他人的行为，但有寻求父母安慰自己的行为；一些被试认识到“伤者”的痛苦，但是，有这种认识的人数在两个年龄段不存在显著差异。

Fabes（1994）以 49 名幼儿（M =73.3 个月、SD =4.01，22 个女孩、27 个男孩）和 54 名（M =97.8 个月、SD =4.60，29 个女孩、25 个男孩）小学生为被试，研究情绪调控与安慰行为，结果显示，女孩的安慰行为多于男孩，女孩更多使用直接、积极的方式安慰他人。

Burleson（1982）设计了四种假想情景，情景中的主人公是被试同性别的好朋友：朋友考试成绩不好，被试自己考得很好；看恐怖电影时，朋友感到恐惧、害怕；朋友没有被邀请参加聚会而被试接到了邀请；朋友受到教师不公正的对待。以 1—12 岁儿童为被试，研究儿童如何安慰同性别的朋友。结果显示，随年龄增长，被试安慰行为的数量、类别和敏感性都在增加；在安慰的数量和类别两个方面，女孩要多于男孩，在敏感性方面女孩的表现好于男孩；在受教师不公正对待这一情景中，被试表现出的安慰策略明显少于其他三种情景。

与其他亲社会行为一样，自然情景下的安慰行为在出生后第二年出现。儿童随着年龄的增长，安慰行为的质量和数量都有增加的趋势，而且女孩比男孩的安慰行为更明显（寇彧，2004）。

综上所述，亲社会行为萌芽于人生的早期，亲社会行为产生之后，有随年龄增长而增加的趋势，但是，随着儿童年龄的增长，社会行为复杂化，亲社会行为并非以稳定不变的方式持续增长。

### 三 亲社会行为的稳定性和一致性

行为的稳定性指行为的早期表现与后期表现一致，是同一行为在时间维度上的连续。从行为的主体来看，行为的稳定性既可以是指群体的，也可以是指个体的。如 100 个儿童在 2 岁和 3 岁时都有 50 个儿童表现出亲社会行为，比例为 50%，那么从群体的角度来看，2 岁儿童和 3 岁儿童的亲社会行为数量基本一致，可以称其稳定。但是，从个体角度来看，3 岁时表现出亲社会行为的儿童已经不完全是那些 2 岁时表现出亲社会行为的儿童，所以说，亲社会行为在个体身上是变化的，只是变化的幅度有多大。如果 2 岁和 3 岁表现出亲社会行为的个体重合低于 50%，这很难称得上行为稳定。发展心理学研究的行为稳定性通常是在个体层面来讨论的。

研究发现，儿童早期的亲社会行为与以后的亲社会行为之间呈中等程度的相关。在婴儿期（1—3 岁）对于刚刚出生的新生儿表示友好和关心的幼儿，经过 6 年以后，对于受到伤害或因某事而悲伤的年幼同胞仍表现出关心的倾向（张文新，1999）。

Baillargeon（2011）以加拿大儿童为被试追踪研究亲社会行为的发展，父母报告儿童行为发展状况。对被试 17、29、41 个月的数据分析显示，在 17 个月表现出亲社会行为的儿童，其中部分儿童在 29—41 个月之间停止亲社会行为的表现；与此同时，有部分在 17 个月时没有表现出亲社会的儿童，在 29—41 个月之间开始表现出亲社会行为。这说明，总体来看 17—41 个月大儿童的亲社会行为（助人、安慰）频率没有变化，但是，就个体角度来看，亲社会行为是不稳定的。结果还显示，亲社会行为存在性别差异，女孩的亲社会行为出现早于男孩、女孩亲社会行为发展的速度快于男孩；在 29—41 个月期间，女孩倾向于开始出现亲社会行为，而男孩倾向于停止亲社会行为。在 17 个月时表现出亲社会的儿童，在 29—41 个月期间停止亲社会行为的人较少；在 29 个月时没有表现出亲社会行为的儿童，在 41 个月时倾向于开始出现亲社会行为。

Eivers（2010）以 248 名儿童为被试，追踪一年研究社会行为从幼儿园到一年级的稳定性，社会行为由教师和同伴评定。结果显示，教师评价的亲社会行为，能显著预测一年后教师评价的亲社会行为；同伴报告的亲社会行为因行为类型而不同，助人行为表现出稳定性，分享行为不稳定，安慰行为不稳定且有下降趋势。

Eisenberg（1987）的研究发现，儿童早期表现出的分享行为和青少年期的亲社会倾向存在正相关。

综合各研究结果，很难得出亲社会行为稳定的结论。亲社会行为发展稳定性是一个较复杂的问题。首先，亲社会行为有不同的种类（助人、分享、安慰），不同种类的亲社会行为发展的路径及特征不同，因此，需要分别加以讨论，不能一概而论。其次，各研究操纵的时间跨度不同，时间跨度是影响研究结果的一个重要因素。再次，在发展的不同阶段，行为的稳定性应该是有差异的，如3—6岁幼儿期间的亲社会行为稳定性与青春期亲社会行为的稳定性应该是不同的。最后，研究方法会影响到研究结果，如助人行为，一个儿童更有可能帮助的是同伴而不是老师，所以，儿童对助人行为的报告可能比教师更为准确。

社会行为的一致性是指不同情景下表现出同样的行为。亲社会行为的一致性是指行为主体在不同情景下都能表现出亲社会行为。目前，对亲社会行为一致性研究的结论分歧较大。

有研究认为，儿童的各种亲社会行为之间存在微弱相关。另一些研究则发现儿童的亲社会行为之间存在中等强度的正相关：儿童的分享行为和安慰行为之间的相关为0.32（陈琴，2004；庞维国，2001）；儿童分享糖果和帮助同伴之间的相关为0.40（Shepherd，1982）。

## 四　亲社会行为产生的机制

亲社会行为出现得如此之早，引起社会心理学、发展心理学和进化心理学等领域学者广泛关注，将这些早期行为视为后期某些行为如关心他人、合作、利他的先兆。但是，这些早期表现出的亲社会行为起源尚未完全厘清，亲社会行为背后的机制仍在争论之中。如果成年人的亲社会行为是源于理解他人的情绪、愿望及为他人利益着想，那么，心理学如何解释一、两岁儿童的亲社会行为？显然，这个阶段儿童的社会认知水平还非常低，尚不具备完善的他人定向动机系统。

目前，对早期亲社会行为产生、发展机制的理论观点和研究结果解释各执一词、甚至观点相悖。一种观点认为，婴儿对人的兴趣、包含利他行为的趋势源于其最初的亲社会反应（Hay，2007）。而有的人则认为，早期亲社会行为产生的关键是儿童将自己心理状态与他人内部心理状态区分开来，将自己的情绪、需要与他人情绪、需要联系在一起能力的发展，从而能考虑到他人的利益（Mascolo，2007）。还有人支持先天的生物因素在婴儿移情和利他行为中的作用（Zahn - Waxle，1992）。的确，有些亲社会行为是人类特有的，且在社会化开始之前就有，这说明婴儿从出生开始就是利他的个体（Warneken，2007）。

对于早期的亲社会行为，这些不同的理论观点对认知和动机要素的强调不同。这些观点相异，可能有一个重要的原因是儿童的年龄。认知和动机的性质可能因儿童年龄不同而意义有别，如递给他人物品这一行为，会因不同年龄段儿童的社会认知、动机构成要素的不同而意义有别。婴儿的亲社会行为可能由不同的社会认知驱动，而这些认知也不同年长的儿童和成人。如，婴儿对他人表情和行为的最初理解，可能仅仅是作为一个客体，并不是他人的内心状态。相应地，婴儿的社会反应并非基于复杂的对他人内部状态的推论、对行为线索的理解、对行为和结果之间关系的理解。那么，人们不禁要问，帮助父母清洗小狗、清扫地板的1岁儿童，他们帮助成人的行为在多大程度上并没有关注父母的需要，而是只是对活动本身感兴趣，享受社会交换的过程，或者行为之后的赞扬？当婴儿帮助成人时，他们是如何理解成人的愿望、感受和需求的？要想澄清上述问题，一种办法就是对社会认知水平和动机不同儿童的同一行为进行比较，从而厘清行为的意义及其机制。

综观以往的研究，发现影响亲社会行为产生的因素众多，可以概括为个体内在因素和外在环境因素两个部分。但是，这些因素如何交互作用而形成亲社会行为的机制尚不清楚。

（一）个体内在因素

1. 生物遗传因素

社会生物学认为动物的利他行为具有特定的进化与生物基础。作为进化结果的人类，其行为包括亲社会行为是动物利他行为的自然延续，亲社会行为具有生物适应意义。因为个体为群体作出的自我牺牲确保或提高了种族存续及其基因传承的机会。所以说，人类的道德行为包括协作、助人及其他的自我牺牲和亲社会行为都植根于种系的基因遗传之中（Wispe，1976）。

动物习性学的研究结果支持了社会生物学观点，研究发现动物在某些危险情境下能帮助同一种系的其他成员摆脱危险。知更鸟、画眉鸟在天敌逼近时能够冒着暴露自身的危险，用尖厉的叫声向同伴们报警；蜜蜂、蚂蚁等用自我牺牲来保护同类群体。高级灵长类动物黑猩猩能与合作捕食的伙伴分享猎物，还能收养失去母亲的小猩猩。

人类在进化中延续了动物这种利他行为模式，从而使亲社会行为具备一定的进化根源与生物基础。新生儿很早就表现出同情的反应，这种同情有助于个体适应环境，有利于种系生存而促进了基因的改变或者说被编进人类的基因程序。

Knafo（2006）以双生子为被试追踪（从 18 个月到 7 岁）研究基因、环境对亲社会行为发展的影响，共有 9424 对双生子（单卵双生男孩 1501 对、异卵双生男孩 1565 对、单卵双生女孩 1711 对、异卵双生女孩 1580 对、异性别双生子 3067 对）参加本研究，父母报告被试 2、3、4、7 岁时的亲社会行为、教师报告被试 7 岁时的亲社会行为。结果表明，对于父母报告的亲社会行为，共享环境的影响由 2 岁时的 0.47 下降到 7 岁的 0.03，基因的影响则从 0.32 增加到 0.61；对于教师报告的亲社会行为（7 岁），共享环境的影响微弱而基因的影响显著；基因对亲社会行为的稳定和变化都有影响，非共享环境对亲社会行为的变化起主要作用。

2. 心理因素

个体内在的心理是影响亲社会行为中最复杂的因素。

（1）观察与模仿

模仿是效仿他人的言行并表现出与他人相类似的行为。模仿是人学习的一种方式，儿童很早就表现出模仿能力。儿童可以模仿成人的表情、言语、动作和行为。班杜拉的观察学习理论中就包括模仿的成分，模仿最早是无意识的，后来发展为有意识的模仿。儿童周围人的言行都可以成为儿童模仿的对象，因此，给儿童提供良好的模仿范例是非常重要的。

（2）社会认知

社会认知是个体对社会刺激的觉知、判断、推理等过程。观点采择、道德推理、归因都是社会认知的具体表现。

观点采择

观点采择是指能区分自己与他人的观点，并进而根据当前或先前的有关信息对他人的观点（或视角）作出准确判断的能力。观点采择是个体对他人需要作出正确判断的能力，是亲社会行为的认识基础。

对土耳其青少年的研究发现，观点采择水平和亲社会行为成显著正相关，认为观点采择能力直接影响着亲社会行为的表现（Kumrn，2003）。但也有对巴西青少年的研究表明，观点采择水平高低不能直接预测亲社会行为水平高低，观点采择只能通过移情或亲社会道德推理间接影响亲社会行为（Eisenberg，2001）。

有人（Patricia，1996）将观点采择分成认知的观点采择（cognitive perspective taking：预见他人的思想、动机、意图和行为的能力，以下简称 CPT）和情感的观点采择（affective perspective taking：推断他人的体验和情感反应的能力，以下简称 APT）。研究对象为成人，结果显示 APT 和 CPT 也都能显著增加被试的助人行为；APT 引导的助人效果要远远高于 CPT 引导的助人效果。这项研究提示，观点采择对亲社会行为影响中，情感的观点采择起着主要的作用。

道德推理

哲学家和认知心理学家都认为道德观念影响道德行为，但实证研究结果不尽相同。

对 7 岁儿童的研究显示，儿童的道德判断水平与利他程度存在显著相关（Rushton，1982）。在中国对青少年的研究发现，亲社会行为与道德判断推理能力不存在显著相关，道德判断推理能力不是亲社会行为的预测因素（刘志军，2001）。还有研究显示，道德推理是通过情绪而对亲社会行为产生影响。有研究表明，道德推理和亲社会行为之间，羞愧和内疚的情感起着明显的中介作用，即道德推理是通过增强学生的羞愧感和内疚感从而反过来促进亲社会行为的发生（Gustavo，2011）；丁芳的研究结果显示，高道德判断水平儿童的亲社会行为受移情水平的影响比低道德判断水平的儿童明显（丁芳，2000）。

归因

目前，还缺少归因与亲社会行为之间关系的实证研究，已有的研究基本是在假设情景中，对亲社会行为的归因研究。

俞志芳（2007）运用临床访谈法研究了小学儿童在亲社会情境中的情绪归因，即对他人产生情绪体验的情境作出原因推论。结果表明，在亲社会情境中，年幼儿童倾向于结果定向的归因，一年级儿童中大部分以道德定向为主，随着儿童年龄的增长，儿童的归因定向逐渐多样化。

孙华平（1997）用投射法对小学一、三、五年级儿童亲社会行为、攻击行为的归因进行研究。结果发现，小学儿童对亲社会行为倾向于做内归因，而对攻击行为内外归因的差异不显著。小学不同年龄组儿童对两种行为的归因均无显著差异。

(3) 移情

多数研究显示，移情能力与亲社会行为表现之间存在关联，移情能力与亲社会行为表现之间呈正相关。

Anne（2004）的研究显示，对他人恐惧表情的辨认有助于引发助人行为，辨认表情的精确程度与助人行为呈正相关。对小学生的研究显示，亲社会行为水平高的儿童移情水平也高，亲社会行为水平高的儿童对他人面部表情的分辨能力和自我情绪控制能力也高（Hayes，1999）。Dante（1999）等将移情分成状态移情（state empathy：特定情境中的移情唤醒）和特质移情（trait empathy：在不同场合下都体现出来的一般的移情倾向），认为状态移情与亲社会行为呈直接正相关，而特质移情在状态移情和亲社会行为之间起着中介作用。

但是也有研究与上述结论不一致。有人认为处于困境中的人至少会产生两种不同类型的情绪反应：个人悲伤的情感（如着急、惊恐、心烦意乱、悲伤、忧虑等）和移情情感（如同情、怜悯、担心、热情、好心肠等）。两种情绪反应有不同的动机结果，移情的情感唤起利他动机，旨在为另一个人解除痛苦；个人的悲伤诱发利己动机（减少个人悲伤的情绪唤起），其帮助行为是利己的，有时可能通过逃离现场而不是帮助来达到目的（Batson，1994）。个体移情的范围很广，包括幸福、悲伤、愤怒，不可能都诱发亲社会行为，移情诱发的利他可能引导个人违背道德公正的原则而行动（Batson，1995）。

此外，气质与亲社会行为之间亦存在关联，详见本书第三章气质。

(二) 外在环境因素

1. 榜样

周围的人（父母、老师、同伴）以及传媒中的人物形象，都可以成为儿童模仿的对象，即榜样。榜样对社会行为习得的作用，以班杜拉的社会学习理论最为全面（详见本书第二章）。

班杜拉以小学三、四、五年级的儿童为被试，研究口头劝说和榜样行为对儿童利他行为的影响。先让小学三、四、五年级的儿童做一种滚木球游戏，作为奖励，他们在游戏中都得到了一些现金兑换券。然后，把这些儿童分成四组，每组有一个实验者的助手装扮的榜样参与。第一组儿童和一个自私自利的榜样一起玩，这个榜样向儿童宣传要把好的东西留给自己，不必去救济他人，同时也带头不把得到的现金兑换券捐献出来。第二组儿童和一个好心肠的榜样一起玩，这个榜样向儿童宣传自己得了好东西还要想到别人，并且带头把得到的兑换券捐献出来。第三组儿童和一个言行不一的榜样一起玩，这个榜样说人人都应该为自己考虑，实际上却把兑换券放入了捐献箱。第四组儿童的榜样说要把得到的兑换券捐献出来，实际上却只说不做。实验结果是第二、三组捐献兑换券的儿童比第一组和第四组均明显地多。这清楚地表明劝说只能影响儿童的口头行为，对实际行为则无影响；行为示范对儿童的外部行为有非常显著的影响。

周强、杨梓（1995）以幼儿园的小班、中班、大班的幼儿为被试，对幼儿的利他行为进行了研究，结果发现，幼儿利他行为的认识和具体表现可以因榜样的影响而发生、发展。张莉（1998）研究了榜样对幼儿分享行为影响，结果显示，在幼儿晚期榜样训练在幼儿玩具、奖品的分享上有较好的效果。

对四年级小学生的研究显示，榜样学习组的助人行为要高于控制组。榜样对助人行为产生的影响还具有延迟性，三个月后榜样学习组儿童的助人行为仍高于控制组（陈旭，1995）。

对青少年（初一至高一）的研究显示，对积极社会榜样的认可与青少年积极的社会观念、社会行为存在着非常显著的正相关，回归分析显示，社会榜样对社会行为的影响显著（芦咏莉，1998）。

2. 强化

儿童周围的人（父母、老师、同伴）对儿童行为予以表扬、鼓励、奖励就是强化，行为主义心理学强调强化在行为习得中的作用。

强化有多种方式，口头赞扬和物质奖励都是强化。但是，对亲社会行为的物质奖励不一定能增强亲社会行为，甚至可能降低亲社会行为的出现。因为，物质奖励使亲社会行为的动机发生了变化，亲社会行为不是出于对他人的同情、关心，而是为了获得物质奖励。物质奖励一旦解除，亲社会行为随之消失。研究显示，使用物质奖励会降低儿童的亲社会行为倾向（Fabes，1989）。

有研究显示，口头表扬能增加亲社会行为的出现，但是这种强化的结果是即时性的，是否具有长期效果还缺乏实证研究的支持。口头表扬的效果还需要一个前提条件，即强化者在儿童心目中不能是一个自私自利的人，否则，表扬无法增强亲社会行为。

强化的背后是文化、价值观，对什么行为予以强化是教育者根据自己所生存的文化对人的要求而定的，同一行为在不同文化背景下的意义可能是有差异的。

3. 父母教养

已有研究显示，父母的教养与亲社会行为相关联，其中反应性、讲道理和正面表达等最为关键。但是，上述各教养维度可能会因文化背景的不同而意义有别。Yagmurlu（2009）在墨尔本选取153名澳大利亚白人和58名土耳其裔4—6岁儿童为被试，研究了教养、儿童气质和社会文化背景对亲社会行为的直接和间接预测作用。结果显示，两组儿童的亲社会行为水平不存在差异，但是预测亲社会行为的因素有差异。母亲的关心和儿童的坚持性能预测白人儿童的亲社会行为，要求儿童服从、对儿童指导的教养行为能提高土耳其裔儿童的亲社会行为。

## 五　道德认知理论

儿童的道德认知主要是指儿童对是非、善恶行为准则及其执行意义的认识。它包括道德概念的掌握、道德判断能力的发展以及道德信念形成三个方面。

（一）皮亚杰的儿童道德认知发展理论

瑞士心理学家J. 皮亚杰（Jean Piaget 1896—1980）是第一位有计划、有系统地研究道德判断问题的心理学家，他的著作《儿童的道德判断》（1932）是发展心理学研究儿童道德发展的里程碑，为研究儿童道德认知发展奠定了坚实的基础。

1. 皮亚杰的研究内容

皮亚杰主要研究儿童对社会规则的理解、认识，对平等、互惠的关心。这两个内容通过儿童对游戏规则的理解和使用，对过失、撒谎行为的认识，对权威的认识而体现。

皮亚杰通过与儿童交谈进行研究，研究者向儿童提出一些事先设计好的问题，然后分析儿童所做的回答，特别是错误的回答，从中找出规律性的东西。

（1）儿童对游戏规则的认识

为了研究儿童规则意识的发展程序，皮亚杰和他的同事们设计了玩弹子的游戏。他们分别同20名4—12、13岁不同年龄的儿童一块儿玩打弹子或者观察两个孩子比赛打弹子的游戏，记录他们在游戏中对规则的认识状况。通过观察，他们发现儿童对规则的认识发展有三个阶段。

第一阶段：规则还不是有遵守义务的规则。在这一阶段，儿童常常把自己认定的规则与成人教给的社会规则混在一起。

第二阶段：以片面尊重为基础的强制性规则。儿童认为规则是外加的、绝对不能变的东西。年幼的儿童与大年龄儿童一起玩时并不了解为什么要有规则，只是因为大年龄儿童强迫他们遵守。

第三阶段：规则成为彼此同意的合理规则。儿童不再把规则看做是神圣不可侵犯的，只要游戏维持双方对等的原则，规则即使发生变更也无所谓。因为规则是孩子们自己商定的，是可以变的，可以根据游戏的内容、游戏的环境、参加游戏的人数等而改变规则。但是游戏的规则一旦确定下来，所有参加游戏的成员就必须且有义务去遵守它。皮亚杰认为，义务的意识或义务感是儿童道德发展的一个重要标志。

（2）儿童对过失、说谎行为的判断

皮亚杰和他的合作者采用了间接故事法，设计了许多包含道德价值内容的对偶故事。研究者先向儿童叙述一个故事，然后要求儿童作出评定并说出评定的理由。

① 儿童对过失行为的判断研究

故事A：一个叫约翰的小男孩，听到有人叫他吃饭，就去开吃饭房间的门。他不知道门后有一张椅子，椅子上放着一只盘子，盘内有15只茶杯，结果撞倒了盘子，敲碎了15只杯子。

故事B：有个叫亨利的男孩，一天，他妈妈外出，他想拿碗橱里的果酱吃。他爬上椅子伸手去拿，因为果酱放得太高，他的手够不着，结果在拿果酱时，碰翻了一只杯子，杯子掉在地上碎了。

实验者提出的问题是：在这两个故事里面，哪个孩子犯的过失严重一些？下面是实验者和一个6岁男孩的对话。

“这个故事你懂吗?”
“懂。”
“头一个孩子干了什么?”
“他敲碎了 15 只杯子。”
“第二个孩子呢?”
“他不小心敲碎了一只杯子。”
“第二个孩子怎么会打碎杯子的呢?”
“因为他笨手笨脚，拿果酱的时候杯子倒了下来。”
“这两个孩子哪个更调皮?”
“头一个，因为他敲碎了 15 只杯子。”
“如果你是父亲，你对哪个惩罚得更厉害些?”
“打碎 15 只杯子的那个。”
“他为什么会打碎 15 只杯子呢?”
“门关得太紧，被撞倒的。”“他不是有意打碎的。”
“那么第二个男孩呢?”
“他想拿果酱，手伸得太远，杯子敲坏了。”
“他为什么要拿果酱呢?”
“因为他只有一个人，他妈妈不在那儿。”

在这项研究中皮亚杰发现，五岁以下的儿童没法作比较，六岁以上的儿童能作出回答。6—7 岁的儿童认为故事 A 中的儿童更坏些，理由是他打碎了 15 只杯子，而故事 B 中的男孩只打碎了一只杯子，因此故事 A 中的男孩（约翰）比故事 B 中的男孩（亨利）坏。他们根据打碎杯子数量的多少做道德上的判断，也就是说根据主人公的行为在客观上造成的行为后果，即行为的客观责任来作出判断的。而年龄稍大的孩子则会注意行为的动机和意图，即从行为的主观责任去作判断。

② 儿童对说谎行为的判断研究

故事 A：甲儿童在回家的路上碰到一条狗，非常害怕。他跑回家里告诉妈妈说，他碰到一只像牛一样大的狗。

故事 B：乙儿童放学回家，告诉妈妈说老师给了他一个好分数。事实上老师既没有给他高分数，也没有给他低分数。可是他这么一说，妈妈很高兴，表扬了他。

对儿童提问与前面的一样，结果表明年幼儿童说甲更坏些，因为那么大的狗是不可能的事。他们是根据儿童所说的话跟客观真实性相差的程度来评定谎言的严重性，而不是根据是否有意欺骗。年龄大一点的儿童则认为乙更坏些，理由是甲即使说了这样的话也不算说谎，而乙是故意说谎。这就是说，随着年龄增长，儿童的道德判断已从效果论转向动机论。

（3）儿童对公正观念的认识

从教师和家长偏爱顺从他们的学生或孩子的日常事例中，选取典型事例并设计了许多故事，讲给孩子们听。然后，提出问题“偏爱行为好的孩子是否公平”，要求他们作出判断。研究发现年幼儿童对公正概念尚不理解，他们以成人的价值判断作为自己判断是非的标准，即成人认为对的儿童就认为对，成人认为不对的儿童就认为不对。判断好与坏的标准就是看服从还是不服从。还不会分辨服从和公正、不服从和不公正的区别。皮亚杰认为 7 岁、10 岁、13 岁是公正观念发展的三个主要时期。这三个年龄阶段儿童的公正判断分别以服从、平等和公道为特征。皮亚杰认为公道感不只是一种判断是非的准则关系，而是一种出于关心和同情人的真正的道德关系，是一种“高级的平等”。

2. 儿童道德判断的发展

皮亚杰依据儿童对上述三方面的研究，提出了儿童道德判断发展的阶段说，他认为儿童的道德判断可以分为三个阶段。

前道德判断阶段（1.5—5 岁）

这不是一个真正的道德判断时期，儿童只能专注于自己的感受，或遵从权威的观点。例如，小明和小军两个小朋友打架，问一个旁观的小朋友谁对谁错时，他回答是小军不对，再追问为什么，他回答：因为小明跟我好。对权威的遵从，常体现在儿童以“老师说的”或“妈妈说的”为依据来论证自己的观点或行为。

他律道德阶段（5—8 岁）

儿童的道德判断是简化的、僵硬的。通常从行为的结果作出道德判断，如他们认为一个无意摔坏 4 个杯子的孩子，比一个有意摔坏 2 个杯子的孩子，应该受到更大的惩罚。认为规则是权威人物制定的，是不能改变的。人的行为只有对与错两种情况。

自律道德阶段（8—12 岁）

已经认识到规则不是万能的、不变的，而是可以依人们的愿望改变的。儿童能跳出自我中心的限制，从他人的立场思考问题；以行为的动机而不是行为的结果进行判断。对于惩罚，能提出与所犯错误更相符的办法，并且把惩罚看做是对过失行为者的一种教训。

在皮亚杰看来，儿童道德判断中的他律和自律特征，是前运算阶段和形式运算阶段思维发展水平的一种表现。所谓他律道德是根据外在的道德法则所作的判断，他们只注意行为的外部结果，不考虑行为的动机；他们的是非标准取决于是否服从成人的命令或规定。这是一种受自身之外价值标准所支配的道德判断。自律道德是指能从主观动机出发，用平等、不平等，公道或不公道等新的标准来判断是非，这是一种为儿童自身已具有的主观价值所支配的道德判断，因而称为自律水平的道德。皮亚杰认为只有达到了这个水平，儿童才算有了真正的道德。

3. 皮亚杰儿童道德判断发展研究中存在的问题

皮亚杰的研究中对偶故事结果（15 只杯子对 1 只杯子）不对等，影响到儿童对动机的关注。另外，故事中淘气的亨利去拿果酱，可能并不是有意打坏杯子的，而是不小心打碎的，究竟是什么原因导致的后果，作为行为判断者的儿童并不清楚。

我国学者莫雷（1993）分别用动机错误程度差异增大与后果严重程度差异缩小的两个系列改编对偶故事对 5—7 岁儿童的道德判断依据进行了研究。结果表明，在上述两种情况下，儿童由原来的后果判断转为动机判断的人数差异均达显著性水平。儿童的年龄越大，转变的人数就越多。据此可以认为，这个时期的儿童在进行道德判断时会受到行为后果与行为动机两个方面的影响，只不过是行为后果的影响作用要大大超过行为动机；而随着年龄的增大，两者的相对影响作用逐步会此消彼长。皮亚杰的有关结论应予以补充与修正。

皮亚杰在儿童规则认知发展研究中，没有对习俗规则和道德规则进行区分。而儿童对两种规则的认识可能是不同的。张卫等人（1998）的研究结果显示，6 岁的中国儿童已表现出对道德规则和社会习俗的直觉区分，但对两者的深刻理解则需要到 8 岁左右才能达到；儿童对规则的理解强调公平原则、他人幸福和义务责任等因素，而对社会习俗的认识，则强调社会习俗传统、团体规则和不良后果。

（二）柯尔伯格的儿童道德认知发展理论

柯尔伯格（L. Kohlberg 1929—1988）在继承皮亚杰理论的基础上，又对皮亚杰的理论做了进一步的修改、提炼和扩充，提出了儿童道德认知发展的理论。

1. 柯尔伯格的研究方法

柯尔伯格采用道德两难故事，让儿童在两难推理中作出选择并说明理由，最典型的是“海因兹偷药”的故事。

欧洲有个妇人患了癌症，生命垂危。医生认为只有一种药才能救她，就是本城一个药剂师最近发明的镭。制造这种药要花很多钱，药剂师索价还要高过成本的十倍。他花了200元制造镭，而这点药他竟然索价2000元。病妇的丈夫海因兹到处向熟人借钱，一共才借得1000元，只够药费的一半。海因兹不得已，只好告诉药剂师，他的妻子快要死了，请求药剂师便宜一点卖给他，或者允许他赊欠。但药剂师说“不成！我发明此药就是为了赚钱”。海因兹走投无路竟撬开商店的门，为妻子偷来了药。

讲完这个故事，主试向被试提出了一系列的问题：这个丈夫应该这样做吗？为什么应该？为什么不应该？法官该不该判他的刑？为什么？等等。儿童既可做肯定回答，又可作否定回答。柯尔伯格真正关心的是孩子们回答问题的理由，根据儿童提出的理由判断其道德发展水平。

2. 柯尔伯格的道德认知发展理论

（1）一级水平：前习俗道德（9岁以前）

第一阶段：服从与惩罚的定向

该阶段的儿童认为规则是由权威制定的，必须无条件服从，服从规则是为了避免惩罚。行为的好坏是根据行为的结果来衡量的，受表扬的行为就是好的，受批评的行为就是坏的。儿童认为海因兹偷药是坏的，原因是“偷药会受到惩罚”。

第二阶段：相对论者的快乐阶段

儿童不再把规则看成是绝对的、固定不变的东西，能从不同的角度看待同一个问题。儿童认为海因兹和药剂师对偷药的看法是不同的，海因兹可以认为他偷药是对的，而药剂师可以认为那是错的。他们还认为一个人最终总要根据自己的需要和快乐作出决定，正确的行动包含着能够满足个人需要的行动，个体服从规则是为了得到好的待遇。因此，海因兹若爱他的妻子就可以偷，若想跟另一个女子结合就不必去偷。

（2）二级水平：习俗道德

处于这一水平上的儿童都能顺从现有的社会秩序，而且有维护这种秩序的内在愿望；规则已被内化，即自己感到是正确的，因此，行为价值是根据遵守那些维持社会秩序规则所达到的程度确定的。

第三阶段：好孩子定向

个体希望保持人与人之间良好、和谐的关系，希望自己被别人看做是好人，不辜负他人的期望，好的行为就是使别人高兴、受到表扬。在谈到海因兹偷药的故事时，该阶段的儿童强调“海因兹想挽救一个人的生命”、“爱他的妻子”、“已经走投无路了才去偷的”；而对药剂师的评价则是“一心想赚钱”、“只关心自己的利益而不管别人的生命”，所以是“坏的”、“贪婪的”。

第四阶段：维护社会制度与权威的道德

儿童注意维护社会秩序，认为每一个人都应该承担社会的义务和职责。正确的行为就是尽到个人的职责，尊重权威，维护普遍的社会秩序，否则就会感到内疚。该阶段的儿童同情海因兹，认为他应当去偷，因为他爱妻子，但同时又认为他触犯了法律，必须偿还药剂师的钱并去坐牢。

（3）三级水平：后习俗道德

第五阶段：民主地承认法律（社会契约的定向）

本阶段儿童能比较灵活地看待法律，认为法律是为了使人们能和睦相处，如果法律不符合人们的需要，可以通过共同协商和民主的程序加以改变。该阶段儿童认为一个人必须对法律有一个深刻的理性的承诺，又模糊地意识到似乎还有一个比法律更高的原则——维护生命的权利。所以，他们在回答海因兹问题时感到很混乱。

第六阶段：普遍的原则

儿童不仅能认识到社会秩序的重要性，也能领悟到不是所有的社会都能实现完美的原则，有了超越法律的普遍原则，即对人类的正义和个人的尊重。儿童认为虽然海因兹没有为救妻子而偷药的法律权利，但他有一个更高的、道德的权利，那就是每个人都有一种绝对的价值——生命，而且这个原则是普遍的。

柯尔伯格认为，道德发展都是按照顺序由一个阶段向下一个阶段过度，是固定的，但并不是每个人都在同样的年龄达到相同的发展水平，事实上有许多人永远无法达到道德判断的最高水平，有些成人仍在前习俗水平上进行思考。

柯尔伯格与皮亚杰一样，承认道德发展有一个固定不变的顺序，都是从特殊到一般，从自我中心看待事物，到用一般的抽象原则关心他人的利益。承认道德判断要以一般的认知发展为基础，强调社会互动在道德发展中的作用。

两者不同的是，皮亚杰认为儿童的早期服从是依赖、尊重权威的缘故，而柯尔伯格认为是为了避免惩罚获得奖励；柯尔伯格认为在同一个阶段，可以同时存在几种道德判断类型，而皮亚杰不这样认为。

3. 柯尔伯格理论存在的问题

研究内容与生活脱离，“海因兹偷药”这类道德两难问题在儿童的现实生活中是不可能存在的，所以儿童的回答结果并不能完全代表他真实的道德判断水平。另外，柯尔伯格在研究中没有把社会习俗（如不在众人面前脱衣服）和道德规则（偷盗是错误）区分开来，而是混为一谈了。有研究发现4岁儿童能区分这两个范畴，儿童习俗判断和道德判断的发展规律也各不相同。在柯尔伯格的研究中，被试都是男性，导致研究结果的代表性问题。有研究认为在道德判断上，男性重是非，看重“理”，而女性则看重“情”。

（三）艾森伯格的社会道德理论

艾森伯格（Nancy Eisenberg）认为道德作为一个总的领域，包括许多不尽相同的具体方面，儿童对这些具体方面的判断会有所不同。柯尔伯格研究所用的两难故事在内容上几乎都涉及法律、权威或正规的责任等问题。柯尔伯格运用两难故事只是研究了儿童道德判断推理的一个方面——禁令取向的推理（prohibition oriented reasoning）。艾森伯格设计了完全不同于柯尔伯格的另一道德两难情境——亲社会道德两难情境来研究儿童道德判断的发展（王美芳，1996）。

艾森伯格亲社会道德两难情境是指，一个人必须在满足自己的愿望、需要和价值与满足他人的愿望、需要和价值之间作出选择，助人者的个人利益和受助者的利益之间存在着不可调和的矛盾。在亲社会道德两难情境中，故事的主人公是唯一能提供帮助的人，但助人就意味着自我牺牲。在亲社会两难情境中并不强调法律、惩罚、权威和正规的责任，这也正是亲社会两难情境与柯尔伯格两难情境的区别所在。

1. 艾森伯格的研究方法

艾森伯格的研究方法与柯尔伯格的研究方法有相同之处，也是用道德两难故事作为研究工具，同样采用个别访谈法考察儿童的道德判断推理。两难故事内容如下：

> 一天，玛丽要去参加朋友的生日晚会。在路上她看到一个女孩摔倒在地上，把腿摔伤了。这个女孩要玛丽去她家叫她的父母，以便他们能来带她看医生。但是，玛丽如果帮她叫父母的话，就来不及参加朋友的生日晚会了，会错过吃冰激凌、蛋糕以及玩各种游戏的机会。玛丽应该怎么办？

2. 亲社会道德判断的发展阶段

第 1 阶段：享乐主义的、自我关注的推理。助人或不助人的理由包括个人的直接得益、将来的互惠，或者是由于自己需要或喜欢某人才关心他（她）。

第 2 阶段：需要取向的推理。他人的需要与自己的需要发生冲突时，儿童对他人身体的、物质的和心理的需要表示关注。但仅仅是简单的关注，并没有表现出自我投射性的角色采择、同情的言语表述等。

第 3 阶段：赞许和人际取向、定型取向的推理。儿童在证明其助人或不助人的行为时所提出的理由是好人或坏人、善行或恶行的定型形象，他人的赞扬和许可等。

第 4 阶段：该阶段又分为两个阶段：

4A：自我投射性的移情推理。儿童的判断中出现了自我投射性的同情反应或角色采择，他们关注他人的人权，注意到与一个人的行为后果相连的内疚和情感。

4B：过渡阶段。儿童选择助人或不助人的理由涉及内化了的价值观、规范、责任和义务，对社会状况的关心，或者提到保护他人权利和尊严的必要性等。但是，儿童并没有清晰而强烈地表述出这些思想来。

第5阶段：深度内化推理。儿童决定是否助人的主要依据是他们内化了的价值观、规范或责任，尽个人和社会契约性的义务、改善社会状况的愿望等。此外，儿童还提到与实践自己的价值观相联系的否定或肯定情感。

艾森伯格对亲社会道德判断的这5个阶段做了比较谨慎的说明，她没有把它们看做是具有普遍性的，也没有把它们之间的顺序看做是固定不变的。她只认为自己勾画出了“美国中产阶级儿童发展的一种描述性的与年龄有关的顺序”。但是，国外许多心理学工作者利用艾森伯格的亲社会两难故事在德国、以色列、日本和西太平洋的巴布亚—新几内亚等地所做的跨文化研究表明，尽管不同文化背景下儿童的亲社会道德判断存在着一定的差异，但他们的亲社会道德判断发展过程与艾森伯格提出的儿童亲社会道德判断的发展阶段基本一致。

（四）吉利根的关怀理论

以皮亚杰和柯尔伯格为代表的研究，围绕“公正”观而展开，认为只有公正才是大众组织其道德思维的框架。

美国心理学家吉利根（Gilligan 1936—）对认知发展理论关于“公正”是大众唯一道德取向这一基本观点产生质疑。认为人类社会一直存在着两种不同取向的伦理道德观，即公正和关怀的伦理道德观，并非只有一种“公正”的取向。

吉利根认为同情、移情、内疚之类的道德情感并不是关怀和公正道德的根源，年幼时的社会关系构成其道德基础。年幼时的依恋经验、与成人不对等的关系是关怀道德产生的基础。

吉利根的实证研究使用道德两难故事，包括海因兹偷药、堕胎、真实生活中的两难故事，被试年龄跨度从6岁至60岁。结果显示，具有关怀优势道德取向的女性显著多于男性，具有公正占优势道德取向的男性多于女性（陈会昌，2004）。

Wong（2011）以115名5岁（年龄跨度4.70—7.05岁，平均年龄＝5.39，SD＝0.35,）中国儿童为被试，研究公正取向和关怀取向的道德推理。通过图片呈现假象的冲突困境：公认的规则（友好对待来访的客人小朋友，并与之分享玩具等资源）与满足个人愿望（玩具是我的，我不想给别人玩，我有权利决定谁可以玩我的玩具），让被试提出解决问题的办法。结果显示，大多数被试的推理是关怀取向的，他们关注亲社会行为（帮助、他人的需要）的重要性。

认知发展理论为道德研究开辟了新领域，揭示了儿童道德认知发展的基本历程，具有一定的普遍性；关于道德发展阶段的理论，为理解儿童道德行为提供了一个参考框架；柯尔伯格与皮亚杰根据他们对儿童道德认知发展的研究提出了一些有关道德教育的设想，为教育实践注入了活力。

认知发展理论对道德问题的研究，是以理智至上为原则的，而在现实生活中存在着人文取向的伦理道德观，这是认知发展理论研究忽视的地方。在道德认知与道德行为关系的认识上存在偏差，强调认知对行为的决定作用，事实上在实际生活中，人的认知与行为有时是不一致的。

## 第二节 攻击行为

### 一 攻击行为的概念和种类

（一）概念界定

攻击行为也称为攻击、侵犯行为、侵犯，是指有意伤害别人且不为社会规范所许可的行为。

从意图来看，攻击是有意的，不小心伤到他人不属于攻击。一个儿童本想帮助同伴，结果却使对方受到伤害，这种行为不属于攻击。但是，对行为意图的了解是非常困难的，所以，在实际的研究中有时不考虑行为意图。

从结果来看，攻击行为是指对他人造成实际伤害的行为，这种伤害包括心理伤害和身体伤害两个方面。一个人本想实施对他人的攻击，但伤害“未遂”，则不属于攻击。

从社会评价来看，攻击行为是指那些社会规范不容许的行为；而有些对他人可能或实际造成伤害的行为，因其在社会规范容许的范围内，则不属于攻击行为，如在运动场上的合理冲撞。

（二）攻击行为的种类

攻击行为复杂多样，可以从不同角度进行划分。

1. 身体攻击与言语攻击

从攻击方式来看，可以将攻击分为身体攻击和言语攻击。身体攻击是使用肢体或器物等对他人造成身体伤害；言语攻击是指使用言语（谩骂、散布谣言等）对他人造成心理伤害、离间人际关系。

在有些攻击行为中，身体攻击和言语攻击是能区分开的，但相当多的身体攻击是伴随着言语攻击而实施的。

2. 敌意性攻击和工具性攻击

哈吐普（Hartup）将攻击分为敌意性攻击和工具性攻击。敌意性攻击是以伤害他人（身体、感情和自尊等）为目的的攻击行为。工具性攻击是指为了获得某个物品而作出的伤害他人的行为（抢夺、推搡等），这类攻击本身不是为了给受攻击对象造成身心伤害，攻击只是作为达到其目的的手段而已。

在攻击行为实施时，敌意性攻击和工具性攻击也有交叉。因为一些敌意性的侵犯具有工具性侵犯的功能，而一些工具性的侵犯也表现出敌意性的愤怒反应。

3. 主动攻击与反应性攻击

从双方在攻击行为中的作用来看，一个是主动发起者、一个是承受者，承受者继而实施反击。主动发起的攻击行为称为主动攻击，对他人攻击行为的反击称为反应性攻击。

## 二　攻击行为的产生和发展

### （一）攻击行为在各年龄段的表现

对同伴的攻击在出生第一年的晚期可以观察到，12 个月的婴儿会对同伴的激惹作出反抗和攻击性报复（Caplan，1991）。对 17 个月和 30 个月大的儿童进行观察发现，超过 70 % 的儿童在 17 个月时就表现出了身体攻击，其中 14 % 的儿童在 17 个月到 30 个月之间表现出较高的攻击行为水平，且存在增长的趋势（Tremblay，2004）。

多数研究认为，2—4 岁之间身体攻击在减少，言语攻击增多。该阶段的攻击行为多由同伴冲突和物品抢夺而引起，为占有物品而发生冲突是最常见的攻击诱因。进入到小学阶段，大多数儿童很少表现出攻击行为，攻击行为出现的整体呈下降趋势，出现的攻击行为经常集中在少数人身上。此时的攻击行为很少是工具性的，多指向特定的人，敌意性增加。进入中学后，攻击行为数量仍表现为持续的下降，但是，青少年期却是严重的攻击与暴力行为上升的时期。因此，该阶段的攻击行为比以往任何阶段的攻击行为危害性都严重。

### （二）攻击行为发展的特点

1. 由工具性攻击转向敌意性攻击

哈吐普对4—7岁儿童攻击形式的观察研究发现，年龄较小儿童的工具性攻击的比率要高于年龄大一些的儿童，相反，年龄大些的儿童敌意性攻击或以人为指向的攻击比率高于年龄较小的儿童。

张文新对幼儿园小、中、大三个班的观察发现，工具性攻击占总数的51.9%；敌意性攻击占总数的48.1%。小班儿童的工具性攻击次数极显著地多于敌意性攻击，中班儿童的工具性攻击和敌意性攻击行为次数之间不存在显著差异，大班儿童的敌意性攻击次数极显著地多于工具性攻击。

2. 引起攻击行为产生的诱因因年龄而异

早期的攻击行为多是由争夺物品引起，4—5岁时有意义的社会事件会引起攻击行为（如违反游戏规则），与由物品和空间问题引起的攻击行为达到平衡。随着儿童年龄的增长，诱发其侵犯行为的刺激类型也发生了变化，如取笑、奚落、叫绰号等随年龄增长在诱发攻击行为方面起到的作用在增加。

3. 攻击行为的性别差异

多数研究认为攻击行为存在性别差异。这种差异在2— 2.5岁时就可表现出来，而且在自然观察的情境中比在严格控制的实验室中更为明显。男孩对攻击行为进行反击明显多于女孩对攻击行为的反击。从攻击的方式来看，女孩多使用言语攻击（孤立、散布谣言和诽谤），男孩较多使用身体攻击。男孩对同性的攻击多使用身体攻击，但是对异性的攻击较少使用身体攻击。

### 三　攻击行为的稳定性

Ostrov（2006）以25对同胞（14对同性、11对异性）为被试，其中13个姐姐和12个哥哥（平均年龄48.56个月、标准差8.52个月）、11个妹妹和14个弟弟（平均年龄39.17个月、标准差8.44个月），使用观察法研究同胞关系与儿童身体攻击、关系攻击（relational aggression）的关系，两次收集数据间隔半年。结果显示，身体攻击与关系攻击呈中等程度相关，两种攻击在半年内表现出中等程度的稳定性。

Eivers（2010）以248名儿童为被试，追踪一年研究社会行为从幼儿园到一年级的稳定性，社会行为由教师和同伴评定。结果显示，教师评价的反社会行为，能显著预测一年后教师评价的反社会行为；同伴报告的反社会行为也表现出稳定性。

Warren（2005）以小学生为被试，追踪两年研究攻击行为的发展。结果显示，群体的攻击水平与群体中的个体攻击水平之间不存在线性关系；但是，那些攻击水平高于平均数的个体与群体攻击水平之间存在线性关系；在个体间竞争环境下，早期表现出攻击行为的个体，其攻击行为受到强化；改善环境因素是降低攻击水平的最有效途径。

Kellam（1998）追踪一年级小学生到中学，研究班级环境对攻击行为的影响，有19所学校、40个教师和教学班参加该研究。在学生一年级时学生和教师被随机分配到各教学班，目的在于控制无关变量，同时也保证各班级的群体攻击水平无差异。结果显示，入校后的第一个季度结束时，同一学校内不同班级的攻击行为水平就表现出显著差异；中学期间攻击行为水平高的被试，其一年级时班级的攻击行为水平、男孩的个体攻击行为水平、男孩捣乱/破坏行为的水平之间存在显著的交互作用；与攻击行为水平中下的男孩相比，一年级时高攻击行为水平班级中的攻击行为水平高的男孩攻击行为增长明显；一年级时男孩的攻击水平高于女孩，尽管班级攻击行为水平对女孩攻击行为没有影响，但是，早期女孩个体的攻击行为水平仍然是导致后期攻击行为增加的因素；降低班级攻击行为的水平能降低个体的攻击行为；一年级男孩的家庭贫穷与高攻击行为相关，并导致班级攻击行为水平的提高；不管一年级时个体的攻击水平如何，来自贫穷社区的男孩和女孩在中学期间攻击行为水平都在增加。

综合各研究来看，攻击行为表现出明显的稳定性，特别是那些攻击水平高的个体，稳定性更强。

## 四 攻击行为产生的原因

与亲社会行为一样，影响攻击行为产生的因素众多，但是各因素间如何交互作用而共同影响着攻击行为尚不清楚。

### （一）内在的个体因素

#### 1. 生物遗传

习性学理论及其相关研究显示，攻击行为具有基因基础。洛伦兹认为，攻击是人必须存在的本能，具有跨物种的普遍性，是生物适应性行为，被编进基因程序而得以遗传下来。

研究的元分析发现，反社会行为具有中等程度的遗传力（遗传力是性状遗传可能性的指标），遗传能够解释反社会行为在人群中40%—50%的变异（Rhee，2002）。而这种遗传经常在某些气质特征上表现出来，卡塞培等人在新泽兰岛对800名儿童进行的追踪研究表明，儿童早期的气质特征对其以后的行为产生一定的影响，早期自我控制力缺乏（如情绪不稳定、多动性、注意持续时间短）与后来产生的攻击等外显行为问题相关。

运用神经成像技术（如PET、MRI）的研究显示，攻击、暴力或反社会行为个体的额叶、颞叶区域存在功能缺陷（Raine，2002；Lyoo，2002）。对成年男性荷尔蒙与攻击行为的关系，已有研究的结论不一致。但是，研究发现，对男性群体来讲，年龄越小，荷尔蒙与攻击间的联系越大。而且，男性荷尔蒙与攻击之间存在着双向联系，即荷尔蒙水平的提高会导致攻击行为的变化，而攻击或竞争也会引起体内荷尔蒙水平的变化。

Erath（2011）以8岁251名儿童（128个女孩、123个男孩）为被试，追踪两年研究皮肤电传导反应水平（skin conductance level reactivity，SCLR）对父母粗暴教养（责骂、惩罚）与外显行为问题（攻击、捣乱、不服从、违法、冲动性）关系的调节作用。结果显示，父母教养粗暴且SCLR水平低的男孩表现出较高且稳定的外显行为问题；父母教养粗暴且SCLR水平高的男孩在8岁时表现出低至中等水平的外显行为问题，但这些人的外显行为问题会随年龄的增长而增加，到10岁时与父母教养粗暴且SCLR水平低的男孩达到同样的水平；父母教养粗暴分数低的被试外显行为问题少且有跨时间的稳定性。

情绪调控和注意力作为气质特征，也影响到攻击行为的产生与发展。Hill（2006）以383名婴幼儿为被试，追踪研究外显行为的发展，在被试2岁、4岁和5岁时分别测量外显行为问题，在被试2岁时测量情绪调控和注意力保持能力。结果显示，情绪调控水平低、注意力保持能力低能预测女孩的外显行为问题；社会经济地位、注意力保持能力低是预测男孩外显行为问题的重要变量（详见本书第三章气质）。

2. 观察与模仿

观察学习理论认为，儿童通过观察他人的行为即可习得该行为。下面介绍班杜拉的一个经典实验。让4岁儿童单独观看一部电影。在电影中一个成年男子对充气娃娃表现出踢、打等攻击行为，影片有三种结尾。将儿童分为三组，分别看结尾不同的影片。在影片结尾时，奖励攻击组的儿童看到的是进来一个成人对主人公进行表扬和奖励。惩罚攻击组的儿童看到另一成人对主人公进行责骂。控制组的儿童看到进来的成人对主人公既没奖励，也没惩罚。看完电影后，让孩子回到房间，告诉他们如果能将榜样的行为模仿出来，就可得到橘子水和一张精美的图片。结果，三组儿童模仿的内容是一样的，这说明控制组儿童通过观察、模仿也学会了攻击行为。

3. 认知

道奇（Dodge）强调认知在攻击行为中的作用，认为一个人对挫折、生气或明显的挑衅反应并不过多依赖于实际呈现的社会线索，而是取决于他怎样加工和解释这一信息。他的实验支持了这一假设，发现高攻击性的儿童经常挑起大量争斗，同时也是被攻击目标，这些儿童将同伴发出的信息解释为敌意的，当他们体验到模棱两可的信息时，往往高估对方的敌意，从而可能采取报复行为。

以往的研究显示，攻击性儿童具有敌意的归因倾向、破坏关系的目标定向和对攻击性反应做积极评价的特点；而亲社会儿童则表现出友善的归因倾向、加强关系的目标定向和对亲社会行为做积极评价的特点。

4. 移情

移情与攻击行为之间的关系已有很多研究关注，移情能够使个体预见自己行为的消极结果，从而调控自己的攻击行为。Jolliffe 和 Farrington（2004）的元分析也证明了移情与攻击行为间的这种关联，反社会行为与低移情呈正相关，这种关联在青少年和成年初期更为强烈。移情水平高与攻击行为降低呈正相关。Gianluca（2007）以 318 名（女孩 142 人、男孩 176 人）意大利青少年（平均年龄 13.2 岁）为被试，研究了移情与欺负之间的关系。结果显示，男孩的低移情与欺负他人相关联，但是女孩则不存在这种关系。

（二）外在的环境因素

1. 榜样

社会学习理论强调观察学习在行为习得中的作用。班杜拉曾以 72（男女各半）名 3—6 岁儿童为被试，研究榜样对行为的影响。24 名儿童被安排在控制组，他们将不接触任何榜样；其余的 48 名被试先被分成两组：一组接触攻击性榜样，另一组接受非攻击性榜样。结果显示，若被试看到榜样的攻击行为，他们也就倾向于模仿这种行为，男性被试每人平均有 38.2 次、女性被试平均有 12.7 次模仿了榜样的身体攻击行为。此外，男性被试平均 17 次、女性被试平均 15.7 次模仿了榜样的言语攻击行为。女孩更多地模仿语言攻击，而男孩更多地模仿身体攻击。这些特定的身体和言语攻击行为，在无攻击行为榜样组和控制控制组几乎没有发现。

2. 强化

有一项经典研究，揭示了强化可以增加儿童攻击行为方式的运用。研究材料是特别设计的一个玩具娃娃，娃娃肚子上写着“打我”。当用拳头打娃娃的肚子时，它的眼睛和插在纽扣洞上的一朵花会发光。把参加实验的儿童共分为四个组。第一组每次拳击玩具娃娃都得到一个有色玻璃球作为奖励；第二组则间断获得同样的奖励；第三组没有外加奖励，只有拳击时的发光作为积极反馈；第四组为无强化支持的控制组。实验两天后用巧妙的方式引起被试的挫折感，然后安排被试同一个未参加实验的儿童玩一系列游戏，考察被试如何解决游戏中出现的矛盾。结果发现，在推人、踢人、撞人、拳击、拽头发等攻击行为表现上，各奖励组被试实施的攻击行为明显多于控制组。

3. 教养方式

家庭是儿童的第一所学校，父母的教养方式对儿童心理发展起到重要作用。父母教养是一个复杂的活动，包括很多方面，最基本的维度是对孩子的要求和关心。根据父母对孩子的要求和关心的不同，父母的教养方式被分为四类：权威型、专制型、溺爱型和放任型。研究显示，父母为专制型教养方式的儿童容易产生攻击行为，因为父母往往使用惩罚的手段，为儿童学习攻击行为提供了榜样；这种教养强调服从、父母对儿童控制严格，导致儿童的恐惧、愤怒，儿童也就容易忽视同伴的痛苦、受伤害等。放任型父母养育的孩子也容易产生攻击行为，因为父母不约束儿童的攻击行为，使孩子感觉攻击是合理的，似乎是“自然而然的”。

4. 社会文化

人的行为是社会文化的产物，从进餐的方式到社交礼仪无不打上文化的烙印。崇尚“男子汉气概”的社会文化，攻击行为很容易传递给下一代；来自经济不发达、贫富严重不均、尚武且参与过战争的非民主文化的人，会倾向于支持和参与攻击行为。

在同一文化背景下，两性攻击行为的意义不完全相同，一项纵向追踪研究结果显示，男孩在 8—10 岁期间的攻击行为与 4 年后的社会适应不良关系密切；女孩在8—10岁期间的攻击行为能预测4年后的积极适应(Chen，1999)。

## 第三节 社会退缩行为

### 一 概念的界定与研究起源

社会退缩是指孤独的行为，泛指跨时间、情景，在陌生与熟悉社会环境下表现出的独自游戏、消磨时光的行为，有时简称退缩。

社会退缩是一个内涵比较多的概念，行为抑制（inhibition)、害羞(shyness)、社会性孤独（social isolation)、社会性独处（social reticence)是社会退缩的不同表现形式。这几个概念共同的部分是行为的孤僻（solitude)，但几者之间又不完全相同。行为抑制是指儿童在陌生情景下最初的一段时间里表现出的敏感、胆怯的行为（Kagan，1984)，是气质特征的表现；害羞是指儿童在陌生社会环境下的抑制，是和社会评价有关的行为表现（Rubin，1996)；社会性孤独是指被同伴拒绝而表现出的独处行为（Rubin，1996)；社会性独处是对儿童在游戏情景下旁观他人的游戏，自己无所事事行为特征的描述（Asendorpf，1991)。

退缩概念与临床上常用的概念——社交恐惧、社交焦虑症有相似的地方，社交恐惧、社交焦虑症表现为不敢在公众场合讲话，害怕丢脸、感到窘迫，这与极端社会退缩儿童是一样的。

需要指出的是，社会退缩是一个行为术语。以往在使用该概念时常与社会测量结果相混淆。在同伴关系的文献中，特别在关于同伴的接纳、拒绝文献中，常把被同伴忽视和拒绝的孩子等同为退缩的孩子（Dodge，1984)，而一般意义上的社会退缩既指在社会测量中被拒绝、被忽视的儿童所表现出的行为，也指那些不愿意与同伴交往而宁愿独自玩的孩子所表现出的行为。

发展心理学对儿童退缩行为研究的起因有两个方面。一是源于对儿童道德发展的研究。皮亚杰认为人类个体知识的获得源于与客体的相互作用，当个体的作用客体为人时，则他的认知为社会认知。心理学家(Dodge，1986）认为，导致个体社会行为差异的认知原因是：（1）理解他人的思想、感情、意图的能力，（2）对行为后果（对自己和他人）的认识。而社会互动特别是同伴的相互作用对儿童社会认知的成熟起着非常重要的作用，这一思想在20世纪70年代得到了实证研究的支持。在此期间研究者试图在同伴相互作用、观点采择能力与儿童的行为发展结果——社会适应、适应不良之间建立联系。研究发现社会互动有助于亲社会行为的产生，抑制攻击行为。所以人们认为同伴互动是社会认知发展的重要因素，最终影响到儿童的社会行为。既然同伴互动交往如此重要，那么缺少同伴交往的退缩儿童自然会成为研究的比较对象而引起研究者的关注。

推动退缩行为研究的第二个因素是对异常行为的关注。例如，我们可以在任何一本异常和临床心理学的教科书中找到社会退缩这一概念，是过度控制失调（overcontrolled disorder）的例证或把它作为内隐行为问题来对待（Rubin & Chen，1993），尽管社会退缩与攻击行为是一个维度的两个极端，但都被视为不健康的行为。

## 二　社会退缩行为的种类

Rubin（1982）从同伴交往角度出发，通过观察儿童游戏，将退缩行为分为两类：安静退缩（passive withdrawal）和活跃退缩（solitary active、active - isolate）。安静退缩，指儿童单独进行安静的探索或建构性游戏，反映了儿童对物比对人更感兴趣，是儿童情绪稳定、适应良好的表现；活跃退缩指儿童独自一人喧闹地跑跑跳跳，不玩玩具、独自玩假想游戏，反映了儿童冲动的特征，与攻击、破坏等外显行为问题有关。

Buss（1986）区分了两种退缩行为：恐惧性害羞（fearful shyness）和自我意识性害羞（self - consciousshyness）。前者是指在婴儿时期对陌生环境的反应——哭泣、退缩，类似Kagan的行为抑制性。后者是指在5—6岁时，意识到自己是社会客体时出现的一种行为反应，表现为在群体环境下的走来走去、徘徊或者安静地玩建构游戏，甚至在熟悉同伴的环境下也是如此；Buss对这种退缩行为的区分主要是从行为的表现状态来谈的，它不仅包括了Rubin提到的安静退缩，也还有其他的退缩行为包括于其中。

Asendorpf（1990）从交往动机的角度区分了三种退缩行为：对人不感兴趣对物感兴趣（unsocialble children），类似于Rubin提到的安静退缩型，是一种以物取向的行为，不喜欢与人交往，但避免与人交往的动机不一定低。避免与人交往的儿童（avoidant children），类似于Rubin提到的活跃退缩型，这些儿童与人交往的动机高，可能因为行为不当而被同伴拒绝，他们不得不自己玩。同时具有与人交往和避免与人交往的动机（shy or inhibited children），是趋避动机的冲突。这种行为与抑制性（inhibition）相关但不相同，它反映了儿童在社会情景下的害怕和焦虑，在游戏情景下表现为较多的旁观行为或无所事事，在游戏群体周围徘徊，学前期以后表现出较多的单独游戏行为，在不熟悉的环境中这种行为表现更为明显。有研究认为趋避动机冲突类型的退缩行为在以后的发展中可能分化为两种行为：焦虑退缩和安静退缩。

Younger（1992）以88名小学儿童为被试，使用班级戏剧的方法，研究儿童将同伴行为归为退缩的理由，结果表明，同伴提名的理由可以分为两类，安静退缩和活跃退缩。Harrist（1997）对学前及学龄初儿童进行了四年追踪研究，使用聚类分析的技术，结果发现存在四种退缩行为，即发现了上述三种类型之外的第四种——悲伤沮丧（sad/depress），其行为特点是胆小、不成熟、自我封闭（self - isolating）。郑淑杰（2003）以4岁儿童为被试，使用实验室观察法和聚类分析技术，将退缩行为分为三类，其中有两类与Rubin的研究结论一致。

到目前为止只有安静退缩和活跃退缩两种类型得到了普遍认可，对其他类型的退缩行为在认识上分歧很大（Younger，2000）。这种分歧的原因可能是有：被试的年龄不同，儿童心理是一个动态发展的现象，在不同的年龄阶段其表现是不同的，现存的研究在被试选取的年龄阶段上存在的差异可能是造成这种不一致的一个原因；研究的方法存在差异，不同的研究方法侧重点不同，使用的标准也不一样，例如有使用直接行为观察的方法，有的则使用同伴提名的技术，前者是从成人的角度审视儿童的行为，后者是儿童用自己的眼睛看同伴，这也是造成研究结果差异的一个原因。

### 三　社会退缩行为的测量

有多种技术测量退缩行为，如行为观察、教师或父母评定、同伴或自我报告，各测量技术对退缩行为的形式和意义的强调有所不同。

1. 班级戏剧

班级戏剧（RCP）是根据一定的行为标准，通过同伴提名来评定退缩行为，这种技术对了解退缩行为的结构予以了可能。早在1988年Rubin和Mills就指出，在RCP中敏感/孤独（sensitivity/isolation）因素中包含两个不同的概念：（1）害羞/社会敏感（shyness/social wariness）和（2）

社会孤独/被排斥。“害羞的人”、“谁的感情容易被伤害”这样的提名项目反映了敏感/孤独，而“谁经常一个人玩?”“不能让别人听他/她的话是谁”则反映了社会孤独/被排斥。研究发现这两个结构与攻击、捣乱行为的关系是不同的，儿童在童年晚期能区分害羞/退缩和被拒绝孤立(Zeller，2003)。Rubin（2006）的研究在班级戏剧中增加了新条目，用于区分被同伴拒绝/孤立/欺负（谁被同学推搡、踢打）和害羞/社会退缩(谁参与班级讨论容易紧张)。

2. 问卷

还有些研究使用儿童行为量表（CBCL）或教师报告的形式从父母、教师那里收集儿童退缩的信息。这些题目对退缩行为内涵和形式的测量更为广泛。

由父母评价害羞行为的有科罗拉多儿童气质问卷（colorado child temperament inventory，Rowe & Plomin，1977)、儿童社交倾向量表（child social preference scale，Coplan，2004)，后者还包括对缺乏社交兴趣的测量。由儿童自我报告害羞行为的问卷有修订的“Cheek and Buss Shyness Scale”(CBSS，Cheek & Buss，1981）和儿童害羞问卷（children's shyness questionnaire，CSQ；Crozier，1995)。

由教师评价儿童在教育机构的害羞、社交焦虑行为的量表有多个版本。如“同伴焦虑”（anxious with peers）是儿童行为量表（child behavior scale）的一个子量表（Ladd & Profilet，1996)，还有焦虑退缩结构的测量(Gazelle & Ladd，2003）和焦虑—社会退缩的测量（Pedersen，2007)。

3. 行为观察

行为观察的技术也用于退缩行为的研究（Rubin，2001；郑淑杰，2005)，通过观察区分熟悉同伴在场和陌生人在场时不同形式的退缩行为：行为抑制、害羞、焦虑—退缩。

Kagan 通过对儿童在一系列陌生情景下的行为表现，来评价儿童对陌生成人趋近的倾向性，从而判断其行为抑制水平（Kagan，1988)。Rubin 等（1997）编制了陌生同伴背景下的行为抑制观察表，通过观察儿童保持与母亲接触和焦虑行为来进行评定。Kagan 的陌生成人、Rubin 的陌生同伴两种范式下测量的抑制有较少的重合。

Bishop（2003）编制了父母和教师评价问卷（behavioral inhibition questionnaire)，用于评价各种条件（陌生同伴、陌生成人、陌生物理环境、分离情景等）下的行为抑制。该问卷所测量的行为抑制（母亲和教师报告）与 Kagan 范式观察到的行为抑制具有很高的相关。

上述不同技术对行为抑制、害羞、社会退缩的测量结果呈中等至较高的一致性，那么也意味着存在不一致。这种不一致对研究者可能有启发意义，如 Spooner（2005）的研究发现，那些自我报告为害羞、而其同伴和老师并不认为他们害羞的儿童，自尊水平低。

## 四　社会退缩行为的影响因素

### （一）内部因素

#### 1. 行为抑制的生理基础

20 世纪 80 年代以来以 Kagan（1984）为代表，提出了儿童行为抑制性—非抑制性的气质范畴。研究认为社会退缩儿童最早表现为行为抑制，这种行为抑制——胆小、谨慎，在社会和非社会情景下是以生理特征为基础的，这些行为抑制的孩子与那些非抑制的孩子相比，行为唤起的感觉阈限低（杏仁核的兴奋极其向大脑皮层、视丘、交感神经系统、中央灰质的投射）。Kagan（1991）认为婴儿时期的两种行为可以预测后期的退缩行为，一是身体活动的频率，二是消极的情绪，两者能提高边缘系统的兴奋性，而这种兴奋可能是与害怕相关的，婴儿期具有上述两种行为的孩子在幼儿期容易表现出抑制行为。

以婴儿为被试的研究结果表明，右脑额叶脑电图（EEG）不均衡的婴儿在与父母分离时容易哭泣，在新环境下容易产生害怕和消极情绪，婴儿期右脑额叶稳定的 EEG 不均衡模式能预测童年期的行为抑制和气质性害怕（temperamental fearfulness）。那些从婴儿期到学前期（4 个月到 4 岁）一直表现出行为抑制的孩子，早在 9 个月时就表现出右脑额叶 EEG 的不均衡。而那些在婴儿期表现为抑制而后来没有表现出抑制行为的孩子，在早期则没有表现出右脑额叶 EEG 的不均衡特征。Fox（2001）等人认为婴儿期右脑额叶 EEG 的不均衡特征及消极的反应性能中等程度地预测幼儿期的抑制行为。

除脑电活动外，行为抑制的孩子与非抑制的孩子相比，交感神经系统反应性强，肌肉紧张、心跳频率高、瞳孔扩大、肾上腺皮质素水平高，行为抑制孩子的这些生理特征到了小学期间依然如此。Rubin 和 Burgess（2002）追踪研究了 2—4 岁儿童，结果显示婴儿时期的抑制气质与 4 岁时的退缩行为关系密切。所以 Kagan 认为行为抑制有其稳定的生理学模式。

退缩儿童不但表现出生理上的特征，这些特征在时间上还表现出稳定性。Kagan（1989）等人指出，行为极端抑制的婴幼儿在童年期仍表现出这种行为特征。其他人也认为从童年早期到童年后期一直到青春期，这些生理特征都会表现出中等程度的稳定性。

2. 社会认知

有研究表明退缩儿童的认知模式与其他儿童是有差异的。学前及小学阶段的退缩儿童不容易理解他人的观点（LeMare & Rubin，1987）；Rubin（1988）对 7—9 岁儿童的研究表明，安静退缩是与社交性焦虑、消极的社会自我知觉相关的；Asendorpf（1990，1994）的研究表明，退缩行为具有异质性，不同类型的退缩儿童其社会认知特点是不同的；从 4 岁到 10 岁，智力与社交能力是影响儿童克服抑制行为的因素。学前期极端抑制儿童在假设的社会问题解决情境中提出的解决方案少、更多地使用请成人帮助的策略。Audrey（1996）的研究表明，在评价自己的同伴地位时，活跃退缩儿童的自我评价高于同伴对他们的评价，但对其他儿童的地位能给予正确的评价，这说明，活跃退缩儿童具有自我保护的认知机制。Harrist（1997）的研究表明安静退缩和焦虑退缩儿童，在学前及学龄初都表现为对同伴行为敌意归因低于其他儿童；活跃退缩儿童的信息编码错误在各个年龄阶段都是最多的，在幼儿期对同伴行为的敌意归因偏多，到学龄期对社会性刺激作出恰当的反应少。

3. 动机

个体在社交时存在趋于交往（social approach motivation）、避免交往（social avoidance motivation）两种不同的动机状态。趋于交往动机和避免交往动机在个体身上的不同结合，可能会导致存在三种退缩行为。一种是趋于交往动机低，避免交往动机也低的；二是趋于交往动机低，避免交往动机高的；第三是趋于交往动机高，但避免交往动机也高的儿童。在交往动机中，只要趋于交往的动机低或避免交往的动机高，两者具其一，在行为上就有可能表现为退缩，但两种动机的不同组合在儿童退缩行为的表现形式上可能是不同的。

（二）外部因素

1. 依恋关系与行为抑制

研究表明，具有 C（焦虑—反抗型）类依恋历史的学前儿童，在社会环境中其社会行为的显著特征是害怕和被拒绝，这些儿童在同伴背景下会表现出消极的行为、远离他人、依赖成人而避免被他人拒绝。Fox 和 Calkins（1993）的研究表明，C 类依恋的婴儿在 2 岁时比 B（安全型）类的儿童情绪低落。Pastor（1981）的研究结论是，C 类婴儿同伴互动时的社交技能低，与安全型儿童相比教师对他们的评价是依赖、无助、紧张、害怕。Rubin 和 Booth 等人（1995）的研究表明，不安全依恋与行为退缩有关且能对退缩行为进行预测。

一般认为安全型依恋的儿童具有良好的社会适应能力，不容易出现问题行为。而非安全型依恋儿童则易出现问题行为。如不安全型依恋的男孩表现出更多的攻击性、破坏性、强迫性、和寻求注意的行为，不安全依恋的女孩表现出更多的依赖和依从行为。由于儿童的行为抑制与不安全型依恋有关系，所以人们认为具有不安全型依恋关系的儿童，社交性探索和同伴游戏的机会相对较少，容易产生行为退缩。

2. 教养方式与行为抑制

退缩儿童的父母具有专制型教养的特征，Mcdonald 和 Parke（1984）发现，被教师评价为在同伴群体中退缩的男孩，他们的父亲在与孩子交往时使用高压力策略、参与儿童的活动少，他们的母亲在与孩子交往时与孩子的言语互动少；而行为退缩女孩的父母则没有上述明显的特征。一般而言，在亲子游戏中，社会退缩儿童的父母与正常儿童父母相比表现出主动发起交往少、消极情绪多的行为特征。LaFreniere（1992）以 2.5—6 岁儿童为被试，研究儿童与母亲的互动，结果发现退缩儿童的母亲与儿童的消极互动多，控制过多，对儿童的遵从行为和不遵从行为都使用高压力策略。

研究还指出，儿童的害怕、退缩行为还与父母的过度保护有关。Rubin 与 Hastings（1997）对 2 岁儿童研究的结论是，行为抑制儿童的母亲具有关心、控制、反应性差、过度热情的特征。过度保护的父母倾向于限制儿童的活动、鼓励孩子的依赖性，如在自由游戏的情境中，过度保护的父母鼓励孩子在空间上接近父母、不鼓励孩子陌生情景下的危险行为、探索行为。Rubin 和 Nelson（1999）以 2—4 岁儿童为被试研究退缩行为与父母教养之间的关系，结果表明行为抑制儿童的父母从 2 岁到 4 岁缺少对儿童独立的鼓励，但是这种缺少不能预测儿童 4 岁时的害羞。Coplan（2008）追踪研究了幼儿期间的气质性害羞与社会—情绪调适的关系，结果发现，母亲的教养具有调节两者关系的作用，那些母亲教养具有高敏感、过度保护特征的害羞儿童，其社会—情绪调适问题严重，那些母亲教养具有接纳、权威教养特征的害羞儿童，其社会—情绪调适问题轻。

Park（1997）追踪1—3岁儿童的研究认为，母亲的干扰，父亲的敏感性、积极性、干扰和消极情绪能预测儿童的抑制行为。Rubin和Burgess（2002）追踪研究2—4岁儿童，探讨儿童早期的抑制气质与父母教养之间的关系，结果显示婴儿时期母亲干扰控制、嘲笑与4岁时的退缩行为关系密切。Degnan（2008）的追踪研究发现，与母亲教养行为积极的儿童相比，那些母亲教养行为消极（高控制、干扰儿童）的孩子表现出较强的社会敏感（social wariness）；母亲对孩子的关心能影响退缩行为的稳定性，即母亲关心程度低，4岁时的沉默寡言与7岁的退缩行为相关不显著，而母亲过度关心的儿童，4岁时的沉默寡言与7岁的退缩行为呈显著正相关。

Hinde和Tamplin（1993）年以学前儿童为被试研究了退缩儿童与母亲的互动，指出母亲教养与儿童行为退缩之间是相互影响的，儿童对父母提出依赖的要求，母亲对儿童具有保护和过度热情（oversolicitation）的特征，Rubin（2001）的研究也得到了上述的结论。Gerhold（2002）从3个月追踪研究退缩儿童至8岁，结果显示儿童的微笑、注视母亲及母亲的面部表情能显著预测儿童后期的行为以及亲子间不良的互动模式，这种模式可能是童年期退缩行为表现的先兆。

综合上述研究我们看到，对退缩儿童教养行为因素研究的视角是多种多样的，可以得出高压力的教养策略、父母很少主动与儿童交往、过度保护（限制儿童活动、鼓励依赖、不鼓励独立）与儿童的退缩行为是有关系的初步结论。

需要指出的是，上述结论是从有限的文献中得出的，而文献涉及各个年龄阶段；父母的过度控制和保护从概念到操作定义上还没有很好地区分。所以说行为退缩产生的社会化因素尚不是很清楚，是有待于研究的领域之一。

3. 同伴关系

Rubin等（1990，1992）认为在新环境中焦虑退缩的儿童，在家庭之外不易建立正常的社会关系、社会互动经验少、社交技能差、社会认知水平低，因而，通过与同伴交往而提高社交技能的可能性受到限制，在同伴背景下更容易焦虑、远离同伴。Rubin 等（1996）还推测，社会交往中多次失败的经验导致儿童消极的自我感受和认识，这种感受和认识在儿童与同伴交往失败时会得到进一步的强化。退缩儿童一旦成为一个显著的偏常群体，则会遭到同伴的拒绝、孤立，这已被几个研究所证明（French，1990；Younger，1992）。

有研究表明学前及小学阶段的退缩儿童，在与同伴发生冲突的情况下缺少解决问题的自信（Rubin，Daniels - Beirness，& Bream，1984）。当社会退缩的孩子试图坚持自己的观点并得到同伴的服从时，随年龄增长他们比其他孩子得到的同伴服从在减少（Rubin & Krasnor，1986），而且这些行为退缩儿童与同伴交往时对同伴提出要求的“力度”随年龄增长而减弱。

行为退缩儿童对同伴要求的“力度”随年龄增长而减弱，其原因是，长期试图与他人交往经历了太多的失败，遭到同伴的拒绝，而同伴的不服从给退缩儿童带来的是情绪和认知方面的副作用。例如，同伴的不服从和拒绝使退缩儿童将原因归为自身内部稳定因素，将自己与他人成功的交往归为外在不稳定因素，而将失败的原因归为内部稳定因素（Hymel & Franke，1985）。Rubin 和 Krasnor（1986）的研究报告中也有相同的结论——极端退缩儿童将社交失败归为内部稳定因素。社会退缩随年龄增长在同伴背景下变得愈发突出，并且与被同伴拒绝相关，像攻击行为一样不受同伴欢迎（French，1988；Rubin，1989）。这些孩子 7 岁以后对自己社交技能、同伴关系的认识是消极的（Asendorp & Van Aken，1994；Hymel，1993）。的确，随年龄增长，与社会退缩相伴随的是孤独、压抑（Asendorf，1993）。

总体来讲被同伴拒绝的经验、将同伴不遵从归为内部稳定因素，与气质特征一起构成一个反馈环路，而最初行为退缩的儿童逐渐相信自己社交失败是自身原因，后来更多的失败经历进一步增强了他（她）的这种信念，而后，儿童的行为表现为更远离同伴。

可见，童年期退缩儿童具有内部的“障碍”，与其他儿童相比退缩儿童与他人交往的频率低，这样他们从同伴互动中学到的社交技能少。与退缩行为相伴随的是不自信、不能获得同伴的遵从、被同伴拒绝、认为自己的社交能力低下。即具有退缩行为是儿童具有社会情绪问题的一个标志。但上述研究多是对童年中期的研究，对学前期儿童的研究还比较少。

（三）退缩行为影响因素小结

前述的各种影响儿童退缩行为产生、发展的因素，并非孤立地起作用，而是相互影响的，在不同发展阶段，各种影响因素作用也是不同的。

Rubin 和 Stewart（1996）指出，个体最初的气质差异影响父母对儿童作出的反应模式，而这种反应模式导致不安全型依恋、社会退缩、社交焦虑的产生。反过来，在社会背景下的不安全感、行为谨慎、孤独，反映和预测童年期的社会情绪适应不良。

从个体角度来看，一个新生儿在遇到新刺激（社会的和非社会的）时可能具有感觉阈限低的生理特征，即容易引起婴儿的反应，很难使这些婴儿安静下来。父母可能发现这种孩子的气质特征不可爱、难于应对，如在紧张、疲劳的情况下，父母对这种孩子的反应可能是厌烦、不敏感、缺乏温情、不理睬或忽视。父母的不敏感、不理睬与儿童的气质特征（感觉阈限低、不容易安静——情绪失调）一起构成不安全依恋的亲子关系（Rubin，Coplan，1995）。这样，儿童内在因素、社会化因素及早期的亲子关系因素导致儿童不安全感的产生。

有研究表明，婴儿的情绪失调带给某些父母的是压力。例如，婴儿的消极情绪特征使经济紧张的父母容易产生困惑、无助、愤怒的情感，使父母的教养缺少快乐的成分，特别是婴儿很“棘手”时更是如此；婴儿的消极情绪特征与经济压力、父母不和、不敏感、反应性差的教养特征相关（Emery，1982；Jouriles ，1991）。所以，情绪失调儿童的父母可能具有消极的教养特征。

总之，研究者推测情绪失调的婴儿在高控/低支持的环境下由对婴儿反应性差的父母抚养，这容易使婴儿与他们的抚养者之间发展出不安全的依恋关系。这种儿童社交时对同伴的要求少，即使有也经常遭到拒绝，社会交往的失败、同伴的拒绝使这些儿童对自己的社交技能和社会关系具有消极的认识，父母可能感觉到儿童的这些困难并将它视为无助，于是父母就有可能通过告诉孩子做什么、怎样做这样的高控制策略指导、帮助儿童解决遇到的冲突。这种过度控制、过度参与的教养风格强化、加剧了儿童的退缩行为。

综上所述，退缩行为很有可能是抑制性气质、不安全型亲子依恋关系、过度指导、过度保护、家庭压力、同伴拒绝多种因素共同作用的产物。在上述因素共同作用下是儿童消极的自我感受和认识、社交焦虑、孤独、抑郁的产生。但这种推论还需要大量实证研究的支持。

需强调的是婴儿的抑制性气质不是一定会发展成为消极的结果。具有抑制性气质的婴儿，如果父母敏感、反应恰当，教养压力小，那么儿童可能发展为社交能力高的孩子。

### 五 社会退缩行为的性别差异

在该领域研究的问题主要有两个，其一是，行为退缩的男孩和女孩其发展趋势是否一致？另一个问题是，社会退缩行为对后期发展的影响是否存在性别差异？

（一）社会退缩行为的性别差异

多数研究显示，退缩行为出现的频率不存在性别差异，观察到的行为抑制（Mullen，1993）、父母报告的害羞（Coplan，2004）、同伴背景下观察的社会退缩（Coplan，2001）、同伴提名的社会退缩（Lemerise，1997；Rubin，1993）、教师报告的社会焦虑退缩（Ladd & Profilet，1996；Thijs et al. 2004）都没有性别差异。纵向追踪研究结果显示，父母们认为女孩在18、30个月时比男孩表现出的害羞程度略高，但到了50个月的时候就不明显了（Mathiesej & Tamb，1999）。

但是，有一些数据表明，到了青少年初期女孩自我报告的害羞比男孩多（Crozier，1995），这是与Lazara的研究结论是一致的，他研究了396个五年级的学生，大约有相当于男孩两倍多的女孩认为自己是害羞的。

这些对两性退缩差异的研究结论还没有得到一致的认可，其原因可能是对概念的界定、被试的年龄、资料获得的渠道及研究方法等方面的不一致。也有可能是头脑中对退缩行为的性别图式的不同导致的这种差异；例如，在一个假想情景中有一个假想的行为退缩儿童，这个儿童倾向于被认为是女孩，在人们的认识中女孩比男孩似乎与退缩更相符合。

（二）社会退缩行为发展结果的性别差异

成人对男孩和女孩的态度是不一样的。女孩的退缩行为容易被父母接受，而男孩的退缩行为则得不到鼓励。退缩的男孩与父母有更多的消极互动，而退缩女孩则是表现为积极互动。在学校也发现了相似的结果，老师鼓励男孩大胆的讲话而鼓励女孩自然而优雅的谈话。

有证据表明，社会退缩行为对男孩而言有更多的消极影响，在儿童早期，极端退缩男孩的行为问题要多于极端退缩的女孩（Stevenson－Hinde，

1996)。在童年中期，社会退缩男孩比常态儿童认为自己孤独、社交技能低，而女孩则不然（Rubin，Chen & Hymel ，1993)。Morison 和 Masten（1991）报告，青春期行为退缩的男孩比女孩的自我评价低。Caspi、Elder 和 Bem（1988）发现，童年期行为退缩的男孩在成年之后，结婚、工作、做爸爸的时间都晚于同龄的其他人，而女性则不然。Henderson（2001）的研究发现，9 个月时的消极反应性（negative reactivity）能预测 4 岁时的社交敏感（social wariness)，这种关系只表现于男孩身上。与女孩相比，害羞退缩的男孩更容易受到同伴的拒绝（Coplan，2004；Coplan & Arbeau，2008；Gazelle & Ladd，2003）

退缩男孩和女孩发展的差异性可能受以下两个因素的影响。一是社会和文化的期望不同，在西方文化里，对男性的退缩行为接受程度要低(Myra，1984)。另一个可能是生理上的因素。目前在上述两个方面还需要大量实证研究的支持。

## 六 社会退缩行为对后期发展的影响

研究认为儿童早期的退缩行为与后期的问题行为是有关系的。Lerner 等（1985）报告，3—5 岁儿童行为问题出现频率最高的是行为退缩，特别是女孩，那些在学前期退缩行为在中等程度以上的儿童，11 年后发展成为心理障碍的可能性是其他孩子的两倍。Rubin（1993）的研究认为，在学前期表现出的安静退缩（passive withdrawal）能预测 11 岁自我报告的抑郁、自尊水平低和教师评价的焦虑；对 7 岁儿童的观察也得到了相似的结论（Hymel，1990；Rubin & Mills，1988)。Coplan 和 Rubin（1993）指出，极端抑制的儿童比正常儿童具有较多内隐行为问题。婴儿期的抑制行为能预测 4 岁儿童父母报告的内隐行为问题。安静退缩能预测儿童的内隐行为问题（低自尊、焦虑、压抑）（Rubin ，1999)。Denissen（2008）的研究结果显示，教师和父母评定的害羞—抑制儿童具有过度控制的人格特征。

与一般儿童相比，行为退缩儿童与同伴交往时表现出较低的社交能力(Chen，2006)。如观察研究发现，行为退缩儿童在与同伴交往时，提出的社交目标多价值较低（“你能看这里吗?”)，提出高价值的社交目标少(“我能跟你一起玩吗?”)，与非退缩儿童相比，行为退缩儿童的社交目标很少实现（Stewart & Rubin，1995)。

有研究（Spere，2004；Crozier & Perkins，2002）显示，害羞—退缩儿童的语言输出能力逊色于非退缩儿童；而在语言输入方面，研究结论不一致，有研究认为退缩儿童与低言语输入能力相关（Spere，2004），有研究则没有发现这种关联（Evans，1996）。研究还表明害羞—退缩儿童在童年早期（Coplan，2001；Lloyd & Howe 2003）和童年晚期（Masten，1985）都表现出学业能力低的倾向。

总体来看，有研究显示早期的退缩行为对儿童后期问题行为的产生和发展是有影响的，特别是对孤独、焦虑、抑郁的预测；另外不同种类的退缩行为与后期问题行为的关系也不相同。所以一般认为，早期的退缩行为是晚期内隐行为问题产生的一个原因，行为抑制（behavioral inhibition）可能是儿童行为退缩的气质性前兆，而且与后期表现出的焦虑、压抑有关系。

但早期的退缩行为在后期并非一定表现出内隐行为问题。一些人（Rubin 等，1996）特别强调以生理特征为基础的行为抑制儿童并不一定在心理上存在障碍，而环境因素如何影响、改变这些行为抑制的儿童，是需要予以特别关注的。也有临床研究人员（Kohlberg，1972；Robins，1966）认为，社会退缩在童年期不是发展的危险因素。

所以说早期社会退缩的发展起源及其与后期问题行为的关系，尚需进一步的研究。

上述研究结果使我们看到，童年中后期，社会退缩成为一个儿童发展的不利因素。社会退缩儿童在同伴群体中显得特别突出，其中的很多人被同伴拒绝，其结果是儿童对自己人际关系和社会交往能力持消极的看法，感到孤独。也就是说，退缩儿童对内在世界的认识是消极的。目前在该领域需要研究的问题是：朋友能否减少退缩儿童对自己的消极认识？

## 第四节　合作与竞争

合作与竞争是社会生活中常见的现象，两者在形式上对立，但在社会生活中却相互联系。人们通常认为，竞争对于儿童心理发展来说是消极的，而合作被认为是积极的。也存在与上述观点针锋相对的看法，有人认为竞争是儿童健康发展的重要因素。这种矛盾的观点可能在一定程度上源于人们对合作与竞争概念理解的差异。尽管如此，很多文化仍然鼓励儿童在各种领域中的竞争，如学业、体育竞赛等。

## 一 合作与竞争的定义

关于合作与竞争的定义，由于研究者的视角不同，观点亦存在差异。

（一）单一维度观

1. 社会情景论

认为社会情景决定人的行为是合作还是竞争。例如，儿童玩球类游戏中，有合作也有竞争。在网球比赛中，一个选手要努力战胜另一个选手；在篮球比赛中，为了一个共同的目标队员积极合作。前一种情景是竞争行为，而后一种行为则是合作。但是，在特定的情景中，参与者也许并不一定表现出与情景要求相符合的外显行为，如，在篮球比赛中，某一个队员为了给教练留下好印象可能试图超越自己的队友。在这个例子中，参加的人员应该被诱发出合作的行为，但是实际上却是竞争的目标与行为。对于较复杂的事情来说，很多的社会情景既包括合作的因素也包括竞争的因素。也许正因为如此，在行为表现上，合作与竞争经常是交织在一起的。

社会情景特征影响对合作与竞争行为的定义。Van Avermaet（1996）认为，如果某一活动的结果对参与者 A 和 B 都是积极的，那么将导致合作行为；结果不都是积极的（一个人的积极结果将导致另一个人的消极结果），将导致竞争的行为。如果把合作与竞争看做是一个连续线段的两个端点，那么大多数的活动都在这个线段的某一点上。

2. 资源分配观

Charlesworth（1996）等进化生物学家认为，合作与竞争应从资源分配的角度来定义。他认为竞争是多个个体对有限资源争夺时使用的一种策略，而合作是大家共同努力获取共享资源的策略。这样，合作与竞争的产生、表现取决于资源分配的结果。假如两个个体合作去获得某种资源，如果他们在合作中获得的资源是不等的，就意味着存在着竞争。例如，两个人合作共同做一项工作，但是，两者都希望得到迁升，当只有其中一个人能得到迁升时，他们的合作中就包含了竞争。

3. 心理状态观

该观点是从人的心理状态来定义合作与竞争的，重视参与者在社会互动中的目标。如果参与者的目标是相互排斥、不相容的，那么就是竞争；如果参与者的目标是相容的、不互相排斥，那么就是合作。但是也有人认为，参与者不能达到相同的目标与结果（不相容），不一定是竞争行为，如在词汇拼写大赛中，一个孩子获得好的成绩并不影响到另一个孩子获得好成绩。因此，Roberts（1992）认为，竞争是社会比较的评价体系，在社会比较中胜任感是非常重要的。

对合作与竞争的单一维度观，导致了人们对合作与竞争完全对立的态度。有人认为竞争完全是积极的，而有的人认为竞争完全是消极的。

（二）多维度观

Tassi（1997）根据竞争的原因及其结果对竞争予以了多维度的定义。他区别了两种竞争行为：他人定向的竞争行为（目的是超越他人）和任务定向的竞争行为（把某件事做好）。持这种多维度定义的还有 Griffin - Pierson（1990），他区别了人际间的竞争（为了比别人做得好或超越他人）和目标竞争（为了把事情做好）。这些多维度的定义模式认为，存在不求超越他人，不希望比别人获得更多资源的竞争。

（三）互动观

一些经典的理论不用上述方式使用竞争这一概念，例如，Kohn（1992）认为，竞争究其根本是一个互动的过程，与自己竞争就没有了意义。与一个社会共享的标准竞争（打破 100 米成绩纪录）是存在的，但是试图超越自己的行为（比自己先前的 100 米成绩要好）则算不上竞争，因为没有社会比较的参与。

综上所述，合作与竞争可以从不同角度理解，与多个因素相关联。

## 二　合作与竞争的研究方法

合作与竞争的研究中，有两个方法上的问题。其一是对合作与竞争性质的控制，另一个是对合作与竞争的测量。

在合作与竞争性质的控制方面，常常使用两种方法。第一个是同时使用合作与竞争的技术，或者分别交代解释活动任务。例如，对一半被试这样说：尽量把这幅画画好，我要评出小组中谁画得最好。对另一半被试说：尽你可能去画，我收集所有孩子的绘画作品。第二个控制合作与竞争性质的技术是奖励，如果每个被试获得的奖励取决于小组的表现，则出现合作行为，如果是每个人获得的奖励与其个人的表现相关联，则表现出竞争行为。

对合作与竞争的测量是通过互动游戏、资源分配和问卷等方法进行研究的。

Kagan 和 Madsen（1971）等是最早使用互动游戏和资源分配方法研究合作与竞争问题的学者，他们设计了玩拉弹球的游戏。桌子上放一个塑料杯，塑料杯里有一个弹球，有两根绳子分别与杯子相连，如果两个小朋友同时向自己的方向拉绳子，那么，杯子就会被拉碎，弹球滚出来，但是两个人谁也得不到弹球。如果一个儿童向自己方向拉绳子，而另一个将绳子松开，那么杯子完好无损，拉绳子的儿童得到弹球。这个游戏让被试反复玩多次，使儿童认识到，如果两者采取合作的策略，轮流得到弹球，那么每个人可以得到同样多的弹球；如果采用竞争的策略，那么谁也得不到弹球。得到的弹球可以换取礼品。然后，游戏正式开始，让被试说出自己选择游戏的策略：有利于自己的（把绳子拉向自己）、有利于他人的（松开绳子）和有利于双方的（轮流）。如果儿童选择了有利于自己的策略，则认为是竞争的；如果选择了有利于他人（松开绳子）和有利于双方的（轮流）的策略，则认为是合作的。该研究可以直接观察儿童所表现出的合作与竞争行为，及其行为倾向。但是，这种研究是在实验室背景下完成的，不能代表自然情景下儿童真实的行为表现。

为避免实验室研究外部效度低的缺点，有研究者使用儿童自我报告、教师和同伴评价的方法研究儿童合作与竞争的倾向性。Tassi 和 Schneider（1997）认为，与自我报告相比，同伴评价更为准确。

## 三　合作与竞争的起源及其发展

### （一）合作与竞争的早期表现

根据皮亚杰的理论，合作产生于道德发展的最后一个阶段，维果斯基认为合作要比皮亚杰所言要早。这些理论推动着研究者探讨学前儿童的同伴交往。Verba（1994）观察了 1—4 岁儿童自发的自由游戏，发现了合作与竞争的行为表现，如想办法让对方接受自己提出的建议、共同进行创造活动、解决矛盾等。

Garnier 和 Latour（1994）对 2—4 岁儿童自由游戏进行观察研究，从三个方面考察儿童的合作行为：合作群体的构成、合作的程度（从无合作和高程度的合作）以及相互依赖的程度。结果发现，在上述三个特征方面，不同年龄组没有差异，作者认为 2—4 岁儿童已具有合作行为。

Brownell（2006）以 88 个婴幼儿（48 个女孩、40 个男孩）为被试，年龄段有三组：19 个月组（34 人、18 个女孩、SD = 0.91）、23 个月组（28 人、16 个女孩、SD = 0.95）、27 个月组（26 人、14 个女孩、SD = 1.1），被试在同年龄组内与同性别被试配对完成活动任务。结果显示，被试在合作行为、指导同伴活动等方面表现出年龄差异，年龄大的儿童表现出更多的合作行为；同伴间合作行为的差异与儿童的注意力、言语能力有关。可见，2—3 岁产生合作能力，这种能力是伴随社会认知而出现的。

Warneken（2007）以 24 名 14 个月大的婴儿为被试（14 名女孩、10 名男孩）研究助人、合作行为的产生。结果显示，14 个月大的婴儿能理解合作的目标，但合作行为能力水平很低。

综上所述，出生后第二年有合作与竞争的行为表现。

（二）合作与竞争的发展变化

儿童的合作与竞争行为，随年龄的增长是如何变化的，对这一问题的研究结论是不一致的。有的研究认为，随着儿童年龄增长，竞争行为是增加的（Madsen，1971），而有人认为年龄大的儿童合作行为更多（Handel，1989）。McClintock（1969）研究了 8、10、12 岁儿童的互动游戏，该游戏把最大的奖赏给予表现出合作行为的孩子而不是给竞争的孩子；结果发现，在中性游戏（没有明显的要求合作或竞争的倾向）情景下，各年龄段儿童表现出的竞争行为都多于合作行为，但是，年龄大的孩子比年龄小的孩子表现出更多的竞争行为。Stingle 和 Cook（1985）以 5、8、11 岁儿童为被试，研究儿童的游戏行为，指导语为中性的（既不鼓励合作也不鼓励竞争），但对合作行为比竞争行为给予更多的奖励，结果表明，8 岁和 11 岁儿童比 5 岁儿童表现出更多的合作行为。Stingle 和 Cook 在研究中所用的游戏行为，比 McClintock（1969）所用的游戏复杂，儿童需要更多的技能才能表现出合作行为，这可能是导致两个研究在结果上存在差异的原因。所以，年龄与儿童合作、竞争行为之间的关系还不确定，需要进一步的实验研究加以澄清。

尽管年龄与表现出的合作、竞争行为的关系尚不清楚，但是，不同年龄儿童对合作与竞争行为的反应是存在差异的，年长儿童会根据情况来改变策略和行为。在 Kagan 和 Madsen（1971）的研究中，对 9 岁儿童分别给予合作、竞争的不同指导语，发现在合作指导语情景下儿童表现出的竞争行为少，而 5 岁儿童的竞争行为不受指导语影响。Schimidt（1988）的研究显示，11 岁儿童在合作指导语情景下表现出更多的合作行为，而在竞争指导语情景下表现出更多的竞争行为，8 岁儿童不受指导语的影响。

上述研究显示，年长儿童合作与竞争行为表现出复杂、灵活的特点，这可能源于儿童社会比较意识的不同。社会比较是指在没有明确客观标准的条件下，人们往往以他人的业绩或结果作为参照来衡量和评价自己。年长儿童比年幼儿童在合作与竞争中对社会比较的意识更为强烈。

年长儿童对自己行为评价也更为客观。在一个对 5、7、10 岁儿童的研究（Butler，1990）中，让儿童临摹一幅画，把儿童分为两个组，一组儿童的指导语是竞争性的（称为竞争组），另一组儿童的指导语是个体性的（称为个体组），临摹的作品由儿童自己和成人进行评价。结果显示，竞争组的年幼儿童对自己作品有过高估计的趋势，年长儿童对自己作品的评价与成人无差异；而在个体组中，则没有表现出这种情况，年长和年幼儿童对自己作品的评价与成人是一样的。在社会比较中，年长儿童比年幼儿童更为客观，这正是为什么只在竞争中表现出评价作品的年龄差异。

目前的研究结果还不能清楚地说明合作与竞争的发展有何差异，然而，对于所面临的情景，年长儿童适应合作与竞争的行为似乎更强。

### 四　合作与竞争的性别差异

在大多数文化中，男孩和女孩的社会化目标是不同的，这可能导致两性在合作与竞争行为中的差异。通常认为男孩比女孩表现出更多的竞争行为、较少的合作行为（Pepitone，1980）。Strube（1981）做了竞争行为跨文化性别差异的元分析，该研究分析了 1978 年以前发表的 95 篇文章，涉及美国白人、墨西哥人、非裔美国人、以色列人、印度人和加拿大人。元分析的结果显示，美国白人儿童、印度儿童、墨西哥儿童中，男孩比女孩表现出更多的竞争行为，相反，在以色列文化中，女孩比男孩表现出更多的竞争行为，非裔美国儿童和加拿大儿童没有表现出性别差异。这些研究结果提示我们，男孩比女孩表现出更多的竞争行为对于某些文化来说是正确的，但不是在任何文化背景下都成立。

儿童合作、竞争行为使用策略方面，Charlesworth（1987）观察研究了 4、5 岁儿童在资源有限情景下的行为策略，同性别 4 个儿童为一个小组，如果一个儿童要想看到卡通电影，其他至少两个儿童必须合作：一个摁住按钮让灯一直亮着，另一个转动手柄使电影放映。这个巧妙的装置，能使研究者观察到合作与竞争的策略。结果没有发现合作与竞争行为的性别差异，说明两性之间在合作与竞争行为表现出的量上不存在差异；但是两者的使用策略是有差异的：男孩更多使用肢体策略（推、抢），女孩更多使用言语策略（提出要求、命令等）；此外，在竞争中男孩比女孩表现出更多的积极情绪。尽管女孩之间的竞争少，但还是存在的，其特征是：竞争不是很激烈、外显性低、很少用肢体策略、积极情绪少。用上述方法研究两性之间的竞争，发现学前阶段的男孩比女孩看到的卡通电影时间长（说明男孩的合作行为好）。该研究认为，女孩使用的不激烈、外显性低、言语等策略可能对男孩不如对女孩有效；而男孩使用的策略可能对两性都是有效的，这可以解释为什么在自然情景中男孩的竞争行为多于女孩。

总之，竞争与合作行为的性别差异受文化影响。通常的观念——男孩比女孩竞争行为多，可以用两性使用策略的不同以及男孩对待竞争的积极情绪加以解释。

## 五 合作与竞争的影响因素

合作与竞争行为受到多种因素的影响。Cauleyhe 和 Tyler（1989）指出，通过观察和教师评价都显示，学前儿童的自我概念与合作行为之间关系密切，学前儿童自我概念的积极性与其合作行为成正相关。意大利研究人员对学前和学龄儿童的研究发现，象征性游戏的能力、内在的安全感、自由解决同伴冲突的学校环境对儿童的合作行为有影响。母亲教条的教养行为与儿童的合作行为存在显著的负相关（Fonzi，1991）。

合作行为的个体差异与亲子关系有关。Kerns 和 Barth（1995）研究了早期亲子依恋与学前儿童合作行为之间的关系，发现安全型依恋关系与教师评价的合作行为之间存在正相关，但这是一个横断研究，不能推论两者之间的因果关系，需要纵向追踪研究才能确定两者之间的因果关系。

亲子关系中谁更具有支配地位，与儿童的合作、竞争行为是有关的。Bugental 和 Martorell（1999）研究了亲子关系中谁更有支配力，有父母认为自己不如孩子具有支配力，有的父母认为自己比孩子有支配力，结果表明，父母缺少支配力的孩子（6—10 岁）在竞争与学习活动中表现出较多的言语上的竞争倾向（言语竞争倾向是指提高自己贬损他人的语言）。该研究仍然是一个相关设计，不能推断变量之间的因果关系。

文化是影响合作与竞争的大背景。不同文化背景下，儿童社会化经验及价值观念是不同的，那么在合作与竞争行为中应表现出其文化的差异。实证研究表明，儿童的合作与竞争行为是存在文化差异的。

对美国白人儿童、墨西哥儿童、墨西哥裔美国儿童（5—12 岁）的合作与竞争行为进行了研究，结果发现墨西哥儿童、墨西哥裔美国儿童比美国白人儿童都表现出较多的合作行为，而且墨西哥儿童比墨西哥裔美国儿童表现出更多的合作行为、较少的竞争行为。可见集体主义文化（墨西哥）背景下的儿童，比个体主义文化背景下的儿童（美国白人儿童、墨西哥裔美国儿童）对合作持更为肯定的态度，个体主义文化更推崇竞争。Kagan（1979）的研究进一步证明了这一点，该研究发现，第三代墨西哥裔美国儿童比第二代墨西哥裔美国儿童表现出较多的竞争行为。

对美国与中国儿童的跨文化研究显示，中国（集体主义文化）儿童比美国儿童表现出更多的竞争行为，该研究（Sparkes，1991）以 3—5 岁儿童为被试，重复 Madsen 的玩弹球游戏。该研究结果显示美国儿童比中国儿童表现出较少的竞争行为、较多的合作行为。而 Domino（1992）以 10—12 岁中国和美国儿童为被试，方法仍然是玩弹球游戏，研究合作与竞争行为，结果显示美国儿童比中国儿童表现出较多的竞争行为、较少的合作行为。上述两个研究结果的差异，可能源于被试样本的年龄不同，这两个研究反映了两种文化背景下儿童行为发展的差异。

总之，多数对合作与竞争行为的跨文化研究显示，美国白人儿童的竞争性要高于其他文化背景中的儿童。需要指出的是，上述研究都是在实验背景下，用互动游戏完成的，不能反映儿童真实生活中的行为。

## 六 合作与竞争的结果

合作与竞争背后的心理意义是不同的，下面将讨论与合作、竞争有关的因素及其结果，但是这些研究尚不能作出因果推论。

### （一）学业、运动与体育活动

Franken 和 Brown（1995）的研究认为，人们之所以喜欢竞争是因为竞争能提高人的业绩。他曾以骑自行车为内容研究竞争对人的影响，发现与他人竞争比与时间标准竞争更能提高人的业绩；但是也有人（Johnson，1974）认为，巨大的成就是在合作情景下产生的，不是在竞争的背景下。

合作与竞争对儿童学业、运动的影响，其研究结果也是不一致的。Engelhard（1989）研究了 8、10、12 岁儿童的合作态度（自我报告获得）

与学业成绩之间的关系，结果发现成功的学生比不成功的学生表现出的合作性差，他们倾向于独立工作。但是儿童所在的课堂环境本身就具有很强的竞争性和个体性，所以该研究的结果不足以说明儿童的合作导致学业成绩低下。该研究结果可以这样理解，学生知道要想在竞争环境下取得成功，最好的办法是独立学习从而获得奖励。但是，Brown（1986）对12岁儿童学业考试的研究发现，接受合作性指导语的儿童比接受竞争性指导语儿童的成绩好。Johnson（1979）的研究也发现，在学业任务（知识获得、问题解决）完成过程中，10岁儿童在合作情景下比在竞争、个体情景下的成绩要好。

Gillies（1998）研究了学业成绩与合作的关系，该研究以6、8岁儿童为被试进行为期6周的研究，探讨学习成绩与合作的关系。被试学习的方式有两种：一个是结构性合作学习，一个是无结构的小组学习，结构性合作学习组接受合作技能和行为的训练，而其他组不接受这种训练。结果显示，8岁合作组儿童比小组学习的儿童，使用较多的认知和言语策略，在学业测验中得分高，文字阅读能力强。对于6岁组被试，合作组儿童比小组学习的儿童，只在认知和言语策略方面表现好。儿童的性别可能是竞争与学业成绩之间的中介变量。Johnson（1992）报告，11、12岁学业成绩好的男孩，对竞争的赞许度低，而成绩好的女孩对竞争的赞许度高。

有人研究了儿童在体育运动中对合作与竞争的选择，以及这种选择对儿童的影响。Butler（1989）以5、7、10岁儿童为被试，要求儿童在竞争与非竞争的条件下画画，结果发现，7岁和10岁竞争组儿童比非竞争组儿童画画的质量低，5岁组儿童不存在差异。Butler用社会比较解释该研究结果，他认为通过社会比较而进行的竞争妨碍了年长儿童的业绩，而年幼儿童没有意识到社会比较的结果，或者说对社会比较还不敏感，所以不受社会比较的影响，两组无差异。Newcomb（1979）研究了6、9岁儿童搭积木游戏，一组儿童在合作与竞争情景下搭积木，一组在合作与个体取向的情景下搭积木。结果发现，合作条件下的成绩最好。Hom（1994）观察10岁儿童玩拼字游戏，一组儿童在合作条件下进行，一组儿童在个体取向条件下进行，结果发现合作组儿童比个体组儿童拼字速度明显快。相反，一个研究10岁儿童盖房子游戏（体育游戏）的研究发现，竞争与非竞争组不存在差异。

上述研究结果不一致性，可能是由于各研究使用的内容有差异，有的内容简单，有的内容复杂，合作与竞争对儿童的影响要依儿童所从事活动的难易而定。Lambert（1989）的研究证实了这一观点，该研究以 9、12 岁儿童为被试，儿童活动内容为难度不同的肢体运动，如简单的活动是向某一个目标投掷标枪，难度大的活动是在一个高台子上尽量快地跳跃。这两种活动先在非竞争条件下进行（第一阶段），然后在竞争条件下进行（第二阶段），研究的因变量是第二阶段比第一阶段的增加量，在儿童参加活动之前通过自我报告的形式测量儿童的焦虑水平；结果发现，高焦虑儿童在容易任务中比低焦虑儿童活动增加量大；在难度大的活动中，低焦虑儿童比高焦虑儿童活动增加量大。可见，竞争对儿童体育活动的影响依赖于活动的难度和儿童心理特征。

（二）动机

根据 Deci（1985）的认知评价理论，内在动机高的个体在活动中对自己的能力持积极肯定的态度，认为自己对所进行的活动具有决定作用，通常会积极参与活动，在活动中感到快乐和刺激。而外在动机高的个体，参与活动的原因是外在的，在活动中对自己能力不是十分确定。

目前，关于儿童合作与竞争动机的研究显示，合作与高水平的内在动机相关联，而竞争与高水平的外在动机相关联。Hom（1994）观察 10 岁儿童玩拼字游戏，一组儿童在合作条件下进行，一组儿童在个体取向条件下进行，结果发现合作条件下的儿童比个体取向的儿童表现出较高水平的内在动机。Butler（1989）观察了 7、10 岁儿童在竞争与非竞争艺术活动中的内在动机（以自由选择所从事的活动时间为指标），结果发现，10 岁儿童在非竞争艺术活动中比在竞争的活动中表现出更多的内在动机，但在 7 岁组没有发现这种差异。Butler 认为 7 岁儿童还没有把自己与同伴进行比较的能力，因而活动中的内在兴趣不受竞争因素的影响。

在学校的各种活动中，学生的合作与竞争取向也影响到他们的动机。Benninga（1991）用自我报告法研究 7、10 岁儿童亲社会行为动机及学业动机。结果发现，在学业上主张竞争的学生，比主张合作学习的学生，在亲社会行为动机中表现出高水平的外在动机、低水平的内在动机。但是在学业动机中没有发现这种差异。

理论和实证研究都表明，如果儿童想要表现自己对环境的控制，那么他们愿意接受竞争的环境，所以儿童对活动任务的控制程度影响到他们对合作与竞争的接受程度。Handel（1989）观察了5—12岁儿童玩弹球的互动游戏，在该游戏中对合作行为给予较多的奖励，对竞争行为不给或给予很少的奖励。游戏有两种水平，一种是简单的（合作行为容易实现），一种是复杂的（合作行为具有挑战性），结果发现在复杂游戏中比在简单游戏中儿童表现出更多的合作行为。

所以，目前的研究结果显示，合作似乎能提高儿童的内在动机，而竞争对于内在动机起到的是消极影响，特别是对年龄较大的儿童。如果合作能应对挑战性的任务，使儿童感受到自己的能力，那么儿童倾向于合作。

（三）同伴关系

很多理论认为合作是共同努力获得共享资源，而竞争是牺牲他人利益获得有限的资源，所以，合作能增强同伴关系，而竞争损害同伴关系。Sherif（1961）研究了11、12岁男孩参加夏令营的活动，把这些儿童分为两个组，考察他们组间的合作与竞争行为，结果发现在竞争条件下，人与人、组与组之间的消极行为多（言语侮辱、损坏东西），而在合作条件下这些消极行为则表现得少，该研究说明，合作与竞争的环境能影响儿童的社会行为。

尽管竞争与同伴间的相互排斥是有关系的，但并不是所有的研究都得到这样的结果。Tassi（1997）研究8岁儿童的竞争取向，结果发现，受欢迎儿童比常态儿童在任务取向（把事情做好）的竞争活动中得分高，常态儿童比被拒绝儿童得分高；相反，不受欢迎的被拒绝儿童比常态儿童、受欢迎儿童，在与他人有关的竞争（超越他人）中得分高。通过教师报告的信息也证明了上述观点。可见，竞争导致的同伴排斥只在试图超越他人时才存在。

但是，上述关系对于不同性别儿童来说可能是不一样的，Steinkamp（1990）研究了竞争（通过教师评价获得）与儿童同伴关系、儿童地位之间的关系，结果发现，男孩对竞争性强的女孩给予的社会地位评价高，而女孩对竞争性弱的男孩给予了高社会地位评价；在同性别中，竞争与同伴地位没有关系。

有研究表明，在互动中同伴接受程度低、具有攻击行为的男孩，如果参加合作性活动，那么他们的消极社会行为就会减少。Gelb（1988）以9岁男孩为被试，其中有两个儿童正在游戏（既有合作的游戏，也有竞争的游戏），观察其他儿童是如何加入到这两个儿童的游戏中。该研究主要考察在不同情景下，儿童的同伴地位与其社会行为的关系。结果发现，不受欢迎的儿童比受欢迎的儿童表现出较多的破坏规则、中断游戏、做权威人士的行为，这种情况只在竞争的游戏情景下出现；在合作情景下，不受欢迎儿童表现出的消极社会行为少，受同伴接纳程度提高。在 Tryon（1991）的研究中发现，在竞争游戏情景下，受欢迎儿童比攻击儿童更容易被同伴接受；在与他人交往时，受欢迎儿童与行为攻击儿童相比，更多地使用社会取向的策略（对他人表示同意、表现出积极的情绪）；在合作情景下没有发现不同儿童之间的差异。

Gelb（1988）的研究说明，合作对同伴的接受性是有利的，这种结论还有其他的研究予以支持。Anderson（1985）的研究发现，在参与了合作学习之后，10—15 岁学习无能男孩，被同伴喜欢的程度增加了。Smith（1993）以 8、9 岁儿童为被试进行了研究，儿童被分为两组，一组参加合作学习，另一组是传统式的学习，结果发现儿童的同伴地位变化在两组之间不存在差异，但是合作学习组中儿童受欢迎的程度在提高。所以，参加合作学习不一定导致同伴地位的变化（被拒绝儿童不可能成为常态或受欢迎儿童），但是对于同伴接纳程度是有帮助的（一个被拒绝的儿童，被拒绝的程度在降低，受欢迎程度在提高）。参与合作活动后受欢迎程度提高，可能是因为在合作中儿童表现出更多的亲社会行为（寻求帮助、相互帮助等），而在竞争中儿童表现出更多的攻击行为（Bay – Hinitz 1994）。

Dorsch（1994）认为竞争对儿童社会行为产生的影响，要依赖于活动中儿童对成功的感受。他以 8 岁儿童为被试，研究了被同伴拒绝和接纳的儿童，让儿童与假想的同龄同伴玩合作或竞争性的电脑游戏，结果表明，被拒绝类儿童比接纳儿童在失败后表现出更多的攻击行为，而成功后两者（被拒绝类儿童和接纳儿童）则没有表现出差异；合作游戏中无论是成功还是失败，两类儿童都没有表现出差异。所以竞争对儿童社会行为的消极影响仅在失败后的情况下才存在。

朋友之间的竞争对他们友谊关系的影响可能是消极的，导致朋友之间亲密程度下降，甚至是朋友关系的解体。

Janosz（1991）设计了一个以学前儿童为被试的研究，内容是一对儿童之间的互动游戏，成对的游戏伙伴有的是朋友关系，有的不是朋友关系，游戏的结果是一个获胜、一个失败，胜利者获得了玩具。结果表明，胜利者和失败者在游戏中（合作与竞争）没有表现出行为（合作与竞争）上的差异，但是朋友之间的互动比非朋友之间的互动表现出了更多的合作行为、较少的竞争行为；如果是朋友关系，那么获胜者在下一次的游戏中倾向于将玩具让给同伴，而在非朋友组中则没有这种倾向。Werebe（1988）的研究将三个同性别的学前儿童分为一组，其中两个儿童是朋友关系，另一个是熟悉的同伴，把他们放在有玩具的房间中，房间中有两套玩具，如果儿童试图从另一个儿童手中拿走玩具则认为其行为是竞争性的。结果发现，朋友之间、非朋友之间没有表现出合作与竞争行为的差异，但是儿童倾向于把玩具传给自己的朋友而不是另一个同伴，这说明了合作行为与朋友之间存在关联。

尽管研究发现，较多的合作、较少的竞争在朋友之间比较普遍，而非朋友之间比较少。但是 Steinkamp（1990）的研究结果显示，被老师评价为竞争性高的儿童容易被同伴认为是朋友，而被老师评价为竞争性低的儿童不容易被同伴认为是朋友。这种结果可能是因为儿童与朋友、非朋友的竞争是不一样的，而且有实证研究的数据支持该观点。Fonzi（1997）观察了 8 岁儿童与朋友、非朋友之间的互动，内容是玩具汽车的比赛，结果发现朋友之间的竞争比非朋友之间的竞争，表现出更多的积极情绪和遵守规则行为。

### 七　未来的研究方向

虽然对合作与竞争行为进行了区别，但是对合作与竞争过程的研究还不足，如在竞争过程中男孩和女孩的差异、受同伴欢迎和不受欢迎儿童的差异、朋友与非朋友之间的差异等。此外，在合作与竞争过程中儿童的目标与动机也是需要研究的内容。

另外，人格变量对合作、竞争行为的产生、维持是有影响的，研究发现认知灵活性与儿童的合作性成正相关（Bonino，1999），竞争性强的男孩缺乏同情心（Barnett，1979），竞争情景下的好成绩与内控存在相关（Nowicki，1982）。为了更好地理解儿童合作与竞争的起源及其影响，今后的研究应是过程取向的，即探讨认知、社会及人格因素的交互作用与合作、竞争的关系。

# 第五节　儿童社会行为的培养

## 一　亲社会行为与攻击行为

### （一）角色扮演

角色扮演是一种使人暂时置身于他人的社会位置，并按这一位置所要求的方式和态度行事，以增进人们对他人社会角色及自身原有角色的理解，从而更有效地履行自己角色的心理学技术。

儿童通过扮演助人者（表现亲社会行为）和扮演受害者（被攻击），可以体验为他人提供帮助带来的快乐和遭受攻击后的消极感受，从而增进亲社会行为和减少攻击行为。

通过角色扮演玩游戏，对幼儿园中班儿童开展一年的实验研究。结果显示，实验班幼儿的分享、谦让、合作和互助等亲社会行为的发展都优于控制班（杨心德，1998）。

### （二）移情训练

多数研究认为移情是儿童亲社会行为产生的中介因素之一，同时也是重要的亲社会行为产生的动机源。

对 258 名 3—6 岁幼儿进行为期 12 周的同情心培养，结果发现，同情心培养对幼儿的合作、分享、安慰、助人行为有显著的促进作用（李幼穗，2010）。

移情一方面可以促进亲社会行为，另一方面对攻击行为有抑制作用。对 6—7 岁儿童的研究发现，移情得分较低的比移情得分较高的表现有更多的攻击性（Rose，1991）。

移情训练主要包括三个方面：增强儿童的情绪情感确认能力，给儿童辨别人物表情的机会；增强儿童采择他人观点的能力，如向儿童讲述一系列故事并让儿童回答故事中人物的感觉；增加儿童的情感反应能力，组织各种活动并要求儿童体验各种情绪。

### （三）归因训练

研究表明，通过归因训练可以提高儿童的亲社会行为。把儿童分为三组，对儿童的赠与行为分别予以不同的反馈，第一组是告诉儿童他们是因为有助人的精神才把东西分给他人（对行为做内归因）；第二组是对赠与行为予以表扬；第三组是不予以任何反馈。之后，再使这些儿童有机会把自己的东西分给他人，三组儿童赠与行为存在差异，由第一组到第三组赠与行为依次减少。该实验说明，将亲社会行为做内归因（个人心理品质）有助于亲社会行为的出现。

对于攻击行为也可以通过认知改变而加以控制，并提出了训练的八个步骤：(1) 考虑冲突发生的原因；(2) 排除敌意性意图的归因；(3) 冷静面对冲突；(4) 抑制攻击反应；(5) 考虑多种解决策略；(6) 考虑行为后果；(7) 选择处理问题的方法并实施；(8) 评估自己的行为结果。

（四）榜样示范法

该方法是利用社会学习理论的基本原理，给儿童提供模仿的榜样，通过观察而习得行为。对于亲社会行为的获得和巩固，榜样示范的作用得到了普遍的认可。对于攻击行为，该方法同样适用，对那些表现出攻击行为的儿童予以惩罚，同样能有效抑制攻击行为。

## 二　社会退缩行为

退缩儿童存在社会适应困难问题，所以对这些儿童的干预也是研究者感兴趣的领域，在多数干预方案中都涉及增加孩子的社交次数，比较有代表性的有以下几种。

（一）成人参与的干预

老师、父母等参与到干预中，通过表扬强化儿童的社交行为，提供直接的指导与训练，使行为退缩儿童有所改变。这种方案是以社会学习理论为指导的。

（二）同伴参与的干预

同伴可以鼓励、训练、增加退缩儿童的积极社会交往频率。如训练社交技能高的儿童与退缩儿童交往；让社会退缩儿童当“管理者”来丰富其活动。在同伴参与的干预方案中，使用“同伴配对”技术，即将行为退缩儿童与非退缩儿童匹配在一起，共同完成一项活动。这种同伴配对的干预技术之所以有效，是因为非退缩儿童为退缩儿童提供了角色范例、积极的强化、减少了焦虑、增加了自信。

（三）社交技能训练

这是最常用的干预策略，即让退缩儿童学习和练习事先准备好的、对儿童社会交往有影响的技能。这种方法对退缩程度中等及中等以下的孩子有一定的效果。

尽管上述干预方法都取得了一定的效果，但也存在一定的问题。首先，很难教会社会退缩儿童社会交往技能，因为在许多情况下，社会退缩儿童知道应该怎么做，但他们的问题是不能把想法变为行动，这些儿童的行动似乎被退缩儿童内在无法控制的害怕、焦虑所抑制。其次，如何评价干预方案的有效性，许多的干预研究仅涉及单个被试或少量被试，而且大多数的研究没有控制组，因此，缺少令人信服的数据。最后，由于对社会退缩定义的不明确，导致选择干预对象的不同质（有的是被同伴拒绝的，有的是对社会交往不感兴趣的），因此，造成研究结果前后不一致。最后，纵向追踪的时间短，其结果很难有代表性。

可见，退缩儿童行为干预还需要大量实证研究的支持。

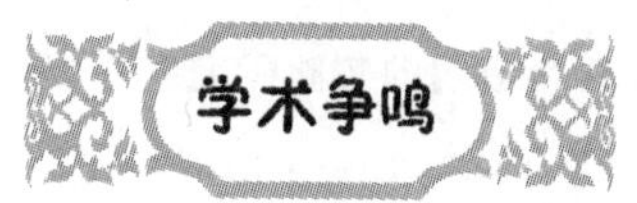


## 攻击行为对儿童发展有积极意义吗?

攻击行为是我们不希望看到的，减少、消除这种行为是教育的目标之一。尽管心理学对攻击行为的研究历史较长、积累了丰富的资料，但是，对攻击行为的预防和干预效果并不理想，校园暴力令人触目惊心。

减少、消除暴力的目标很难实现的现实，一种可能是我们的目标是不现实的。人类发展史就是一部战争史，战争伴随着人类从远古走到现代。战争被现代社会赋予了神圣的光环——捍卫国家的利益与尊严。但是，战争发动者也顶着这一光环掩盖其肮脏的目的，战争成为国家合法的行为。由此，个人的攻击本性以国家的名义外显为被本国人接受的集体行为。可见，人类并不反对所有的攻击行为，捍卫国家利益的集体攻击行为甚至会受到嘉奖。

那么捍卫个人利益的攻击行为是否可接受？岳晓东（2004）在《少年我心》中讲述了自己少年时代被同学欺负的经历，他在忍无可忍后奋起反击，双方受到的身体伤害都很严重。之后，同学再也不敢欺负岳晓东了。欺负作为攻击行为的一种，在各文化背景下广泛存在。被欺负者想通过借助老师、父母的力量改变自己的命运很难。只有奋起反抗才能从根本上改变命运。

鼓励被欺负者“以暴制暴”，在理论上是成立的，但在实践操作层面如何把握好“度”并不容易。总之，攻击行为并非完全消极，要区分发起攻击和应对攻击的不同，对反攻击的行为应有一定的容忍度。

**参考文献**

岑国祯、刘京海：“5—11 岁儿童分享观念发展研究”，《心理科学通讯》1988 年第 2 期。

陈会昌：《道德发展心理学》，安徽教育出版社 2004 年版。

陈会昌、耿希峰、秦丽丽、林思南：“7—11 岁儿童分享行为的发展”，《心理科学》2004 年第 3 期。

陈琴：“4—6 岁儿童合作行为认知发展特点的研究”，《心理发展与教育》2004 年第 4 期。

陈旭：“情境讨论、榜样学习和角色扮演对儿童助人行为影响的实验研究”，《西南师范大学学报》（哲学社会科学版）1995 年第 1 期。

丁芳：“儿童的道德判断、移情与亲社会行为的关系研究”，《山东师大学报》2000 年第 5 期。

郭忠玲：“关于 3.5—5.5 岁幼儿分享水平发展的研究”，《学前教育研究》1996 年第 5 期。

寇彧、赵章留：“小学 4—6 年级儿童对同伴亲社会行为动机的评价”，《心理学探新》2004 年第 2 期。

李丹、李伯黍：“儿童利他行为发展的实验研究”，《心理科学》1989 年第 5 期。

李幼穗、周坤：“同情心培养对幼儿典型亲社会行为影响的研究”，《心理科学》2010 年第 2 期。

林崇德：《发展心理学》，人民教育出版社 1995 年版。

林磊：《2—6 岁儿童母亲的教养方式》，北京师范大学硕士学位论文，1995 年。

刘志军：“中学生的道德判断推理水平、同伴关系和亲社为行为关系的研究”，《心理科学》2001 年第 5 期。

芦咏莉、董奇、邹泓：“社会榜样、社会关系质量与青少年社会观念和社会行为关系的研究”，《心理发展与教育》1998 年第 1 期。

莫雷：“5 至 7 岁儿童道德判断依据的研究”，《心理学报》1993 年第 3 期。

庞维国、程学超：“9—16 岁儿童的合作倾向与合作意图的发展研究”，《心理发展与教育》2001 年第 1 期。

孙华平、董会芹、任朝霞、程学超：“小学儿童亲社会行为、攻击行为归因的比较研究”，《山东师大学报》（社会科学版）1997 年第 2 期。

王海梅、陈会昌、谷传华："关于儿童分享的研究述评"，《心理科学进展》2004年第1期。

王海梅、陈会昌、张光珍：《4—6岁儿童对"偶得物品"与"拥有物品"的分享行为》，《心理发展与教育》2005年第3期。

王美芳："艾森伯格的亲社会道德理论简介"，《心理学动态》1996年第2期。

杨心德："幼儿的社会戏剧性游戏与亲社会行为的发展"，《心理发展与教育》1998年第2期。

俞志芳："亲社会情境中小学儿童道德情绪判断及其归因研究"，《心理学探新》2007年第2期。

岳晓东：《少年我心》，上海人民出版社2004年版。

张莉："榜样和移情对幼儿分享行为影响的实验研究"，《心理发展与教育》1998年第1期。

张卫、徐涛、王穗苹："我国6—14岁儿童对道德规则和社会习俗的区分与认知"，《心理发展与教育》1998年第1期。

张文新：《儿童社会性发展》，北京师范大学出版社1999年版。

周强、杨梓："榜样影响儿童利他行为发展的实验研究"，《陕西师大学报》1995年第1期。

朱智贤：《心理学大辞典》，北京师范大学出版社1989年版。

Anderson, M. A. (1985). Cooperative group tasks and their relationship to peer acceptance and cooperation. *Journal of Learning Disabilities*, 18, 83 – 86.

Anne, M. A. (2004). *Prosocial behavior and the recognition of distress from facial expressions.* Harvard University.

Asendorpf, J. B. (1990). Beyond social withdrawal: Shyness, unsociability, and peer avoidance. *Human Development*, 33, 250 – 259.

Asendorpf, J. B. (1991). Development of inhibited children's coping with unfamiliarity. *Child Development*, 62, 1460 – 1474.

Asendorpf, J. B. (1993). Beyond temperament: A two – factorial coping model of the development of in hibition during childhood. In K. H. Rubin & J. Asendorpf (Eds.), *Social withdrawal, inhibition, and shyness in childhood.* Hillsdale, NJ: Erlbaum.

Asendorpf, J. B. (1994a). Malleability of behavioral inhibition: A study of individual developmental functions. *Developmental Psychology.* 30 (6), 912 – 919.

Asendorpf, J. B., & van Aken, M. A. G. (1994). Traits and relationship status: Stranger versus peer group inhibition and test intelligence versus peer group confidence as early predictors of later self – esteem. *Child Development*, 65, 1786 – 1798.

Audrey, L. Z. & John, D. C. (1996). *A comparison of aggressive – rejected and non-*

*aggressive - rejected children's interpretations of self - directed and other direcred rejection.* 67, 1048 - 1070.

Baillargeon, R. H., Morisset, A. & Keenan, K. (2011). The Development of Prosocial Behaviors in Young Children: A Prospective Population - Based Cohort Study. *The Journal of Genetic Psychology*, 172 (3), 221 - 251.

Barnett, M. A., Matthews, K. A., & Howard, J. A. (1979). Relationship between competitiveness and empathy in 6 - and 7 - year - olds. *Developmental Psychology*, 15, 221 - 222.

Batson CD, Fultz J, Schoenrade P A. (1994). Distress and empathy: two qualitatively distinct vicarious emotions with different motivational consequences. In: Puka B ed. *Reaching out: caring, altruism, and prosocial behavior.* New York London: Garland Publishing, Inc. 4 - 49.

Batson CD. (1995). Immorality From Empathy - Induced Altrism: When Compassion and Justice Conflict. *Journal of Personality and Social Psychology*, 68, 1042 - 1054.

Bay - Hinitz, A. K., Peterson, R. F., & Quilitch, H. R. (1994). Cooperative games: A way to modify aggressive and cooperative behaviors in young children. *Journal of Applied Behavior Analysis*, 27, 435 - 446.

Benninga, J. S., Tracz, S. M., Sparks, R. K., Solomon, D., Battistich, V., Delucchi, K. L., Sandoval, R., & Stanley, B. (1991). Effects of two contrasting school task and incentive structures on children's social development. *Elementary School Journal*, 92, 149 - 167.

Bishop, G., Spence, S. H., McDonald, C. 2003. Can parents and teachers provide a reliable and valid report of behavioral inhibition? *Child Development.* 74, 1899 - 917.

Bohlin, G, Hagekull, B., Andersson, K. (2005). Behavioral inhibition as a precursor of peer social competence in early school age: the interplay with attachment and nonparental care. *Merrill - Palmer Quarterly.* 51, 1 - 19.

Bonino, S., & Cattelino, E. (1999). The relationship between cognitive abilities and social abilities in childhood: A research on flexibility in thinking and co - operation with peers. *International Journal of Behavioral Development*, 23, 19 - 36.

Burleson, B. R. (1982). The Development of Comforting Communication Skills in Childhood and Adolescence. *Child Development*, 53 (6), 1578 - 1588.

Brown, R., & Abrams, D. (1986). The effects of intergroup similarity and goal interdependence on intergroup attitudes and task performance. *Journal of Experimental Social Psychology*, 22, 78 - 92.

Brownell, C. A., Ramani, G. B. & Zerwas, S. (2006). Becoming a Social Partner

With Peers: Cooperation and Social Understanding in One – and Two – Year – Olds. *Child Development*, 77 (4), 803 – 821.

Bugental, D. B. , & Martorell, G. (1999) . Competition between friends: The joint influence of the perceived power of self, friends, and parents. *Journal of Family Psychology*, 13, 260 – 273.

Buss, A. H. (1986) . A theory of shyness. In W. H. Jones, J. M. Cheek, & S. R. Briggs (Eds. ), *Shyness: Perspectives on research and treatment* (pp. 39 – 46) . New York: Plenum Press.

Butler, R. (1989a) . Interest in the task and interest in peers' work in competitive and noncompetitive conditions: A developmental study. *Child Development*, 60, 562 – 570.

Butler, R. (1989b) . Mastery versus ability appraisal: A developmental study of children's observations of peers' work. *Child Development*, 60, 1350 – 1361.

Butler, R. (1990) . The effects of mastery and competitive conditions on self – assessment at different ages. *Child Development*, 61, 201 – 210.

Caplan, M. , Vespo, J. E. , Pedersen, J. & Hay, D. F. (1991) . Conflict over resources in small groups of 1 – and 2 – year – olds. *Child Development*, 62 , 1513 – 1524.

Caspi, A. , Elder, G. H. , & Bem, D. J. (1988) . Moving away from the world: Life – course patterns of shyness children. *Developmental Psychology*, 24, 824 – 831.

Cauley, K. , & Tyler, B. (1989) . The relationship of self – concept to prosocial behavior in children. *Early Childhood Research Quarterly*, 4, 51 – 60.

Charlesworth, W. R. (1996) . Co – operation and competition: Contributions to an evolutionary and developmental model. *International Journal of Behavioral Development*, 19, 25 – 39.

Cheek JM, Buss AH. 1981) . Shyness and sociability. *Journal of Personality and Social Psychology*. 41, 330 – 339.

Charlesworth, W. R. , & Dzur, C. (1987) . Gender comparisons of preschoolers' behavior and resource utilization in group problem solving. *Child Development*, 58, 191 – 200.

Chen, X. , Rubin, K. H. , li, B. & Li, D. (1999) . Adolencet outcomes of social functioning in Chineses children. *International Journal Behavioral Development*, 23, 199 – 229.

Chen, X. , DeSouza, A. , Chen, H. & Wang, L. (2006) . Reticent behavior and experiences in peer interactions in Canadian and Chinese children. *Developmental Psychology*. 42, 656 – 665.

Coplan, R. J. , Rubin, K. H. (1993) . Multiple forms of non – social play in preschoolers: Reticenct, solitary – passive, and solitary – active behaviors. Paper presented at the 12th biennial meeting of the International Society for the Sdudy of Behavioral Development, Recife, Brazil.

Coplan, R. J. , Gavinski - Molina, M. H. , Lagace - Seguin, D, Wichmann, C. (2001) . When girls versus boys play alone: gender differences in the associates of nonsocial play in kindergarten. *Developmental Psychology*. 37, 464 - 474.

Coplan , R. J. , Prakash, K. , O' Neil. K. , Armer, M. (2004) . Do you "want" to play? Distinguishing between conflictedshyness and social disinterest in early childhood. *Developmental Psychology*. 40, 244 - 258.

Coplan, R. J. , Arbeau, K. A. , Armer, M. (2008) . Don' t fret, be supportive! Maternal characteristics linking child shyness to psychosocial and school adjustment in kindergarten. *Journal of Abnormal Child Psychology*. 36, 359 - 371.

Coplan, R. J. , Weeks M. (2009) . Shy and soft - spoken? Shyness, pragmatic language, and socio - emotional adjustment in early childhood. *Infant and Child Development*. 18, 238 - 254.

Crozier, W. R. (1995) . Shyness and self - esteem in middle childhood. *British Journal of Education Psychology*. 65, 85 - 95.

Crozier, W. R. , Perkins, P. (2002) . Shyness as a factor when assessing children. *Educational Psychology in Practice*. 18, 239 - 244.

Dante, V. G. (1999) . Empathic anger as a predictor of punishing and helping behaviors. Dissertation Abstracts International. Section B: *The Sciences and Engineering*, 58 (8), 5172.

Deci, E. L. , & Ryan, R. M. (1985) . *Intrinsic motivation and self - determination in human behavior*. New York: Plenum Press.

Degnan, K. A. , Henderson , H. A. , Fox , N. A. , Rubin, K. H. (2008) . Predicting social wariness in middle childhood: The moderating roles of child care history, maternal personality, and maternal behavior. *Social Development*. 17, 471 - 487.

Denissen, J. J. A. , Asendorpf, J. B. , van Aken, M. A. G. (2008) . Childhood personality predicts long - term trajectories of shyness and aggressiveness in the context of demographic transitions in emerging adulthood. *Journal of Personality*. 76, 67 - 100.

Dodge, K. A. , Murphy, R. R. , & Buchsbaum, K. (1984) . The assessment of intention - cue detection skills in children: Implications for developmental psychopathology. *Child Development*, 55, 163 - 173.

Dodge, K. A. (1986) . A social information processing model of social compotence in children. In M. Perlmutter (Ed. ), *Minnesota Symposium on Child Psychology* (Vol. 18, pp77 - 125) . Hillsdale, NJ: Lawrence Erlbaum Associates.

Domino, G. (1992) . Cooperation and competition in Chinese and American children. *Journal of Cross - Cultural Psychology*, 23, 456 - 467.

Dorsch, A., & Keane, S. P. (1994). Contextual factors in children's social information processing. *Developmental Psychology*, 30, 611 - 616.

Dunfield, K., Kuhlmeier, V. A., Connell, L., & Kelley, E. (2011). Examining the Diversity of Prosocial Behavior: Helping, Sharing, and Comforting in Infancy. *Infancy*, 16 (3), 227 - 247.

Erath, S. A., El - Sheikh, M. & Hinnant, J. B. (2011). Skin Conductance Level Reactivity Moderates the Association Between Harsh Parenting and Growth in Child Externalizing Behavior. *Developmental Psychology*, 47 (3), 693 - 706.

Eisenberg, N. & Paul, A. (1987). The Relation of Empathy to Prosocial and Related Behaviors. *Psychological Bulletin*, 101 (1), 91 - 119.

Eisenberg, N., Zhou, Q. & Koller, S. (2001). Brazilian adolescents′prosocial moral judgment and behavior: relations to sympathy, perspective taking, gender - role orientation, and demographic characteristics. *Child Development*, 172 (2), 518 - 534.

Eivers, A. R., Brendgen, M., & Borge, A. H. (2010). Stability and Change in Prosocial and Antisocial Behavior Across the Transition to School: Teacher and Peer Perspectives. *Early Education and Development*, 21 (21), 843 - 864.

Emery, R. (1982). Interparental conflict and the children of discord and dovorce. *Psychological Bulletin*, 92, 310 - 330.

Engelhard, G., & Monsaas, J. A. (1989). Academic performance, gender, and the cooperative attitudes of third, fifth, and seventh graders. *Journal of Research and Development in Education*, 22, 13 - 17.

Evans MA. 1996. Reticent primary grade children and their more talkative peers: verbal, nonverbal, and self - concept characteristics. J. Educ. *Psychol.* 88, 739 - 749.

Fabes R. A. & Eisenberg, N. (1984). Socialization of children's various emotional responding and prosocial behavior relations with mother's perceptions of children's emotional reactivity. *Developmental Psychology*, 30, 126 - 136.

Fabes, R. A., Eisenberg, N., & Karbon,, M. (1994). The Relations of Children's Emotion Regulation to Their Vicarious Emotional Responses and Comforting Behaviors. *Child Development*, 65 (6), 1678 - 1693.

Fabes R. A., Fultz, J., Eisenberg, N., May - Plumlee, T. & Christopher, F. S. (1989). Effects of rewards on children's prosocial motivation: A socialization study. *Developmental Psychology*, 25, 509 - 519.

Franken, R. E., & Brown, D. J. (1995). Why do people like competition? The motivation for winning, putting forth effort, improving one's performance, performing well, being instrumental, and expressing forceful/aggressive behavior. *Personality and Individual Differences*, 19, 175 - 184.

French, D. C. (1988). Heterogeneity of peer rejected boys: Aggressive and nonaggressive subtypes. *Child Development*, 59, 976 - 985.

French, D. C. (1990). Heterogeneity of peer rejected girls. *Child Development*, 61, 2028 - 2031.

Fonzi, A. (1991). *Cooperare e competere tra bambini* [Cooperation and competition between children]. Florence, Italy: Giunti.

Fonzi, A., Schneider, B. H., Tani, F., & Tomada, G. (1997). Predicting children's friendship status from their dyadic interaction in structured situations of potential conflict. *Child Development*, 68, 496 - 506.

Fox, N., & Calkins, S. (1993). Relations between temperament, attachment, and behavioralinhibition: Two possible pathways to extroversion and social withdrawal. In K. H. Rubin & J. Asendorpf (Eds.), *Social withdrawal, inhibition, and shyness in childhood.* Hillsdale, NJ: Erlbaum.

Garnier, C., & Latour, A. (1994). Analysis of group process: Cooperation of preschool children. *Canadian Journal of Behavioural Science*, 26, 365 - 384.

Gazelle H, Ladd GW. (2003). Anxious solitude and peer exclusion: a diathesis - stress model of internalizing trajectories in childhood. *Child Development*, 74, 257 - 78.

Gelb, R., & Jacobson, J. L. (1988). Popular and unpopular children's interactions during cooperative and competitive peer group activities. *Journal of Abnormal Child Psychology*, 16, 247 - 261.

Gerhold, M., Laucht, M., et al. (2002). Early mother - infant interaction as a precursor to childhood social withdrawal. *Child Psychiarty and Human Development*, 32 (4), 277 - 293.

Gianluca Gini, Paolo Albiero, Beatrice Benelli, and Gianmarco Altoe`. (2007). Does Empathy Predict Adolescents' Bullying and Defending Behavior? *Aggressive Behavior*, 33, 467 - 476.

Gillies, R. M., & Ashman, A. F. (1998). Behavior and interactions of children in cooperative groups in lower and middle elementary grades. *Journal of Educational Psychology*, 4, 746 - 757.

Griffin - Pierson, S. (1990). The Competitiveness Questionnaire: A measure of two components of competitiveness. *Measurement and Evaluation in Counseling and Development*, 23, 108 - 115.

Gustavo, C., Vicenta, M. M. & Paula, S. (2011). The longitudinal relations among dimensions of parenting styles, sympathy, prosocial moral reasoning, and prosocial behaviors. *International Journal of Behavioral Development*, 35 (2), 116 – 124.

Handel, S. J. (1989) . Children's competitive behavior: A challenging alternative. *Current Psychology: Research & Reviews*, 8, 120 – 129.

Harrist, A. W. , Zaia, A. F. , Bates, Z. J. , Dodge, K. A. , & Pettit, G. S. (1997) . Subtypes of social withdrawal in early childhood: Sociometric status and social – cognitivedifferencesacrossfouryears. *Child Development*, 68, 278 – 294.

Hay, D. F. , & Cook, K. V. (2007) . The transformation of prosocial behavior from infancy to childhood. In C. A. Brownell & C. B. Kopp (Eds. ), *Socioemotional development in the toddler years: Transitions and transformations* (pp. 100 – 131) . New York: Guilford.

Hay, D. F. , & Cook, K. V. (2007) . The transformation of prosocial behavior from infancy to childhood. In C. A. Brownell & C. B. Kopp (Eds. ), *Socioemotional development in the toddler years: Transitions and transformations* (pp. 100 – 131) . New York, NY: Guilford Press.

Hayes, G. S. (1999) . The relationship between emotional predispositions , emotional decoding and regulation skills and children's prosocial behavior. *Dissertation Abstracts International.* Section B: The Sciences and Engineering, 59 (8): 4509.

Handel, S. J. (1989) . Children's competitive behavior: A challenging alternative. *Current Psychology: Research & Reviews*, 8, 120 – 129.

Henderson HA, Fox NA, Rubin KH. (2001) . Temperamental contributions to social behavior: the moderating roles of frontal EEG asymmetry and gender. *Journal of the American Academy of Child and Adolescent Psychiatry*, 40, 68 – 74.

Hill, A. L. , Degnan, K. A. , Calkins, S. D. & Keane, S. P. (2006) . Profiles of Externalizing Behavior Problems for Boys and Girls Across Preschool: The Roles of Emotion Regulation and Inattention. *Developmental Psychology*, 42 (5), 913 – 928.

Hinde, R. A. , Tamplin, A. , & Barrett, J. (1993) . Social isolation of 4 year olds. *British Journal of Child Psychology*, 11, 211 – 236.

Hom, H. L. , Berger, M. , Duncan, M. K. , Miller, A. , & Blevin, A. (1994) . The effects of cooperative and individualistic reward on intrinsic motivation. *Journal of Genetic Psychology*, 155, 87 – 97.

Hymel, S. , & Franke, S. (1985) . Children's peer relations: Assessing self – perceptions. In B. H. Schneider, K. H. Rubin, & J. E. Ledingham (Eds. ), *Children's peer relation: Issues in assessment and intervention* (75 – 91) . New York: Springger – Verlag.

Hymel, S. , Rubin. H. K. , Rowden, L. , & LeMare, L. (1990) . A longitudinal study of sociometric status in middle and late childhood. *Child Development*, 61, 2004 – 2121.

Hymel, S. , Woody, E. , & Bowker, A. (1993) . Social withdrawal in childrenhood: Considering the child' s perspective. In K. H. Rubin & J. Asendorpf (Eds. ), *Social withdrawal , inhibition, and shyness in childhood.* Hillsdale, NJ: Erlbaum.

Janosz, M. , & LaFrenière, P. J. (1991) . *Affectivity, friendship, and social competence among preschool boys in situations of limited resources.* Enfance, 45, 59 – 81.

Johnson, D. W. , Maruyama, G. , Johnson, R. T. , & Nelson, D. (1974) . Effects of cooperative, competitive, and individualistic goal structure on achievement: A meta – analysis. *Review of Educational Research*, 44, 213 – 240.

Johnson, C. , & Engelhard, G. (1992) . Gender, academic achievement, and preferences for cooperative, and individualistic learning among African – American adolescents. *Journal of Psychology*, 126, 385 – 392.

Jouriles, J. E. , & Waters, E. (1991) . Marital adjustment, parental disagreements about child rearing and behavior problems in boys: Increasing the specificity of the marital assessment. *Child Development*, 62, 1424 – 1433.

Kohn, A. (1992) . *No contest: The case against competition.* New York: Houghton Mifflin.

Kagan, S. , & Madsen, M. C. (1971) . Cooperation and competition of Mexican, Mexican – American, and Anglo – American children of two ages under four instructional sets. *Developmental Psychology*, 5, 32 – 39.

Kagan, J. , Reznick, J. S. et al. (1984) . Behavioral inhibition to the unfamiliar. *Child Development*, 55, 2212 – 2225.

Kagan J, Reznick JS, Snidman N. (1988) . Biological bases of childhood shyness. Science, 240, 167 – 171.

Kagan, J. (1989) . *Temperamental contribution to social behavior. American Psychologist*, 44, 668 – 674.

Kagan, J. & Snidman, N. (1991) . Temperamental factors in human development. *American Psychologist*, 46, 856 – 862.

Kellam, S. , Ling, X. & Merisca, R. (1998) . The effect of the level of aggression in the first grade classroom on the course and malleability of aggressive behavior into middle school. *Development and Psychopathology*, 10, 165 – 185.

Kerns, K. A. , & Barth, J. M. (1995) . Attachment and play: Convergence across components of parent – child relationships and their relations to peer competence. *Journal of Social and Personal Relationships*, 12, 243 – 260.

Knafo, A. & Plomin, R. (2006) . Prosocial Behavior From Early to Middle Childhood: Genetic and Environmental Influences on Stability and Change. *Developmental Psychol-*

ogy, 42 (5), 771 - 786,

Kohlberg, L., LaCrosse, J., & Ricks, D. (1972). The predictability of adult mental health from childhood behavior. In B. B. Wolman (Ed.), *Manual of child psychopathology* (pp. 1217 - 1284). New York: McGraw - Hill.

Kumrn, Asiye. (2003). Prosocial behavior within the family context and its correlates among Turkish early adolescents. *Dissertation Abstracts International.* Section B: The Sciences and Engineering, 63 (12), 6121.

Ladd GW, Profilet SM. (1996). The Child Behavior Scale: a teacher - report measure of young children's aggressive, withdrawn, and prosocial behaviors. *Developmental Psychology.* 32: 1008 - 24.

LaFreniere, P. J., Dumas, J. (1992). A transaction analysis of early childhood anxiety and social withdrawal. *Development andPsychopathology.* (4), 385 - 402.

Lambert, R. (1989). *Anxiété et sport* [Anxiety and sport]. Revue Québécoise de Psychologie, 10, 137 - 150.

LeMare, L., & Rubin, K. H. (1987). Perspective - taking and peer interactions: Structural and developmental analyses. *Child Development*, 58, 306 - 315.

Lerner, J. A., Inui, T. S., Trupin, E. W., Douglas. E. (1985). Preschool behavior can predict future psychiatric disorders. *Journal of the American Academy of Child Psychiatry*, 24, 42 - 48.

Lemerise EA. (1997). Patterns of peer acceptance, social status, and social reputation in mixed - age preschool and primary classrooms. *Merrill - Palmer Quarterly*, 43, 199 - 218.

Lloyd B, Howe N. (2003). Solitary play and convergent and divergent thinking skills in preschool children. *Early Childhood Research Quarterly*, 18, 22 - 41.

Lyoo, I. K., Lee, H. K. & Jung, J. H. (2002). White matter hyperintensities on magnetic resonance imaging of the brain in children with psychiatric disorders. *Comprehensive Psychiatry*, 43 : 361 - 368.

Mascolo, M. E., & Fischer, K. W. (2007). The codevelopment of self and sociomoral emotions during the toddler years. In C. A. Brownell & C. B. Kopp (Eds.), *Socioemotional development in the toddler years: Transitions and transformations* (pp. 66 - 99). New York: Guilford.

MacDonald, K., & Parke, R. D. (1984). Bridging the gap: parent - child play interaction and peer interactive competence. *Child Developemnt*, 55, 1265 - 1277.

Madsen, M. C. (1971). Developmental and cross - cultural differences in the cooperative and competitive behavior of young children. *Journal of Cross - Cultural Psychology*, 2,

365 - 371.

Masten AS, Morrison P, Pellegrini DS. (1985) . A revised class play method of peer assessment. *Developmental Psychology*, 3, 523 - 533.

McClintock, C. G. , & Nuttin, J. M. (1969) . Development of competitive game behavior in children across two cultures. *Journal of Experimental Social Psychology*, 5, 203 - 218.

Morison, P. , & Masten, A. (1991) . Peer reputation in middle childhood as a predictor of adaptation in adolescence: A seven year follow - up. *Child Development*, 62, 991 - 1007.

Mullen M, Snidman N, Kagan J. (1993) . Free - play behavior in inhibited and uninhibited children. *Infant Behavior and Development*, 16: 383 - 389.

Myra. S. & David, S. (1984) . Girls, Boys, and Schooling: Sex Equity and Excellence. *Education Week*, 3, 10 - 17.

Newcomb, A. F. , Brady, J. E. , & Hartup, W. W. (1979) . Friendship and incentive condition as determinants of children's task - oriented social behavior. *Child Development*, 50, 878 - 881.

Nowicki, S. (1982) . *Competition - cooperation as a mediator of locus of control and achievement. Journal of Research in Personality*, 16, 157 - 164.

Ostrov, J. M. , Crick, N. R. & Stauffacher, K. (2006) . Relational aggression in sibling and peer relationships during early childhood. *Applied Developmental Psychology*, 27, 241 - 253.

Park, S. , Belsky, J. , et al. (1997) . Infant emotionality, parenting , and 3 - year inhibition: Exploring stability and lawful discontinuity in a male sample. *Developmental Psychology*, 33 (2), 218 - 227.

Patricia A. Oswald. (1996) . The Effects of Cognitive and Affective Perspective Taking on Empathic Concern and Altruistic helping. *Journal of Social Psychology*, 136 (5) , 613 - 623.

Pastor, D. L. (1981) . The quality of mother - infant attachment and its relationship to toddler' s initial sociability with peers. *Developmental Psychology*, 17, 323 - 335.

Pedersen S, Vitaro F, Barker E, Borge A. (2007) . The timing of middle - childhood peer rejection and friendship: linking early behavior to early - adolescent adjustment. *Child Development*, 78 (4), 1037 - 1051.

Pepitone, E. A. (1980) . *Children in cooperation and competition.* Lexington, MA: Lexington Books.

Raine, A. , Lencz, T. & Bihrle, S. (2000) . Reduced prefrontal gray matter volume and reduced autonomic activity in antisocial personality disorder. *Archives of General Psychia-*

try, 57, 119 - 127.

Rhee, S. & Waldman, I.. (2002) . Genetic and environmental influences on antisocial behavior : A meta - analytic of twin and adoption studies. *Psychological Bulletin*, 128 , 490 - 529.

Rheingold, H. L. (1982) . Little children's participation in the work of adults: A nascent prosocial behavior. *Child Development*, 53, 114 - 125.

Roberts, G. C. (1992) . Children in competition: A theoretical perspective and recommendations for practice. In A. Yiannakis & S. L. Greendorfer (Eds.), *Applied sociology of sport* (pp. 179 - 192) . Champaign, IL: Human Kinetics Books.

Robins, L. N. (1966) . *Deviant children grown up*. Baltimore, MD: Williams & Wilkins.

Rose A. M , Feshbach N. D. (1991) . Empathy and aggression revisited : The effects of context. *Aggressive Behavior*, 17 [Abstract], 93 - 94.

Rubin, K. H. (1982b) . Social and cognitive developmental characteristics of young isolate, normal, and sociable children. In K. H. Rubin & H. S. Ross (Eds.), *Peer relationships and social skills in childhood* (pp. 353 - 374) . New York: Springer - Verlag.

Rubin, K. H. , Daniels - Beirness, T. , & bream, L. (1984) . social isolation and social problem solving: Alongitudinal dsudy. *Journal of Consulting and Clinical Psychology*, 52, 17 - 25.

Rubin, K. H. , & Krasnor, L R. (1986) . Social cognitive and social behavioral perspectives on problem - solving. In M. Perlmutter (Ed.), *Minnesota symposia on child psychology* (Vol. 18, 1 - 68) . Hillsdale, NJ: Erlbaum.

Rubin KH, Mills RSL. (1988) . The many faces of social isolation in childhood. *Journal of Consulting and Clinical Psychology*, 56 (6), 916 - 924.

Rubin, K. H. , Hymel, S. , & Mills, R. S. L. (1989) . Socialbility and social withdrawal in childhood: Stability and outcomes. *Journal of Personality*, 57, 237 - 255.

Rubin, K. H. , Mills, R. S. L. , & Rose - Krasnor, L. (1990) . Maternal beliefs about adaptive and maladaptivc social behaviors normal, aggressive, and withdrawn preschoolers. *Journal of Abnormal Child Psychology*, 18, 419 - 435.

Rubin, K. H. , & Rose - Krasnor, L. (1992) . Interpersonal problem - solving and social competence in children. In V. B. van Hasselt & M. Hersen (Eds.), *Handbook of social development: A lifespan perspective* (pp. 283 - 324) . New York: Plenum Press.

Rubin KH. (1993) . The Waterloo Longitudinal Project: correlates and consequences of social withdrawal from childhood to adolescence. *In Social Withdrawal, Inhibition, Shyness in Childhood*, ed. KH Rubin, JB Asendorpf, pp. 291 - 314. Hillsdale, NJ: Erlbaum.

Rubin, K. H. & Chen, X. (1993) . Socioemotional characteristics of withdrawn and aggressive children. *Merrill – Palmer Quarterly*, 39 (4) 518 – 534.

Rubin, K. H. , Booth, C. , et al. (1995) . Family relationships, peer relationships and social development : Conceptual and empirical analyses. In S. Shulman (Ed. ), *Close relationships and socio – emotional development* (pp. 63 – 94) . New York: Ablex.

Rubin, K. H. , Coplan, R. J. , ET AL. (1995) . Nmotionality , emotion regulation, and preschoolers' social adaption. *Development and psychopathology*, 7, 49 – 62.

Rubin, K. H. , Stewart, S. L. (1996) . Social withdrawal. In Mash, E. J. & Barkley, R. A. (Eds. ), *Child Psychology*. 277 – 307. The Guilford Press.

Rubin, K. H. , Hastings, P. D. , Stewart, S. L. , Henderson, H. A. , Chen, X. (1997) . The consistency and concomitants of inhibition: some of the children all of the time. *Child Development*, 68 (3), 467 – 483.

Rubin, K. H. , Nelson, L. J. et al. (1999) . The transaction between parents' perceptions of their children's shyness and their parenting style. *International Journal of Behavioral Development*, 23 (4), 937 – 957.

Rubin, K. H. , Cheah, C. S. L. , Fox, N. A. (2001) . Emotion regulation, parenting and display of social reticence in preschoolers. *Early Education and Development*, 121, 97 – 115.

Rubin, I. T. , Burgess, K. B. , Hastings, P. D. (2002) . Stability and social – behavior consequences of toddlers' inhibited temperament and parenting behaviors. *Child Development*, 73 (2), 483 – 495.

Rubin, K. H. , Wojslawowicz, J. C. , Rose – Krasnor, L. , Booth – LaForce, C. L. , Burgess, K. B. (2006d) . The best friendships of shy/withdrawn children; prevalence, stability, and relationship quality. *Journal of Abnormal Child Psychology*, 34, 139 – 153.

Rowe, D. , Plomin. R. (1977) . Temperament in early childhood. *Journal of Personality Assessment*, 41, 150 – 156.

Rushton, J. P. (1982) . Social learning theory and the develoment of prosocial behavior. In: Eisenberg N ed. *The Development of Prosocial Behavior*. London: Academic Press, Inc, 83.

Schmidt, C. R. , Ollendick, T. H. , & Stanowicz, L. B. (1988) . Developmental changes in the influence of assigned goals on cooperation and competition. *Developmental Psychology*, 24, 574 – 579.

Shepherd, Z. R. (1982) . Prosocial interactions in two mixed – sex adolescent groups. *Child Development*, 53, 1492 – 1498.

Sherif, M. , Harvey, O. J. , White, B. J. , Hood, W. R. , & Sherif, C. W.

(1961) . *Intergroup conflict and cooperation: The robber' s cave experiment.* Norman, OK: University of Oklahoma Institute of Group Relations.

Smith, P. K., Boulton, M. J., & Cowie, H. (1993) . The impact of cooperative group work on ethnic relations in middle school. *School Psychology International*, 14, 21 - 42.

Spere KA, Schmidt LA, Theall - Honey LA, Martin - Chang S. (2004) . Expressive and receptive language skills of temperamentally shy preschoolers. *Infant and Child Development*, 13, 123 - 133.

Spooner A, Evans MA, Santos R. (2005) . Hidden shyness in children: discrepancies between self - perceptions and the perceptions of parents and teachers. *Merrill - Palmer Quarterly*, 51 (4), 437 - 493.

Sparkes, K. K. (1991) . Cooperative and competitive behavior in dyadic game - playing: A comparison of Anglo - American and Chinese children. *Early Child Development and Care*, 68, 37 - 47.

Staub, E. (1979) . *Positive social behavior and morality, socialization and development.* New York: Academic Press, 61 - 73.

Steinkamp, M. W. (1990) . The social concomitants of competitive and impatient/aggressive components of the Type A behavior pattern in preschool children: Peer responses and teacher utterances in a naturalistic setting. *Journal of Personality and Social Psychology*, 59, 1287 - 1295.

Stevenson - Hinde, J. & Glover, A. (1996) . Shy Girls and Boys: A New Look. *Journal of Child Psychology and Psychiatry and Allied Disciplines*, 37, 181 - 187.

Stewart, S. L. & Rubin, K. H. (1995) . The social problem solving skills of anxious - withdrawn children. *Development and Psychopathology*, 7, 323 - 336.

Stingle, S. F., & Cook, H. (1985) . Age and sex differences in the cooperative and noncooperative behavior of pairs of American children. *Journal of Psychology*, 119, 335 - 345.

Strube, M. J. (1981) . Meta - analysis and cross - cultural comparison: sex differences in child competitiveness. *Journal of Cross - Cultural Psychology*, 12, 3 - 20.

Svetlova, M., Nichols, S. R. & Brownell, C. A. (2010) . Toddlers' Prosocial Behavior: From Instrumental to Empathic to Altruistic Helping. *Child Development*, 81 (6), 1814 - 1827.

Tassi, F., & Schneider, B. H. (1997) . Task - oriented versus other - referenced competition. *Journal of Applied Social Psychology*, 27, 1557 - 1580.

Thijs, J. T, Koomen, H. M., de Jong, P. F., Van Der Leij, van Leeuwen, M. G. (2004) . Internalizing behaviors among kindergarten children: measuring dimensions of social withdrawal with a checklist. *Journal of Clinical Child and Adolescent Psychology*, 33, 802 - 812.

Tremblay, R. E. , Nagin, D. S. & Seguin, J. R. (2004) . *Physical aggression during early childhood : Trajectories and predictors.* Pediatrics , 114 , 43 – 50.

Tryon, A. S. , & Keane, S. P. (1991) . Popular and aggressive boys' initial social interaction patterns in cooperative and competitive settings. *Journal of Abnormal Child Psychology*, 19, 395 – 406.

Van Avermaet, E. (1996) . Cooperation and competition. In A. S. R. Manstead & M. Hewstone (Eds. ), *The Blackwell encyclopedia of social psychology* (pp. 136 – 141) . Cambridge, MA: Blackwell.

Verba, M. (1994) . The beginnings of collaboration in peer interaction. Human Development, 37, 125 – 139. Vygotsky, L. S. (1978) . *Mind in society: The development of higher psychological processes.* Cambridge, MA: Harvard University Press.

Warneken, F. & Tomasello, M. (2007) . Helping and Cooperation at 14 Months of Age. *Infancy*, 11 (3), 271 – 294.

Warren, K. , Schoppelrey, S. , Moberg, D. P. & McDonald, M. (2005) . A Model of Contagion Through Competition in the Aggressive Behaviors of Elementary School Students. *Journal of Abnormal Child Psychology*, 33 (3), 283 – 292.

Werebe, M. J. G. , & Baudonnière, P. M. (1988) . Friendship among preschool children. *International Journal of Behavioral Development*, 11, 291 – 304.

Wispe, L. G. & Thompson, J. N. (1976) . The War Between the Words: Biological Versus Social Evolution and Some Related Issues. *American Psychologist*, 31, 341 – 384.

Wong, M. (2011) . Chinese children's justifications for sharing resources: why do we have to share? . *Early Child Development and Care*, 181, 1199 – 1214.

Yagmurlu, B. & Sanson, A. (2009) . Parenting and temperament as predictors of prosocial behaviour in Australian and Turkish Australian children. *Australian Journal of Psychology*, 61 (2), 77 – 88.

Younger, A. J. , Schneider, B. H. , et al. (2000) . *A behaviour – based peer – nomination measure of social withdrawal in childhood.* Social Development, 9, (4), 544 – 564.

Younger, A. J. , & Daniels, T. M. (1992) . Children`sreasons for nominating their peers as withdrawn: Passive withdrawal versus active isolation. *Developmental Psychology*, 28, 955 – 960.

Zahn – Waxler, C. , Robinson, J. L. , & Emde, R. N. (1992) . The development of empathy in twins. *Developmental Psychology*, 28, 1038 – 1047.

Zeller, M. , Vannatta, K. , Schafer, J. & Noll, R. (2003) . Behavioral reputation: a cross – age perspective. *Develpmental Psychology*, 39, 129 – 139.

# 第六章　人际关系

儿童的社会性是在与他人交往中得到发展的，交往中所形成的人际关系又是儿童社会性发展的表现。儿童与诸多人交往，父母、教师、朋友是儿童生活中的重要“他人”，这些重要的“他人”以及与重要“他人”形成的关系对儿童发展产生着深远的影响。

## 第一节　亲子关系

### 一　亲子关系的定义及特征

亲子关系是指父母与孩子之间的一种人际关系，是儿童最早建立的人际关系。

（一）亲子关系是一种人际关系

Hinde（1987）认为，人际关系包括两个非陌生个体之间的一系列互动，互动是指个体之间一系列的具体交换。在互动的基础上形成一定的人际关系。所以，人际关系不仅指互动，而且指互动与（人际）关系双向联系的过程，互动既影响到人际关系，也受到人际关系的影响，而互动和人际关系又源于个体的心理过程。所以，亲子关系是指亲子之间的互动，以及互动与亲子关系的相互影响。

Hinde 强调互动与人际关系之间的关系，并且对两者要进行很好的区分。目前尽管有的研究声称是在研究亲子关系，但是实际上是在研究亲子互动，并没有讨论亲子关系所包括的内容是什么，以及亲子关系是如何在互动基础上形成的。

亲子互动与亲子关系的区别是：

从包括的内容来看，人际关系所包括的内容不仅仅是人际互动，它包括了互动之外的其他内容，人际关系比互动包括的内容多。除互动外，人际关系还受信仰、价值、承诺、目标、情感、期望等变量的影响，而这些特征在观察的具体互动中是无法研究的。

从时间的角度看，人际关系比互动持续的时间长久。互动和交换是在某一特定的时间点发生的，而人际关系包括过去、现在和将来。

从抽象程度来看，父母与儿童的互动是一个在时间维度上的持续交换，包含着双方个体的构成要素。每一次互动都有特定的主题，如儿童的作息时间、学校的生活等，大量的主题不同的互动构成了亲子关系。人际关系包含的内容比互动内容更为抽象。

目前，我们对互动是如何影响亲子关系的，而亲子关系是如何影响互动的，都不是很清楚。Hinde 强调认知和情感因素在从互动向人际关系转化过程中的作用，如互动中的个体对人际关系、互动的期待，对互动的情绪反应等都影响到亲子关系。

（二）亲子关系是一种亲密的人际关系

在儿童的人际关系中，与父母建立的亲子关系是最为亲密的。探讨亲密关系与其他人际关系的差异，将有助于更好地理解亲子关系。

亲密人际关系的特征之一是具有更强的相互影响性，这种影响是长期存在的，通过多种方式得以实现。亲子关系表现出了亲密人际关系的核心特征：关系持续长久、即使亲子分离但关系仍在延续、有强烈的情感投入和承诺等。

与此同时，亲子关系表现出与其他亲密人际关系的不同之处。亲子关系不是典型的交换关系，父母与孩子双方的付出是不成比例的，父母的付出要远远多于孩子的付出。亲子关系不是典型的对等关系，孩子不需要对父母负责，但父母要对孩子负责，父母对孩子的需要能很好地理解，但孩子对父母的需要不能很好地理解。

总之，亲子关系具有其他人际关系所具有的要素，同时也具有自己独有的特征。这种独特性主要表现为较强的承诺性与义务性，及不对等性。

（三）亲子关系不同于教养行为

在亲子关系中，有人强调要把教养行为与亲子关系区分开来。教养行为是指父母在养育孩子过程中表现出的特征，如接纳、控制等，这些不同特征的组合就构成了教养方式——权威型、专制型、忽视型等。当然，特定的教养行为是与亲子关系有联系的，例如，专制的父母对孩子表现出的控制和强硬要求比较突出，孩子对父母的这种行为，有的服从，有的抵抗，于是就形成了不同的亲子关系。因此，一旦考虑到儿童的特征，那么亲子关系就不是简单的要求与服从、要求与抵抗（冲突）。亲子关系必须同时考虑双方的特征，以往研究过分强调父母而忽视了孩子。

在研究儿童社会化过程中，同样存在着只强调父母一方而忽视儿童的倾向。讨论家庭在社会化过程中的作用时，将亲子关系作为核心内容，但是只强调亲子关系对儿童的影响，或父母的行为、目标对儿童的影响。也就是说社会化关注父母对儿童行为和发展的影响，而不是关注亲子关系本身。

（四）亲子关系是典型的垂直关系

Hartup（1989）将人际关系区分为垂直关系和水平关系，这与Hinde对人际关系对称性与非对称性（对等）的区分很相似。父母与儿童的关系一般认为是垂直的，因为父母比儿童拥有更多的知识和权利；相应地亲子关系被认为是不对称的互补的。水平的关系只存在于双方是平等的关系（同伴关系）中，它以平等互惠、共同遵守规则、合作为特征。双方在权威或权利上的不对等（对称）是亲子关系的特征。

典型的垂直关系——不对称与互补是以往对亲子关系的认识，它有两个基本的特征。一是父母对儿童的控制，表现为父母纠正、训练儿童的行为，而这些正是亲子关系的核心，父母和儿童是不对等的、互补的。二还表现在父母养育儿童和对儿童的帮助中，即使是以儿童为中心的行为——提高儿童的活动兴趣，依然表现出父母和儿童双方的不同角色。

（五）随儿童年龄的增长水平关系的特征在增加

与上述强调不对等性相反，有人指出亲子关系具有同伴关系的特征。强调平等而不是互补，关注的是亲子关系的同步性、权利共享、互惠，通常用平等、合作、公平、平衡（对等）来描述这种关系。随年龄增长，儿童对亲子关系所起的作用越来越大，水平关系体现得越明显，特别是权利分享和互惠性最能体现平等的水平关系。

互惠行为通常发生在参与者表现出相似行为时，互惠被视为人与人关系（包括亲子）的基本特征。到了童年中期，在与父母互动中儿童表现出积极和消极两个方面的情绪与行为，如儿童可以接受父母的行为及亲子关系模式，也可以拒绝父母的行为及亲子关系模式，儿童的这种接受性与拒绝性就是互惠的具体表现。

权力分享是亲子水平关系的重要特征。这种关系意味着从童年早期到中期，亲子关系对儿童分享权力持开放的态度。合作、协商、共同作出决定、妥协、探讨游戏规则等都是权力分享的表现，分享权力在一定程度上就是父母放弃了权力，儿童在亲子关系中具有一定的权力。

### 二　亲子关系的维度

亲子关系是一种复杂的人际关系，随时间发生着变化，因情景而不同。从哪些方面加以研究才能反映这种关系的本质？一直是研究者感兴趣的课题，存在着不同的观点。

Noller（1993）认为，可以从多个角度或维度来描述亲子关系的本质特征，如情感、冲突、权利和控制等。Duck（1992）强调沟通（言语的和非言语）是人际关系的中心要素。Hodges（1999）认为亲近和独立是亲子关系的主要问题，对亲近问题的讨论就涉及满意度和承诺的问题。Maccoby（1999）认为，就整体来看，亲子关系会因互动背景或情景的不同而表现出差异。例如，以游戏为背景的亲子互动，所表现出的亲子关系特征不同于其他背景下的亲子关系特征。背景的不同，父母和儿童的角色会发生变化，所以应该存在多重的亲子关系而不是固定不变的亲子关系。

### 三　双向共建的亲子关系

尽管早在1968年Bell就强调儿童在社会中不是被动的，但是，到目前为止，在亲子关系中对儿童的作用、亲子关系的双向性和共建性的认识仍然不够。存在的问题是，研究者受到单一亲子关系模式研究假设的束缚：认为父母是积极的影响者而儿童是消极的接受者；只强调父母对儿童的影响；权力是不对等的，父母拥有更多的权力；亲子双方是分别参与互动的个体，而不是通过人际关系进行互动的。

亲子关系多重模式的建立对先前的单一亲子关系模式提出了挑战。建立多重亲子关系模式的理念是平等、双向因果、人际关系背景下的互动、相互依赖而权力不对等。这种观点在理论层面上是可以理解的，但在实证层面上加以证明并不是一件容易的事情。如，将父母与儿童在亲子关系中的作用区分开来，说明父母与儿童共同形成亲子关系的过程与步骤等都是非常困难的。这种困难存在的原因之一是认知在亲子关系中的作用，例如，社交中害羞的儿童，有的父母对他们进行帮助，父母的这种帮助可以理解为是父母对儿童作出的反应，是儿童在亲子关系中表现出的对父母的影响。但是，并不是所有的父母对这样的儿童都给予同样的帮助，因为在有的文化中，害羞是一种积极的行为表现，是受到鼓励的行为。即儿童相同的行为对于不同父母来说具有不同的影响，父母对儿童行为的反应受父母对儿童行为认识（对退缩行为持有的价值判断）的影响。所以，父母对儿童的认知影响到父母对儿童的反应，进一步影响到父母与儿童形成的亲子关系。因此，父母对儿童的反应与父母对儿童的认知是混在一起的，很难区分开来。另一方面，儿童对父母的反应也不仅仅受父母行为的影响，还要受到儿童认知的影响。如果考虑亲子双方的认知，那么亲子关系将是非常复杂的。

如果认为亲子关系是双向的、共建的，那么研究的重心应该是亲子双方的特点是如何影响亲子关系的、亲子关系是如何形成和保持的。

Harach（2005）以 24 个父亲和 24 个母亲为被试，通过访谈了解父母如何看待自己、孩子对亲子关系的影响、双方如何保持这种关系，这些家庭的孩子（10 个男孩、14 个女孩）在 4—7 岁之间。结果显示，父母对亲子关系要素的描述基本一致：权威、陪伴和亲密。父母报告，他们是通过与孩子友好地互动来维持亲子关系的，而父母过度使用权力、不理睬孩子会暂时伤害亲子关系；孩子通过服从父母的要求、与父母一起活动来加强亲子关系；不会直接不服从父母，不挑战父母制造紧张的亲子关系；亲子双方通过道歉、交流等方式修复关系。

Alanko（2009）的研究显示，与儿童性别相符的典型行为与积极的亲子关系相关；与儿童性别不相符的行为与消极的亲子关系相关。Alanko（2011）以 3558 个成年人为被试回忆其童年的行为，研究与性别不相符的行为与亲子关系的因果模型，结果显示，儿童与性别不符合的行为与亲子关系（母子、父子）质量互为因果，两者相互影响、难分高下。

（一）儿童对亲子关系的影响

1. 行为特征

儿童特征对父母及亲子关系影响的最好例证是对多动症儿童的研究，这些儿童表现出明显的冲动和攻击行为，以及偷窃、损坏物品、不服从、说谎等。

那么儿童的这些行为与父母不恰当的教养是否有关？父母教养中的困难、亲子关系是否受到儿童行为及其特征的影响？

研究发现，父母与多动症儿童之间的关系很有可能是双向的，亲子之间的互动能很好地说明这个问题。研究显示，多动症男孩比同伴表现出更多的不服从以及对父母的控制，反过来多动症男孩的父母比常态男孩的父母表现出更多的控制行为和对孩子的批评。这说明，非常态儿童对父母的消极影响是存在的。父母对养育这种孩子持消极的态度，感到力不从心、焦虑、抑郁和敌对。研究还发现，母亲的行为受儿童特点的影响。Barkley（1989）的研究发现，苛刻、惩罚的教养行为随多动症儿童接受药物治疗而减少。

对多动症儿童的研究结果说明，儿童对父母影响是存在的。儿童与父母一起共同建构着亲子关系。

2. 性别

影响亲子关系的个体特征之一是性别。精神分析理论特别强调父母与不同性别儿童建立的亲子关系的差异。对 116 个研究（Russell，1997）（源于 4 年内的 4 个顶尖级关于心理发展研究的杂志）的分析结果显示，有 36 个研究报告父母与不同性别儿童的关系存在差异，这说明与不同性别儿童关系的差异是相对显著的。对母亲言语的元分析研究结果显示，母亲与女孩的交谈多于男孩，对女孩的支持多于男孩。这说明相对于男孩而言，母亲重视与女孩的言语互动和关系，所以母亲与不同性别儿童建立的亲子关系性质也是有差异的。

这种父母与男孩和女孩亲子关系性质不同的结论，不能简单归结为父母对男孩和女孩不同特征（行为和人格）的反应差异，这种亲子关系的差异还与父母对男孩、女孩不同的期望和社会化目标有关。

3. 认知

亲子关系既是儿童发展的一种结果，也是对儿童发展的一种反应。

Selman（1980）提出了儿童理解人际关系（包括亲子关系）的一个发展框架，认为从童年早期到中期，儿童经历了亲子关系的三个阶段。在第一阶段，儿童认同父母的观点、意见，接受父母提供的知识，儿童认为父母什么都知道、是正确的。第二阶段，儿童把父母的观点作为一种指导而不是绝对的权威，双向的情感决定着亲子之间的爱，亲子双方对对方的意见都持肯定的态度，儿童意识到亲子之间的情感性质。第三阶段，儿童能从旁观者的角度更好地理解父母角色的复杂性，认识到父母对自己心理能力和成熟的重要性，希望父母关注自己的心理，有助于自尊的发展。与此同时，儿童能意识到父母的心理需要，希望对父母表示尊重。所以在该阶段，儿童能尊重父母的需要，并视之为权威，能意识到父母与儿童在亲子关系中需要和期待的差异。此时，儿童有公平意识，对于自己是否被公平对待非常敏感。

Selman 提出的发展阶段，对亲子关系研究有一定的启发。他舍弃了儿童接受父母权威这一视角，开辟了研究亲子之间交谈、争论的新领域，交谈、争论需要相互理解对方的观点，需要观点采择能力的参与。Smetana（1989）以 11、12 岁儿童为被试的研究显示，儿童与父母在下述问题上经常发生冲突：家庭作业、与他人相处（同胞）、所从事的活动及时间使用（打电话、看电视）。尽管儿童对公平概念的理解有限，但公平的意识导致儿童与父母争论、协商，例如儿童会质疑父母是否公平地对待每个孩子。

在童年中后期，互惠是亲子关系的重要特征，父母对儿童的尊重是影响亲子关系的一个重要因素。

Collins（1995）对童年中期亲子关系的变化予以了解释，认为儿童认知能力的发展有助于问题的解决和资源分配，从而影响到父母与孩子建立的亲子关系和教养行为。与童年早期相比，童年中期的一个变化是，亲子关系中对儿童的约束、训诫减少。同时，儿童社会交往增多，社会生活范围的扩大，同伴关系的重要性增加，所以，与父母的关系也就发生变化。Ambert（1997）认为，儿童看电视时间的增多，也影响到亲子关系。

所以，从童年早期到中期，亲子关系在发生着变化，表现为更多的互惠、亲子双方更强的观点采择能力、约束的减少以及协商、劝说的增加。

### （二）父母对亲子关系的影响

#### 1. 父亲、母亲与儿童的关系

大量的实证研究和理论都认为，母亲、父亲与孩子建立的亲子关系是不同的。在 116 个亲子关系的研究（Russell，1997）中，有 16 个研究发现了父亲、母亲与孩子的亲子关系存在差异，这些差异主要表现在亲密性和情感方面，父亲与孩子的互动频率高于母亲，父亲与孩子的互动，特别是与男孩的互动多为游戏和娱乐，而母亲与孩子的互动主要为养育方面的内容。但是，张小锋（2010）对农村初中生的研究发现，儿童报告的母子关系、父子关系并不存在差异。

亲子关系是一个复杂的人际关系，因为父母与孩子的互动存在着四种可能情况：父亲与男孩、父亲与女孩、母亲与男孩、母亲与女孩。尽管有研究认为这四种不同亲子关系存在差异，但这方面的实证研究还是非常有限的。另外，父母报告的亲子关系与儿童报告的亲子关系是否一致？张小锋（2010）的研究显示，儿童报告的亲子关系要优于父母报告的亲子关系。

所以，父亲、母亲与儿童建立的亲子关系是否存在差异、差异表现的程度如何，仍需要大量实证研究结果的支持。

2. 父母人格特征

人格特征是影响亲子关系的因素，对父母人格特点的研究证明了该观点。Russell（1997）以小学低年级儿童为被试，研究了父母的人格及其在亲子关系中表现出的情感特征之间的关系。通过问卷获得人格特征数据，该问卷包括50个积极人格特质，如耐心、自信、喜欢孩子等；通过家庭观察考察父母在亲子关系中表现出的情感。结果发现，积极的人格特质与观察到的关心、积极情感成正相关，这种显著相关只在母亲与男孩之间存在。而其他三种情况——父亲与男孩、父亲与女孩、母亲与女孩，都是负相关但不显著。这一研究结果说明，在亲子关系中，只有母亲的积极人格特质在与男孩的关系中表现出来。这个结论得到了其他研究的支持，Belsky（1995）发现，在出生的头两年，母亲的人格特征能预测其教养行为，而父亲的人格特征则不能。

Russell（1997）和Belsky（1995）的研究，需要从多个方面来考虑和解释。母亲的人格特征可能是影响亲子关系的一个因素，但对于父亲可能就不一样，也就是说，在父亲与孩子的关系中有比父亲人格特征更重要的因素影响到亲子关系。例如，Russell（1997）的研究发现，在儿童表现出积极特征时，父亲表现出更多的关爱，这说明影响父亲与孩子关系的因素之一是儿童所表现出的积极特征，如关心、参与等。同时也意味着父亲对孩子消极特征的反应是强烈的。

Kochanska（1997）的研究与上述结果一致，他们以婴幼儿及其母亲为被试，发现母亲的消极情绪对儿童产生消极的影响，消极的人格特征与垂直的亲子关系有关，这种母亲对儿童的反应和关心都比较少。这说明母亲的人格特征与亲子关系有关。

目前的研究结果显示，在人格特征方面，母亲的人格特征影响到亲子关系，父亲的人格特征对亲子关系的影响不大。

## 四　亲子关系的社会背景：邻居、社会、种族和文化

亲子关系的建立不仅仅受到家庭因素的影响，家庭之外的因素也同样对亲子关系产生着影响。

（一）邻居

邻居是家庭社会化的生态背景，影响到亲子关系。如 O'Neil（1997）以四年级儿童为被试的研究发现，如果父母认为邻居是危险的、缺乏社会控制，那么父母对孩子的活动约束较多。我们可以从中推论，如果认为邻居具有危险性，那么亲子关系更关注孩子在哪里玩，与谁玩等关于自我保护的问题。

Sampson（1999）研究了邻居结构对儿童产生影响的社会机制，认为邻居关系网络对儿童人际关系有影响，邻居的特征影响到亲子关系。

（二）种族、文化对亲子关系的影响

近年来有研究开始关注种族、文化对亲子关系的影响。究其原因，一是跨文化研究的增多，二是移民的增多。显然，白人中产阶级的亲子观不是唯一的模式，应该用种族生态观或系统观来研究亲子关系。此外，还应意识到，即使在所谓的欧美文化中，也存在文化的差异。

种族是指在国籍、语言、文化基础上，拥有共同祖先遗产的群体。文化是指代代相传共享的价值、行为和信仰。对不同文化和种族的研究，发现了亲子关系的差异性与多样性。

Parke（1998）对多个种族进行了研究，包括非裔美国人、亚裔美国人、拉丁美洲人，发现在非裔美国人家庭中，亲属对亲子关系是有影响的。在多代共同生活的家庭中，母亲的主要职能是养育，祖父母对母亲予以帮助，祖母在家庭中更强调道德、宗教，显然在非裔美国人家庭中，亲子关系受到祖母这个角色的影响，即亲子关系的风格、内容受到祖母这个角色的影响。

非裔美国人的亲子关系，表面上与美国白人家的亲子关系相似，但实际上其意义是不同的，专制型亲子关系的角色和行为能说明这一问题。Kelly（1992）发现，非裔美国人的专制型亲子关系中是以父母为中心的（强调父母权威和服从），而不是以儿童为中心的。对于这种关系，不仅要从家庭生活的背景，还要从文化因素来考虑，因为在邻居环境不安全的背景下，服从具有积极的意义，能使儿童在家庭处境不利的环境下，重视

对社会规则的遵从。

Schofield（2008）以第一、二代墨西哥裔美国儿童（132个、5年级）及其父母为被试，追踪两年研究父母、儿童文化适应的差异与儿童发展的关系，在儿童5年级时测量所有被试的文化适应水平，儿童7年级时测量亲子冲突、儿童的问题行为。结果显示，父子文化适应的差异与亲子冲突、内隐和外显问题存在显著相关，这种相关受儿童报告的父子关系影响，当儿童报告父子关系质量低时，父子文化适应的差异大与父子冲突、儿童外显行为问题关联更为密切。母子文化适应的差异与母子冲突、问题行为关联不显著。

从上述研究可以看到，非裔美国人的亲子关系是垂直的，但是这种垂直的亲子关系不同于美国白人垂直的亲子关系。例如，同样是垂直的亲子关系，在非裔美国人家庭中，严格的纪律是与关心和养育共存的，而在美国白人家庭中，严格的纪律往往与缺少关心和养育相随。而且，尽管非裔美国人家庭中父母使用体罚，但这种体罚并不伴随着对孩子关爱的减少。该研究结果说明，以父母为中心的垂直亲子关系包含积极的亲子关系要素，严厉的约束并不一定伴随着对孩子的拒绝。这一结论得到下述研究结果的支持，研究发现，在欧美家庭中严厉的约束与儿童外显问题成正相关，但是这种关系在非裔美国人的亲子关系中不存在（Deater - Deckard，1996），另外，美籍华人家庭中，严厉的约束也与儿童外显问题无关（Chao，1994）。

这些对美籍华人、美籍非洲人的研究，不仅说明了种族、文化所存在的差异，而且证明了文化因素对亲子关系的影响，能更好地理解亲子关系的意义。

## 第二节　同伴关系

同伴关系是指年龄相近或相同的儿童之间由相互交往而建立起的人际关系。儿童与两类人交往——成人与同伴，成人与同伴在儿童发展过程中都具有非常重要的作用，但不能互相替代。对同伴关系的研究，是从研究方法更新开始的。

## 一 社会测量

社会测量是一种考量个体在群体中人际吸引或被拒绝（排斥）关系的研究技术。该方法通过一些问题来收集信息，判断个体在群体中的地位。如，“你喜欢与谁一起做游戏?”、“你喜欢与谁一起讨论学习问题?”等。

该方法于1934年由莫里诺（Moreno）首先提出并使用，后经进一步发展，应用更为广泛。莫里诺假设人际交往的经验可以从三个维度概括——吸引、反感和不感兴趣（冷漠）。这三个维度既可以反映某一个体如何看待团体中的他人，也可以反应他人（群体）如何看待团体中的某一个体。但是，已有的多数研究主要讨论他人如何看待团体中的某一个体——考量个体在团体中的地位和描绘团体社会结构。研究个体在团体中的地位以个体为分析单元，描绘团体社会结构以团体为分析单元。本部分所讨论的内容主要以个体为分析单元。

已有研究关注的基本维度是人际吸引与反感，同伴积极评价被视为同伴接纳，同伴的消极评价被视为同伴拒绝。在同伴提名中通常使用下述几类问题：（1）根据特定标准选择同伴（你喜欢与哪些人一起做游戏?）；（2）根据特定标准对同伴进行排序或评价（与××在一起做游戏的愿意程度是多少?）；（3）配对比较，对所有同伴进行配对评价（你更愿意与谁在一起玩?）。

### （一）提名测验

对同伴接纳、拒绝的研究一直使用同伴提名的方法。班级内的同学根据积极和消极的标准对同伴进行提名，用同伴积极提名的数量或比例作为同伴接纳、喜爱的指标，用同伴消极提名的数量或比例作为同伴拒绝、反感的指标。同伴提名的问题基本为两类：（1）直接表达喜好的问题（列举你最喜欢的同学）；（2）具体任务或非直接表达喜好的问题（列举你喜欢一起游戏的同学）。莫里诺更倾向于第二类问题，因为第一类问题（喜欢、友谊）更为抽象，抽象问题在理解上容易存在差异，所以测量结果的意义大打折扣。

为克服记忆对提名的影响，通常给儿童提供一份名单供提名时使用，对于更小的没有阅读能力的儿童，给他们提供照片供提名使用。

如何使提名这项研究技术更有效度是该领域一直关注的问题。第一，是否要限定提名数量？20世纪五六十年代的研究显示，限定提名和非限定提名的差异不大，因此主张使用限定数量（通常是3—5个）提名，因为限定数量提名数据的收集和处理都比较简单；但是，后来的研究显示非限定数量提名数据分布质量更好即数据分布广且偏度小（Terry，2000）。所以，尽管限定数量提名耗时少，但是非限定数量提名更接近心理测量的要求。第二，对提名结果是否进行加权？加权是考虑到提名顺序所表达的差异，对先提到的同伴给予更高的分数。加权的基本假设是，先提到的同伴更符合提名的标准。但是，这种假设可能存在问题。因为在指导语中并没有给被试相关加权的提示；另外，给儿童提供的名单顺序也对提名顺序有影响（名字在前面的儿童更有可能被先提名）。鉴于加权后的数据与未加权数据具有很高的相关，很多研究对数据不进行加权处理。第三，使用什么标准判断个体在群体中的社会地位？绝对标准还是相对标准？莫里诺区分群体中明星的标准是绝对的：从团体中获得三个或三个以上积极提名的就是群体中的明星。布朗芬布伦纳（Bronfenbrenner）认为应该使用统计学标准（个体在群体中的相对位置）来区分明星。在实际研究中莫里诺的绝对标准使用较多。第四，接纳和拒绝的维度各包括什么？最初，认为接纳和拒绝是单维的，一个分数高即意味着另一个分数低。但是，20世纪60—70年代的研究显示，接纳和拒绝的分数只有中等程度的负相关或无关（Moore，1964；Roff，1972），接纳、拒绝与其他行为的关系也是不同的。于是，倾向于认为接纳和拒绝是反映了人际吸引的不同方面。

由于认为接纳和拒绝反映了人际吸引的不同方面，因此，对个体社会地位的评价也有不同的取向。早期的研究对同伴接纳的界定只依据积极提名，但是，这种取向遭到批评，理由是没有将被同伴拒绝的儿童区分开来。因此，另一种研究取向是综合考虑积极提名和消极提名（积极提名减消极提名），这种取向的缺点是没有区分出被忽视的儿童，即不为同伴群体关心的个体。为避免上述研究的不足，Gronlund（1959）将积极提名和消极提名作为两个不同维度来使用，区分出四类儿童。明星（star）：积极提名分数高、没有或很少消极提名；被拒绝儿童（rejected）：消极提名分数很高、没有或很少积极提名；被忽视儿童（neglected）：积极提名和消极提名都很少或没有；有争议（controversial）儿童：积极提名和消极提名都很多。

Peery（1979）的分类考虑了积极提名、消极提名和被关注度三个方面。积极提名和消极提名之和作为社会影响度，将积极提名减消极提名作为社会喜好度，于是儿童被分为四个类型。受欢迎的儿童（popular）：社会影响和社会喜好都高于平均数；退缩儿童（isolated）：社会影响和社会喜好都低于平均数；被拒绝儿童（rejected）：社会影响高于平均数、社会喜好低于平均数；友好型儿童（amiable）：社会影响低于平均数、社会喜好高于平均数。

此后，还有对各类儿童更为严格的划分。Coie（1982）将被拒绝儿童定义为：社会喜好度低于平均数一个标准差、同伴拒绝分数高于平均数、同伴接纳的分数低于平均数。Newcomb（1983）对被拒绝儿童的定义为：同伴拒绝分数高于平均数、同伴接纳分数等于或小于平均数。尽管两者的标准不同，但在分类时有 88% 的儿童分类结果是一致的。小学生中被标定为受欢迎的儿童和被拒绝的儿童各占 12%—13%，被忽视和有争议儿童各占 6%—7%，余下的 58%—60% 的儿童为未分类儿童或一般儿童（Terry，1991）。

Bukowski（2000）等认为，接纳和拒绝之间的关系不一定是线性的那么简单。研究发现，同伴接纳分数高的儿童，同伴拒绝的分数低；但是，同伴接纳分数低的儿童，同伴拒绝分数的分布却很广泛。与此类似的是，同伴拒绝分数高的儿童，同伴接纳的分数低；但是，同伴拒绝分数低的儿童，同伴接纳的分数不一定高。

（二）等距测量

使用李克特量表测量（你在多大程度上喜欢与某人一起玩?），对小学生常使用 5 点量表，个别研究也使用 7 点量表。用这种等距方法测量学前儿童时，用人脸的表情（悲伤的、中性的和高兴的）来表达儿童对问题的回答。测量结果提供了喜欢与否、受欢迎与否的依据，高分数反映了群体对个体的喜欢、接纳或欢迎，低分数反映了拒绝、不喜欢、不受欢迎。

赞同等距测量者认为，相对于同伴提名，该方法关照到所有个体，数据的稳定性和可信性更高。这种测量的缺点是数据的单维性，没有办法区分被忽视和被拒绝的儿童。如果一定要区分个体在群体中的地位，就把所获数据切分成为三个群体——受欢迎的儿童（popular）、一般的儿童（average）和被拒绝的儿童（rejected）。通常以平均数加减一个标准差为标准。用同伴提名方法区分出的被忽视儿童，用等距测量则没有办法区分出来；而这些被忽视的儿童在等距测量中被喜爱的分数从高到低分布得很广。观察发现，被忽视儿童经常受到同伴的喜欢，那么社会测量区分出的被忽视儿童是否是一个有意义的种类，是值得讨论的。可见，莫里诺所建构的人际交往经验的三个维度之一——不感兴趣（冷漠），不论在个体水平还是在群体水平上仍然是一个有争议的问题。

另一个问题是，社会测量和等距测量所测量的社会结构相同吗？Bukowski（2000）认为等距测量所测量到的喜欢—不喜欢，与社会测量的社会喜好度（积极提名减消极提名）的相关，要高于与接纳的相关。同时还发现，等距测量中获得最高分者的数量与社会测量中获得的同伴接纳的人数基本一致；等距测量中获得最低分者的数量与社会测量中获得的同伴拒绝的人数相差无几。尽管等距测量和同伴提名都可以区分同伴接纳和拒绝，但是，等距测量更能反映社会喜好度这一结构。

Terry（1991）比较了小学生中使用等距测量和同伴提名方法对儿童的分类，发现对受欢迎儿童和被拒绝儿童数量的划分基本一致，等距测量会出现比较多的一般儿童。有研究显示，同伴提名划分出的被拒绝儿童与等距测量划分出的不被喜欢的儿童基本一致。

直到2000年G. H. Maassen等人使用“SSrat”的技术，才打破了只有同伴提名方法能区分被忽视儿童和有争议儿童的局限。该技术使用7点量表，从-3（非常不喜欢）到+3（非常喜欢），中点0被认为是中立判断。在分类时，将+1到+3视为接纳，将-1到-3视为同伴拒绝，0视为“未提名”。于是可以划分出用同伴提名划分的各类儿童。这种方法分类的稳定性（一年的时间跨度）优于Coie（1982）和Newcomb（1983）的研究结果。

使用单维等距测量，对小学生最著名的研究（Terry，1991）发现，有13%—14%的儿童是受欢迎的（popular）、16%的儿童是被拒绝的、70%的儿童是一般的（以平均数±一个标准差为标准）。Maassen（2000）的研究结果是，10%—15%的儿童为受欢迎的、13%—17%为被拒绝的、0%—1%为有争议的、1%—5%为被忽视的、67%—70%为一般的。相对于提名方法的分类结果，等距测量的分类结果有更多的受欢迎和被拒绝儿童、较少被忽视和有争议儿童。

同伴提名技术和等距测量之争已有几十年，虽然争论属于方法论问题，但是个体经历何种与他人关系的问题依然存在。人际关系究竟是单维的连续体（喜欢与不喜欢、同情与反感），还是更为复杂的三维结构（吸引、反感、不感兴趣或冷漠），到目前为止仍不清楚。未来的理论、实证研究仍需对这一基本问题继续讨论。

（三）社会测量的准确性

对社会测量准确性问题的讨论较少，原因之一是很难将测量出现的问题和测量的特征区分开来。正如 Terry（2000）所言，评价测量好坏的经典标准——信度和效度，对于社会测量所评价的接纳和拒绝是一个难题。社会测量一般使用重测信度检验短期或长期的社会测量稳定性（同伴的社会地位），这隐含着一个假设，即团体的地位（结构）是稳定的，如同人格特质一样，那么这种假设成立吗？如果团体是互动的、变化的，那么重测的结果更应该反应的是团体地位（结构）的稳定而不是测量结果的稳定。可见，想通过内部一致性来证明社会测量的信度依然有困难，因为社会测量希望不同个体对同一对象的评价是不一致的（有争议的儿童）。

尽管存在诸多问题，对小学生的实证研究却显示，同伴接纳和拒接具有跨时间的稳定性。间隔 6 个月使用同伴提名和等距测量的方法，获得同伴接纳重测相关系数是 0.55，同伴拒绝重测的相关系数是 0.65（Asher，1986）。间隔两年的重测相关结果显示，同伴接纳的相关系数是 0.45、同伴拒绝的相关系数是 0.32、社会喜好的相关系数是 0.46、社会影响的相关系数是 0.29、一般儿童相关系数是 0.46（Terry，1991）。间隔三年（3—6 年级）的重测显示，同伴接纳的相关系数是 0.42、同伴拒绝相关系数是 0.34、社会喜好相关系数是 0.45（Roff，1972）。对学前儿童社会测量结果显示，即使短期间隔的重测结果，其稳定性也比较差，等距测量的重测结果比同伴提名重测结果的稳定性要好些。

根据社会测量结果对个体社会地位进行了划分，这种划分结果的稳定性也是值得关注的问题。对 12 个研究（时间跨度从 1 个月到 4 年、被试的年龄从学前儿童到 12 年级的学生）的回顾显示，社会地位的稳定性随重测间隔时间的增加而下降，4—6 年级小学生在 1—3 个月的间隔期间表现出中等稳定性，4 个月至 4 年间隔的重测稳定性比较差。有研究显示，41% 的小学生在一年期间仍保持其社会地位，23% 的小学生在 4 年期间能保持其社会地位（Coie，1983）。社会地位的稳定性还因社会地位不同而有差异，一般儿童、受欢迎儿童和被拒绝儿童的稳定性比有争议、被忽视儿童要好（Cillessen，2000）。

另一个需要考虑的问题是不同评价者之间的一致性，即评分者间信度或同时效度。对学前儿童和小学生的研究结果显示，同伴与教师之间的评价表现出中等程度的一致性，系数的变化从 0.20—0.70 之间。可见，老师与同伴所评价的人际互动既有相同之处亦有不同之点，老师与同伴对团体社会结构的评价不完全一致。

评分者间信度是否与评价者的性别有关也曾引起关注。研究发现，不同性别评价者对同性和异性的评价结果（最喜欢的提名、最不喜欢的提名、社会喜好度、社会影响分数）的一致性非常高，两性对所区分出的五类儿童（被拒绝、被忽视、受欢迎、有争议的和一般儿童）也表现出高度一致。尽管有事实表明，同伴提名更倾向提名同性别的同伴，但上述研究结果表明，小学期间男孩和女孩对同伴的认知具有高度的一致性。

（四）同伴团体的背景

到目前为止，社会测量基本是在班级或学校的范围内进行，班级代表了童年期主要的社会化团体，比较容易测量。然而，班级和学校所提供的儿童社会关系还是不够全面的，既不能反映同伴互动的广度，也不能反映同伴交往的性质（网络交友、邻居、课余学习交友），不能反映与成人、同胞交往对同伴交往缺失的补偿，不能反映友谊的质量。随着年龄增长，各种社会团体在儿童发展中的作用逐渐增强，因为学校之外的同伴交往迅速扩大。这是今后研究需要考虑的问题。

在班级背景下，还需要考虑参与提名的人数问题，即有一个合适的参与比例。Crick（1989）使用计算机模拟的方法证明了参与社会测量人数的减少会降低测量的准确性，班级中至少 75% 的个体参与测量，测量数据才是可接受的。

（五）伦理问题

有人指出，对同伴消极提名是对同伴伤害的合理化，会造成团体内的消极互动。但是，多个研究的结果显示，社会测量并没有降低对同伴的接纳，没有导致退缩或感到孤独、不愉快。多数儿童对社会测量这一活动的反应是积极的。

尽管如此，在实际测量过程要注意将消极影响降至最低，如在指导语中明确要求对提名结果的保密，允许提名校外的朋友（如果在学校没有朋友），对消极提名标准表达的温和化（不用“最不喜欢”代之以“不太喜欢”等），避免全部是消极提名。相较于同伴提名，等距测量遇到的伦理方面的挑战要少些，因为这种测量的方法不是让儿童根据一个消极标准进行提名，而是让儿童在一个连续尺度上进行评价，当然这个连续尺度也允许儿童做消极的评价。有研究将同伴积极提名与等距测量结合使用，区分被拒绝、被忽视儿童，而不使用消极提名（Asher，1986）。

## 二　同伴接纳和拒绝的影响因素

儿童在团体中的地位不同，有人受欢迎、有人被拒绝。研究发现，四个因素导致儿童社会地位的差异：攻击、退缩、社交性（sociability）和认知技能。与被拒绝儿童相比，被同伴接纳的儿童具有较好的社交性和社会认知能力、较低的退缩和攻击行为。本部分主要关注被拒绝儿童。

被拒绝儿童与多种缺陷相关联，他们的社会认知技能低（社交能力低、观点采择能力低、口头交流技能低）、学校表现不理想（成绩不好、适应能力低）。研究还显示，被同伴拒绝与社会经济地位低下、外表吸引力低有关。但是，与同伴拒绝关系最为密切的因素是攻击和退缩行为，约40%—50%的被拒绝儿童有攻击行为，约10%—20%的被拒绝儿童有退缩行为（Rubin，1998）。

被拒绝儿童与攻击、退缩行为的关系密切，这种密切的关系受儿童所生活群体行为规范的影响。例如，退缩行为在学前儿童身上的表现既不突出，也不被视为异常，因此，该阶段的被同伴拒绝与退缩行为的关系不显著。而到小学阶段，被同伴拒绝与退缩行为的关系表现突出，因为随年龄增长退缩行为越来越被视为非常态行为。尽管攻击行为与被同伴拒绝关系密切，但是，有些具有攻击行为的儿童在某些背景下是被同伴接纳的。在攻击行为较普遍的班级背景下，攻击行为与同伴拒绝关系较弱；在攻击行为较少的班级背景下，攻击行为与被拒绝的关系较强。可见，年龄和团体背景都有可能影响是否被同伴拒绝，而不仅仅是攻击和退缩行为。可见，被同伴拒绝与社会行为之间的关系比我们想象的要复杂。

被同伴拒绝与诸多消极特征相关联，那么被同伴接纳就应该与许多积极特点相关联。研究显示，被同伴接纳的儿童比不被接纳的儿童表现出较好的社会交往能力、领导才能、观点采择能力、助人与合作倾向、问题解决技能。那些被同伴接纳程度更高的儿童具有更多的优势——运动才能、吸引力、经济富有和时尚等特征（Vaillancourt，2001）。

对有争议和被忽视儿童的行为特征研究甚少，因为这些儿童的人数少且不稳定，需要大样本才能区分出这些儿童。已有研究显示，有争议儿童同时具有被接纳和被拒绝儿童的双重特征：社交能力强但攻击行为明显。Parkhurst（1998）的研究显示，有争议儿童比被拒绝儿童更具有攻击性，比受欢迎儿童更受同伴的喜欢。与一般儿童相比，被忽视儿童在社会交往、攻击行为、破坏行为和人际互动方面表现出较低水平（Rubin，1998）。尽管在一些研究中，被忽视与退缩行为相关，但相较于被忽视，退缩行为更倾向于被认为是被拒绝儿童的特征而不是被忽视儿童的特征。

综上所述，对同伴拒绝和接纳儿童的行为特征已有了较清晰的认识，后续研究需要关注的问题有：揭示被拒绝与各种特征之间的关系是如何因年龄、团体规范的不同而变化的；澄清有争议和被忽视儿童的特征；虽然明确了被同伴接纳、拒绝的行为特征，但是，其社会地位形成的过程和机制尚不清楚，不同的社会地位对其后期发展有什么样的作用还不了解。

## 三 社会地位与后期发展

对早期同伴地位与后期发展之间关系的追踪研究显示，早期被同伴拒绝能预测后期的适应问题——学业困难、内隐问题（孤独、自尊水平低、抑郁）和外显问题（攻击、捣乱、犯罪）（McDougall，2001）。那么，早期社会地位与后期的适应是什么关系？早期的社会地位是后期适应的原因吗？

对社会地位所导致结果的研究主要集中在被拒绝儿童这个群体，研究一般以 Parker（1987）的理论为指导。该理论认为，表现出非常态和消极行为（攻击、退缩等）的儿童容易经历消极的同伴关系，如被同伴拒绝；被拒绝剥夺了儿童积极的社会化经验，而这些经验有助于儿童发展积极的社交技能；被拒绝使儿童经历消极的同伴经验，包括加入帮派团伙、被欺负。纵向追踪研究显示，非常态或消极行为与同伴拒绝共同导致消极的结果。

### （一）学业成绩

早期的同伴拒绝与后期的学校适应困难相关联，包括留级、旷课、逃学和辍学。这种早期发展与后期适应之间关联的性质目前还不是很清楚，例如，尽管童年期的同伴拒绝能预测后期的辍学，但是，这些辍学的儿童在辍学那个时间点并不是被同伴拒绝的。这说明，社会行为与同伴拒绝一起共同造成了学业困难，特别是那些同时具有攻击行为和被同伴拒绝经历的儿童，是最容易成为早期辍学的儿童（Kupersmidt，1990）。Hymel（1996）认为，那些攻击同伴并被同伴拒绝的儿童更容易加入不良团伙，而团伙的价值观是不追求学业成功、贬低学业价值，那么团伙成员就具有辍学的危险性。可见，被同伴拒绝的具有攻击行为的儿童缺少积极的社会化经验，这不利于他们社交技能的提高和继续学业，逐渐脱离学校环境，最终辍学。

（二）外显问题

用同伴拒绝预测外显问题的研究结果一致性不强。尽管有研究显示，早期同伴接纳程度低可以预测后期的不良和犯罪行为（Kupersmidt，1995），但有研究认为，是攻击行为而不是同伴拒绝能预测后期的攻击和反社会行为（Kupersmidt，1990）。还有研究认为，是攻击和同伴拒绝一起对男孩的后期品行问题有很强的预测作用（Coie，1995）。在因果关系的各研究中，有一个相同的结论——攻击和同伴关系困难都与后期的外显问题相关联，尽管同伴拒绝是非直接的关联。有人特别强调，当个体被同伴拒绝，就容易加入不良团伙，而加入团伙则增加了他们表现出外显问题的可能性。如同学业成就一样，被同伴拒绝的消极影响还受这些儿童是否有其他不利的社会化经验的影响（如果有加入不良团体的消极经验，则消极影响更大）。

（三）内隐问题

很多研究表明，退缩行为、同伴拒绝是预测后期内隐问题（孤独、抑郁）的重要变量。退缩行为、同伴拒绝与后期内隐问题之间的关系，受经历到的消极同伴经验、对自己社会地位感受的影响。研究显示，那些遭受同伴拒绝且被欺负的儿童，他们的行为退缩、同伴拒绝与后期的抑郁关联更为密切；消极的同伴经验对抑郁的影响只在那些感到孤独、对同伴环境不满的儿童身上表现出来。除了社会化经验，儿童对自身社会环境或地位的认识，有助于研究者理解社会行为和同伴拒绝导致内隐行为问题的机制（Valas，1996）。儿童对自己社会地位认知的作用，使我们想起莫雷诺最初所强调的观点：个体对他人（群体）的认识、他人（群体）对个体的认识都是很重要的。

## 四 小结

从1934年莫雷诺的研究开始，同伴接纳与拒绝方面研究的重心就是同伴群体对个体的评价，以社会测量的总分或地位类别来标定个体是被同伴群体拒绝还是接纳。与此同时，该领域还关注同伴接纳、拒绝与适应的关系。伴随着这些研究的是对研究方法的讨论与进步。近年来，该领域的发展主要表现为统计分析技术的进步，从而满足实证研究的需要，也是今后努力的方向。

今后的研究需要关注两个问题。首先是个体对同伴群体的认识，到目前为止，研究关心的主要是群体如何评价个体（接纳与拒绝），但是没有考虑同伴群体结构的复杂背景。因为被同伴拒绝的儿童可能对同伴群体的认识，以及受同伴群体的影响是不同的。其次是个体对同伴群体的认知，尽管早在1934年莫里诺就提出对群体功能的多重理解，但是，已有研究基本上是在讨论群体的认知（对个人的评价），而非个体对群体的认知（个体如何看待群体）。因此，要重视个体对自己社会地位的认知（McDougall，2001）。

## 第三节　同胞关系

同胞关系是人生中持续时间最长的人际关系。对同胞关系的科学研究始于20世纪五六十年代，系统的研究是从80年代开始的。在该领域主要研究以下几个问题：同胞关系的性质、父母教养与同胞关系、与家庭中其他人际关系相关联的因素、同胞关系对儿童发展的影响以及家庭对同胞的影响。

### 一　同胞关系的性质

同胞关系是指以血缘为纽带而建立起的水平人际关系，由于空间和时间的优势，同胞之间交流多，投入情感多，所以同胞关系具有强烈的情感性。这种情感既包括积极的，也包括消极的。

研究显示，20%的学前儿童对同胞关系表现出强烈的消极情绪（Dunn，1996），这个比例高于同伴关系、亲子关系存在的消极情绪。消极情绪往往与矛盾冲突相伴随，Campione－Barr（2010）以115对同胞为被试（年长者平均15.59岁、SD＝2.01，年幼者平均13.02岁、SD＝2.06），研究同胞间冲突的频率、程度与同胞关系的关系。结果显示，冲突的频率与严重程度呈显著正相关，但是相较而言，冲突的频率较高但程度不严重，冲突的内容主要是对个人权益的侵犯而不是公平、平等，年长者对个人权益遭侵犯反应更为强烈。Kim（2006）以200个家庭的父母、头生子（平均11.82岁）和第二个孩子（平均9.22岁）为被试，此后每年收集一次数据，共追踪了四年，研究同胞间的亲密、冲突变化及其与家庭结构的关系。结果显示，同胞间的冲突随年龄增长表现出下降趋势。

但是，有些儿童体验到的积极同胞情感也是非常明显的，这种积极情感主要表现为亲密性，大多数儿童与同胞交往的时间比与父母交往的时间长，而且同胞之间相互了解。如同胞之间知道怎样取笑对方，在出生后的第二年就发现了取笑同胞现象的存在，而且这种现象在以后的几个月中迅速增加，这种现象的出现是以对对方的了解为基础的。Kim（2006）的研究显示，姊妹间的亲密性最高，具有跨时间的稳定性；异性同胞间的亲密性随时间表现出U型变化。

对于大多数儿童来说，同胞关系是一个积极与消极情感的混合体。

同胞关系表现出较大的个体差异性，即个体对同胞关系的态度是不同的，有的儿童表现出积极的态度和体验；有的儿童则相反，对同胞关系持消极、否定的态度；而有的儿童是矛盾的，是积极和消极态度、体验和行为的混合体。

对于个体的差异性，最早是从家庭背景开始探讨的，认为出生顺序、性别和年龄的差异是导致同胞关系个体差异的原因。Karos（2007）以40个5—6年级的儿童（平均11.5岁、SD = 0.9个月，22个男孩、18个女孩）为被试，用访谈、问卷等方法，研究同胞互动（互惠与互补）、同胞关系质量（亲近、冲突、竞争、支配）和社会情绪问题解决的关系。结果表明，同胞间互惠式的互动与相互竞争、支配呈负相关，这种关系受出生顺序的影响，对年幼同胞效果显著。只有互惠式的互动与社会情绪问题解决呈正相关，这种关系也受出生顺序影响，对年幼同胞效果显著。但是，现在一般认为，上述家庭变量与其他特征一起共同影响着同胞关系，如儿童自身的特征、儿童与家庭的关系、家庭面临的困难等。据研究，儿童的气质特征与同胞关系密切，确切地说是与同胞之间的冲突关系密切，与同胞之间冲突的频率、相互的情感联系关系紧密（Brody，1996）。男孩对同胞的消极体验要多于女孩。

## 二 父母教养与同胞关系

同胞关系不仅受制于建立关系的双方，还受父母教养行为的影响。Kim（2006）的研究表明，母亲的接受性与同胞间的亲密性呈正相关，父子间的冲突与同胞间的冲突呈正相关。Meunier（2011）以119个家庭的父母及其子女为被试，追踪研究父母的教养行为、儿童人格、同胞关系对外显行为问题的影响；追踪开始时，被试的年龄介于3—5岁；结果显示，同胞关系与父亲的教养行为呈显著正相关。

## 三 同胞关系与家庭中其他人际关系的关联

研究表明，同胞关系与家庭中其他的人际关系是有联系的。

第一，依恋关系与同胞关系之间是有关联的，安全的依恋关系更容易与同胞建立积极的关系，而非安全的依恋关系则不容易与同胞建立积极的关系（Volling，1992）。大量的研究表明，积极的亲子关系与积极的同胞关系成正相关，而惩罚、过度控制等消极亲子关系与同胞之间的攻击行为、不友好关系密切。需要指出的是，上述研究结果都是相关研究，不能做因果推论。

但也有研究发现，有些家庭中亲子关系并不是很积极，而同胞之间的关系却可以是很积极的，这种“补偿”型模式在不利家庭（紧张、压力）中比在常态家庭中居多。

第二，父母与其他儿童之间的关系，影响到同胞之间的关系。如果父母对不同孩子的要求和态度不一样，那么同胞之间的关系就可能是消极的，如果父母对所有孩子的态度和要求是一致的，那么同胞之间的关系就会比较积极。Kolak（2011）以35个家庭的父母及每家两个孩子为被试，研究同胞间的嫉妒（源于父母对待同胞的行为）对同胞关系的影响。第一次（时间1）测量时年幼的孩子16个月、年长的孩子平均4岁，约两年半后进行第二次（时间2）测量。结果显示，年长孩子的嫉妒（时间1）与同胞冲突（时间2）存在显著正相关。该研究仍然是相关研究，不能做因果推论。

一般认为，儿童对父母行为的“解读”，是导致同胞关系紧张的一个关键要素。如果儿童认为，自己不如别的孩子值得父母关爱，父母对自己关心少，就会嫉妒、憎恨同胞，从而同胞关系消极。儿童很小就对父母与其他孩子之间的关系很敏感，观察研究表明，在 2 岁时儿童就能“发现”父母与不同孩子之间关系的差异。

第三，婚姻关系、亲子关系与同胞关系之间存在着复杂的关系。研究发现，亲子关系与父母之间的冲突、矛盾有联系，而不良的婚姻关系与消极的同胞关系有联系。婚姻关系与同胞关系的联系可以是直接的，也可以通过亲子关系而间接实现。对常态家庭和再婚家庭的研究显示，婚姻关系与同胞关系在不同家庭中的表现是不一样的。如果母亲与新伴侣（继父）的关系良好，那么母亲与孩子的关系常常是消极的，但在常态家庭中则没有发现这一现象，常态家庭中消极的婚姻关系与消极的同胞关系没有关联。Kim（2006）的研究表明，父亲报告的婚姻关系与同胞间的亲密性相关联，当父亲报告的婚姻关系分数下降时，同胞间的亲密性上升。

第四，家庭新成员的到来会对同胞关系产生影响。伴随着新成员的到来。母亲对新成员的关注超过了其他的孩子，这导致了母亲与其他孩子交往的性质发生了变化，积极互动减少、消极互动增多。儿童把这些变化归罪于新成员，这势必会影响到同胞之间的关系。

### 四　同胞关系对儿童发展的影响

由于同胞关系的情感性、亲密性和长期性，不可避免地对儿童的发展产生着影响，这种影响主要表现为心理适应、社会认知和同伴关系。

（一）同胞关系与儿童的心理适应

1. 积极影响

面对压力，同胞可以是重要的支持力量。研究（Jenkins，1992）发现，在不和谐的家庭中，如果同胞关系融洽，那么儿童就不会表现出很多的问题，同胞能在相互安慰中受益。而对离异和再婚家庭来说，同胞关系则没有上述功能。但也有研究表明，在面对消极生活事件时同胞关系会更亲密（Dunn，1994）。

Oliva（2005）以 513 名年龄介于 13—19 岁的青少年（男孩 221 个、女孩 292 个，平均年龄 15.43 岁、SD = 1.19 岁）为被试，研究同胞关系对发展的影响，被试中 202 个有 1 个同胞、163 个有 3 个同胞、68 个有 4 个同胞、31 个有 5 个及以上同胞。结果显示，同胞关系对发展的影响因性别而异，对女孩而言，积极的同胞关系与积极的亲子关系、同伴关系相关，积极的同胞关系与高自尊、生活满意度高相关；对男孩而言，同胞关系与上述人际关系、社会适应等变量无关。

Karos（2007）的研究显示，同胞间互惠式的互动与相互关心/亲近、尊重、开心呈正相关，其中与开心的关系最为密切。Kim（2007）以197个家庭的父母及其第一、二个孩子为被试，研究同胞间冲突、亲密性的变化与社交能力、抑郁的关系。第一次测量时年长的儿童平均11.83岁（SD=0.55）、年幼者9.23岁（SD=0.99），此后每年收集一次数据，在第四次测量时，年长的儿童平均17.35岁（SD=0.8）、年幼者14.77岁（SD=1.17）。同胞间的长幼、性别结构如下：49对姐妹、51对姐弟、49对兄妹、48对兄弟。结果表明，在控制了亲子关系等变量后，同胞亲密性的增加与社交能力的增长相关联。

2. 消极影响

研究显示，同胞关系与儿童的问题行为（内隐和外显）关系密切，这种影响可以是直接的。使用家庭观察法对常态和临床样本的研究都表明，相互攻击、取笑强化了攻击行为，导致冲突水平的上升（Patterson，1986）。儿童选择"武力"解决问题的经验，不但使儿童学会了强硬的方式，而且抑制了亲社会行为的学习。纵向研究表明，学前期受同胞消极对待的儿童，在后期表现出明显的内隐和外显行为问题（Dunn，1994）。年纪小的孩子受年纪大的同胞影响比较大，同胞的行为比同胞关系本身对儿童后期适应的影响大（Hetherington，1999）。对低收入家庭5岁男孩的研究显示，不良的同胞关系、父母对儿童的拒绝，能预测儿童后期的攻击行为，同胞冲突与后期的犯罪行为直接相关（Garcia，2000）。Ostrov（2006）以25对同胞（14对同性、11对异性）为被试，其中13个姐姐和12个哥哥（平均年龄48.56个月、标准差8.52个月）、11个妹妹和14个弟弟（平均年龄39.17个月、标准差8.44个月），使用观察法研究同胞关系与儿童身体攻击、关系攻击（relational aggression）的关系，两次收集数据间隔半年。结果显示，姐姐使用关系攻击多于哥哥，哥哥使用身体攻击多于姐姐，年长同胞对同性别同伴的攻击行为多于对自己同胞的攻击，年长同胞关系攻击行为能预测年幼同胞对同伴的关系攻击行为，年长同胞身体攻击行为能预测年幼同胞对同伴的身体攻击行为。Kim（2007）的研究显示，在控制了亲子关系等变量后，同胞冲突的增加与抑郁的增长之间相关联。Karos（2007）的研究显示，同胞间互补式的互动与不安呈正相关。Meunier（2011）的研究显示，同胞关系与外显行为问题呈显著负相关。

同胞关系对儿童问题行为的影响还可以是间接的。同胞之间的冲突不仅仅增加了在其他情景中出现攻击行为的可能性，也使儿童产生无能感和内隐问题。

很多研究发现，缺少关注的孩子表现出较多的适应问题。父母“偏心眼儿”也与儿童适应有关系，在学前期，如果父母对年龄较大儿童的约束严于年龄小的孩子，那么年龄大的孩子会表现出较多的问题行为（内隐问题和外显问题）。

家庭新成员的出现对儿童的适应也存在影响，研究发现新成员的诞生与头生子女的适应问题（退缩、攻击、依赖等）关系密切。新成员的到来，改变着其他儿童与父母的关系，母亲对头生子的消极教养行为增多，对头生子女的要求提高，导致母亲与头生子女之间关系的恶化。有研究（Baydar，1997）显示，2.5 岁后，随着弟弟（妹妹）的到来，儿童的感受是消极的，在那些经济条件差、母亲没有了收入而贫困水平加剧的家庭中更为明显。

（二）同胞与儿童社会认知的发展

同胞有助于儿童理解他人的情绪、思想。在实验情景下，学前儿童对别人的理解是非常有限的，但是在情绪化的情景中，儿童对自己同胞的情绪、意图、内在心理状态理解的水平大大提高。因此，早期的同胞关系成为研究儿童社会认知发展的重要领域。

研究发现，那些经常与年长同胞游戏的儿童，在标准化情绪、心理测量中成绩比较好，比那些没有同胞的儿童成绩高。有人（Lewis，1996）认为，提高儿童社会认知水平的关键是与熟人（朋友）的交往，而不是同胞本身。Recchia（2009）以 62 对同胞（长者 8.39 岁、幼者 6.06 岁）及其主要抚养者（大部分是母亲）为被试，研究同胞关系的质量、社会认知（二级错误信念、准确理解冲突的能力、对同胞间实际言语冲突的理解）与同胞之间行为冲突的关系。结果显示，同胞关系的质量与同胞间积极的冲突过程相关；年幼者的二级错误信念分数与解决冲突策略呈负相关；年长者使用妥协策略解决冲突特点明显；年幼者的社会认知（准确理解冲突的能力、对同胞间实际言语冲突的理解）与同胞间冲突行为之间的关系受同胞关系质量的影响。Howe（2011）以 40 名儿童（平均 11.5 岁、SD = 0.9 个月，男孩 22 个、女孩 18 个）及其母亲（32 个）为被试，研究儿童与母亲对同胞关系（标准、评价和问题）认知的一致性。儿童报告同胞间的日常互动（亲近、消极情绪、社会支持）、并填写同胞关系问卷（亲密、冲突、竞争、支配），母亲填写同胞关系问卷（关心、不友好、竞争）。结果显示，儿童与母亲对同胞关系的认知在关心这一维度上有一致性，儿童、母亲评价的同胞关系与同胞间的日常互动呈正相关。

需要注意的是，上述研究仍然是相关研究设计的结果，对于因果的推论要谨慎，有可能是同胞关系提高了儿童社会认知的水平，也有可能是儿童的社会认知有助于儿童的同胞关系的交往与互动。

（三）同胞与同伴关系

同胞关系将影响到儿童在家庭之外与其他儿童建立的关系，这种观点可以得到多种理论的支持，如依恋理论、社会学习理论。尽管不同理论认为两者联系的机制是不同的，但是都承认两者之间是有联系的。社会学习理论认为，同胞之间交往习得的东西可以迁移、概化到同伴关系中。

但也有人认为，两者是有差异的，不能这样简单地推论。因为两种关系的性质不同，同伴关系是以信任、支持为基础的，而同胞则不一定；同伴关系之间不存在竞争父母关注的问题，也不涉及因为父母的“偏心眼儿”而导致的怨恨；儿童没有选择同胞的权利，但有选择朋友的权利。

Lecce（2009）以48名儿童（男22、女26，平均8.8岁、标准差1.4岁，年龄在6—11岁之间）及其最好朋友、年龄相近的同胞为被试，朋友间的年龄相仿、性别大部分是同性；通过问卷在情感、冲突、支配和相似性四个方面研究朋友间、同胞间的一致性。结果表明，朋友间在情感和冲突两个方面呈现一致性，同胞间在四个方面都无关联。同胞关系是否与同伴关系有联系，实证研究结果是不一致的。这种不一致的原因可以从以下两个方面来理解。首先，可能存在“补偿”机制，同胞之间的竞争、冲突提高了儿童的社会认知能力，而这种社会认知水平的提高能帮助儿童建立积极的同伴关系；学前期同胞之间的争论与后期社会认知水平高是相关联的；但是这种关系的机制我们仍然不清楚。其次，内在工作模式、社会认知作为中介因素，以及气质特征都有可能对两者之间的关系起到影响作用。

### 五　家庭对同胞的影响

生长在同一个家庭中的儿童，却有着不同的人格特征和心理特点。研究者往往从家庭中寻找造成这种差异的原因，家庭生活被视为儿童发展的关键因素。父母的受教育水平、所从事的职业、心理健康程度、夫妻关系、邻里关系和家庭面临的压力与困难等，是影响儿童发展的重要变量，是家庭中每一个孩子都要共同面对的环境，但是每个人的发展结果却有很大的差异。

行为遗传学对该问题予以了研究，认为在家庭内个体经历的差异是导致儿童最终差异的原因，因此需要研究每个儿童在家庭的特殊经历，而不是家庭之间的差异，才能了解这种差异的真正原因。这并不意味着家庭对儿童的影响不重要，而是每一个孩子感受到的家庭是不一样的。

前面谈到的父母“偏心眼儿”、儿童很小就能注意到父母对不同孩子差异的研究结果，为这种观点提供了依据。当然，儿童自身的气质、适应能力等特征是导致家庭成员对该儿童不同反应的主要因素，与此同时，这些特征也影响到儿童对他人的反应，影响到儿童对压力、紧张和家庭面临困难时所表现出的行为。

综上所述，同胞关系还有待于进一步研究。首先，缺少纵向的对同胞关系成长历程的研究，因而早期的同胞关系对后期的影响也就不是很清晰。其次，跨文化研究，或者说非西方文化背景下的研究不多，因而目前研究结论的普遍性还不是很高。人类学的研究显示，在很多文化中，同胞在儿童的早期成长中扮演着重要的角色，同时也是成人时期的重要人际关系。最后，同胞关系随时间而发生的变化是怎样的？是否具有稳定性？对这些问题还缺少关注。

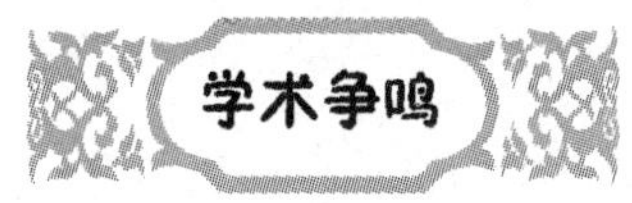


### 网络与同伴交往

儿童发展受时代的影响，在不同的历史时期表现出不同的特征。当时间的脚步跨入 21 世纪，网络以惊人的速度在发展，并进入了我们的生活，对儿童的发展，特别是对儿童同伴交往产生了巨大的影响。

网络带给我们的是什么？网友对孩子的发展有什么样的作用？网友能替代真实朋友间的交往吗？网络时代需要什么样的社交技能？

到目前为止，我们对上述问题还缺乏足够的认识与了解，教育对网络的来临准备不足，缺少对网络的研究，对儿童的网络教育没有及时跟上。常常强调网络的负面影响，多持排斥态度。排斥的态度只能表达着我们的情绪，并不能解决实际问题。网络成为现代人生活的一个部分，了解网络对儿童发展的影响、更好地利用网络促进儿童的发展是儿童社会性领域的重要课题。

**参考文献**

张小峰：《农村初中生亲子关系与其学校适应的纵向研究》，鲁东大学硕士学位论文，2010 年。

Alanko, K., Santtila, P., Witting, K., Varjonen, M., Jern, P., Johansson, A., et al. (2009). Psychiatric symptoms and sexual orientation in light of childhood gender atypical behavior and parental relations. *Journal of Sex Research*, 5, 494 – 504.

Alanko, K., Santtila, P., Salo, B., Jern, P., Johansson, A., et al. (2011). Psychiatric symptoms and sexual orientation in light of childhood gender atypical behavior and parental Relations. *British Journal of Developmental Psychology*, 29, 214 – 233.

Asher, S. R., & Dodge, K. H. (1986). Identifying children who are rejected by their peers. *Developmental Psychology*, 22, 444 – 449.

Ambert, A – M. (1997). *Parents, children, and adolescents: Interactive relationships and development in context.* New York: The Haworth Press.

Barkley, R. A. (1989). Hyperactive girls and boys: Stimulant drug effects on mother – child interactions. *Journal of Child Psychology and Psychiatry and Allied Disciplines*, 30, 379 – 390.

Baydar, N., Hyle, P., & Brooks – Gunn, J. (1997). A longitudinal study of the effects of the birth of a sibling during preschool and early grade school years. *Journal of Marriage and the Family*, 59, 957 – 965.

Bell, R. Q. (1968). A reinterpretation of the direction of effects in studies of socialization. *Psychological Review*, 75, 81 – 95.

Belsky, J., Crnic, K., & Woodworth, S. (1995). Personality and parenting: Exploring the mediating role of transient mood and daily hassles. *Journal of Personality*, 63, 905 – 929.

Bukowski, W. M., Sippola, L, Hoza, B., & Newcomb, A. F. (2000). Pages from a sociometric notebook: An analysis of nomination and rating scale measures of acceptance, rejection and social preference. In A. H. N. Cillessen & W. M. Bukowski, (Eds.), Recent advances in the measurement of acceptance and rejection in the peer system (pp. 11 - 26), *New Directions for Child and Adolescent Development*, 88. San Francisco: Jossey - Bass.

Campione - Barr, N. & Smetana, J. G. (2010). "Who Said You Could Wear My Sweater?" Adolescent Siblings' Conflicts and Associations With Relationship Quality. *Child Development*, 81 (2), 464 - 471.

Chao, R. K. (1994). Beyond parental control and authoritarian parenting style: Understanding Chinese parenting through the cultural notion of training. *Child Development*, 65, 1111 - 1119.

Cillessen, A. H. N., Bukowski, W. M., & Haselager, G. T. (2000). Stability of dimensions and types of sociometric status. In A. H. N. Cillessen & W. M. Bukowski (Eds.), Recent advances in the measurement of acceptance and rejection in the peer system (pp. 75 - 93), *New Directions for Child and Adolescent Development*, 88. San Francisco: Jossey - Bass.

Coie, J. D., Dodge, K. A., & Coppotelli, H. (1982). Dimensions and types of social status: A crossage perspective. *Developmental Psychology*, 18, 557 - 570.

Coie, J. D., & Dodge, K. A. (1983). Continuities and changes in children's social status: A five - year longitudinal study. *Merrill - Palmer Quarterly*, 29, 261 - 282.

Coie, J. D., & Dodge, K. A. (1988). Multiple sources of data on social behavior and social status. *Child Development*, 59, 815 - 829.

Coie, J., Terry, R., Lenox, K., Lochman, J., & Hyman, C. (1995). Childhood peer rejection and aggression as predictors of stable patterns of adolescent disorder. *Development and Psychopathology*, 7, 697 - 713.

Collins, W. A., Harris, M. L., & Susman, A. (1995). Parenting during middle childhood. In M. H. Bornstein (Ed.), *Handbook of parenting*: Vol. 1. Children and parenting (pp. 65 - 89). Mahwah, NJ: Erlbaum.

Crick, N. R., & Ladd, G. W. (1989). Nominator attrition: Does it affect the accuracy of children's sociometric classifications? *Merrill - Palmer Quarterly*, 35, 197 - 207.

Deater - Deckard, K., Dodge, K. A., Bates, J. E., & Pettit, G. S. (1996). Physical discipline among African American and European American mothers: Links to children's externalizing behaviors. *Developmental Psychology*, 32, 1065 - 1072.

Duck, S. (1992). Human relationships (2nd ed.). London: Sage. Hartup, W. W.

(1989) . Social relationships and their developmental significance. *American Psychologist*, 44, 120 -126.

Dunn, J. , Slomkowski, C. , & Beardsall, L. (1994) . Sibling relationships from the preschool period through middle childhood and early adolescence. *Developmental Psychology*, 30, 315 -324.

Dunn, J. , Slomkowski, C. , Beardsall, L. , & Rende, R. (1994) . Adjustment in middle childhood and early adolescence: Links with earlier and contemporary sibling relationships. *Journal of Child Psychology and Psychiatry and Allied Disciplines*, 35, 491 -504.

Dunn, J. , Creps, C. , & Brown, J. (1996) . Children's family relationships between two and five: Developmental changes and individual differences. *Social Development*, 5, 230 -250.

Garcia, M. M. , Shaw, D. S. , Winslow, E. B. , & Yaggi, K. E. (2000) . Destructive sibling conflict and the development of conduct problems in young boys. *Developmental Psychology*, 36, 44 -53.

Harach, L. D. & Kuczynski, L. J. (2005) . Construction and Maintenance of Parent - Child Relationships: Bidirectional Contributions from the Perspective of Parents. *Infant and Child Development*, 14, 327 -343.

Hetherington, E. M. , Henderson, S. , & Reiss, D. (1999) . Adolescent siblings in stepfamilies: Family functioning and adolescent adjustment. *Monographs of the Society for Research in Child Development*, 64 (4), 1 -222.

Hinde, R. A. (1987) . *Individuals, relationships and culture: Links between ethology and the social sciences.* Cambridge, England: Cambridge University Press.

Hodges, E. V. E. , Finnegan. R. A. , & Perry, D. G. (1999) . Skewed autonomy - relatedness in preadolescents' conceptions of their relationships with mother, father, and best friend. *Developmental Psychology*, 35, 737 -748.

Howe, N. , Karos, L. K. & Aquan - Assee, J. (2011) . Sibling Relationship Quality in Early Adolescence: Child andMaternal Perceptions and Daily Interactions. *Infant and Child Development*, 20, 227 -245.

Hymel, S. , Comfort, C. , Schonert - Reichl, K. , & McDougall, P. (1996) . Academic failure and school dropout: The influence of peers. In K. Wentzel & J. Juvonen (Eds. ), *Social motivation: Understanding children's school adjustment* (pp. 313 - 345) . New York: Cambridge University Press.

Jenkins, J. (1992) . Sibling relationships in disharmonious homes: Potential difficulties and protective effects. In F. Boer & J. Dunn (Eds. ), *Children's sibling relationships: Developmental and clinical issues.* Hillsdale, NJ: Erlbaum.

Karos, L. K., Howe, N. & Aquan – Assee, J. (2007). Reciprocal and complementary sibling interactions, relationship quality and socio – emotional problem solving. *Infant and Child Development*, 16, 577 – 596.

Kelley, M. L., Power, T. G., & Wimbush, D. D. (1992). Determinants of disciplinary practices in low – income Black mothers. Child Development, 63, 573 – 582.

Kochanska. G. (1997). Mutually responsive orientation between mothers and their young children: Implications for early socialization. *Child Development*, 68, 94 – 112.

Kim, J., McHale, S. M., Osgood, D. W. & Crouter, A. C. (2006). Longitudinal Course and Family Correlates of Sibling Relationships From *Childhood Through Adolescence. Child Development*, 77 (6), 1746 – 1761.

Kim, J., McHale, S. M., Crouter, A. C. & Osgood, D. W. (2007). Longitudinal Linkages Between Sibling Relationships and Adjustment From Middle Childhood Through Adolescence. *Developmental Psychology*, 43 (4), 960 – 973.

Kolak, A. M. & Volling, B. L. (2011). Sibling Jealousy in Early Childhood: Longitudinal Links to Sibling Relationship Quality. *Infant and Child Development*, 20, 213 – 226.

Kupersmidt, J. B., Burchinal, M., & Patterson, C. J. (1995). Developmental patterns of childhood peer relation as predictors of externalizing behavior problems. *Development and Psychopathology*, 7, 825 – 843.

Kupersmidt, J. B., & Coie, J. D. (1990). Preadolescent peer status, aggression and school adjustment as predictors of externalizing problems in adolescence. *Child Development*, 61, 1350 – 1362.

Lecce, S., Pagnin, A. & Pinto, G. (2009). Agreement in children's evaluations of their relationships with siblings and friends. *European Journal of Developmental Psychology*, 6 (2), 153 – 169.

Lewis, C., Freeman, N. H., Kyriakidou, C., Maridaki – Kassotaki, K., & Berridge, D. M. (1996). Social influences on false belief access: Specific sibling influences or general apprenticeship? *Child Development*, 67, 2930 – 2947.

Maassen, G. H., van der Linden, J. L., Goossens, F. A., & Bokhorst, J. (2000). A ratings – based approach to two – dimensional sociometric status determination. In A. H. N. Cillessen & W. M. Bukowski (Eds.), Recent advances in the study and measurement of acceptance and rejection in the peer system (pp. 55 – 73), *New Directions for Child and Adolescent Development*, 88, San Francisco: Jossey – Bass.

Maccoby, E. E. (1999). The uniqueness of the parent – child relationship. In W. A Collins & B. Laursen (Eds.), *Minnesota Symposia on child psychology*: Vol. 30. Relationships in developmental contexts (pp. 13 – 35). Mahwah, NJ: Erlbaum.

McDougall, P., Hymel, S., Vaillancourt, T., & Mercer, L. (2001). The consequences of childhood peer rejection. In M. Leary (Ed.), *Interpersonal rejection*. London: Oxford University Press.

Meunier, J. C., Roskam, I. & Stievenart, M. (2011). Externalizing behavior trajectories: The role of parenting, sibling relationships and child personality. *Journal of Applied Developmental Psychology*, 32, 20 – 33.

Moore, S. G., & Udpegraff, R. (1964). Sociometric status of preschool children related to age, sex, nurturance – giving, and dependency. *Child Development*, 35, 519 – 524.

Noller, P., & Fitzpatrick, M. S. (1993). *Communication in family relationships*. Englewood Cliffs, NJ: Prentice Hall.

Newcomb, A. F., & Bukowski, W. M. (1983). Social impact and social preference as determinants of children's peer group status. *Developmental Psychology*, 19, 856 – 867.

Oliva, A. & Arranz. E. (2005). Sibling relationships during adolescence. *European Journal of Developmental Psychology*, 2 (3), 253 – 270.

O' Neil, R., & Parke, R. D. (1997). *Objective and subjective features of children's neighborhoods: Relations to parental regulatory strategies and children's social competence*. Paper presented at the biennial meeting of the Society for Research in Child Development, Washington, DC.

Ostrov, J. M., Crick, N. R. & Stauffacher, K. (2006). Relational aggression in sibling and peer relationships during early childhood. *Applied Developmental Psychology*, 27, 241 – 253.

Parke, R. D., & Buriel, R. (1998). Socialization in the family: Ethnic and ecological perspectives. In N. Eisenberg (Ed.), *Handbook of child psychology*: Vol. 3. Social, emotional, and personality development (5th ed., pp. 463 – 552). New York: Wiley.

Parker, J. G., & Asher, S. R. (1987). Peer relations and later personal adjustment: Are low – accepted children at risk? *Psychological Bulletin*, 102, 357 – 389.

Parkhurst, J. T., & Hopmeyer, A. (1998). Sociometric popularity and peer – perceived popularity: Two distinct dimensions of peer status. *Journal of Early Adolescence*, 18, 125 – 144.

Patterson, G. R. (1986). The contribution of siblings to training for fighting: A microsocial analysis. In D. Olweus, J. Block, & M. Radke – Yarrow (Eds.), *Development of antisocial and prosocial behavior* (pp. 235 – 261). New York: Academic Press.

Peery, J. (1979). Popular, amiable, isolated, rejected: A reconceptualization of sociometric status in preschool children. *Child Development*, 50, 1231 – 1234.

Recchia, H. E. & Howe, N. (2009). Associations Between Social Understanding,

Sibling Relationship Quality, and Siblings' Conflict Strategies and Outcomes. *Child Development*, 80 (5), 1564 – 1578.

Roff, M., Sells, S. B., & Golden, M. M. (1972). *Social adjustment and personality development in children.* Minneapolis, MN: University of Minnesota Press.

Rubin, K. H., Bukowski, W., & Parker, J. G. (1998). Peer interactions, relationships and groups. In W. Damon (Series Ed.) & N. Eisenberg (Vol. Ed.), *Handbook of child psychology*: *Vol.* 3, *Social emotional and personality development* (5th ed., pp. 619 – 700). New York: Wiley.

Russell, A., & Saebel, J. (1997). Mother – son, mother – daughter, father – son, and father – daughter: Are they distinct relationships? *Developmental Review*, 17, 111 – 147.

Sampson, R. J., Morenoff, J. D., & Earls, F. (1999). Beyond social capital: Spatial dynamics of collective efficacy for children. *American Sociological Review*, 64, 633 – 660.

Selman, R. L. (1980). *The growth of interpersonal understanding.* New York: Academic Press.

Schofield, T. J., Parke, R. D., Kim, Y. & Coltrane, S. (2008). Bridging the Acculturation Gap: Parent – Child Relationship Quality as a Moderator in Mexican American Families. *Developmental Psychology*, 44 (4), 1190 – 1194.

Smetana, J. G. (1989). Adolescents' and parents' reasoning about actual family conflict. *Child Development*, 60, 1052 – 1067.

Terry, R., & Coie, J. D. (1991). A comparison of methods for defining sociometric status among children. *Developmental Psychology*, 27, 867 – 880.

Terry, R. (2000). Recent advances in measurement theory and the use of sociometric techniques. In A. H. N. Cillssen & W. M. Bukowskii (Eds), *Recent advances in the measurement of acceptance and rejection in the peer system*, *New Direction for child and Adolescent*, 88, San Franciscco: Jossey – Bass.

Vaillancourt, T. (2001). *Competing for hegemony during adolescence*: *A link between aggression and social status.* Unpublished doctoral dissertation, University of British Columbia, Vancouver, British Columbia, Canada.

Valas, H., & Sletta, O. (1996). *Social behavior*, *peer relations*, *loneliness and self – perceptions in middle school children*: *A mediational model.* Paper presented at the XIVth biennial meeting of the International Society for the Study of Behavioral Development, Quebec City, Canada.

Volling, B. L., & Belsky, J. (1992). The contribution of mother – child and father – child relationships to the quality of sibling interaction: A longitudinal study. *Child Development*, 63, 1209 – 1222.

# 第七章　自我与他人

儿童是积极活动的个体，对于周围的环境并非机械地予以反应。他们试图去理解周围环境，并对环境加以控制和评价，根据自己对环境的评价而作出回应。

在理解人际互动经验中，儿童获得了社会概念，这些社会概念成为儿童理解周围人的工具。这些社会概念包括自己、他人及人际关系。

儿童首先注意到的是可观察到的特征——自己和他人的形象和行为。之后，关注内在的东西：欲望、信念、目的、能力和态度。儿童将分散的单个行为进行分析综合，形成对自己、对他人人格和身份的整体认知。儿童还能根据他人行为的原因来修正自己的想法——从简单片面的解释到复杂的交互关系，能考虑到周围的人和环境。

## 第一节　自我

自我由美国的哲学家、心理学家威廉·詹姆斯（Willianm James, 1842—1910）提出。根据自我在心理生活中的地位与表现，自我被划分为经验的自我和纯粹的自我。经验的自我是被认知的对象，也可称为被知的我或被动我。包括三部分——物质的自我、社群的自我和精神的自我。纯粹的自我是能动的自我或主动我，指认知一切（包括自我）的东西。心理学主要关注前者——经验的自我。

自我是一个多维度、多层次的心理系统，有认知的、情绪的和意志的形式，具体表现为自我认识、自我评价、自我体验和自我控制。这四种表现形式不但相互联系，且相互影响。自我认识产生最早，为自我评价奠定基础；肯定的自我评价使人体验到积极的情感，否定的自我评价使人体验到消极的情感；在自我认识、自我评价和自我体验的基础上，发展出自我控制以达到一定的目的；自我控制的发展又对自我认识、自我评价和自我体验产生一定的影响。

## 一　自我认识

自我认识包括三个层次：对自己机体及其状态的认识；对自己肢体活动状态的认识；对自己的思维、情感、意志等心理活动的认识。

### （一）自我认识的发生

婴儿最早自我认识的出现，表现为照镜子、看照片、看录像时能认出自己。Bahrick（1996）等人设计了这样的研究：让婴儿坐在镜子前看自己的形象，给他们看自己的照片和录像。发现3个月的婴儿在看自己的录像和同龄人的录像时，关注的时间存在差异，看他人的录像时间更长些。这说明该年龄段婴儿能将自己与他人区分开来。

能够将自己和自己的动作区分开来，预计到动作的结果，也是婴儿认识自己的一种表现。如，他们反复将球扔到床下，并乐此不疲，是因为他们知道"扔"后的结果——球的滚动，即知道自己动作的结果。

出生后的第二年，自我成为自己的认识对象。研究者设计了"点红实验"用以研究儿童的自我觉知。在婴儿（9—24个月）毫无知觉的情况下，研究者在婴儿鼻子上涂个红点，然后观察儿童照镜子时的反应。研究的假设是，如果儿童在照镜子后能立即发现鼻子上的红点，并用手去摸它，表明婴儿已能将自己的形象和加在自己形象上的东西区分开，这种行为可作为自我认识出现的标志。研究结果表明，2岁儿童基本都能借助镜子去摸自己鼻子上的红点。后来的类似研究显示，9个月大的婴儿涂上红点后比之前对自己的微笑数量更多、抚摸自己身体数量增加。这说明9个月大的婴儿就已出现最早的视觉形象上的自我再认。给15—18个月大的婴儿看自己的照片，只呈现婴儿面部和身体特征，婴儿也能够再认自己。

用父母对自己的称呼来称呼自己是婴儿认识自己的又一个进步，他们会说：宝宝饿，告诉抚养者自己的需求。能用第一人称"我"来代表自己，是儿童对自己认识的新阶段，自我认识上升到抽象的水平。

研究显示，婴儿认识自我形象的依据有两条：相依性（镜像动作与婴儿动作一致）和特征性（镜像与婴儿身体特征的一致性）。性别、年龄也是婴儿区分自己与他人的线索，如15个月的婴儿最容易从异性婴儿的照片和年长者的照片中区分出自己。除视觉外，其他感觉通道——听、嗅、摸的信息也可以成为认识自己的渠道。

根据国外有关心理学研究文献，两岁以前的儿童自我发展状况如下（表7—1）。

表7—1 **两岁以前儿童自我认识的发展**

| 年龄（月） | 自我认识 |
|---|---|
| 0—3 | 对人特别是婴儿感兴趣，能区分自己的身体与他人的身体。 |
| 3—8 | 利用动作一致性线索认出自己，对自己与他人的区分更巩固。 |
| 8—12 | 利用动作一致性和自身外部特征认出自己，开始认识到自己是永久存在的，具有稳定的连续的特征。 |
| 12—24 | 巩固基本的自我特征，如年龄、性别，能单独用部分特征线索认出自己，可以不需要动作一致性线索。 |

（资料来源：周宗奎：《儿童社会化》，湖北少年儿童出版社1995年版。）

我国学者刘金花的研究与国外研究结论基本一致。当然不同研究也存在一定出入，这种结论差异的主要原因是对自我认识出现标准界定的不同。

（二）自我认识的发展

自我认识的发展是以自我概念为核心，自我概念（self - concept）是指个人心目中对自己的印象，包括对自己存在的认识，以及对个人身体能力、性格、态度、思想等方面的认识，是由一系列态度、信念和价值标准所组成的有组织的认知结构。它主要回答“我是谁”的问题。

学龄前儿童对自己的描绘仅限于身体特征、年龄、性别和所喜爱的活动等，儿童的自我概念十分具体。请3—5岁幼儿用“我是个……”和“我是个……的男孩/女孩”的句型，说出关于自己的10项特征。约一半的孩子都描述了自己的日常活动，而心理特征的描述几乎没有。

直到小学时期，儿童才能从复杂的内部特征如信仰、与他人关系、个性品质方面来区分自我。即脱离具体的、直观的自我概念，出现抽象的自我概念。在回答“我是谁?”这个问题时，低年级小学生往往提到姓名、年龄、性别、家庭住址、身体特征、活动特征等，而小学高年级时，儿童开始根据品质、人际关系、动机等特点来描述自己。例如，在一项研究（Montemayor，1977）中，一个9岁儿童对这个问题的回答是：“我的名字是A，我有褐色的眼睛和褐色的头发，我喜爱运动，我家里有7个成员，我的视力挺好，我有很多朋友，我喜爱棒球，我是班上最聪明的男孩；我喜欢吃东西，我喜欢学校。”而另一个12岁的女孩则说：“我叫××，我是一个人，一个女孩，一个诚实的人，我不漂亮，我的学习一般，但我是一个很好的大提琴手，我的个头较高，我希望去帮助别人，我不知道男孩是否喜欢我。”

台湾心理学家杨国枢对高年级儿童的自我概念发展在量和质两方面进行了分析，结果显示，小学生自我概念的发展趋势视性别而定。男生的自我接受度与自我和谐程度并不随年龄增长而变化，而女生的自我接受程度与自我和谐程度表现为随年龄增长而递减的趋势；年龄越大，自我接受度越弱，且真实自我符合理想自我的程度也越小，也就是说，年龄越大，对自己的印象越差。研究者认为，这种性别差异产生的主要原因是社会对男性和女性有不同的评价和待遇。

总之，自我概念是在经验积累的基础上发展起来的，随着年龄的增长，儿童的自我概念呈现出从简单到复杂的发展趋势。

## 二　自我评价

自我评价是对自己所具有特征的价值判断，其前提是对自己的认识。

### （一）婴幼儿的自我评价

自我评价主要包括掌握别人对自己的评价、社会性比较和自我检验三种形式。我国学者认为，儿童的自我评价发生于3—4岁。杨丽珠（1985）的研究认为，幼儿自我评价的发展具有以下特点。

#### 1. 从依从到独立

最开始幼儿对自己的评价基本是成人对他评价的翻版，即重复成人对自己的评价。如他们可能评价自己是好孩子，其理由是：妈妈说的、老师说的。这还算不上是真正的自我评价，是“前评价”阶段。

4岁左右儿童能独立进行自我评价而不依赖成人。此时，儿童认为自己是好孩子的理由是：我帮老师擦桌子、我自己会穿鞋。

#### 2. 从个别到全面

幼儿最初对自己的评价只能从一个方面、一个视角来进行，评价自己为好孩子的理由只有一个，如“我不哭”或者“我自己吃饭”等。而后，能对自己的评价比较全面，一个6岁儿童评价自己为好孩子的理由是：礼貌、上课认真、帮老师收作业。

3. 从外部到内心品质

研究显示，幼儿对自己评价的内容基本是外部的具体行为，在幼儿晚期少数儿童能对自己的心理特征进行初步评价。

4. 从主观到客观

幼儿最初的自我评价主观性强。在比较自己和同伴的作品时，总认为自己的比同伴的好；比较自己的作品与老师的作品时，总倾向于认为老师的作品好，即使老师的作品比自己的差（研究者有意设计），也认为老师的作品好；在只评价自己时，倾向于过高地评价自己。

到幼儿晚期，幼儿对自己的评价表现出客观性，如在游戏时能根据自己遵守游戏规则的表现进行评价。

（二）小学生的自我评价

随着交往范围的扩大，自我认识水平的提高，小学生的自我评价较幼儿期有所发展。

儿童逐步摆脱对他人评价的依赖，独立地进行自我评价，有自己的见解，对他人观点有一定的批判性。从对自己行为结果的评价，发展到对自己行为动机的评价，他们会说：我不是故意的。从笼统地评价自己——我是好孩子，发展到对自己个别方面或多方面行为的优、缺点进行精确地评价——我学习成绩好，但是体育成绩不好。自我评价的跨时间稳定性增强。自我评价时逐渐摆脱外部环境的影响而以内化的行为准则为依据。

总体来看，小学生自我评价水平还是很低的，处于从具体的、个别的评价向抽象、概括评价的过渡阶段。

### 三 自我体验

自我体验是在个体自我意识的基础上，有自我参与的一种高级情绪，也称为自我意识情绪（ self-conscious emotions），自豪、内疚、害羞、尴尬等都是自我意识情绪的表现。

徐琴美等（2003）以 87 名 5、7、9 岁儿童为被试，探讨儿童对违规行为的道德评价对内疚情绪理解的影响，以期揭示儿童在同伴条件下，对内疚情绪的理解特点。结果发现，5—9 岁儿童对违规行为都给出了消极的道德评价，他们已经具备了产生内疚情绪的认知能力，但不能进行道德情感推理，即不认为违规者会产生内疚情绪；三个年龄段的大部分儿童对于内疚情绪还不能很好地理解，他们更多的是从行为产生有利于违规者的结果来理解违规者的情绪。

王昱文等（2011）研究了314名1—6年级小学儿童，探讨了小学儿童自我意识情绪理解的发展特点及其与亲社会行为、同伴接纳的关系。研究发现：小学儿童自我意识情绪理解水平随着年级的升高而提高，1—3年级提高得较快，3年级以后提高速度变缓；小学儿童的自我意识情绪理解水平与亲社会行为、同伴接纳呈显著正相关，并且自豪的理解水平和亲社会行为对同伴接纳有显著的预测力，羞愧的理解水平对亲社会行为有显著的预测力。

我国对自我意识情绪理解的实证研究尚不多见，需要对自豪、内疚、羞愧和尴尬四种“自我卷入”程度较深的自我意识情绪进行系统的研究。

## 四　自我控制

自我控制指人适时地调整自己的行为、情绪以及其他各种活动，以符合完成某种活动目标的需要。在发展过程中，儿童必须学会对自己的行为负责，责任的完成需要对自己的行为加以约束和控制。

### （一）儿童的自我控制及其发展

自我控制是人对自身心理与行为的主动掌控以达到一定目的行为，它是以自我意识发展为基础的。从这个意义上说，自我控制（self—control）和自我调节（self－regulation）是同义的。

儿童最初对自己是没有控制的，在外界（父母或抚养者）的要求下逐渐开始控制自己，如婴儿很难使自己安静下来，必须依靠父母来安慰、抚慰。

父母使用注意力转移、恩惠、约束等策略设法控制儿童的情绪。与此同时，儿童对成人具有依赖性，于是成人就可以对儿童提出要求，在执行成人要求的过程中，儿童的自我控制能力就发展起来了。这种内在自我控制能力是与成人的要求分不开的。所以，对儿童自我控制的研究，都是以儿童对外界要求的服从、对规则和道德标准的内化为切入点。

#### 1. 自我控制能力的产生

儿童自我控制能力的发展是一个渐进过程，表现为阶段性，在不同阶段，儿童要完成不同的发展任务，这样才能获得控制自己的能力。

第一阶段（0—3个月左右），抚养者保护儿童免受强烈刺激的伤害，这期间抚养者扮演着重要的角色。

第二阶段（3—9 个月左右），儿童要学会如何适应外在的刺激，如怎样拿东西、抓住物体，这种行为是无意的，是最初的调节能力的基础。

第三阶段（从 12 个月开始），儿童出现了精确的控制能力，能根据外在的要求而行动，有了服从的行为表现。这个阶段的服从，与成人即刻的要求分不开，如果成人离开了，服从也就不存在了。也就是说，儿童还没有把成人的要求内化为自己的需要。

第四阶段（从 24 个月开始），儿童能按照成人的要求行动，不需要成人在场而执行成人的要求，达到内化的水平，但是这种“内化”了的要求还是非常脆弱的。

第五阶段（3 岁以后），从 3 岁起，儿童内化的要求会变得更为坚定，如果成人用适当的方式（对儿童敏感、前后的要求一致）对待儿童，他们逐渐学会什么是社会所要求的、什么是社会不允许的。

综上所述，将儿童自我控制能力发展的阶段总结为表 7—2。

表 7—2　　**儿童自我控制能力发展阶段**

| 阶段 | 年龄（月） | 特征 |
| --- | --- | --- |
| 神经生理调整阶段 | 0—2、3 | 刺激调节。 |
| 感知运动调节阶段 | 3—9 | 根据环境改变正在进行的活动。 |
| 控制 | 12—18 | 有意行为、意识到自己的行为。 |
| 自我控制阶段 | 24— | 表征思维与回忆，没有成人监控下按照社会要求行动。 |
| 自我调节阶段 | 36— | 随外界情景要求的不同而控制行为变得复杂，使用控制策略、反省自己的行为。 |

（摘自 C. B. Kopp，1982。）

儿童自我控制能力的发展是以其认知发展为基础的，上述的每一个阶段，都表现出这样的特征。例如，行为的有意性，是以儿童在行为之前能清楚地选择是服从成人还是不服从为前提的；同样，思维与回忆的参与可以帮助儿童将成人的要求内化为自己的要求。与此同时，儿童需要成人的帮助来完成每一个阶段的任务，使儿童脆弱的控制能力得以发展。

2. 自我控制能力的发展

自从 1990 年 Gottfredson 和 Hirschi 所著的《犯罪的基本理论》（*A General Theory of Cime*）一书出版后，受到学界广泛关注。其核心观点是低水平的自我控制导致犯罪，该观点得到很多研究的证实。既然，自我控制如此重要，那么自我控制是如何发展的，早期的自我控制与后期的自我控制是否关联，自然成为关注的内容。

Gottfredson 和 Hirschi 认为，自我控制是父母教养的结果，在童年早期得到发展；自我控制存在个体差异，并具有跨时间的稳定性。即个体自我控制的绝对水平会随年龄的增长而提高，但是个体自我控制水平相对于群体的平均水平是不变的。对 8—10 岁儿童的观察结果显示，个体间自我控制的差异在其后发展过程中倾向于保持稳定不变。

Hay 和 Forrest（2006）对 3793 名儿童从 7 岁追踪到 15 岁，研究自我控制的稳定性及其影响因素。结果显示，7 岁时的自我控制与 9、11、13、15 岁时的自我控制呈显著相关；相关系数随着时间间隔的增加而减弱，如 7 岁与 9 岁的相关为 0.64，而 7 岁与 15 岁时的相关为 0.43；这种相关系数呈下降的趋势，还表现在 9 岁时的自我控制与 11、13、15 岁时自我控制的相关系数上。短期（2—3 年内）的相关系数并不随年龄的增长而增加，7 岁与 9 岁、9 岁与 11 岁、11 岁与 13 岁之间的相关系数分别为 0.64、0.67、0.65。

根据贝氏信息准则（bayesian information criteria ，BIC）将被试（n = 3793）分为 8 个组，考察这 8 个组 7 岁至 15 岁期间的自我控制变化情况（见图 7—1），该图反映了自我控制的绝对稳定性和相对稳定性。四个组表现出绝对的稳定性：非常高水平自我控制—稳定组（12% 的被试）、高水平自我控制—稳定组（42% 被试）、中等水平自我控制—稳定组（26% 的被试）和低水平自我控制—稳定组（4% 的被试）。从 7 岁至 15 岁，这四个组被试的自我控制水平几乎没有变化。这四个组占总体被试的 84% 。高水平自我控制组的稳定证明了 Gottfredson 和 Hirschi 提出的，自我控制在人生早期就有很好发展的观点。

剩下的约 16% 的被试，表现出一定的不稳定性或者说变化的绝对性。低水平自我控制—增加组占被试的 5% ，从 7 岁至 15 岁表现出逐渐的、稳定的自我控制水平的提高，剩下三个组（被试的 11%）表现出下降的趋势。中等水平自我控制—下降组（9% 的被试），从 7 岁至 15 岁表现出逐渐的、稳定的下降。高水平自我控制—下降组（1% 的被试）经历了自我控制水平的迅速下降，从 11 岁至 15 岁下降非常明显。低水平自我控制—曲线组（1% 的被试），呈先下降（7—13 岁）后上升（13—15 岁）的趋势。尽管这三个组仅包括整体被试的11%，但是，这三个组被试的表现足以挑战 Gottfredson 和 Hirschi 的观点：自我控制一旦获得就会一直拥有，本研究结果说明，自我控制是可以随年龄增长而下降的。

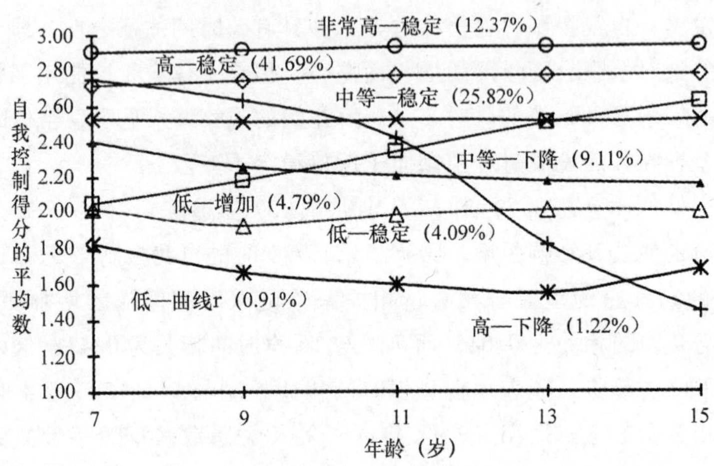


图 7—1　自我控制发展轨迹（n = 3793）

那么自我控制水平表现出稳定的个体，其相对水平也是稳定不变的吗？结果显示，非常高水平自我控制—稳定组和高水平自我控制—稳定组表现出稳定的相对位置，与其他组不交叉，这两组人数占被试的54%。即有54%被试的自我控制相对水平是稳定不变的，从7岁开始这些被试自我控制的水平就比较高，且一直持续到15岁。

剩下的46%被试在发展中与另一个组至少有一次交叉。对于中等水平自我控制—稳定组（26%的被试）和低水平自我控制—曲线组（1%的被试），尽管这两组的绝对发展路径不变，但是这两个组仍然与其他组有交叉，即这两个组的被试其自我控制的相对水平是有变化的。

那些自我控制水平呈下降趋势的组，其发展路径也与其他组有交叉，从而使各组的相对位置发生变化。其中数量最多的是中等水平自我控制—下降组（9%的被试），他们自我控制平均数在7岁时是2.4，到15岁时下降到2.2，其发展线穿越两个组。更极端的是高水平自我控制—下降组（1%的被试），自我控制水平由7岁时的高水平持续下降，穿越其他6个组，到15岁时是自我控制平均数最低组。

总体来看，从 7 岁到 15 岁，84% 被试的自我控制水平表现出绝对的稳定性，54% 被试的自我控制表现出相对稳定性，这些被试自我控制水平较高。但是，还有一部分被试自我控制水平表现出绝对和相对的变化。16% 被试表现出自我控制水平的绝对变化，于是引起自我控制水平相对位置的变化。

（二）自我控制结构

自我控制不是单一结构，是多维度、多要素构成的系统。儿童的自我控制从无到有、从简单到复杂，是其结构复杂、完善的结果。但是，儿童自我结构到底是怎样的，不同学者的观点相去甚远。

Rothbaum（1982）认为，个体的控制分为初级控制（primary control）和次级控制（secondary control）两种形式。初级控制是指改变环境以满足自己需求的行动；次级控制指改变自己以适应环境的行为与认知。虽然认知与行动常常是分不开的，但初级控制以行动为主，次级控制以认知活动为主。

次级控制表现为四个方面。（1）预见性控制（predictive control），将无法控制的事物归因为能力有限，避免个体遭受失望的打击，被动、退缩行为等都反映了个体试图抑制无法实现的期望；（2）虚幻控制（illusory control），将自己不能控制的事物归因为运气；（3）替代性控制（vicarious control），将无法控制的情境归因为有权利的他人；（4）理解性控制（interpretive control），上述三种归因能使个体理解不可控经验，从而接受这些经验。

在两种控制的地位与意义上，Rothbaum 将两者等同。但是，Heckhausen 和 Schulz（1995）认为初级控制更为重要。因为，初级控制直接指向外界，使个体能够探索与改变环境，获取资源以满足自己的需要，并尽可能地发挥自己的潜能。由于人类的行为常会招致失败以及人类要在众多目标中选择所追求的目标，从而使次级策略成为必需。

初级控制和次级控制的使用，因年龄而不同。在童年期至成年初期，初级控制呈增长的趋势，在中年时达到顶峰；随着社会角色丧失、身体健康水平下降，初级控制呈下降趋势。

Deborah（2003）认为，自我控制包括认知控制和社会情绪控制两个成分。前者指儿童的事前计划、控制行为等“深思熟虑”；后者指儿童能抑制和延迟满足。杨丽珠（2005）的研究认为，幼儿的自我控制由自制力、坚持性、自觉性和延迟满足四个维度构成。Colman（2006）将4—9岁儿童自我调控分为情绪调控、注意力调控和行为调控三个方面。李凤杰等（2009）对小学生的研究发现，该阶段学生自我控制结构包括自觉性、坚持性、自我延迟满足、自制力和计划性五个维度。

自我调控是一个结构复杂的现象，如何解构这一复杂现象关系到对自我控制研究的深入。上述所列各研究结果，对自我控制结构的认识不尽相同，既说明了自我结构的复杂，也说明了对自我结构研究得不够深入。笔者认为，对自我结构的分析至少要考虑以下五个因素。

第一，自我控制是随时间而发展变化的，如果认为自我结构在不同年龄阶段是一样的，那么自我控制结构的问题就简单多了。对不同年龄段被试研究结果也就容易进行比较。但是，这样的假设显然简化了问题，很难令人接受。

第二，理顺自我结构要素之间的逻辑关系。如有研究（杨丽珠，2005）将自制力、坚持性、自觉性和延迟满足并列作为自我控制的结构。笔者认为，将自制力与坚持性并列在逻辑上有些牵强。坚持性是指持续地克服困难，有时间维度（持续）和行为（克服困难）两个要素。自制力是指抑制直接的、短期的欲望而控制冲动的能力，而这种能力也是通过外在行为才能看到的。所以，从逻辑关系来看坚持性是以自制力为基础的，或者坚持过程本身就意味着有自制力的参与。因此，自制力与坚持性有交叉、重叠之嫌。而延迟满足是指为了长远的利益而自愿延缓可以享受的眼前利益，可见延迟满足行为的出现是内在的自制力、自觉性的结果。上述四个要素涉及两个层面的内容：内在心理层面和外在行为层面。将内在心理层面内容和外在行为层面内容并列为自我控制的结构在逻辑上难以成立。

第三，自我控制与气质之间的关联与区分是什么。在气质结构中区分出一个要素“effort control”，也是控制。那么自我控制究竟是气质的一个维度还是不同于气质的另一种心理现象？

第四，如何定义自我控制仍是研究者们需要思考的问题，定义不同就意味着其结构的差异。

第五，自我控制结构在不同文化背景下的发展与表现是一样的吗？有研究显示，不同文化对初级控制和次级控制的态度是有差异的。Weisz（1984）认为，美国强调初级控制的意义和作用，而日本人较少强调初级控制，日常生活中更重视次级控制；Weisz从父母教养、工作、心理治疗、宗教与哲学等几个方面分析和讨论了两个文化中自我控制倾向的不同。

（三）父母的控制技术与儿童的服从

社会化发展的结果是儿童将行为规范内化，并用来指导自己的行为。然而，道德意识的发展是一个长期的、起伏的过程，儿童最初对社会规范的服从是因为父母对他们予以了一定的控制，并要求他们服从父母的要求。那么，成人是如何帮助儿童，使其成为自己行为的控制者呢？

1. 服从与不服从

（1）服从与不服从的意义

在养育孩子过程中，父母都有一定的目标与行为标准，如必须洗脸、按时关掉电视、不与他人打架等。这些目标的实现与行为标准的执行是要靠父母指导的。由于父母的权威地位，他们可以对儿童施加压力使儿童服从父母的要求。可见，儿童的服从对亲子之间互动关系的维持是必要的，所以，儿童的不服从是父母经常提及的问题。有关的研究（Patterson，1989）表明，儿童早期的不服从是后期一系列问题征兆的开始：压力性的家庭互动（父母使用高压力策略互动）、不良同伴关系、犯罪及其他各种问题。因而，儿童的服从是抚养者期望儿童具有的一种特质。

但是，适度是一个重要的原则。研究发现，高服从的孩子是与行为失调存在相关的。如果认为服从是“好”的，而不服从是“不好”的，这种想法过于简单了。

儿童的不服从行为也是经常能见到的。Patterson（1987）以10—11岁男孩为被试，研究儿童的不服从，结果表明，母亲要求的一半得不到孩子的服从，但是母亲认为这是可以接受的，父母对儿童的不服从行为并不是特别在意。研究显示，在1/4至1/3的时间里，母亲不理会儿童的不服，只是重复自己对孩子的要求（Nelson，1985）。如果父母对儿童的不服从行为予以进一步的强制、施加压力，则有可能导致亲子冲突，父母对亲子冲突在一定程度上也是可容忍的。

那么父母为什么能容忍儿童的不服从？在出生第二年，孩子学会说“不”，是儿童不服从的明显标志。但是对于儿童的“不”，父母并不仅仅从服从与否这个角度来看，父母还把“不”视为儿童语言和智慧发展的表现。从短期的需求来看，父母希望儿童服从父母的要求；但从长远角度来看，父母认为儿童的不服从是发展的必然趋势。

所以，从发展的角度来看，儿童的不服从行为具有积极的意义：在亲子关系中体现出了儿童的独立性；在社会可接受的表达自己想法的过程中，发展了一定的说服他人的技能与策略。所以，在出生头三年，不服从行为可以被简单地视为消极的东西，然而，在这之后不服从就是一个很复杂的问题了。因为，儿童必须学会使用适当的方法学会拒绝他人的要求。

(2) 服从与不服从的发展

随年龄的增长，社会互动数量增加，表现出的服从与不服从行为都在增多。

但是这种量的发展不是最突出的，最突出的是儿童对成人要求的"回应"逐渐系统化，成为有"组织"的活动，表现出质的变化。在出生的头五年，儿童逐渐学会了狡辩、讲条件、讨价还价，由简单的服从与不服从发展为有条件的服从与不服从。例如，妈妈说：该关掉电视睡觉了。孩子回答：好吧，但是你得给我讲一个故事。再如，妈妈说：该关掉电视睡觉了。孩子回答：不行，因为昨天我没有看电视，所以今天要多看一会儿。儿童常用的不服从策略描述见表 7—3。

表 7—3　**儿童常用的不服从策略**

| 策略 | 描述 |
|---|---|
| 消极不服从策略 | 对成人的要求不理睬。 |
| 简单的拒绝 | 明显地拒绝服从（说"不"，或摇头表示拒绝）。 |
| 明显地蔑视 | 言语或非言语的反对，伴随着愤怒（扔玩具表示不满）。 |
| 找借口 | 为自己的不服从找理由（"我太小，做不了"，"没有必要这样做"）。 |
| 讲条件 | 试图改变或降低父母的要求（"等一会儿"、"我想吃冰淇淋"）。 |
| 讨价还价 | 讲条件、找借口。 |

Vaughn（1984）等对 18—30 个月儿童的研究结果，说明了儿童服从与不服从的这种变化。Vaughn 认为，年龄小儿童对父母亲的服从具有偶然性，这种偶然性随年龄的增长有增加的趋势。然而，在 30 个月时，儿童的服从行为就表现出了很强的一致性，这种一致性表现在多个方面：完成不同任务时的一致性；与其他方面发展是一致的，

服从行为表现出明显的个体差异；此时的不服从比之前的不服从对儿童行为的预测性更强。

不服从行为也随年龄的增长而增多，年长儿童具有更多的不服从行为和服从行为。在发展中儿童行为的组织化、系统化是最突出的。随年龄增长，认知和言语能力提高，儿童简单拒绝式的不服从逐渐减少，与成人讨价还价式的不服从逐渐增加。可见，儿童不服从的发展不仅表现在量的方面，更重要的是表现在儿童所使用的不服从的技能上。

Power（1994）对2—6岁幼儿的研究发现，年龄大的幼儿比年龄小的幼儿表现出更多的服从，更多地使用争辩、讲道理，较少使用不理睬或反抗；2岁幼儿对父亲的要求不理睬更多一些，4岁幼儿对母亲要求的不理睬更多一些并表现出对父亲的服从更多；各年龄段幼儿对父亲的服从多于母亲，女孩对母亲和父亲的服从无差异；女孩更喜欢用陈述愿望、作出选择、进行争辩的方式回应父母提出的要求。

2. 抚养者的控制策略

父母怎样使孩子做事情？过去认为是“愿望冲突模式”。因为父母拥有权威，为了使儿童服从就会动用权力，是父母决定儿童行为的“单边”活动。而事实并非如此简单，有研究发现，“愿望冲突”的确存在，但是，父母的控制技术也是一个非常重要的变量，这种控制技术比较隐蔽，也没有以前认为的那样专制。

控制技术是指个体使用的用于改变另一个体正在进行活动的所有行为。其作用是在一定的要求下引导他人的行为，抑制某种行为产生的趋势而增加另一种行为出现的可能性，通常指向眼前的即时行为，而不是指向长期的行为结果。如希望此刻儿童服从父母的要求，而不是在某一个要求下希望儿童获得内在的行为标准。但是，通过日复一日的要求使儿童获得内在行为标准是可能的，大量的事实表明，父母的某些控制技术不但使儿童能够有即时的服从行为，也能使儿童获得内在的行为准则（Stafford，1993）。

一般来讲，如果下述条件得到满足，父母的控制就能够使儿童服从（Rocissano，1987）：亲子互动中父母愿意在一定程度上控制儿童的行为；父母对儿童的要求考虑到了儿童的兴趣和正在进行的活动；亲子间互动是在友好、积极背景下进行的。

在具体的互动中，父母对儿童控制的策略表现出如下特征。

(1) 策略的压力性

父母在控制儿童行为中，越是使用高压力策略，亲子间交往的互动性越低，儿童服从的可能性越低，内在的行为标准获得的可能性越低。Kuczynski (1984) 的研究结果显示，4 岁儿童对母亲高压力控制技术的服从程度低于对低控制技术的服从程度，而且母亲的控制程度越高，儿童以后服从的可能性越小。低压力的建议性控制技术比直接指导更有可能使儿童服从（Lytton，1975）。

McLaughlin (1983) 以 1.5—3.5 岁儿童为被试，研究父母控制策略与儿童的服从，结果显示，与母亲相比，父亲对 2.5—3.5 岁被试使用压力较大的策略，但母亲和父亲对儿童控制的技术无显著差异；儿童对父亲和母亲控制的服从无差异，但是儿童对注意控制的服从高于对行为控制的服从；高压力控制策略更容易引起 1.5 岁被试的服从，而低压力控制策略容易引起 3.5 岁被试的服从。

Braungart—Rieker (1997) 以 57 名 30 个月大的幼儿为被试，研究幼儿气质、母亲控制风格与幼儿服从之间的关系。在幼儿自由活动（收拾玩具、不准触碰好玩的玩具）时拍摄幼儿的行为及母子间的互动。结果显示，那些认为自己孩子行为不理想的母亲表现出较少的指导策略、更多地使用直接控制策略；母亲控制较严的儿童，表现出较少的服从、较多的不服从。Dennis (2006) 以 3—4 岁幼儿为被试的研究显示，母亲温和的策略与儿童的服从相关。

(2) 策略的性质

Crockenberg 等 (1990) 以 95 名 2 岁儿童及其母亲为被试，通过实验室观察和家庭观察发现，消极的控制技术（批评、恐吓、干扰儿童的活动）与儿童对成人的蔑视相关，指导比消极的控制技术更容易诱发儿童的服从和较少的反抗。Feldman (2003) 以 90 名 2 岁儿童为被试的研究发现，儿童的服从与成人的积极控制策略——表扬、鼓励、协商、解释、建议相关，与成人消极的控制策略——强迫、禁止、侮辱、喊叫无关。

(3) 权力共享

父母所使用的控制技术要想发挥作用，除了告诉儿童清楚的信息（要干什么）外，还要具有“权力共享”的特点。所谓“权力共享”是指父母的控制技术中给儿童留出一定的权力，不是无条件地服从。正因为父母对儿童提出了这些要求，才使儿童成为一个与父母分离、有自己独立思想的个体。如母亲对儿童说：你能将玩具拣起来吗？这个问题，不仅有间接控制技术的使用，它同时也给儿童提供了一个选择的机会——是否服从母亲的要求。是否执行母亲的要求是儿童对自己行为的选择与决定，是独立性的表现。这种给儿童提供自主性的机会，是对儿童独立自主意识的强化，相应地能引导儿童产生服从的行为。而直接的指导控制技术（去把玩具拣起来），既不能使儿童具有独立的自我意识，也不容易使儿童产生服从行为。

（4）儿童兴趣

最有效的使儿童产生服从行为的途径是与儿童活动的吻合，如母亲想让儿童玩某一个玩具，最好的时机是儿童的注意力已经在这个玩具上。这并不意味着母亲对儿童控制的解除，而是对儿童兴趣与活动的监控。如果儿童的注意力在其他方面，那么母亲要么想方设法吸引儿童的注意力到所期望的活动上，要么等待儿童的注意力自然而然地转移到你所期望的客体上。这种情景与母亲没有注意到儿童的活动而把自己的想法强加给儿童相比，更容易使儿童产生服从行为。可见，共同的活动是儿童服从产生的必要条件，这需要抚养者意识到儿童的活动状态，能意识到儿童的活动状态，说明在认识上将儿童视为一个独立的活动个体。

（5）言语与非言语控制技术

父母根据儿童不同的活动状态调整自己的控制技术，表现了抚养者的敏感性。对年龄小的、言语能力有限的儿童使用非言语的控制技术是非常必要的，因为，儿童不能很好地领会成人的要求。随着儿童年龄增长，言语的要求变得越来越重要，这反映了父母根据儿童言语能力的提高逐渐调整自己的控制策略，非言语的沟通逐渐减少，言语沟通逐渐成为一种有效的方式。

观察表明，早在出生5个月时，父母就使用言语沟通的手段与儿童交流（Schaffer，1984），尽管此时儿童还不具备产生服从这种行为的能力。此时，母亲与儿童言语沟通有这样几种情形：对儿童已经做过事情的总结——“把玩具拣起来了”（在儿童拣起来一个玩具后）；母亲对自己行为的描述——“坐起来”（帮助儿童坐在一个位置）；只有母亲自己能听懂、儿童听不懂的内容——“我们开始洗澡”。尽管儿童听不懂，但是母亲经常表现出这种“不恰当”的行为。它反映了母亲希望儿童尽早与母亲用言语交流。这种“不恰当”行为，对儿童发展具有积极意义。它使儿童在独立对他人作出反应之前就了解了他人所提要求的特点，对父母而言，这种“不恰当”的行为使父母能及时发现何时儿童能理解了父母的要求、何时有服从行为的产生。

（6）内容因年龄而异

父母对儿童的要求往往是希望儿童发生的变化所在。Gralinski（1993）对学前儿童母亲进行了追踪研究，要求母亲报告日常生活中对孩子行为标准的要求；结果表明，最初对儿童的要求主要是安全，而后才是社会和文化的行为标准。所以，在出生第二年儿童刚学会行走时，母亲对儿童讲话的内容主要是禁止儿童乱摸东西、爬高、跑到马路上等。随年龄的增长，这样的要求逐渐减少，母亲对儿童讲话的内容主要与人际关系有关，如分享玩具、对人友好、不要伤害动物等。最后，是与社会规范相关的要求（等我讲完话你再讲、要使用“请”）和对自我关爱的要求（洗脸、不要脱鞋）。所有的行为规则，为的是告诉儿童什么是可接受的，什么是不可接受的。母亲对儿童的这些要求是逐渐发展的，发展的本质是母亲要求内容的变化，这些内容是与儿童发展相吻合的。研究表明，在任何年龄阶段良好的亲子关系都有助于儿童服从的出现。

（四）学习社会规则

儿童最初的人际交往行为准则是在家庭中习得的，每个家庭都有其自己的习惯与常规，就像一个小社会。但是，这个小社会与大社会不同的就是它亲密的情感关系，在家庭中通过亲密情感关系，儿童熟悉了社会中的规则——什么可以做、什么不可以做。儿童就是这样从成人那里知道了社会行为规则。此时，儿童还不知道这个行为规则的原因，但是知道要遵守规则，因为规则是强制性的。

1. 行为准则的出现

在出生的第二年，儿童开始意识到自己、他人及物体都应该符合一定准则。Kagan（1981）在实验室内观察 1.5 岁儿童的行为，给儿童提供一定数量的玩具，其中的一些玩具是“有问题”的：没有脑袋的动物、底部有洞的船、脸上有斑纹的娃娃等。在 1.5 岁之前，没有儿童对这些“有问题”的玩具特别关注。1.5 岁之后，儿童不但对这些玩具特别关注，而且还有适当的“评论”：“真有趣”、“修理一下”、“折断了”等。儿童不仅意识到了事物的标准，而且被这些“问题”玩具所“困扰”。这种现象还出现在儿童对社会事物的态度上，如成人给儿童示范一些儿童力所不及的行为，让儿童去做，1.5 岁以上的儿童对自己不能重复成人期望的行为而沮丧。这说明在出生的第二年，儿童已经开始意识到了行为标准的问题，如自己违反了规则或没有达到成人的期望等。违规和没有达到成人的期望会使儿童感到不安。此外，先前的经验——父母否定过的事情、特别是强烈反对的事情，也吸引着儿童的注意力，因为这些事情同样使儿童产生没有达到“要求”的失败感。

然而，儿童并非机械地反映成人的要求，他们有自己的行为准则，Kagan（1981）的研究结果显示，一个 2 岁的女孩因为玩具娃娃小、玩具床大，为不能找到一个与娃娃大小适当的小床而感到不安。她根据自己的准则来评判自己的行为，不能满足自己的准则会有失败感和焦虑。总之，行为的准则不论是来自于外界还是内部，儿童的行为要受已经建立起来的一定的行为标准调节。从 2 岁开始，特定的行为就开始被分为恰当的不恰当的，并伴随着言语“好”与“坏”来评价儿童的行为表现。

出生第二年言语能力的发展，意味着儿童开始能用言语来表述行为准则、与成人讨论这些问题。Dunn（1988）对儿童的家庭观察与 Kagan 的结果一致，在出生的第二年，儿童对损坏的物品、不规则的物体表现出特别的兴趣，往往这些东西引起儿童与母亲的交流（见图 7—2）。正因为如此，母亲意识到了儿童的兴趣所在，母亲用这些东西吸引儿童的注意力。所以，在出生的第二年，母亲的这种行为有增加的趋势。因此，损坏的东西经常成为母亲与儿童谈话的内容，这种谈话的主题给父母提供了向儿童解释的机会：为什么是这样和怎样修复这些东西。

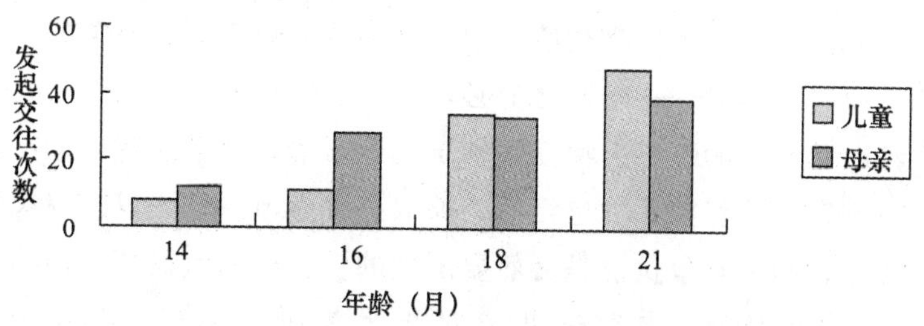


图 7—2　儿童与母亲在谈论损坏玩具时的交往情况

儿童与母亲的谈话，给儿童提供了机会谈论自己所关注的事情，与成人一起讨论自己的想法。这种谈话使儿童在特定社会情景中使用适当的行为来应对。在与母亲的交流中，儿童不但能表述自己的新想法，还能在与他人想法的比较中验证自己想法的正确性，知道什么是违规、什么是缺点。儿童获得行为标准是一个认知上的进步，在这个过程中儿童在心理上比较“事实是怎样的”和“应该是怎样的”之间的区别，在出生第二年中期，儿童就具有了这种能力。儿童一旦具有了这种比较的能力，就会发展出自己的行为标准，当然大多数情况下是在父母的帮助下实现的。与儿童这种发展相适应的是，从此开始，父母对儿童所提的要求越来越与他人相关联。

2. 在日常生活中学习

在每天的日常生活中，父母不断地给儿童灌输“什么是允许的”、“什么是不允许的”，甚至在婴儿时期父母就对听不懂话的孩子“灌输”行为规则、提出要求，如“你不应该这样做”等。在出生后的第二年和第三年，当儿童行走自如、能力提高后，父母对儿童的这种要求迅速增加。父母对儿童的要求随年龄的不同而变化，如在学前期，父母与儿童探讨的问题有：把玩具放在马桶里、用尾巴把猫缠住、把别人用积木搭建的城堡推倒、穿鞋子在沙发上跳来跳去等。而结交异性朋友是父母与青少年讨论的问题。在儿童发展的过渡期——从一个阶段发展到另一个阶段，往往是儿童表现出问题最多的年龄，他们希望尝试不同的行为。在各种情景中，父母给儿童提要求，目的是规范儿童的行为；在遵守社会规则的过程中，儿童获得了关于“分享”、“轮流”、“性别角色”、“友好”的知识。

家庭是儿童学习行为规则的第一场所，日常生活是儿童学习规则的途径。如进餐、外出、看电视、就寝时的规矩，给儿童提供了了解哪种行为是可接受的机会。因为，最初给儿童提出的行为规则不是抽象的——要保持清洁，而是具体的——吃饭之前必须洗手。

家庭以其亲密的情感为特征区别于其他环境。如果儿童的学习是在家庭中、在亲密的情感关系中进行的，那么这种学习一定是以充满快乐为特征的。当然，冲突与争执也是必然要出现的。积极和消极情绪使儿童对所经历事物印象深刻，有利于儿童对行为规则的记忆。Zahn - Waxler（1979）的研究发现，母亲对儿童伤害他人行为的解释不是最重要的，重要的是伴随着解释的情绪特征能预测儿童后期的亲社会行为。可见，特定的经历往往与一定的情绪相关联，这些情绪经过主体的加工，就成为影响以后行为的一个因素。

正因为情绪要素对儿童学习存在重要的影响，所以，与他人争论在塑造儿童行为时具有重要的意义也就顺理成章。过去，研究者将注意力过分集中于家庭婚姻冲突对儿童心理健康的消极影响上，认为这种冲突对维持积极的人际关系是消极的。但是，对问题的争论是存在积极意义的，特别是儿童与他人的争议得到了解决，有助于儿童获得行为准则。Eisenberg（1992）的研究发现，4 岁孩子与其母亲的争论是亲子交往经常表现出的一个特点，但多数情况下，这并不影响亲子之间的关系，在争执情况下，经常是母亲妥协以避免冲突升级。儿童冒着惹怒母亲的危险而与母亲争执，这种行为本身使儿童的独立性得到锻炼，同时，争执迫使母亲用更清楚的方式解释行为规则。

与父母的争执对儿童发展具有重要的意义。儿童学会了如何使用恰当的策略表述自己的思想，不能仅仅说“不”，还需要一些言语的艺术；儿童需要具有承担行为后果的想象能力；他们要知道怎样能使自己的行为对他人有吸引力；在自己处于不利情景中如何争取他人的帮助。Dunn（1988）的研究表明，2 岁儿童在与姐弟的冲突中会争取母亲的支持，3 岁儿童在争执中能为自己辩护，诉说自己的需要、行为后果以及社会行为规范。

儿童行为规范的获得不是一个简单的接受过程，而是儿童积极主动参与的过程。这种积极主动的参与，表现为儿童对成人提出的社会行为规范的理解和解释。如，对于成人提出的社会行为规则，儿童经常问：为什么？也就是说，儿童不满足于执行表面的社会规则，还对社会规则的深层含义感兴趣。下面是一个 4 岁儿童与母亲的对话，这段对话反映了儿童对社会行为规则深层意义的探索。

儿童：我们可以去公园吗？

母亲：你没有穿鞋，你穿的是拖鞋。

儿童：没关系。

母亲：不行，拖鞋是不能穿出去的，很容易损坏。

儿童：那，我能穿鞋吗？

母亲：这个周末我们不去公园，因为天已经黑了，天黑以后有危险。

儿童：为什么？

母亲：因为有时候坏人在晚上出来做坏事。

在这个谈话中，儿童不仅仅有机会学习社会行为规则，与此同时，儿童的询问、质疑迫使母亲详细解释行为的原因。在儿童4岁时，他们已经表现出明显的用社会行为规则调节自己行为的特征，同时也在积极地建构这种社会行为规则。

事实上，儿童在4岁之前就已经表现出用规则调节自己行为的兆头。Dunn（1988）对18—36个月儿童的研究指出，在与他人争执中，儿童对自己行为的辩解随年龄的增长而不断增加。与此同时，母亲对社会行为规则的解释也在增加。这是与母亲对儿童的期望以及儿童的理解能力发展相适应的。谈论什么样的行为是合理的，什么样的行为是不可以的，是儿童早期与母亲互动的主要内容，这有利于儿童了解规则的性质和界限，了解违规的后果。母亲在交流中可以清楚地告诉儿童行为的规则是什么，期望儿童怎样去做，这种交流是在轻松、友好的气氛中进行的，母亲对行为规则解释得多，儿童在人际交往中就会表现出相对成熟的行为（Dunn & Munn，1986）。

在与父母的交流中，儿童习得了行为的规则——什么行为是好的、什么行为是不好的，并且在他们的活动中执行着这种行为规则。对于行为规则，儿童最初的理解只是部分的、零散的、不完整的，儿童对规则的表述能力随年龄的增长而不断增加，在他们的行为中也坚持执行已经掌握的行为规则。像“该轮到我了”、“那不是你的”，说明了儿童已经对行为规则有了一定的了解，至少在行为水平上儿童已经对行为进行了一定的组织。尽管儿童可能对行为规则提出质疑，甚至嘲笑规则或故意破坏规则，但是规则的基本要义已经根植于儿童的头脑中。

社会行为规则的学习，最初起源于儿童的日常生活，家庭生活的氛围为儿童提供了最佳的环境。Tizard（1984）研究了4岁儿童在家中与母亲的交往、在幼儿园与老师的交往，结果表明，在家庭环境中比在幼儿园环境中，儿童学习社会行为规则效果好。因为在日常生活中，儿童时刻跟母亲在一起从事各种活动——购物、做家务、访朋友等，在这些活动中，儿童不断有问题向母亲提出，母亲不断地给儿童讲解各种行为规范和知识，请看下面一段母子谈话。

母亲：你想喝什么？

儿子：苹果汁。

母亲：你刚刚喝完苹果汁。

儿子：我就要喝苹果汁。

母亲：好吧，但就喝一次，剩下的给妹妹留着，好吗？

儿子：为什么？

母亲：因为妹妹不能喝橘子汁，你喝的那些东西妹妹不能喝。

儿子：为什么她不能喝？

母亲：因为那些东西对她来说太甜了，太甜的东西对婴儿不好，其实太甜的东西对所有的人都不好，但人们仍然在喝。等我们去购物时，你要自己买自己的苹果汁。

儿子：为什么？

母亲：因为苹果汁要花很多的钱。

儿子：妹妹也要喝吗？

母亲：妹妹只喝一点点儿，所以一瓶果汁妹妹可以喝很多天，但是一天你就能喝一瓶。

从上述对话中，我们可以看到这位母亲像一位非常细心的教师，在讲解婴儿喂养的日常饮食问题，购物的费用问题和需要到商店才能买到饮料的常识；也可以看到这个儿童是一个非常认真的孩子，不断地问“为什么?”，这样就形成了亲子之间互动模式。

研究表明，在家庭和在幼儿园中，儿童的表现是不同的。在幼儿园，儿童的“为什么”次数少，教师对儿童的回答比较简单不够详细，也不像在家庭中的交流那样充满情感色彩。在学习社会行为规则时家庭情景比幼儿园情景更有效。一般认为，下述五个方面是家庭有利于儿童学习社会行为规则的因素。

（1）家庭是众多活动的中心，涉及家庭内的活动和家庭外的活动，谈论的内容远远比幼儿园广泛，所以学到的东西也就更多。

（2）在家庭中儿童与成人拥有共同的经验，所以，可以将现在的事情与过去的经验联系起来，从而使现在的事情变得更有意义。而在幼儿园，教师与儿童的谈话仅仅涉及当时的情景。

（3）相对于幼儿园来说，家庭环境中儿童数量少，所以成人对儿童的关注也就多一些。在家庭中，成人与儿童的交流更多的是一对一的互动，在幼儿园，往往是一个教师面对多个孩子。

(4) 在家庭中，孩子的学习往往是在有意义的背景中发生的，即学习往往是在对某一个体有意义的情况下发生的，而这种有意义的情景在幼儿园中是无法复制的。

(5) 在家庭中，教者与学习者之间的关系以强烈的情感为纽带，在幼儿园中则没有这种特征。也许情感关系有时能妨碍学习，但大多数时候儿童可以与母亲在空间和情感两个方面亲近，从而自由地提出问题，便于儿童的学习。

可见，对于学前儿童来说，在家庭中学习社会行为规则是非常重要的，毫无疑问，所有的家庭都能为儿童提供这种学习的机会。

3. 同胞的作用

随着年龄的增长，儿童认识到行为规则具有情景性和个体差异性。在一个情景中某种行为是可接受的，但是在另一个情景中这个行为可能就是不恰当的；特定的行为对某个人来说可能是好的，但对另一个人来说可能就是不好的。家庭情景给儿童提供了这样的学习机会，知道社会行为规则在不同人际关系中的应用，特别是与兄弟姐妹的交往中，儿童学到的社会行为规则，与和父母交往时学到的社会行为规则是不同的。

兄弟姐妹之间的相互影响不容低估，因为他们在一起的时间多，有共同的生活经验，他们的关系往往伴随着浓厚的亲情和深入的相互了解。兄弟姐妹之间年龄的差异为社会行为规则的学习提供了条件。观察研究结果显示，兄弟姐妹之间有着大量的丰富多彩的交往互动，尽管他们之间存在着竞争和矛盾，但是，积极的交往互动占据主导地位。亲社会行为——帮助、分享、合作，在各年龄段儿童身上都存在，年幼儿童对年长儿童行为的模仿较多。在交往互动中，通常是年龄大的儿童是发起者，年龄小的儿童是追随者和附和者。尽管，随年龄增长儿童之间交往互动的频率和复杂程度都在变化，但是，兄弟姐妹之间的关系性质没有发生大的变化。

研究发现，同胞在个体生活中是一个重要的要素，在很多方面同胞之间的关系不同于亲子关系。如亲子之间的谈话多是涉及儿童健康成长方面的，而同胞之间的谈话多是玩耍、快乐的事情，还可以相互取笑，同胞之间的这种谈话在与父母谈话时是不可能有的。在学前期，儿童与母亲谈话时涉及感情的次数在减少，而与兄弟姐妹谈话时涉及感情的次数在增加。在亲子交往中，母亲谈论的是儿童的感受，而儿童、同胞之间的交往谈论的是自己的感受，可见，亲子之间的交往，不同于同伴、同胞之间的交往，对儿童的作用也是各不相同的。与母亲的交往使儿童了解自己的情感，并用适当的词语表达出来，在与同伴交往中，儿童学会了关注他人的内心世界。与此相似的是，母亲与儿童游戏时投入得不够多，像是一个观众和说教者，而同伴之间游戏时，所有的参与者能全身心地投入，使游戏的内容丰富多彩，在假想的世界中，每一个参与者都体验到极大的快乐。

可见，同胞之间的交往互动，在儿童认知和社会性发展中具有不同于亲子交往互动的作用。在与同胞交往时，儿童学会了占有、公平、分享、轮流，同胞在一起时可以自己制定行为规则，这给孩子们带来了更多的快乐。由于同胞之间的年龄差异不大，为儿童自己建构行为规则提供了可能。在同胞之间的交往互动中，公平是一非常重要的问题，而在亲子交往互动中，由于父母具有的权威而公平就显得不那么重要。兄弟姐妹之间共同游戏的快乐及为了共同的目标而努力，促进了遵守大家认可的行为规则，从而产生合作行为的动机，这种大家认可的行为规则有时需要儿童根据实际情况自己制定。在制定规则中，大家体验着共同的快乐，这种共同的快乐也使儿童认识到违反规则的后果是什么。

在同胞间交往互动中所学到的知识，还受性别、年龄、气质特征的影响。据 Dunn（1993）的研究，同胞互动交往时，每小时的冲突频率从 0 次到 56 次不等，所使用的表达亲密感情的词汇从 18% 至 100% 不等。所以，概括出同胞之间交往互动的一般规律不是一件容易的事情，但是，这种交往互动无疑对儿童的发展具有长期的影响作用。

同胞之间关系的特征具有互补性和互惠性。亲子之间交往的互补性比较强，成人在亲子关系中扮演着联结者的角色。而同胞间关系的特点是双方具有同样的作用，互惠性更强。尽管同胞之间在知识和权利方面可能存在差异，但是，这种差异没有足够大到影响双方交流的程度。正因为同胞之间交往互惠的这种特征，使得这种关系对儿童影响是潜在的。年长儿童可以充当教师的角色，是年幼儿童的榜样；双方有共同的兴趣和大致相同的能力来一起理解社会行为规则。

4. 规则与道德

指导儿童社会行为的规则多种多样，划分社会行为规则的基本维度是父母常用的“习惯”与“道德”。如“如果他想跟我们一起玩，他必须穿黄色的外衣”、“他不应该打小孩”，前者是习惯问题，后者是道德问题。习惯是特定的群体成员自己制定，容易随环境和时间的变化而变化，所以习惯是一个“选择什么”的问题。而道德行为规则具有普遍性，不管是否所有人都同意，道德行为规则都是有效的。违反习惯只能引起一个团体内成员的不满，但是，违反道德规范就意味着有损于他人的权利和利益。

据研究，儿童在很小的时候就能在与他人交往的互动中区分习惯与道德规则。习惯规则的灌输是教条式的，通常由权威者来执行。最初，儿童认为习惯具有普遍性，不久儿童就发现这个习惯只在自己家适用，在别人家中不奏效。而道德行为准则不是，在任何社会情景中都需要道德行为准则来维持正常的秩序。如，一个孩子被殴打的事实，使儿童想到需要行为规则来约束人的行为。于是儿童就能区分习惯和道德这两种行为规则的不同了。

Nucci（1982）对6—13岁儿童的研究结果显示，儿童对违反习惯和违反道德的行为反应是有差异的。儿童对违反道德的行为比对违反习惯的行为反应激烈。同样是报复行为，在以道德为行为准则的事件中，对这种行为的接受程度要低一些；如果违反了道德行为规则，儿童从行为的公平性和机会的角度来看待这一行为，并要求违反行为规则的人设想，如果自己是受害者那么感受是怎样的。而在习惯行为规则被打破时，儿童倾向于制止这种行为，提醒同伴遵守行为规则或者嘲笑不遵守行为规则者。此时，儿童还知道道德行为规则不受习惯行为规则的影响，不管有没有习惯行为规则，道德行为规则都应该是遵守的。

儿童能从认知和行为两个方面区分道德与习惯的不同。让儿童回答这样的问题：偷东西、打人、吃手指、不礼貌等，哪一个行为犯的错误更大。儿童认为，违反道德行为规则（偷东西、打人）行为犯得错误更大，因为给他人造成了伤害。而违反行为习惯（吃手指、不礼貌）的只是行为粗鲁、搅扰他人而已。如果问儿童，在一个没有关于偷窃规定的地方，是否可以有偷窃行为，儿童认为即使没有规定也不能偷窃；问儿童如果团体中的成员都同意修改游戏规则，游戏规则可以修改吗？儿童认为游戏规则可以修改。所以，儿童认为道德规则具有固定性、不变性，违反道德规则比违反习惯规则的后果更严重。儿童从3岁开始，就能对习惯和道德行为规则予以区分（Smetana & Braeges，1990），从普遍性和情景性两个方面区分习惯和道德。学前儿童知道，偷东西在任何情景下都是违规的，道德行为不依赖于任何特定的规则和个人；而习惯会因情景而不同。

也有人提出儿童对两种行为规则的区分并非那么绝对，儿童学习行为规则是有认知活动积极参与的，他们在很小的时候就试图理解行为规则，及行为规则背后的东西，在与他人的社会互动中，儿童对这两种行为规则予以区分。

（五）自我控制与儿童发展

自我控制对儿童发展的影响是多方面的。

Mischel（1988）等人的研究发现，4 岁时的延迟满足成绩与高中、大学的学业成绩之间存在相关，成功完成延迟满足任务的幼儿，在高中和大学都有较好的学业成绩。June（2004）的研究发现，自控能有效预测个体良好的调节能力、高学业成绩、和谐人际关系、良好的社交技能和更少的适应不良。Ponitz 等（2009）以 343 名幼儿为被试研究行为调控对儿童发展的影响。结果显示，幼儿行为调控水平与注意力集中、抑制控制呈正相关；完成行为调控测验的成绩能预测半年后儿童在现实生活中的自我调控水平；行为调控能预测幼儿的数学成绩、但不能预测语言和文学方面的成绩。

Lengua（2002）以 3—5 年级学生为被试的研究发现，自我调控水平低的儿童更容易出现适应问题。Nakhair（2000）对加拿大阿尔伯塔中学生的研究发现，自我控制是预测各种违法行为（损坏物品、暴力行为、使用毒品）的强有力因素；在自我控制变量中，只有冒险和冲动对违法行为有预测作用，自我控制的其他维度与违法行为无关。Partt 和 Cullen（2000）的元分析研究显示，低自我控制是预测犯罪和违规行为的重要变量，这种结论适用于各种不同质的样本；低自我控制的影响力在纵向追踪研究中较弱。郑淑杰等（2008）以小学生为被试，追踪研究攻击、情绪问题与自我控制的关系。结果显示，自我控制分数低的儿童，两种问题行为的分数都高，自我控制分数低的男生比女生情绪问题分数高；二年级时的自我控制能显著预测后期的问题行为。

总之，已有研究显示，低自我控制是发展的一个消极、危险的因素。

## 第二节　关注他人

除了认识自己，儿童还关注周围与自己交往的他人。对他人的关注，表现为对他人个性的描述和对他人行为、心态的感受。关注他人是社会认知的一部分，以心理理论（theory of mind）为代表的研究，仍然是该领域的主流。

### 一　儿童对心理的理解

心理理论这个专业术语，最早见于20世纪70年代末，是指个体对自己和他人心理状态（意念、愿望、信念、动机和情绪等）进行归因，并据此预测和解释他人行为的能力。之后，Wimmer和Perner（1983）使用“错误信念任务”（false - belief task）这一术语。

（一）错误信念任务测验

错误信念任务测验有两种范式。第一种范式为“意外地点测验”（unexpected tranfer test），具体内容如图7—3所示。向被试呈现两个洋娃娃，一个叫萨莉（她身边有一个篮子），另一个叫安娜（她身边有一个盒子）。萨莉把一个小球放到篮子里，然后把一块布盖在她的篮子上面就离开了。当萨莉不在时，安娜把小球拿出来放到盒子里了。过了一会儿萨莉回来了。这时问儿童：“萨莉会到哪里去找她的小球？”

错误信念任务测验的第二种范式为“意外内容测验”（deceptive box test）。给被试看一个他熟悉的封闭的点心盒子，问他盒子里面会有什么东西。儿童一般会认为有饼干、巧克力等食物；但是，打开之后里面却是铅笔。问被试：“你第一次看到这个盒子的时候，知道里面是什么吗？”

研究者发现，4岁儿童能够认识到萨莉会到她的篮子里找小球，而3岁儿童则回答说，她会到盒子里去找。所以说，3—4岁是完成错误信念任务能力迅速发展的时期。近年来该领域的众多研究均证明，儿童在4岁以前还不能认识到他人会有错误信念。

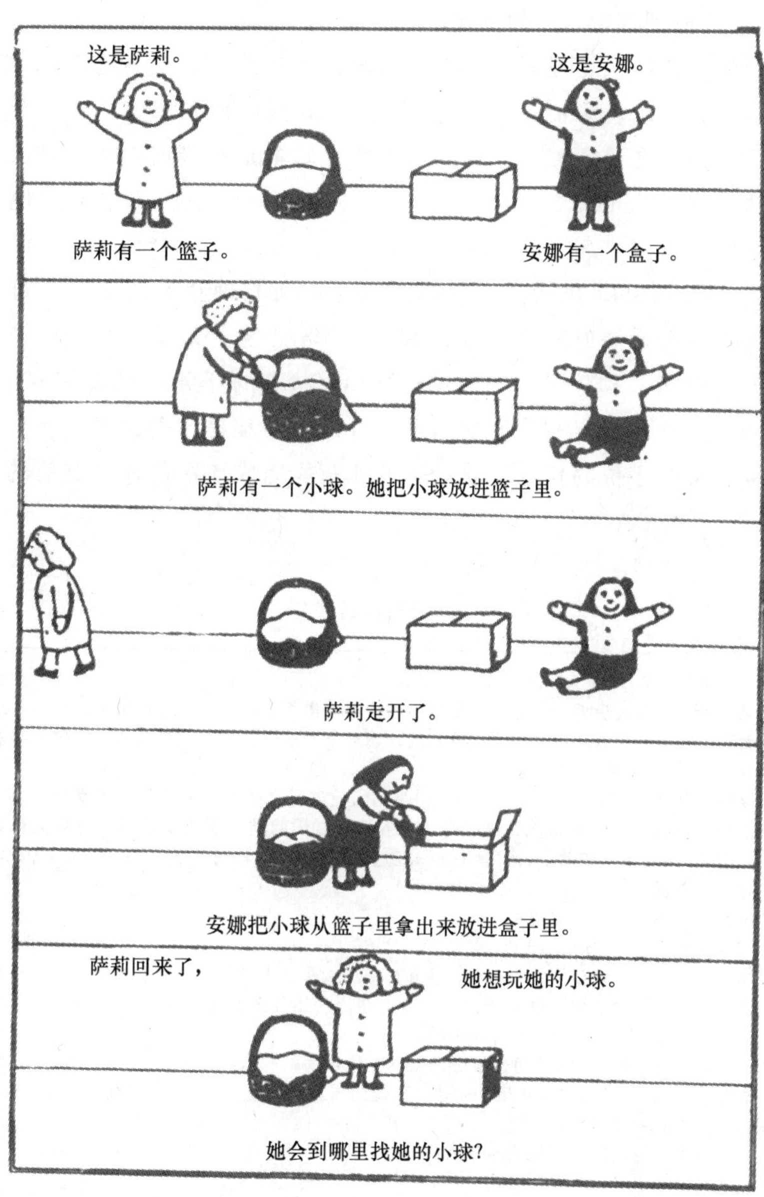
这是萨莉。
这是安娜。
萨莉有一个篮子。
安娜有一个盒子。
萨莉有一个小球。她把小球放进篮子里。
萨莉走开了。
安娜把小球从篮子里拿出来放进盒子里。
萨莉回来了，
她想玩她的小球。
她会到哪里找她的小球?

图 7—3　意外地点测验

### （二）心理理论发展的测量

前文曾提到，心理理论是指个体对自己和他人心理状态（如意念、愿望、信念、动机和情绪等）进行归因，并据此预测和解释他人行为的能力。但是，在该领域发展的前二十年，基本是对错误信念一种心理状态的研究（Wellman，2001），很少关注愿望、知识、情绪等其他心理状态。

Wellman（2004）认为，学前儿童对不同心理状态的认识有难易之别，存在一个发展的顺序。该研究以75名儿童（2岁11个月—6岁6个月）为被试，构建了7个测量理解心理状态的任务（见表7—4）。结果表明，各项任务存在难度的差异，可以根据难易排列出顺序。如果儿童能完成某一序位的任务，就意味着儿童能完成该序位任务之前的所有任务。

表7—4　　**心理状态测试任务**

1. 不同愿望（Diverse Desires）

给被试看一个成人玩偶、一张画有胡萝卜和曲奇饼的纸张。“这是约翰先生，到了吃点心的时间，约翰想吃东西。这里有两种不同的东西：胡萝卜和曲奇饼，你最喜欢哪个？你是喜欢胡萝卜还是曲奇？”这是自我愿望问题。

如果被试选择了胡萝卜：“嗯，很好。但是，约翰先生真的喜欢曲奇饼，不喜欢胡萝卜，他最喜欢的是曲奇饼。”（如果被试回答曲奇饼，告诉被试约翰先生喜欢胡萝卜）然后问被试目标问题：“那么，现在该吃东西了，约翰先生只能选择一种食物，只能一种。约翰先生会选哪一个？胡萝卜还是曲奇饼？”

正确答案与被试自己的愿望相反。

2. 不同信念（Diverse Beliefs）

给被试看一个玩偶女孩、一张画有树丛和车库的纸张。主试说：“这是琳达，琳达想找她的猫。她的猫可能藏在树丛中，也可能在车库里。你认为她的猫在哪？在树丛中还是在车库里？”这是自我信念的问题（own - belief question）。

如果被试回答在树丛中：“嗯，很好，但是琳达认为她的猫在车库里，她认为猫在车库里。”（如果被试选择车库，那么告诉被试，琳达认为她的猫在树丛中）。然后，问被试目标问题：“那么，琳达会去哪儿找她的猫？去树丛还是车库？”

正确的答案是与被试自己想法相反的。

3. 知与不知（Knowledge Access）

给被试看一个不透明的、带抽屉的塑料盒，抽屉中有一条塑料玩具狗，但抽屉是关着的。“这是一个抽屉，你认为里面有什么。”（被试可以任意回答，但确认被试不知道里面是什么）接下来打开抽屉给被试看抽屉里的东西：“我们看看，原来这里是一条狗。”关上抽屉后：“好，抽屉里有什么？”

然后出现一个玩偶女孩（波莉）：“波莉从来没有看过抽屉里有什么。现在波莉来了，那么波莉知道抽屉里有什么吗（目标问题）？波莉看过抽屉里的东西吗（记忆问题）？”

目标问题的正确答案是“不知道”，记忆问题的正确答案是“没有”。

续表

4. 内容错误信念（Contents False Belief）

给被试看一个容易识别的创可贴盒子，盒子里面有一只塑料猪，盒子是关着的。“这里是一个创可贴的盒子，你认为这个盒子里面有什么?”然后打开盒子：“我们来看看里面有什么！哦，是一只猪。”把盒子关上：“盒子里有什么?”然后，一个玩偶男孩（皮特）出现了：“皮特从来没有看过这个盒子里面，现在皮特来了，那么皮特认为盒子里面有什么？创可贴还是猪（目标问题）？皮特看过盒子里面吗（记忆问题）?”

对目标问题的正确答案是“创可贴”，对记忆问题的正确回答是“没有”。

5. 明显错误信念（Explicit False Belief）

给被试看一个玩具男孩、一张画有背包和衣橱的纸张。“这是斯科特，斯科特想找他的手套。他的手套可能在背包里，也可能在衣橱里。实际上斯科特的手套在他的背包里，但是斯科特认为手套在衣橱里。”

“那么，斯科特会去哪里找他的手套？背包还是衣橱（目标问题）？斯科特的手套实际在哪儿？在背包里还是衣橱里（现实问题）?”

对目标问题的正确回答是“衣橱”，对现实问题的正确回答是“背包”。

6. 信念—情绪（Belief - Emotion）

给被试看一个玩具男孩、一个容易辨识的麦片盒子，盒子是关着的，里面有石头。“这是一个麦片盒子，这是泰迪（玩具男孩）。你认为盒子里面有什么？（麦片）”然后主试扮演泰迪说话：“太好了，我喜欢麦片，麦片是我最喜欢吃的东西，现在我出去玩了。”把玩具泰迪拿走，不在视野。

接下来打开麦片盒，把里面的东西给被试看：“我们来看看……是石头，不是麦片，除了石头什么都没有。”把盒子关上：“泰迪最喜欢吃的东西是什么？(麦片)”

然后，泰迪回来了：“泰迪从来没有看过盒子里面，现在他来了，到了吃东西的时间。我们把这个盒子给泰迪，泰迪拿到盒子后会有什么感觉？高兴还是悲伤?”（目标问题）然后主试打开盒子让泰迪看盒子里面：“泰迪看完盒子里面有什么感觉？高兴还是悲伤?”（情绪控制问题）

对目标问题的正确回答是“高兴”，对情绪控制问题的正确回答是“悲伤”。

7. 伪装情绪（Real - Apparent Emotion）

给被试看一张画有三张面孔的纸，三张脸的表情分别是高兴、中性和悲伤，并确认儿童看懂了这些表情。然后把这张纸拿到一边，实验开始。

给被试看一个画有男孩背面（看不到男孩的表情）的卡片。“这是一个男孩的故事。我将问一些问题，这些问题是关于这个男孩心里真实的感受和他面部的表情是怎样的。他可能心里是一种感受，但脸上的表情是另一种样子，或者他内心的感受和脸上的表情是一致的。我想让你告诉我，他心里的感受和脸上的表情是怎样的。”

“这是关于马特的故事，马特的朋友们在一起玩、讲笑话。一个年龄大一点的孩子罗齐在开马特的玩笑，其他人大笑。大家都认为很好笑，只有马特不觉得好笑。但是，马特不想让其他的朋友看出他对这个玩笑的感觉，因为大家会叫他小气鬼。所以，马特想掩饰他的感觉。”然后，被试回答两个问题以便确认其记忆的正确性：“当罗齐开马特玩笑时，其他孩子在干什么?”（“大笑”或者“认为很好笑”）“在这个故事中，如果其他孩子知道马特的感受会怎样做?”（叫马特“小气鬼”或者讥笑他）

主试指着图片问：“那么，当大家讥笑马特时，马特有什么感受？马特是高兴、悲伤还是无所谓?”（目标—感受问题）“当大家讥笑马特时，马特会表现出怎样的表情？马特看起来是高兴、悲伤还是无所谓?”（目标—表情问题）

正确回答：对“目标—感受问题”问题的回答比对“目标—表情问题”的回答更消极（对前者的回答是“悲伤”，对后者的回答是“高兴”或者“无所谓”）。

对于 Wellman（2004）建构的量表，研究者根据各自的文化背景和研究的需要进行了改编。

Wellman 等人（2006）以 3—5 岁儿童为被试（中国儿童 140 名，美国和澳大利亚儿童 135 名），使用了六个任务，各任务的通过率为：不同愿望（89%）、知识获得（知与不知）（79%）、不同信念（71%）、内容错误信念（54%）、明显错误信念（49%）、伪装情绪（37%）。剔除了“明显错误信念”任务数据后的分析结果表明，中国儿童通过各项任务的顺序是：（1）不同愿望、（2）知与不知、（3）不同信念、（4）内容错误信念和（5）伪装情绪；国外儿童通过的顺序与中国儿童稍有差别，中国儿童先理解“知与不知”，然后理解“内容错误信念”，外国儿童刚好相反。

方富熹等（2009）对 3 岁儿童进行了追踪研究，分别在 3、4、5 岁收集数据。结果验证了 Wellman（2006）的研究结果，中国儿童的发展次序与欧美儿童的发展次序大致相同但有重要的差别。Henning（2011）以 3—6 岁的德国儿童为被试，使用了六个心理理论测量任务，认为从易到难的顺序为：不同愿望、不同信念、知与不知、明显错误信念、错误信念和伪装情绪。

已有的研究显示，不同文化背景下儿童，通过心理理论任务的顺序不完全一致。当然，跨文化的研究还非常有限，在更广泛文化背景下探讨心理理论任务的完成是以后研究应该关注的内容。

（三）理论解释

对心理理论的研究和理解是多视角的：发展心理学、认知心理学、比较心理学，甚至哲学，其中不乏观点对立与争论。

Astington 等人（1988）认为，儿童对心理理解的发展是一种理论，就如同儿童发展出一套心理操作的规则。这些规则在学前阶段发生变化，类似于科学理论的演变，是通过概念的变化而实现的。4 岁时能完成错误信念任务是儿童心理操作规则变化的标志。

与 Astington 持不同观点的代表是 Leslie（1987），认为儿童对心理的理解起源于生而具有的、内在的心理模块（mental module）。他关注象征游戏，认为象征游戏是心理理论的前奏或者说初期形式。象征游戏的核心是“假装”（pretence），他认为假装不仅仅是对事件和客体的理解，也是理解自己认知的开始。

Leslie 重视假装的原因有三。首先，假装现象出现较早，属于发展心理学家关注的领域，但是，就其内容来看，又是认知心理学感兴趣的课题，所以，假装预示着发展心理学与认知科学关系的密切。Leslie 关注儿童的认知系统如何处理这些关系：对实际物体的操作与想象、正确与错误信念。Leslie 认为，对假装机制的理解只局限于儿童对心理理解的认知过程是不够的。其次，心理理解能力与假装之间有共性的地方，即想象的灵活性。一岁半的儿童可以把一块积木想象为杯子用来喝水，所以，到 4 岁时儿童就有能力想象（理解）他人的想法。Leslie 的思想被冠以模仿论（simulation theory），避免了对心理理解进行详尽的解释。不论是理解心理还是假装，都需要儿童具有这样的能力：把自己置于主人公的地位进行类推。模仿论与心理理论经过争论后，于 20 世纪 90 年代早期达成共识：对心理的理解包括理解理论和想象两个部分。最后，Leslie 的观点反映了一种变化，即强调主体对所加工信息的态度与操控。他认为儿童对心理状态的理解能力很早就有，这种能力逐渐被发展起来的信息加工装置所束缚，这种加工装置被称为选择加工装置。根据他的观点，发展问题主要是信息加工的能力，而非仅仅是心理建构。Leslie 的观点更强调先天具有的能力（内在模块），与建构理论强调后天针锋相对。

建构论被称为“理论之理论”（theory theory），关于儿童理解的理论不止一个，现举其二。Perner（1991）提出，儿童认知技能的核心是心理状态具有表征的功能，心理是一个积极活动的实体，由儿童建构，对儿童理解的发展具有深远的影响。即表征在儿童建构心理是什么的时候起到关键作用。Wellman（1990）认为，儿童面对大量的心理状态的同时，也面对心理状态描述的词汇——信念、情绪状态、愿望、目的等，于是，儿童需要建立心理状态与词汇之间的关系。儿童最初是以愿望（desire）为基础建构心理理解大厦的，到 3 岁时建构的基础转变为信念—愿望（belief - desire）。该理论得到诸多研究结果的支持。

## 二　当下认知研究的取向

儿童认知研究，由过去关心儿童心理理解的性质、起源，转变为现在的关注认知发展与其他方面发展的关系。

### （一）推理与心理理解

在 20 世纪 90 年代中期，研究者普遍认为错误信念任务测验对儿童来讲太难了，因为，这个测验需要比较不同的假设前提。Frye（1995）的研究发现，错误信念任务的完成与卡片分类任务完成能力相关联。卡片分类任务的标准是变化的，在实验中要求儿童把卡片按颜色（蓝色和红色）进行分类，这些卡片的形状是船和花；然后要求儿童按形状分类，但是，儿童会依然按颜色分类。3 岁儿童还不能精确区分两个不一致的分类原则，这种区分能力是随其他能力出现而具备的，特别是工作记忆，工作记忆使儿童对意识控制理解水平的提高成为可能。

与此同时，Riggs（1998）认为错误信念理解与推理的关系与心理状态无关。例如，给儿童各种情景下的意外地点测验（主人公喜欢的巧克力被妈妈用来做蛋糕了，问被试，主人公到哪儿去找巧克力），儿童的回答与错误—信念问题的表现是一样的。在该研究中，还问了一个不真实存在但进行了假设的问题：如果妈妈没有做蛋糕，主人公到哪儿去找巧克力。对这个问题的回答依赖儿童根据虚假假设前提进行推理的能力，而这个虚假假设前提并不受主人公对心理状态理解的影响。结果显示，学前儿童错误信念任务完成的困难是面对假设情景的一般性困难，不具有特殊性。

对推理的关注引出下述假设与推论：如果对假设情景的理解可以形成一个心理表征理论，那么就是表征在先；或者，表征和推理都依赖于信息加工能力。对于这些争论与假设，尚需要实证研究加以验证。

（二）执行功能

研究显示，认知能力与神经功能存在关联，这种关联可以进行这样的推测：错误信念任务的完成需要对优势反应（巧克力在哪儿、盒子里有什么）进行抑制。需要抑制优势反应的最早证据源于这样的发现：错误信念任务的完成与掌握卡片分类规则的变化能力有关，与完成河内塔任务有关。下面介绍一个研究，有助于理解儿童的抑制优势反应。研究者设计一定的情景，让儿童诱惑成人去到空盒子里找东西，如果成人到空盒子里找东西，儿童就能得到奖赏。结果发现，3 岁儿童和 3 岁以上自闭的儿童，坚持告诉成人到装有东西的盒子里找东西，尽管这样做他们失去了奖励。这个实验说明，儿童不能抑制其优势反应——知道东西在哪个盒子里（Rusell ，1991）。

这里有两个问题值得注意。首先，错误信念理解与执行功能之间的关系，引起了研究者对执行功能性质的兴趣。研究发现，执行功能至少包括三种能力：抑制控制、注意转移、工作记忆。Hughes（1998）认为，这三种能力对社会认知的影响是不同的，“欺骗”（诱惑成人到空盒子里找东西）与抑制优势反应相关联。Garon（2008）认为，注意是执行功能的核心，执行功能的构成要素在学前阶段早期就已表现出来，学前阶段后期执行功能的变化源于注意的发展及执行功能的整合。张婷（2006）等以3—4岁儿童为被试，研究执行功能与心理理论的关系。执行功能包括三个维度：抑制控制、工作记忆、抑制控制和工作记忆的混合。心理理论采用两个错误信念任务：意外地点任务包括预测问题和未知问题，意外内容任务包括表征变化问题和想法问题。结果显示，不同成分的心理理论与不同维度的执行功能的关系是有差异的。

其次是理论上的重新审视。研究显示，错误信念理解与执行功能相关。Flynn（2004）以21名儿童（女孩9名、男孩12名，平均年龄为3岁5个月）为被试，追踪研究错误信念理解与抑制能力的关系。结果显示，大部分被试在能完成错误信念任务之前，就已经能很好地完成抑制能力测试，从而说明执行控制是心理理论发展的必要条件。Flynn（2007）以42名3—4岁儿童（男19名，女23名）为被试的研究发现，对多数儿童来讲，早期的抑制控制能预测后期的错误信念理解，但是，早期的错误信念理解不能预测后期的抑制控制；少数被试在表现出很好的抑制控制前就已经具有了很好的错误信念理解能力；错误信念理解分数的起伏变化不应仅解释为源于抑制控制的起伏变化。

Wellman（2004）进行的追踪研究，考察了14个月时对社会刺激物的注意力与4岁时的社会认知水平之间的关系。结果发现，早期的注意力能预测后期的心理理论任务完成的水平。Aschersleben（2008）以24名（14名男婴，10名女婴）6个月大的婴儿为被试，进行了追踪研究，发现被试在6个月时目标导向的注意活动与4岁时的心理理论各项任务完成之间存在相关。

Carlson（2004）以81名儿童为被试，分别在被试24个月和39个月两个时间点进行测量，研究执行功能和心理理论之间的关系。结果显示，被试24个月时，其执行功能与心理理论无关，但与内部言语（internal-state language）相关；被试36个月时，其执行功能与心理理论发展相关；24个月时的执行功能能显著预测36个月时的心理理论发展水平。Sabbagh（2006）以3—5岁儿童为被试，研究执行功能与错误信念理解之间的关系，结果显示，3—5岁儿童的执行功能能预测错误信念任务完成水平。

McAlister (2006) 以124名3—5岁儿童为被试的研究发现，执行功能能预测心理理论的成绩。Henning (2011) 等人以3—6岁儿童为被试，研究执行功能与心理理论的关系，结果显示，在控制了年龄、言语能力、儿童气质、父母受教育程度后，执行功能与心理理论任务完成存在相关。

尽管上述多数研究结果表明，执行功能是心理理论发展的基础。但是，并非所有研究都能得出因果关系，执行功能与心理理论之间的因果关系还需要更坚实的实证研究支持。因此，有人推测两者都受大脑额叶皮质的控制，当然，这种精确的推测无助于两者因果关系的确定。Russell (1991) 认为执行功能在心理理论发展中是非常重要的，但是，两者关系的确立需要特别谨慎；认为儿童生而具有一些先天的装置，发展是这些装置的链接，对心理理解的建构是一个表征系统，领会错误信念是儿童一般发展过程的一部分，这个一般过程就是儿童建构的自我意识和自我世界的二元论。

对推理和执行功能的研究引起了相关的争论，综合不同观点，可以得出的推论是：儿童并非建构一个理论理解心理，而是对类似刺激的共同反映，即对心理的理解并非一个独特的结构。Perner (2000) 认为心理表征理论的获得是其他各种社交技能的基础。当然，在该领域还需要更多的理论相互补充，日趋完善。

### 三　错误信念只是社会认知的一部分

前述内容是"主流"的观点与研究，在主流之外，还有对该问题从其他视角进行的研究，如社会情境论。

#### (一) 对错误信念测验的重新分析

错误信念测验究竟在测量什么？能否代表对心理状态理解的全部？这是研究者们关注的一个问题。研究发现，如果对测验过程进行修改，那么儿童会表现出一定的能力，而这种能力是未修改的标准化测验所看不到的。那么，心理理论究竟是没有变化？还是在发展？有研究认为，错误信念测验的信度不高，也有研究认为测验信度很好。需要指出的是，大多数研究都对测验进行了修改以甄别出影响儿童理解心理状态的因素。

尽管3岁儿童在完成"假装助人实则欺骗"的实验任务中表现出困惑，但他们仍然能实施欺骗。在测验中，儿童的表现因下述条件而变化：儿童是否积极参与；先前的心理状态是否用图片呈现；对口述的实验情景是否熟悉；问题是否用言语方式呈现。但是，这些因素对儿童完成任务的影响具有时间特性，在某一特定时间点是有效的，并非在所有时间点都有影响。

对完成错误信念测验影响因素的元分析（Wellman，2004），梳理了不同文化背景下的178个研究。结果显示，下述五个因素在学前期与任务完成无关：主人公动机是否明确；儿童积极参与测验过程的程度；在呈现问题之前，隐蔽目标物或毁掉目标物（吃了）；明确陈述主人公的心理状态（主人公走了，没有看到东西被挪动）；呈现表现主人公信念的图片。这说明，上述影响因素研究并没有揭示标准化错误信念测验的关键所在。儿童在测验时的显著进步出现在5岁，这说明该测验的确测量到了儿童的某种技能。

这个元分析研究似乎能证明，错误信念测验是展示4岁左右儿童理解心理状态的工具。有研究显示，某些因素与儿童完成测验任务有关，这种关联是有条件的，即实验与儿童的相互作用会影响到儿童完成任务的水平。例如，主试如何向儿童提问、把测验设计为具有竞争性等都会影响儿童完成任务的水平，所以，在儿童认知发展过程中要考虑社会情景因素。

（二）心理状态理解的社会因素

心理理论的传统研究因其个体主义的研究范式而受到批评，在20世纪90年代中期，开始研究错误信念测验的个体差异，个体差异则涉及了社会因素。

早期的研究显示，社会互动影响社会理解的发展，中产阶级的非独生子女比独生子女早一年通过错误信念测验（Perner，1994）。随后的多项扩展、细化研究都证明了“同胞效应”的存在。有研究提出，与年长同胞日常互动的频率（Lewis，1996）和儿童言语发展水平（Jenkins，1996），是预测年幼儿童完成测验任务的预测变量。Cassidy（2005）以3—5岁儿童为被试的研究发现，有同胞的被试在心理理论任务完成中具有优势。McAlister（2006）以124名3—5岁儿童为被试的研究发现，有一个年龄相仿同胞的被试，在心理理论测试中成绩优于没有同胞或者同胞为婴儿、成年人的被试；年龄相仿同胞的数量能正向预测儿童心理理论的成绩。McAlister（2007）以63名澳大利亚儿童（男孩35名、女孩28名）为被试，追踪研究了同胞数量与心理理论的关系。第一次测量时，被试平均年龄为4岁2个月，14个月后进行第二次测量，同胞的年龄介于1—12

岁之间。结果表明，有两个及以上同胞的被试，在心理理论任务完成的测试中优于没有同胞的同龄人；分层回归分析显示，同胞数量可以预测两个时间点的心理理论发展水平高；在第二个时间点，控制了年龄、言语能力和第一次心理理论分数后，与被试年龄相仿的同胞数量仍能预测心理理论发展的高水平。这说明，家庭中的人际交往有助于儿童的心理理论发展。但是，对工人阶级家庭儿童的研究不存在“同胞效应”（Cole，2000）。

除了社会背景和经济水平影响儿童的社会认知外，文化也是重要的影响因素。Wellman（2004）的元分析显示，不同文化背景下的儿童，在完成心理理论测验时表现出较小但显著的年龄差异，工业化背景下儿童正确完成测验的年龄是一致的。Vinden（1996）的研究显示，秘鲁的盖丘亚儿童与西方儿童相比，在错误信念测验中的表现至少落后3年甚至更长的时间，这种差异可能因为他们的语言中缺少描述心理状态的词汇。

同胞、社会阶层和文化对错误信念测验的影响，都在强调儿童的社会功能，显而易见是在挑战心理理论的不足。但是，强调社会功能的理论也缺乏对社会互动与错误信念测验完成水平之间关系的研究，“同胞”效应更没有具体说明互动是如何影响社会认知的。因此，今后的研究应该加强社会互动与心理理论之间关系的研究。

（三）研究内容与被试年龄的延展

已有研究存在的一个问题是，把错误信念理解当做儿童发展的基石，视为里程碑式的进步，但是，诸多研究结果与该观点相悖。

首先，对婴儿注意的研究发现，注意协调能力能预示其社会理解水平（Moore，1995），这说明注意力与社会认知存在关联。其次，把儿童的社会认知仅仅理解为完成错误信念任务过于狭隘，还有对学前儿童“诠释”（interpretation）的研究。另外，应该对简单认知（对错误的理解）和复杂认知（不同人对同一信息的不同理解）加以区分。复杂认知的结果是，儿童认识到人会有不同的信念，这是在能完成错误信念任务之后的几年才能达到的水平（Carpendale，1996）。与此同时，另一个与认知发展关系密切的成就是，儿童认识到对模糊情景的认知依赖于个体先前的经验和期待（Pillow，1991）。

这表明，对心理理论的研究在时间维度上的区间应该更大，不仅仅局限于较小年龄的学前儿童，研究内容同样也需要拓展。目前，有一些研究在探讨社会认知与其他方面发展的关联，具体包括心理理论与道德、情绪认知的关系。考虑到社会情景和社交互动，社会认知能力可能对自我意识各方面的发展都是很重要的。

近年来的一些研究表明，错误信念理解与社交技能之间存在关联。有研究显示，童年早期完成错误信念任务的表现与教师评价的社交技能存在正相关（Watson，1999）。但是，在小学阶段社会认知水平与同伴评价的社交技能相关、与教师评价的社交技能无关（Bosacki，1999）。上述研究是相关设计，结果的解释存在多种可能，社会认知能力既可能对提高社交技能有帮助，社会交往的经验也可能有助于对心理状态的理解。此外，儿童生活的家庭背景也可能对社会认知和社交技能发展有影响。社会认知、社交技能、家庭背景等因素之间的关系更多的是双向的关系，如较多的社会交往可以提高社会认知水平，而提高了的社会认知水平有助于儿童成功的社会交往。当然，这种推测还需要纵向追踪设计来加以证实。

用心理理论解释现实问题是一个发展趋势，如用心理理论解释欺负行为。如果想当然地认为表现出欺负行为儿童的认知水平低，这是缺乏实证研究支持的观点。Sutton（1999）以 193 名 7—10 岁儿童为被试，考察认知理解、情绪理解在欺负行为中的作用。结果显示，帮派的头领在认知理解、情绪理解上的得分高于他的跟随者、被欺负者、维护正义者。这一研究结果说明，社会认知与道德发展是有关联的，但是，从概念到实证研究还有许多问题需要探讨。

### 四 社会互动与社会认知发展

对心理理论与其他社交能力之间关系的探讨，是将两者结合构建更为坚实理论的征兆。

#### （一）纵向模式

研究显示，童年早期的人际关系对完成错误信念任务很重要。在家庭关系中，安全依恋不仅与当时的完成错误信念任务有关，甚至与后期的类似任务完成有关。Meins（1997）的研究发现，11—13 个月时具有安全依恋模式的婴儿，在 4 岁时完成错误信念任务要好于那些非安全依恋的儿童，5 岁时在完成更为复杂任务中依然具有这样的规律。如何解释依恋与社会认知的关系存在多种可能，这需要更复杂的设计厘清因果关系。

在众多考察因果关系的追踪研究中，Dunn（1991）及其团队所做的研究颇具影响力。研究发现，家庭中人际交往的多种因素与完成心理理论任务有关。例如，33个月时同胞之间的合作与40个月时的信念理解成正相关。更为有力的证据是家庭有关心理状态的谈话与社会认知关系的发现。她发现，那些在家庭中参与讨论情绪和行为因果关系话题的33个月大的儿童，在7个月后的信念理解活动中有更好的表现。另一纵向追踪研究获得了同样的结果，发现母亲使用描述心理状态的词汇与后期信念理解任务完成相关（Moore，1994）。除了这些关注心理状态词汇的研究，还有关注并非明确表达心理状态词汇的研究，如"看"、"隐藏"，认为这些词汇也与理解心理知识有关（Turnbull，1999）。对信念的理解还与母亲要求儿童按照他人心理状态作出应答有关（Ruffman，1999）。

以失聪儿童为被试的研究，也说明了语言在社会认知中的作用。研究发现，父母能流利使用手势语交流的聋儿，通过错误信念任务测验的时间与正常儿童相同；如果父母不能流利使用手势语与聋儿交流，这些儿童通过错误信念任务测验的时间滞后于正常儿童。流利的交流可以讨论心理状态这种复杂的活动，而交流不畅则无法完成这种活动。

如果家庭中的交流有助于儿童社会认知的发展，那么就可以推论，适当的训练和教育可以提高社会认知的发展，实证研究证明了这一推论是正确的。Appleton（1996）的研究表明，与儿童讨论错误信念任务的情景可以使3岁儿童成功通过错误信念测验。

上述研究结果与实验室研究结果有出入。实验室研究的结果显示，不能通过错误信念测验的儿童，仍然表现出一定的欺骗行为，而欺骗行为又是对心理理解的一种表现（Newton，2000）。这说明，儿童对错误信念的理解是渐进式的，并非突然的变化。观察研究显示，2岁儿童在实际生活中就出现了欺骗行为，这一事实也支持渐成论（Russell，1996）。

（二）语言与社会理解

家庭中对心理世界的交谈有助于儿童社会认知发展的事实，使很多研究者关注更为基础的问题——语言与社会认知的关系。多个研究显示，错误信念理解与儿童的语言能力有关（Cutting，1999），自闭儿童在语言和完成心理理论任务方面存在双重障碍。语言与社会认知、特别是与错误信念理解的关系存在多种可能，语言既可以展示儿童的社会认知水平，也可以是儿童社会认知的基础。

儿童对心理世界的谈论给研究者提供了一个了解儿童社会认知的视角。儿童在很小的时候先使用表达愿望的"想"而非表达信念的"认为"，这一事实支持了这样的观点——以愿望为基础的理论是信念—愿望理论的基础。当然，也有对此提出异议的，认为有助于儿童理解信念的是谈话，并非是词汇的使用（Harris，1996）。因为，语言是发展的基础，信息是在谈话中交流的，信息表达了人们对同一话题的"以为"、"信念"、"知道"的不同。

语言有助于心理状态理解的另一个证据，来自对句法的研究（De Villiers，2000），认为语言提供了句法结构，而这种结构在谈论心理状态。例如"他认为这是一条狗"，这句话在句法上是正确的，但并不意味着"这是一条狗"是正确的。这说明语言的掌握是认知发展的基础，因为语言提供了认知错误信念的句法结构。对此，也存在不同的声音，认为句法结构是否是掌握错误信念的必要或充分条件还是需要进一步研究的（Astington，1999）。

对语言和心理理论的纵向研究（以3岁儿童为被试，在7个月的时间跨度测量3次）显示，早期的语言能力可以预测后期错误信念任务完成的水平，但是，早期的错误—信念任务完成水平不能预测后期的语言能力（Astington，1999），这一研究结果支持心理理论发展依赖语言的观点。如果把视野再往前推，在学习语言的最初阶段是需要一定的认知能力而掌握词汇的，如对他人内心的推测。此外，语言还是儿童学习谈论内心世界、并对内心世界予以反应的背景。可见，将语言与心理理论之间的关系定性于因果有简化问题之嫌。

总之，在语言与心理理论关系问题上，有两种不同的观点。一种观点认为，语言的发展依赖心理理论或心理理论的发展依赖语言，把两者分离开来。另一种观点认为，语言和心理理论是交织在一起很难分开的，对心理世界的认识是与学会对心理世界的表达分不开的，儿童是通过反思获得心理知识的。

## 第三节　性别行为差异与性别角色

儿童最早学会的社会分类是性别，性别是自我概念中最基本的构成要素，也是儿童认识他人的一个重要内容。对于父母而言，儿童性别是他们最先想了解的信息，父母如何对待儿童会依儿童性别而定。毫无疑问，性别在儿童的社会世界里是最有影响力的一个概念。

性别角色是指特定社会对男性和女性社会成员所期待的适当行为的总和，是儿童自我意识发展的重要方面。为理解的方便，现将相关术语及定义做简要介绍。

性别认同是儿童对自己和他人性别的正确标定。

性别恒常性（gender constancy）是指儿童对一个人不管外表和行为发生什么变化，而其性别保持不变的认识。

性别稳定性是指儿童对自己的性别不随其年龄、情境等的变化而改变这一特征的认识。

性别刻板印象是被广泛接受的有关对男性和女性来说合适的个性特征的观点。

## 一 年龄特征

（一）3—4 岁

3 岁时，儿童普遍具有了初步的性别认同感，即能正确说出自己和他人的性别。当问到“你是个男孩还是女孩”时，他们能给出正确答案，他们也能辨认出他人的性别。这个年龄段的儿童是用身体的外在特征来进行判断的，如把一个留长发、穿裙子的视为女性，如果这个人再换上短裤和 T 恤，则被认为是男性。

3—4 岁儿童知道性别是不会变化的，认识到性别不会因时间而发生变化。他们认为，如果现在是男孩，那么他过去也是男孩，将来还是男孩，长大后成为男人。尽管如此，该阶段儿童的性别恒常性还不稳定。儿童还会受外在变化的影响，认为一个穿上裙子的男孩，就变成了一个女孩；如果一个女孩玩枪，她就能变成男孩。

男孩和女孩喜欢不同的玩具，在 1 岁时就有所表现（Snow，1983）。到 3 岁时，女孩喜欢洋娃娃、过家家、茶具和其他家庭用品玩具，男孩大多喜欢枪炮、刀剑、车类的玩具。

此时的幼儿喜欢和同性别的同伴游戏（Maccoby，1987），这一现象被称为“性别分离”。这不是某个民族或文化所特有的，而是可以在世界上任何一个儿童活动场都可以看到的，是儿童发展中表现出的共性。性别分离通常出现在不受成人控制的同龄人游戏中。对托幼机构儿童的观察结果显示，女孩喜欢与同性别同伴游戏的趋势在 2 岁就表现出来，而男孩对同性别游戏伙伴的喜欢在 3 岁时才有稳定的表现（LaFreniere，1984）。这一结论得到了后续研究的支持。

男孩和女孩喜欢不同类型的游戏，从3岁就表现出这种差异（Maccoby，1998）。男孩更多趋向活动型游戏，甚至是身体的冲撞；女孩更喜欢交谈，且比男孩更需要照顾。男孩喜欢一大群在户外玩耍，女孩多是两三个在室内游戏。男孩和女孩解决冲突方式的不同从3岁开始显现，女孩更多使用达成协议解决问题，男孩习惯用身体暴力解决问题（Sheldon，1990）。在角色游戏中，男孩多扮演打仗、冒险的英雄，女孩更喜欢家庭角色或穿女性的衣服。

（二）5—7岁

该阶段儿童能够认识到性别在任何情况下都是不变的。性别不会因穿上另一性别的衣服、表现出另一性别的行为而发生变化。Karniol（2009）以74名幼儿（平均年龄68个月，月龄范围是58—82个月）为被试，这些幼儿都有一个同胞，其中有35个被试有一个比自己大的同胞（不超过4岁），剩下的被试有一个比自己小的同胞。考察被试在目标人物玩耍异性典型游戏、目标人物穿异性衣服两种情景下对他人性别恒常性的认识。结果显示，大部分被试都能对他人性别恒常性有正确的认识；在目标人物玩耍异性游戏情景下，被试与同胞间的年龄差与认知他人性别恒常性存在相关；在目标人物穿异性衣服情景下，被试与同胞间的年龄差、同胞的性别与认知他人性别恒常性存在相关；在两种情景下，有弟弟或妹妹的被试表现出更好的性别恒常性；男孩特别是有同性别同胞的男孩，对性别不能随意改变的认识更明确；两性间生殖和解剖结构的差异是被试使用最多的解释性别恒常性的根据。

性别恒常性的获得与认识发展的守恒阶段密切相关，Marcus（1978）的研究测量了儿童的两种能力——守恒和性别恒常，结果发现能完成守恒任务的儿童更好地通过了性别恒常测验。关于儿童性别恒常性获得时间还存在不同的观点，这种差异主要源于各研究所使用方法的不同。

在玩具的选择上，两性继续保持前一阶段的特征，同时两性都表现出对中性玩具的接纳（Martin，1990）。性别分离是学龄早期的一个重要特点。Maccoby（1987）以100个儿童为被试研究其游戏伙伴的数量，结果显示，4.5岁时儿童的同性玩伴数量是异性玩伴数量的3倍，到6.5岁时，儿童的同性玩伴数量是异性玩伴数量的10倍以上。Serbin等人（1993）的研究也支持这一观点。

该阶段男孩和女孩所喜欢的游戏与前一阶段是一致的。在游戏中男孩和女孩对待语言和交流的态度存在差异，女孩通过交流建立和巩固关系，男孩使用语言传递信息，坚持自己的权利，并博得注意（Maccoby，1998）。此时，男孩喜欢成群结队地玩耍，女孩更喜欢一两个同伴的陪伴。女孩的友谊是以感情亲密和身体亲密为特征，男孩的友谊建立在分享活动和兴趣基础之上。

（三）8—11 岁

偏爱不同的玩具是该阶段男孩与女孩的特点。Robinson（1986）的研究，要求儿童以写信的方式表达他们希望得到的玩具，结果显示，男孩和女孩喜欢的玩具是不同的，有 1/4 的女孩和 1% 的男孩想要洋娃娃，想要交通工具的女孩和男孩分别为 10% 和 50%。

偏爱同性别玩伴仍是该阶段的特点。同伴提名显示，提名的好朋友基本是同性；观察结果显示，儿童玩耍的同伴基本是同性别的。这种对同性同伴的偏爱在世界多种文化中都存在。

大多数男孩喜欢竞赛性游戏。Crombie 等人（1993）对儿童游戏的观察结果显示，男孩花费 50% 的时间玩竞赛游戏，而女孩只有 1% 的时间用于这种游戏；女孩把绝大多数时间用于与好朋友交谈，分享秘密或谈论相互感兴趣的东西。Tannen（1990）研究了男孩和女孩在实验室内的交流内容，发现女孩与另一同伴有亲密、持续长久的交谈，男孩间交流很少，交流的内容是找点什么可做的事情。

## 二 理论解释

对于男孩和女孩的行为差异，很多研究者试图进行理论的解读，理解的视角无外乎生物学和心理学两个视角。

（一）生物学解释

性别的生物机制已在哺乳动物中进行了广泛研究。认为导致性别差异的最基本、最直接的生物因素是性激素。性激素影响胎儿期性器官（子宫、睾丸）的发育。在大脑皮层有性激素感受器，负责生殖行为和其他有性别差异的行为，最熟知的例证就是视前区性别二型神经元，雄性的性别二型神经元明显大于雌性，这一生物结构与性别关联密切。

性激素影响行为。母老鼠在出生那天被施以雄性激素，可观察到其增加了雄性典型行为，且减少了雌性行为。从正在发育的雄性体中抽取出睾丸激素，该个体成年期雄性典型行为减少，雌性典型行为增加。性激素不仅影响生殖行为，还对其他行为产生影响，对恒河猴的研究发现，那些在孕期被注入睾丸激素的猴子，他们产下的雌幼仔喜欢嬉闹游戏，雄性行为增多，雌性行为减少。

性激素对大脑发育和行为的影响有两点需要注意。首先，影响的时间存在差异，性激素对雄性典型行为的影响要早于雌性。这种产生影响最大化的时期被称为关键期。激素对不同行为影响的关键期是不同的。所以，一种激素短期的紊乱只影响一个典型的性别行为并不影响其他的行为。综合考量性激素的作用，对人类而言，妊娠 8—24 周、产后 1—6 个月是性激素产生影响的关键期。其次，激素的影响是分阶段、渐进式的。激素少量、缓慢的非正常变化可以使生物体的发展在两性之间游离，所以，激素的水平在发育过程中有助于同性别个体之间、两性之间典型行为差异的出现。

1. 人类发展

对哺乳动物的研究思路对研究人类有启发意义，但是，基于伦理的原因，不能随意操控人类个体的激素进行试验。然而，人类发展中的一些变化与异常，如孕期的内分泌失调、女性在孕期因治疗而使用激素等，仍能提供一些论据。

2. 玩具偏爱

研究显示，如果出生前女孩的雄激素水平高，那么出生后会表现出对男孩玩具的偏爱，这一结论来源于对大量的先天性肾上腺皮质增生（CAH）女孩的研究。CAH 是由于肾上腺皮质激素生物合成酶系中某种或数种酶的先天性缺陷，使皮质醇等激素水平改变所致的一组疾病。遗传学的研究显示，胎儿期 CAH 的女孩在出生时都存在生殖器（外阴）畸形，表现出男性和女性的混合体。大量病例显示，生殖器畸形在出生几天或几周内就已出现。通常这些婴儿接受外科手术矫正，被当做女孩来抚养。对 3—8 岁 CAH 女孩的研究显示，与正常女孩相比，这些 CAH 女孩在男孩喜欢的玩具上会花费更多的时间，在女孩喜欢的玩具上花费的时间较少（Berenbaum，1992）。

有研究（Money，1972）分析了 CAH 女孩玩具选择与出生时生殖器特征、父母对待 CAH 女孩态度之间的关系。结果显示，父母对待这些女孩与其他女孩无异，这些女孩生殖器的畸形程度与偏爱男孩玩具无关。对

11 个 CAH 男孩的观察研究发现，在玩具的选择上，这 11 个男孩和普通男孩之间没有差别。可见，提高处于发育阶段个体的雄性激素水平并不能提高其典型雄性行为水平。

对孕妇因治疗而使用激素的研究，说明了激素与儿童玩具偏爱的关系。一项对 3—14 岁 10 个女孩进行的研究，她们的母亲在孕期都使用过雄激素。这些女婴出生时像 CAH 女孩一样生殖器畸形，婴儿期做了外科矫正手术被当做女孩儿抚养，这些儿童在后期表现出对典型男孩玩具的偏爱（Money ，1972）。

另一项对 15 个女孩（8—12 岁）的研究，可以揭示母亲孕期使用安宫黄体酮（MPA）与玩具偏爱的关系。因为 MPA 具有抵消雄激素的作用，那么这些女孩有可能表现出更为典型的女性行为。结果显示，这 15 个女孩与其他女孩在男孩偏爱的玩具上无差异，在顽皮程度上低于其他女孩，并显示出女性典型的行为——对服饰感兴趣（Ehrhardt，1977）。

根据激素的作用，可以推论 MPA 表现型的男孩儿应该比其他男孩少一些男孩气。结果显示，与控制组相比较，13 个 MPA 表现型男孩（9—13 岁）在男性典型游戏上稍逊色，但在玩具选择上与控制组男孩没有差异（Meyer - Bahlburg，1988）。

上述研究都是基于小样本而得出的结论；样本的同质性也不高，因治疗而使用激素的个案，使用激素的时间从几天到几个月不等。因此，对激素与儿童玩具偏爱之间的关系应持谨慎的态度。

3. 性别认同

Golombok（2004）综合了四个研究结果，得出的结论是 CAH 女孩对典型女性认同的水平低或者对自己性别满意度低。上述研究对象为 63 个、年龄跨度为 2—20 岁、来自美国和荷兰的女孩，研究结果与她们正常姐妹比较而获得。另一些对 9 岁和 15 岁两个年龄组 CAH 女孩的研究，没有发现性别认同与其他儿童存在差异（McGuire，1975；Perlman，1973）。对 CAH 男孩的研究表明，这些男孩对男性的认同、对自己性别的满意度与其他男孩没有异样。

4. 性别分离

Golombok（2004）分析了三个关于 CAH 女孩的研究，结果显示，对玩伴的偏爱会因为雄激素而发生改变。这三个研究的被试共 58 个，年龄为 3—20 岁，研究结果与控制组或其同胞比较而获得。Money（1972）对

10 个在胎儿期接受过雄激素女孩的研究显示，她们不但喜欢典型的男孩玩具，还喜欢和男孩玩要。对 MPA 表现型儿童的研究没有发现对玩伴偏爱的异常（Meyer - Bahlburg，1988）。对 CAH 男孩的研究显示，他们没有显示对男性玩伴的偏爱。

综合上述研究，尚不能确定究竟是激素与玩伴偏爱之间不存在因果关系，还是研究设计不足以说明因果关系。

5. 游戏类型

激素与儿童游戏类型关系的研究没有获得一致性的结论。对儿童嬉闹游戏的研究对我们可能会有些启示。

产前遭受雄激素侵害的女孩与童年期表现出的攻击行为之间没有清晰的关联。一项对 22 名 CAH 成年女性的研究显示，她们的间接攻击（indirect aggression）得分高于控制组（Helleday，1993）。Berenbaum（1997）研究了 CAH 被试的攻击行为，被试共有 6 组（男女各三组），年龄从青少年到成人，以被试的同性别同胞为控制组。结果显示，女性中的一组表现出比控制组高的攻击行为，另两组女性没有这种表现。三组研究结果的不同，可能源于下述原因——被试年龄跨度大、被试数量少、测验工具不同。CAH 男性各组的攻击行为与控制组无异。

另一项对 32 名 CAH 女性（4—20 岁）的研究显示，这些女性的攻击行为与她们的同胞、控制组没有差异（Golombok，2004）。Reinisch（1981）的研究显示，产前雄激素水平高于正常值的 17 个女孩和 8 个男孩（6—18 岁），出生后与其同胞相比表现出较多的身体攻击行为。

综合上述研究结果，目前还无法得出早期的激素改变对后期攻击行为有影响的结论。

对 32 名 CAH 女孩（4—20 岁）的研究显示，与她们同胞或控制组相比，这些女孩精力充沛，偏爱嬉闹游戏（Golombok，2004）。用访谈法对 34 个 CAH 女孩的研究表明，这些女孩与其他女孩在精力消耗、游戏类型方面无差异（Dittman，1990）。这两个研究所得结论不同，究其原因可能是两者使用方法不同，前者使用的是观察法，后者是访谈法。

一项观察研究，以 20 个 CAH 女孩（3—8 岁）和她们的亲属同伴为对象，情景是有各种玩具的游戏室，玩具中包括能诱发嬉闹游戏的玩具（鲍勃惩罚玩偶）。结果显示，男孩更喜欢嬉闹游戏，女孩与控制组儿童无差异（Hines，1994）。这一研究结果不同于以母老鼠、恒河猴为对象所得出的结论。对母老鼠、恒河猴的研究显示，发展期间雄激素的增加可以增强这些雌性动物嬉闹游戏行为（Goy，1980）。两个研究的结论不同，可以从以下几个方面加以解释：动物与人类的发展规律不同，在动物身上存在的规律未必在人类身上看到；研究设计也可能存在问题，大多数女孩不喜欢嬉闹游戏，男孩也不喜欢与嬉闹的女孩游戏，于是 CAH 女孩发现，不论是男孩和女孩都不喜欢加入自己的嬉闹游戏，那么 CAH 女孩的嬉闹游戏受到抑制。

（二）心理学的解释

心理学从不同视角研究了性别角色，多种理论并存有助于对性别角色的理解。

1. 社会学习理论

该理论强调性别角色的获得、男女两性的角色差异是学习的结果。心理分析理论认为，年幼儿童认同自己同性父母。这个对父母的认同是社会学习理论的基石。

经典社会学习理论认为，学习的机制有二：教养者对男孩和女孩强化的差异；儿童对同性别父母的模仿。可见，该理论强调父母在儿童性别发展过程中扮演的重要角色，父母既对女儿和儿子进行不同的强化，又要扮演不同性别角色行为的榜样。当然，教师与同伴、甚至媒体中的人物也可以起到榜样的作用。

有研究挑战这种观点——父母对男孩和女孩的强化存在差异。Maccoby（1974）梳理了早期的研究，认为不是在所有的方面父母对男孩和女孩都存在差异。父母对男孩和女孩的差异主要表现为对典型性别行为态度的不同，父母强化与性别吻合的典型行为与兴趣，如强化男孩激烈的游戏和女孩对洋娃娃的喜爱，不鼓励与异性关联密切的行为；而在独立性、攻击行为方面，父母对男孩和女孩的态度上是无差异的。Lytton（1991）的研究也获得了同样的结论，认为父母只在下述几个方面对男孩和女孩的态度不同：玩具选择、游戏、典型性别行为。

Horan（2007）以 630 名大学生为被试，要求被试报告在自己童年时父母与其谈话交流的情况，其中女生 375 人（报告 184 个父亲、191 个母亲），男生 255 人（报告 114 个父亲、141 个母亲）。64% 的被试年龄在 20 岁以下，30% 的被试年龄在 21—24 岁之间。使用贝姆性别角色问卷（Bem Sex Role Inventory，BSRI），该问卷考察了男性特质、女性特质和中性特质（男性特质有独立性、力量性和支配性，女性的特质有温柔、同情、文静）。结果显示，父母与孩子交流的内容的确存在性别差异，但这种差异不是基于儿童的性别，而是基于父母的性别，不管孩子的性别如何，母亲与孩子的交流更多的是女性的话题，母亲传递给男孩和女孩的特质不存在性别差异，父亲传递给男孩的男性特质多于女孩。

Chen（2011）对中国香港 4 岁儿童的研究发现，教师与男孩互动的时间多于与女孩的互动；但是教师喜欢女孩；教师与女孩的互动多为积极的，教师与男孩的互动多为消极的；教师对儿童表现出的性别刻板行为反应也存在差异。

虽然 Maccoby（1974）认为，父母在玩具、游戏和活动偏爱方面对男孩和女孩的不同强化，对儿童性别角色的形成意义大不。但是，有人认为这些不同的强化是儿童获得性别刻板行为的一部分。从出生开始，父母对待男孩和女孩的态度就是不同的。用温柔描述女孩，用强壮形容男孩；给男孩更多的物理性刺激，通过谈话给女孩更多社会性刺激；给男孩穿蓝色的衣服，给女孩穿粉色的衣服；选择卡车作为男孩的玩具，为女孩挑选的玩具是洋娃娃；父母与婴儿的相互作用方式也受孩子性别的影响。早在 1 岁时，父母就鼓励他们的婴儿玩与性别吻合的典型玩具（Snow，1983），这种现象在整个婴儿期变得越来越明显（Langlois，1980），到 5 岁时减弱（Fagot，1991）。与男孩相比，妈妈更喜欢与女儿谈论感情（Fivush，1989）。Pellegrini（2011）以 89 名幼儿（平均 44 个月龄）为被试，用观察和行为评定的方法研究攻击行为。结果发现，与女性观察者相比，男性观察者比女性观察者记录的攻击行为多；男性观察者对男孩攻击行为的记录多于女性观察者对男孩攻击行为的记录；使用李克特 7 点量表对儿童攻击行为进行评定时，男性观察者对攻击行为赋予的分数高于女性赋予的分数；将女性观察者的评定分数与幼儿教师（都是女性）的评定分数进行比较，发现两者不存在差异。

所以说，父母对男孩和女孩不同的强化，不仅导致男孩和女孩行为差异的产生，而且放大了男孩和女孩先前存在的行为差异。

Maccoby（1974）还关注榜样在儿童性别角色发展中的作用，认为模仿同性别的父母并不是一个主要原因。如果儿童通过模仿同性别的父母获得性别角色，那么就可以这样推论：与母亲相比男孩更像父亲，与父亲相比女孩更像母亲。但是，没有研究得出这样的结论。

在观察研究中发现，儿童并非简单地模仿同性别父母。相反，儿童通过大量的观察，了解了各种行为在不同性别个体身上出现的频率，习得了适合不同性别的行为，然后模仿认为适合自己性别的行为（Perry，1979）。

除了父母，儿童在生活中还观察他人作为模仿的榜样，同伴是重要的模仿榜样。前面曾讨论过儿童对同性同伴的偏爱，这说明，并非特定个体对儿童性别刻板行为产生强烈的影响。性别刻板印象无处不在，儿童早在2岁时就已经意识到它的存在。

2. 认知理论

认知理论认为，在性别角色获得中父母并不重要，该理论的核心是突出儿童在发展中的主动性。具体到性别角色的获得，认为儿童会了解有关自己性别的信息，并使自己朝向特定性别发展，实现社会化；父母仅仅是儿童获得与性别有关信息的一个来源而已。

该理论指导下的早期研究，关注儿童对性别概念理解的过程；晚近的性别图式理论关注儿童对性别知识的组织。性别图式是对性别知识的组织，其功能类似于性别刻板印象。性别图式影响人感知和识记周围信息的方式，因此，人对与自己性别图式一致的信息给予更多的注意，也就更容易记住这些信息，而对与自己性别图式不一致的信息给予的注意较少，也就不容易记住这些信息。

对性别认识的一个主要标志是知道自己的性别。2—3岁时，儿童就能正确辨识自己和他人的性别，并根据性别组织信息。知道一个人的性别，儿童就能根据其性别推测出其他的行为，如学前儿童能推测出男孩喜欢小汽车和火车。再大一些的儿童对性别的认识更为复杂，对性别刻板印象的理解也更为灵活。他们知道男孩喜欢足球和卡车、女孩钟爱洋娃娃和服饰，但是他们也知道会有例外（C. L. Martin，1993）。这似乎在说明，年幼儿童比年长儿童拥有更稳定的性别刻板印象。

性别图式在不同儿童之间存在差异，儿童根据性别图式组织、注意、识记的信息也不相同（G. D. Levy & D. B. Carter，1989）。Martin（1991）的研究还发现了一个非常有趣的现象，那些性别图式组织程度高的儿童，在性别角色行为上并不是更为刻板的。

3. 社会认知理论

社会认知理论是对社会学习理论和认知理论的综合。该理论认为对同性别父母的模仿在性别角色发展中仍具有重要的作用，同时也承认在这个模仿过程中有复杂的认知技能参与，而非对榜样的简单、直接的模仿。社会认知理论强调社会因素对性别刻板行为获得的影响。例如，多数文化认为做饭不是男性应有的行为，如果某一文化中男性做饭非常普遍，那么男性做饭很容易被该文化背景下的男性所接受。

社会认知论和认知论的差异在于对发展机制认识的不同（Bussey，1999）。认知理论关注性别知识的获得，社会认知理论对性别知识如何转化为行为更感兴趣。这种转化有多种机制参与其中：自我调控机制在社会认可（social sanction）、儿童对自己认可的形成中起作用；儿童做自己认为有价值的事情，在做中体验着自我价值；自我效能感作为动机机制也在起作用，例如儿童更愿意模仿他们认为自己能模仿的行为。

尽管社会认知理论提供了一个研究性别知识和性别角色行为之间联系的框架，但是，已有的研究并没有在两者之间建立起一个具有说服力的联系。

4. 性别分离

以往对性别角色发展的解释多从个体角度出发，近些年来有很多人关注群体过程，从群体的角度理解性别角色的发展。

性别分离——儿童喜欢与同性别同伴游戏，这种现象是在群体背景下而非个体水平上发生的。虽然有证据表明生物的、社会化和认知机制在该现象中都起到一定的作用，但是，至少要承认性别分离是儿童与同性别同伴行为进行比较后而产生的。Maccoby（1998）认为，儿童喜欢与自己风格一致的同伴游戏，既是性别分离的开始也是对性别分离的维护。女孩避免和男孩玩耍是因为男孩太淘气，男孩避免和女孩游戏是因为女孩太安静。两性各自互动风格的不同在性别刻板行为发展中也起到一定的作用。正如我们观察到的，男孩比女孩更具有支配性，女孩比男孩表现出更多的合作。女孩不想和男孩玩是因为她们认为男孩太强势，男孩不想与女孩玩是因为女孩太安静。性别分离一旦形成，不同性别群体互动的风格差异会更大，于是，区别两性间的文化就建立起来，并被保持着。

## 第四节　儿童自我控制能力的培养

自我控制是人对自身心理与行为的主动掌握，自我控制对儿童的学业和社会行为等方面有着重要的影响，因此，自我控制就成为一种不可忽视的心理能力。

## 一　日常生活中对儿童提出要求

在日常生活中，成人根据情景对儿童随时随地提出要求：不能再喝果汁了、关掉电视去睡觉、问候老师……在完成成人要求的过程中，儿童就学会了控制自己。

因为，成人的要求对儿童来说往往是有“难度”的，儿童需要抑制自己的冲动、与自己的不情愿做斗争后方能达到父母的要求。美味的果汁诱发儿童进食的冲动，但是，这种冲动必须受到压抑；变幻的电视动画令儿童目不斜视，但是，到了睡觉的时间，儿童必须恋恋不舍地离开电视；见到他人时，儿童不明白为什么要说“你好”，可是成人使用表扬和批评等手段让问候他人成为儿童自动化的行为。

## 二　形成固定的规则

日复一日的生活，有些内容是固定不变的：进食、睡眠、学习等。在固定重复的生活内容方面，要给儿童制定长期遵守的行为规则。

家庭中对儿童固定的要求很多：进门先换拖鞋、吃饭之前要洗手、游戏结束后把玩具收拾好……

教育机构对儿童固定的要求有：在幼儿园，吃饭不能说话、排队去厕所、不能抢玩具……在学校，说话之前要举手、按时完成作业、按照铃声来决定作息……

所有这些固定的规则，在不断重复中得以内化：儿童识记规则、监督自己遵守规则。并发展出内在的自我控制能力，在需要时迁移至其他情境。儿童将规则内化也减轻了养育者的负担。

## 三　要求与规则的适度

成人对儿童所提要求和制定的规则要适度，即依据儿童的年龄特点、生活内容和个体差异提出要求、制定行为规则。

神经系统尤其是大脑皮质的发育对儿童自我控制能力的发展有着直接的影响。出生时，大脑皮质的兴奋过程占据优势，抑制机能薄弱，在行为上则表现为冲动和难于控制。约从 4 岁开始，由于神经系统结构的发展，内抑制机能开始发展起来，儿童开始逐步控制自己的活动和情绪。

有研究（谢军，1994）显示，儿童自我控制能力随年龄增长而提高，3—5 岁是儿童自我控制发展最为迅速的时期。

对 3 岁前儿童的要求和规则，内容主要是围绕生活的，以“不允许”为主，以建立良好的生活习惯为主。之后，可以增加一些新的内容，如学习和做事，此时以“应该做”为主；规定儿童做力所能及的事情——收拾玩具、分发或拿取碗筷等。总之，随儿童年龄的增长，要求与规则不断提高。

### 四　帮助、引导、监督儿童完成要求与遵守规则

要求与行为规则需要得到执行、体现为行为才能起到培养自我控制能力的作用。因此，多种策略、方法的使用，帮助、引导、监督儿童完成要求与遵守规则，成为最为关键的环节。

（一）对要求和规则进行讲解

探究世界是人的本能，每个阶段的儿童都以他们的方式“研究”着周围的一切，“是什么”、“为什么”是儿童的口头禅。所以，对儿童所提要求和制定的行为规则，要进行必要的解释，儿童越大越需要解释。当他们认识到要求和规则的必要性时，执行起来效果更好。

（二）用儿童能理解的语言和方式提出要求和规则

由于儿童很容易遗忘，所以，要求和规则必须反复提及，这样容易导致成人的负面情绪。在合适的地方用恰当的方式呈现规则，就避免了成人不断重复要求。如，在一进家的门口，挂一幅儿童换鞋的卡通图片，就可以达到提示的作用。

（三）行为主义原理与技术的使用

对于人的行为产生、维持、消除，行为主义进行了大量的研究并上升为理论——条件反射原理。儿童完成成人的要求、执行规则需要成人的监督和帮助。条件反射原理是成人经常使用的技术：目标行为受到强化。

如，一个 5 岁的幼儿经常抢同伴的玩具，令老师非常头痛。有一天，老师跟这个幼儿约定：如果一天都没有抢同伴的玩具，老师就给予奖励。这个约定持续了四个星期，在这四个星期中该幼儿抢玩具的次数有所减少。之后，老师与这个幼儿又有了新的约定：如果连续两天都没有抢同伴

的玩具，老师就给予奖励……

可以想象，在循序渐进中，这个幼儿抢夺玩具的行为在减少，遵守规则的次数在增加，在遵守规则中抑制冲动，自我控制能力得到发展。

班杜拉的社会学习理论认为，儿童可以通过观察被模仿者（榜样）受到奖赏或强化而产生自我强化作用。因此，成人要给儿童提供可模仿的榜样，来提高儿童自我控制的能力。父母、教师、同伴、文学作品中的人物都可以成为儿童模仿的榜样。

## 五　行为要求与行为规则的基本原则

要求与规则是儿童行为的准绳，成人对儿童所提要求和制定的行为规则也要遵循以下基本原则。

（一）保守原则

如果不能确定儿童能执行成人所提要求和制定的行为规则，那么，这样的要求和规则最好不要提。因为，儿童一旦发现成人的要求和规则是可以不执行的，那么他就可以把自己的“发现”迁移至其他的情景中，这显然不利于要求与规则的贯彻执行。

（二）一致性原则

要求和规则一旦“出台”，就应该坚持执行。避免成人高兴时放松要求、不按要求去做，不高兴时就提高要求现象的出现。当然，家庭或教育成员间对儿童的要求也应该是一致的，“严父慈母”并不值得提倡。

（三）在做中学

自我控制是在执行成人的要求和规则中实现的，前面曾提到讲解规则的重要性。但是，讲解规则与执行规则在自我控制培养中的重要性不是等值的。每个成年人都知道为什么要遵守交通规则，但是不遵守交通规则的大有人在。可见，“做”比“知”更为重要。所以，更应该注重在做事中培养儿童的自我控制能力，而不是靠说教。

（四）整体性原则

人的心理是作为一个整体存在并发挥其功能的。自我控制作为构成心理整体的一个部分，与其他心理成分相互关联、影响。有研究显示，注意、言语都与自我控制能力有关（陈伟民，2002）。因此，在培养自我控制能力时，视野应该更开阔些，将自我控制与其他心理能力培养结合起来综合考虑。

## 性别角色的双性化

双性化（androgyny）指的是同时具有男性气质和女性气质的心理特征，又称两性化人格、双性化人格。近年来，国内外一些心理学研究发现：在人格发展水平上，双性化者最优；在社会生活中，双性化者自我概念更为完善，更具有灵活性和适应性；在心理健康水平方面，双性化者心理健康水平最高。所以，人们普遍认为，双性化是超越传统性别分类的更具有积极潜能的、理想的人类性别角色。

但是，从生物学角度来看，两性不仅存在着生物层面上的差异，而且这种生物学上的差异还影响到心理和行为上的差异。所以说，性别角色的形成在一定程度上取决于其生物遗传因素，而两性的生物学差异，决定了性别角色双性化的两种成分——男性气质和女性气质，在个体身上是不可能平分秋色的。这就是说，男性形成女性化气质和女性形成男性化气质的过程中需要把握一个度，否则就会变成中性人，甚至形成与个体生理性别相反的性别角色。而这恰恰不是我们所希望的。由此看来，性别角色的双性化不仅是个理论问题，更是一个实践问题。在理论上探讨性别角色的双性化是很容易的，而在实践中操作则是一个极为复杂的问题。

**参考文献**

陈伟民、桑标："儿童自我控制研究述评"，《心理科学进展》2002 年第 10 期。

方富熹、Henry M. Wellman、刘玉娟等："纵向再探学前儿童心理理论发展模式"，《心理学报》2009 年第 8 期。

李凤杰、杨丽珠："小学儿童自我控制结构的研究"，《心理研究》2009 年第 2 期。

刘萃侠、肖健、胡军生："国外控制策略研究简介"，《中国心理卫生杂志》2002 年第 12 期。

王昱文、王振宏、刘建君："小学儿童自我意识情绪理解发展及其与亲社会行为、同伴接纳的关系"，《心理发展与教育》2011 年第 1 期。

谢军："3—9 岁儿童自我控制能力的发展研究"，《心理发展与教育》1994 年第 4 期。

徐琴美、张晓贤："5—9 岁儿童内疚情绪理解的特点"，《心理发展与教育》2003 年第 3 期。

杨丽珠、董光恒："3—5 岁幼儿自我控制能力结构研究"，《心理发展与教育》2005 年第 4 期。

杨丽珠："试谈儿童自我意识的发展"，《辽宁师范大学学报》（社科版）1985 年第 2 期。

张婷、吴睿明、李红等："不同维度的执行功能与早期心理理论的关系"，《心理学报》2006 年第 1 期。

郑淑杰、石松山、郑彬："小学生攻击、情绪问题发展趋势与自我控制关系的追踪研究"，《中国学校卫生》2008 年第 10 期。

Appleton, M., & Reddy, V. (1996). Teaching three year - olds to pass false - belief tests: A conversational approach. *Social Development*, 5, 275 - 291.

Aschersleben, G., Hofer, T., & Jovanovicˇ, B. (2008). The link between infant attention to goal - directed action and later theory of mind abilities. *Developmental Science*, 11, 862 - 868.

Astington, J. W., Harris, P. L., & Olson, D. (1988). *Developing Theories of Mind*. Cambridge, England: Cambridge University Press.

Astington, J. W., & Jenkins, J. M. (1999). A longitudinal study of the relations between language and theory - of - mind development. *Developmental Psychology*, 35, 1311 - 1320.

Berenbaum, S. A., & Hines, M. (1992). Early androgens are related to childhood sex - typed toy preferences. *Psychological Science*, 3, 203 - 206.

Berenbaum, S. A., & Resnick, S. M. (1997). Early androgen effects on aggression in children and adults with congenital adrenal hyperplasia. *Psycho neuroendocrinology*, 22, 505 - 515.

Bosacki, S., & Astington, J. W. (1999). Theory of mind in preadolescence: Relations between social understanding and social competence. *Social Development*, 8, 237 - 255.

Braungart - Rieker, J., Garwood, M. M., & Stifter, C. A. (1997). Compliance and Noncompliance: The Roles of Maternal Control and Child Temperament. *Journal of Applied Developmental Psychology*, 18, 411 - 428.

Bussey, K., & Bandura, A. (1999). Social cognitive theory of gender development and differentiation. *Psychological Review*, 106, 676 - 713.

Cassidy, K. W., Fineberg, D. S., Brown, K., & Perkins, A. (2005). Theory of mind may be contagious, but you don' t catch it from your twin. *Child Development*, 76, 97 - 106.

Carlson, S. M., Mandell, D., & Williams, L. (2004). Executive function and theory of mind: Stability and prediction from ages 2 to 3. *Developmental Psychology*, 40, 1105 – 1122.

Carpendale, J. I., & Chandler, M. J. (1996). On the distinction between false – belief understanding and subscribing to an interpretive theory of mind. *Child Development*, 67, 1686 – 1706.

Chen, E., & Rao, N. (2011). Gender Socialization in Chinese Kindergartens: Teachers' Contributions. Sex Roles, 64, 103 – 116

Cole, K., & Mitchell, P. (2000). Siblings in the development of executive control and a theory of mind. *British Journal of Developmental Psychology*, 18, 279 – 295.

Colman, R. A., Hardy, S. A., Albert, M. Raffaelli, M. & Crockett, L. (2006). Early Predictors of Self – Regulation in Middle Childhood. *Infant and Child Development*, 15, 421 – 437

Crockenberg, S., & Litman, C. (1990). Autonomy as competence in 2 – year – olds: Maternal correlates of child defiance, compliance, and self – assertion. *Developmental Psychology*, 26, 961 – 971.

Crombie, G., & Desjardins, M. J. (1993). *Predictors of Gender: The Relative Importance of Children's Play, Games and Personality Characteristics*? New Orleans: Society for Research in Child Development.

Cutting, A. L., & Dunn, J. (1999). Theory of mind, emotion understanding, language, and family background: Individual differences and interrelations. *Child Development*, 70, 853 – 865.

Davies, M., & Stone, T. (1995). *Mental Simulation*. Oxford, England: Blackwell.

Dittman, R. W., Kappes, M. H., Kappes, M. E. Borger, D., Meyer – Bahlburg, H. F. L., Stegner, H., Willig, R. H., & Wallis, H. (1990). Congenital adrenal hyperplasia II. Gender – related behavior and attitudes in female salt – wasting and simple – virilizing patients. *Psycho neuroendocrinology*, 15, 401 – 420.

De Villiers, J. G., & de Villiers, P. A. (2000). Linguistic determinism and the understanding of false beliefs. In P. Mitchell & K. J. Riggs (Eds.), *Children's Reasoning and the Mind* (pp. 191 – 228).

Dennis, T. (2006). Emotional Self – Regulation in Preschoolers: The Interplay of Child Approach Reactivity, Parenting, and Control Capacities. *Developmental Psychology*, 42, 84 – 97.

Dunn, J. & Munn, P. (1986). Sibling quarrels and maternal intervention: individual differences in understanding and aggression. *Journal of Child Psychology and Psychiatry and*

*Allied Disciplines*, 27, 583 - 595

Dunn, J. (1988) . *The Beginning of Social Understanding.* London, UK: Blackwell.

Dunn, J. (1993) . *Young Children's Close Relationships.* Newburg Park, CA: Sage.

Dunn, J., Brown, J., Slomkowki, C., Tesla, C., & Youngblade, L. (1991). Young children's understanding of other people' s feelings and beliefs: Individual differences and their antecedents. *Child Development*, 62, 1352 - 1366.

Ehrhardt, A. A., Grisanti, G. C., & Meyer - Bahlburg, H. F. L. (1977) . Prenatal exposure to medroxyprogesterone acetate (MPA) in girls. *Psycho neuroendocrinology*, 2, 391 - 398.

Eisenberg, A. R. (1992) . Conflicts between mothers and their young children. *Merill - Palmer Quaterly*, 38, 21 - 43.

Fagot, B. I., & Hagan, R. (1991) . Observations of parent reactions to sex - stereotyped behaviors. *Child Development*, 62, 617 - 628.

Feldman, R., & Klein, P. S. (2003) . Toddlers' Self - Regulated Compliance to Mothers, Caregivers, and Fathers: Implications for Theories of Socialization. *Developmental Psychology*, 39, 680 - 692.

Fivush, R. (1989) . Exploring sex differences in the emotional content of mother - child conversations about the past. *Sex Roles*, 20, 675 - 691.

Flynn, E., O' Malley, C., & Wood, D. (2004) . A longitudinal, microgenetic study of the emergence of false belief understanding and inhibition skills. *Developmental Science*, 7, 103 - 115.

Flynn, E. (2007) . The role of inhibitory control in false belief understanding. *Infant and Child Development*, 16, 53 - 69.

Frye, D., Zelazo, P. D., & Palfai, T. (1995) . Inference and action in early causal reasoning. *Cognitive Development*, 10, 120 - 131.

Garon, N., Bryson, S. E., & Smith, I. M. (2008) . Executive Function in Preschoolers: A Review Using an Integrative Framework. *Psychological Bulletin*, 134, 31 - 60.

Golombok, S., & Hines, M. (2004) . Sex differences in social behavior. In Smith, P. K., & Hart, G. H. (Eds.), Blackwell Handbook of Childhood Social Development.

Wiley - Blackwell Goy, R. W., & McEwen, B. S. (1980) . *Sexual Differentiation of the Brain.* Cambridge, MA. MIT Press.

Gralinski, J. H., Kopp, C. B. (1993) . Every rules behavior: Mothers' request to young children. *Developmental Psychology*, 29, 573 - 584.

Harris, P. L. (1996) . Desires, beliefs, and language. In P. Carruthers & P. K. Smith

(Eds.), *Theories of Theories of Mind* (pp. 200 - 220). Cambridge, England: Cambridge University Press.

Hay, C., & Forrest, W. (2006). The development of self - control: examining self - control theory' s stability thesis. *Criminology*, 44, 739 - 774.

Heckhausen, A., & Schulz, R. (1995). A Life - Span Theory of Control. *Psychological Review*, 102, 284 - 304.

Helleday, J., Edman, G., Ritzen, E. M., & Siwers, B. (1993). Personality characteristics and platelet MAO activity in women with congenital adrenal hyperplasia (CAH). *Psycho neuroendocrinology*, 18, 343 - 354.

Henning, A., Spinath, F., Aschersleben, G. (2011). The link between preschoolers' executive function and theory of mind and the role of epistemic states. *Journal of Experimental Child Psychology*, 108, 513 - 531.

Hines, M., & Kaufman, F. R. (1994). Androgen and the development of human sex - typical behavior: Rough - and - tumble play and sex of preferred playmates in children with congenital adrenal hyperplasia (CAH). *Child Development*, 65, 1042 - 1053.

Horan, S. M., Houser, M. H., & Cowan, R. L. (2007). Are Children Communicated with Equally? An Investigation of Parent - Child Sex Composition and Gender Role Communication Differences. *Communication Research Reports*, 24, 361 - 372.

Hughes, C. (1998). Executive function in preschoolers: Links with theory of mind and verbal ability. *British Journal of Developmental Psychology*, 16, 233 - 253.

Kagan, J. (1981). *The Second Year: The Emergence of Self - awareness. Cambridge, MA: Harvard University Press.*

Kuczynski, L. (1984). Socialization goals and mother - child interaction: Strategies for long - term and short - term compliance. *Developmental Psychology*, 20, 1061 - 1073.

LaFreniere, P., Strayor, F., & Gauthier, R. (1984). The emergence of same - sex affiliative preference among preschool peers: A developmental/ethological perspective. *Child Development*, 55, 1958 - 1965.

Langlois, J. H., & Downs, A. C. (1980). Mothers, fathers, and peers as socialization agents of sextyped play behaviors in young children. *Child Development*, 51, 1237 - 1247.

Lengua, L. J. (2002). The Contribution of Emotionality and Self - Regulation to the Understanding of Children's Response to Multiple Risk. *Child Development*, 73, 144 - 161.

Lewis, C., Freeman, N. H., Kyriakidou, C., Maridaki - Kassotiaki, K., & Berridge, D. M. (1996). Social influences on false - belief access: Specific sibling influences or general apprenticeship? *Child Development*, 67, 2930 - 2947.

Levy, G. D. , & Carter, D. B. (1989) . Gender schema, gender constancy and gender role knowledge: The roles of cognitive factors in preschoolers' gender – role stereotypic attitudes. *Developmental Review*, 25, 444 – 449.

Lewis, C. , & Carpendale , J. (2004) . Social Cognition. In Smith, P. K. ; Hart, C. H. (Eds. ) . *Blackwell Handbook of Childhood Social Development.* (pp. 375 – 393) . Oxford UK: Blackwell Publishing.

Lytton, H. ; Zwirner, W. (1975) . Compliance and its controlling stimuli observed in a natural setting. *Developmental Psychology*, 11, 769 – 779.

Jenkins, J. M. , & Astington, J. W. (1996) . Cognitive factors and family structure associated with theory of mind development in young children. *Developmental Psychology*, 32, 70 – 78.

June, T. P. , Roy, B. F. , & Luzio, B. A. (2004) . High self control predicts good adjustment, less pathology, better grades, and interpersonal success. *Journal of Personality*, 72, 271 – 324.

Kagan, J. (1981) . *The Second Year: The Emergence of Self – awarence.* Cambridge, MA: Harvard Univeisity Press.

Karniol, R. . (2009) . Israeli Kindergarten Children's Gender Constancy for Others' Counter – Stereotypic Toy Play and Appearance: the Role of Sibling Gender and Relative Age. *Infant and Child Development*, 18, 73 – 94.

Kopp, C. B. (1982) . Antecedents of Self – Regulation: A Developmental Perspective. *Developmental Psychology*, 18, 199 – 214.

Leslie, A. M. (1987) . Pretense and representation: The origins of "theory of mind." *Psychological Review*, 94, 412 – 426.

Lytton, H. , & Romney, D. M. (1991) . Parents' differential socialization of boys and girls: A metaanalysis. *Psychological Bulletin*, 109, 267 – 296.

Maccoby, E. E. , & Jacklin, C. N. (1974) . *The Psychology of Sex Differences.* Stanford, CA: Stanford University Press.

Maccoby, E. E. , & Jacklin, C. N. (1987) . Gender segregation in children. In H. W. Reece (Ed. ), *Advances in Child Development and Behavior.* New York: Academic Press.

Maccoby, E. E. (1998) . *The Two Sexes: Growing Up Apart, Coming Together.* Cambridge, MA: Harvard University Press.

Marcus, D. E. , & Overton, W. F. (1978) . The development of cognitive gender constancy and sex role preferences. *Child Development*, 49, 434 – 444.

Martin, C. L. , Wood, C. H. , & Little, J. K. (1990) . The development of gender stereotype components. *Child Development*, 61, 1891 – 1904.

Martin, C. L. (1991). The role of cognition in understanding gender effects. In H. Reese (Ed.), *Advances in Child Development and Behavior* (pp. 113 – 164). San Diego, CA: Academic Press.

Martin, C. L. (1993). New directions for assessing children's gender knowledge. *Developmental Review*, 13, 184 – 202.

McAlister, A., & Peterson, C. (2006). Mental playmates: Siblings, executive functioning, and theory of mind. *British Journal of Developmental Psychology*, 24, 733 – 751.

McAlister, A., & Peterson, C. (2007). A longitudinal study of child siblings and theory of mind development. *Cognitive Development*, 22, 258 – 270.

McGuire, L. S., Ryan, K. O., & Omenn, G. S. (1975). Congenital adrenal hyperplasia. II. Cognitive and behavioral studies. *Behavior Genetics*, 5, 175 – 188.

McLaughlin, B. (1983). Child Compliance to Parental Control Techniques. *Developmental Psychology*, 19, 667 – 673.

Meyer – Bahlburg, H. F. L., Feldman, J. F., Cohen, P., & Ehrhardt, A. A. (1988). Perinatal factors in the development of gender – related play behavior: Sex hormones versus pregnancy complications. *Psychiatry*, 51, 260 – 271.

Mischel, W., Shoda, Y., & Peake, P. K. (1988). The nature of adolescent competencies predicted by preschool delay of gratification. *Journal of Personality and Social Psychology*, 54, 687 – 696.

Moore, C., Furrow, D., Chiasson, L., & Patriquin, M. (1994). Developmental relationships between production and comprehension of mental terms. *First Language*, 14, 1 – 17.

Money, J., & Ehrhardt, A. A. (1972). *Man and Woman, Boy and Girl. The differentiation and dimorphism of Gender Identity from Conception to Maturity*. Baltimore: Johns Hopkins University Press.

Montemayor, R. & Eisen, M. (1977). The Development of Self – Conceptions from Childhood to Adolescenc. *Developmental Psychology*, 13 (4), 314 – 319.

Moore, C., & Dunham, P. (1995). *Joint Attention: Its Origins and Role in Development*. Hillsdale, NJ: Erlbaum.

Nakhair, M. R., Silverman, R. A., & LaGrange, T. C. (2000). Self – control and social control: An examination of Gender, ethnicity, class and delinquency. *Canadian Jounal of Sociology*, 24, 35 – 59.

Nelson, C. D., & Stockdale, D. F. (1985). Maternal control behavior and compliance of preschool children. *Parenting Sdudies*, 1, 11 – 18

Newton, P. , Reddy, V. , & Bull, R. (2000) . Children's everyday deception and performance on false – belief tasks. *British Journal of Developmental Psychology*, 18, 297 –317.

Nucci, L. P. ; Nucci, M. S. (1982) . Children's Social Interactions in the Context of Moral and Conventional Transgressions. *Child Development*, 53, 403 –412.

Partt, T. C. , & Cullen, F. T. (2000) . The empirical status of Gottfredson and Hirschi' s general theory of crime: A meta – analysis. *Criminology*, 38, 931 –964.

Patterson, G. R. , & Forgatch, M. (1987) . *Parents and adolences: Living together*. Eugene, OR: Castilia Press.

Patterson, G. R. , De Baryshe, D. , & Ramsey, E. (1989) . Adevelopmental perspective on antisocial behavior. *American Psychology*, 44, 439 –455.

Pellegrini, A. D. , Bohn – Gettler, C. M. , & Dupuis, D. (2011) . An empirical examination of sex differences in scoring preschool children's aggression. *Journal of Experimental Child Psychology*, 109, 232 –238.

Perner, J. (1991) . *Understanding the Representational Mind*. Cambridge, MA: MIT Press.

Perner, J. , Ruffman, T. , & Leekam, S. R. (1994) . Theory of mind is contagious: You catch it from your sibs. *Child Development*, 65, 1228 –1238.

Perner, J. , & Lang, B. (2000) . *Theory of Mind and Executive Function*. In S. Baron – Cohen (Eds. )

Pillow, B. H. (1991) . Children's understanding of biased social cognition. *Developmental Psychology*, 27, 539 –551.

Perlman, S. M. (1973) . Cognitive abilities of children with hormone abnormalities. Screening by psychoeducational tests. *Journal of Learning Disabilities*, 6, 21 –29.

Perry, D. G. , & Bussey, K. (1979) . The social learning theory of sex difference: Imitation is alive and well. *Journal of Personality and Social Psychology*, 37, 1699 –1712.

Ponitz, C. C. , & McClelland, M. M. (2009) . A Structured Observation of Behavioral Self – Regulation and Its Contribution to Kindergarten Outcomes. *Developmental Psychology*, 3, 605 –619.

Power, T. G. , McGrath, M. P. , Hughes, S. Q. , & Manire, S. H. (1994) . Compliance and Self – Assertion: Young Children's Responses to Mothers Versus Fathers. *Developmental Psychology*, 30, 980 –989.

Reinisch, J. M. (1981) . Prenatal exposure to synthetic progestins increases potential for aggression in humans. *Science*, 211, 1171 –1173.

Riggs, K. J. , Peterson, D. M. , Robinson, E. J. , & Mitchell, P. (1998) . Are errors in false – belief tasks symptomatic of a broader difficulty with counterfactuality? *Cognitive*

*Development*, 13, 73 –91.

Robinson, C. C. , & Morris, J. T. (1986) . The gender – stereotyped nature of Christmas toys received by 36 – , 48 – , and 60 – month old children: A comparison between requested and nonrequested toys. *Sex Roles*, 15, 21 –32.

Rocissano, L. , Slade, A. , & Lynch, V. (1987) . Dyadic synchrony and toddler compliance. *Developmental Psychology*, 23, 698 –704.

Rothbaum, F. , Weisz, J. R. , & Snyder, S. S. (1982) . Changing the World and Changing the Self: A Two – Process Model of Perceived Control. *Journal of Personality and Social Psychology*, 42, 5 –37.

Ruffman, T. , Perner, J. , & Parkin, L. (1999) . How parenting style affects false – belief understanding. *Social Development*, 8, 395 –411.

Russell, J. , Mauthner, N. , Sharpe, S. , & Tidswell, T. (1991) . The "windows task" as a measure of strategic deception in preschoolers and autistic subjects. *British Journal of Developmental Psychology*, 9, 331 –349.

Russell, J. (1996) . *Agency: Its Role in Mental Development.* Hove, England: Erlbaum.

Sabbagh, M. A. , Moses, L. J. , & Shiverick, S. M. (2006) . Executive functioning and preschoolers' understanding of false belief, false photographs, and false signs. *Child Development*, 77, 1034 –1049.

Schaffer, H. R. (1984) . *The Child' s Entry into a Social Word.* London: Academic Press.

Sheldon, A. (1990) . Pickle fights: Gendered talk in preschool disputes. *Discourse Processes*, 13, 5 –31.

Serbin, L. A. , Powlishta, K. K. , & Gulko, J. (1993) . *The Development of Sex Typing in Middle Childhood. Monographs of the Society for Research in Child Development*, 58, 1 –74.

Signorella, M. L. , Bigler, R. S. , & Liben, L. S. (1993) . Developmental differences in children's gender schemata about others: A meta – analytic review. *Developmental Review*, 13, 106 –126.

Smetana, J. G. , & Braeges, J. L. (1990) . the development of doddlers' moral and conventional judgements. *Merrill – Palmer Quarterly*, 36, 329 –346.

Snow, M. E. , Jacklin, C. N. , & Maccoby, E. E. (1983) . Sex – of – child differences in father – child interaction at one year of age. *Child Development*, 49, 227 –232.

Stafford, L. , Bayer, C. L. (1993) . *Interaction Between Parens and Children.* Newburg Park, CA: Sage.

Sutton, J. , Smith, P. K. , & Swettenham, J. (1999) . Social cognition and bullying: Social inadequacy of skilled manipulation? *British Journal of Developmental Psychology*, 17, 435 -450.

Tager - Flusberg, & D. Cohen (2000). *Understanding other Minds*, 2nd ed. (pp. 151 - 179). Oxford, England: Oxford University Press.

Tannen, D. (1990). Gender differences in topical coherence: Creating involvement in best friend' s talk. *Discourse Processes*, 13, 73 -90.

Tizard, B., & Hughes, M. (1984). *Young Children Learning: Talking and Thingking at Home and at School.* London: Fontana.

Turnbull, W., & Carpendale, J. I. M. (1999). A social pragmatic model of talk: Implications for research on the development of children's social understanding. *Human Development*, 42, 328 -355.

Vaughn, B. E., Kopp, C. B. (1984). The Emergence and Consolidation of Self - Control from Eighteen to Thirty Months of Age: Normative Trends and Individual Differences. *Child Development*, 55, 990 -1004.

Vinden, P. G. (1996). Junin Quechua children's understanding of mind. *Child Development*, 67, 1701 -1716.

Watson, A. C., Nixon, C. L., Wilson, A., & Capage, L. (1999). Social interaction skills and theory of mind in young children. *Developmental Psychology*, 35, 386 -391.

McLaughlin, B. (1983). Child Compliance to Parental Control Techniques. *Developmental Psychology*, 19, 667 -673.

Weisz, J. R., Rothbaum, F. M., & Blackburn, T. C. (1984). Standing out and standing in: The psychology of control in America and Japan. *American Psychologist*, 39, 955 -969.

Wellman, H. M. (1990). *The Child's Theory of Mind.* Cambridge, MA: MIT Press.

Wellman, H. M., Cross, D., & Watson, J. (2001). Meta - analysis of theory of mind development: The truth about false belief. *Child Development*, 72, 655 -684.

Wellman, H. M. (2002). Understanding the psychological world: Developing a theory of mind. In U. Goswami (Ed.), *Handbook of Childhood Cognitive Development* (pp. 167 - 187). Oxford, England: Blackwell.

Wellman, H. M., & Liu, D. (2004). Scaling of theory - of - mind tasks. *Child Development*, 75, 523 -541.

Wellman, H. M., Phillips, A., Dunphy - Lelii, S., & Lalonde, N. (2004). Infant social attention predicts preschool social cognition. *Developmental Science*, 7 (3), 283 -288.

Wellman, H. M., Fang, F., Liu, D., Zhu, L., & Liu, G. (2006). Scaling of theory - of - mind understandings in Chinese children. *Psychological Science*, 17, 1075 -1081.

Wimmer, H. , & Perner, J. (1983) . Beliefs about beliefs: Representation and constraining function of wrong beliefs in young children's understanding of deception. *Cognition*, 13, 103 - 128.

Zahn - Waxler, Carolyn; Radke - Yarrow, Marian; King, Robert A. ( 1979 ) . Child Rearing and Children's Prosocial Initiations toward Victims of Distress. *Child Development*, 50, 319 - 330.

# 第八章　游戏

游戏是儿童行为的重要组成部分，占用了儿童大量的时间，是儿童最感兴趣的活动。游戏对儿童发展的意义和作用，在教育学中的论述非常详尽。发展心理学关注的是游戏过程及其心理机制。儿童游戏形式多种多样，可以从不同角度进行划分而存在不同种类。本章主要讨论假装游戏（pretend play）和嬉闹游戏（rough – and – tumble play，RTP）。

## 第一节　假装游戏

### 一　什么是假装游戏

游戏虽然常见，对其进行准确的定义并非易事。“游戏定义问题的困难性，不仅在于学术背景不同的研究者观察问题的角度的不同，因此造成了游戏解释的多样性，而且还在于游戏这种现象本身的复杂性”（刘焱，2008）。假装游戏作为游戏的一个种类，具有游戏的共同特征，也具有其特殊性。

假装游戏是一种令人愉悦、由内在动机推动的活动，活动者转换（transform）人、物、情景和时间的意义。转换是该游戏的突出特征，游戏者扮演一个角色是转换，改变客体的原本功用是转换（把积木当做饭碗、把游戏室当做医院），把白天当做黑夜也是转换。这一定义强调游戏对发展的作用和游戏的教育价值。后来，研究者扩展了假装游戏的定义，强调假装游戏的元信息交流[①]（metacommunicative messages）和对重要情感经历的表征。假装游戏的“假装”在英文中除了使用“pretend”，还使用“dramatic”、“fantasy”等词。各种表达的共性是“假想”、“想象”。

① 元信息交流，是指用直观的方式传递信息，如使用肢体语言、表情传递信息。

## 二　假装游戏的心理背景

游戏作为一种活动，有多种心理成分参与，伴随其他心理现象的发展而发展。研究者主要关注游戏时的交流、象征性表征和情感表征三个领域。

### （一）交流

对社会性假装游戏发展的研究，综合使用了 Parten（1932）和 Smilansky（1968）的分类。Parten 根据儿童参与游戏的社会互动程度，将游戏分为单独游戏（solitary play）、平行游戏（parallel play）、联合游戏（associative play）和合作游戏（cooperative play），合作游戏是典型的社会性游戏。Smilansk 根据认知水平将儿童游戏分为功能游戏（functional play）、建构游戏（constructive play）和假装游戏（dramatic or pretend play）。儿童因其年龄的差异而喜爱不同的游戏，综合考虑不同分类标准，学前儿童的主要游戏形式是合作性的假装游戏，且随年龄的增长频率增加（Howes，1992）。但是对单独假装游戏、平行假装游戏情况的发展还不清楚，因为这些游戏出现的频率并不随年龄的增长而表现出特定的模式。

Parten 的游戏分类提出之后，引起了研究者的关注，并以这种分类为指导进行了相关研究，但所得结论的一致性不理想，于是出现了对 Parten 游戏分类的质疑。首先，儿童的非社会性游戏可能是因为他们喜欢，而并非他们没有这种能力。如果没有其他的信息提供证明和参考，儿童所玩要的游戏既不能归因为儿童的喜欢，也不能归因为儿童的能力。其次，Parten 对游戏种类的划分，关注的是互动背景下的游戏信息。但是，这些信息无助于对游戏过程的理解：儿童游戏是如何互动的？是如何构建社会性游戏活动的？例如，如果将儿童的游戏划归为合作类游戏，那就意味着应该有相互接纳、相互认可的游戏计划。但是，Parten 对这种游戏类型的划分并没有涉及儿童是如何表达和协商，从而达成共识、形成游戏计划的。最后，Parten 的研究是对儿童游戏进行短期的观察，这种观察结果对年龄较大儿童是比较准确的，对于年龄较小儿童，可能忽视了他们游戏时简短的社会互动。与此相关的是，如果不考虑社会游戏与单独游戏状态的关系（非此即彼），儿童是有可能在单独游戏中穿插着社会性游戏的。

很多研究致力于理解儿童游戏的过程：儿童是如何改变人、物、情景和时间的意义来维持假装游戏的。对过程的关注，使得发展心理学家的研究取向扩展到人类学、社会学和社会语言学。在研究游戏过程中，关注的是儿童如何用元信息方式进行交流、商讨游戏的，即在行为水平来理解这些元信息交流而不是只停留于表面的意义。而且，出现了一系列研究儿童游戏交流的理论（Sawyer，1997）。

对假装游戏过程的研究从微观和宏观两个视角切入。

微观的研究是以分子为单位的元信息交流——言语、活动、时间取样。这样的研究显示，假装游戏从婴儿期到学前期的发展表现出可预测的模式（Howes，1992）。2 岁时开始表现出假装（Wyman，2009），Bosco（2006）认为是从 16 个月开始理解假装的。横向与纵向的研究表明，儿童复杂的假装游戏是在 3 岁左右出现的，他们通过元信息交流实现相互接纳、角色互补，这些复杂的假装游戏反映了儿童理解他人意图、阐述自己意图能力的发展。

McLoyd 和 Thomas（1984）等人研究了 3.5—5 岁儿童的假装游戏，目的是探讨单独、双人、三人假装游戏的比例，以及元信息交流在假装游戏的开始和维持中的作用。结果显示，与年龄较小儿童相比，年龄较大儿童更愿意参与互动式的假装游戏。年龄较大儿童在游戏中使用清晰的元信息交流以维持游戏的进行。

Doyle 和 Doehring 等人（1992）研究了 4 岁和 6 岁儿童假装游戏中对人、物等的意义转换及游戏的协调。该研究最重要的发现是，协商形式的元信息交流是与规则同时出现的，这些规则用于维持游戏而不是发起一个游戏。De Lorimier 和 Doyle 等人（1995）对 4 岁和 6 岁儿童进行了研究，发现两个年龄段儿童玩耍假装游戏的时间量不存在差异，但是，与 6 岁儿童相比 4 岁儿童花较多的时间用于协调游戏活动。

Göncü（1993）研究了 3 岁和 3.5 岁儿童对社会性假装游戏的发起、维持和结束，目的是考察两个年龄段儿童的不同种类的元信息交流比例、谈话的功能和复杂性，具体包括邀请、计划、转换、接纳同伴、拒绝同伴、结束。研究发现，两个年龄段的儿童都用元信息交流来维持假装游戏，而不是用于发起和结束游戏；元信息交流的频率也不存在年龄差异。年龄大的儿童更愿意将自己的想法与同伴的想法联系在一起，且比年幼儿童在同一元信息交流中愿意表达更多的想法。

Howe 等（2005）研究了同胞关系与假装游戏的关系。选取 40 名有兄弟姐妹的儿童为被试，平均年龄是 55.75 个月（标准差 4.6 个月），这些被试都有一个同胞，其中 20 名被试有一个年长的同胞（平均年龄 7.10 岁，标准差 10.6 个月），另 20 名被试有一个年幼的同胞（平均年龄 3.6 岁，标准差 6.6 个月）。被试与其同胞的性别结构均衡：10 对男—男、9 对女—女、11 对女—男、10 对男—女。结果显示，交流时年长儿童更多使用接纳、说明、给予反应等积极策略维持假装游戏的进行，而年幼儿童表现出消极行为、无关行为等不利于假装游戏的进行。在学前儿童中，交流时头生子表现出更多的消极行为、无关行为，不利于行为的进行；而次生子则乐于接纳同伴的建议，将游戏进行下去。

Sawyer（1997）对 3—5 岁儿童社会性假装游戏的结构进行了广泛分析，研究历时 8 个月进行追踪，研究地点是教室。相关分析的结果显示，各年龄段儿童使用多种方式进行交流，商讨游戏结构。但是，与年龄较小儿童相比，年龄较大的儿童对游戏结构的协商更为明确。

总之，研究显示，3 岁是社会性假装游戏开始的年龄（Stambak，1993），随年龄增长，详尽的元信息交流增多（Lloyd，1995）。儿童用元信息交流来维持他们游戏中的互动而不是发起和结束游戏，以保证社会性假装游戏的前后一致和连续。

宏观视角的研究关注事件表征发展的差异、假装游戏表征的心理意义。使用较宏观的单位进行分析：文本（text）、行为计划、图式（script），而不是孤立地分析语言和行为。本问题在后文将有进一步论述。

在今后的研究中，该领域的研究内容还需要进一步扩展，关注年龄、游戏的事件表征、游戏的元信息交流之间是否相关联，如果存在关联其具体关系是怎样的。了解这些问题，将使我们更全面地描述儿童游戏行为的发展模式，帮助我们辨识影响儿童游戏的变量。

（二）象征性表征

象征性表征（symbolic representation）作为假装游戏的特征，被研究者广泛关注。最早的当属 Fein（1975）以 66 名 22—28 个月的儿童为被试的研究，分析了儿童是如何转换客体功用的，试图理解象征性表征的发展。该研究的意义得到了后人认可。但是，对学前儿童象征性表征发展的研究在早期并没有得到重视，近些年来才有比较多的研究出现，主要关注三个问题。

首先，游戏的象征性表征程度是否随年龄的增长而增加。研究显示，3—6 岁儿童社会性假装游戏的数量（Cole，1985）和复杂性（Göncü，

1988）随年龄的增长而增加。

其次，游戏中假装的转换模式是否存在发展的差异，即用一个事物替代另一个事物的方式是否因年龄不同而有差异。从 Matthews（1977）的研究开始，学前儿童象征性表征的转换模式被概括为两类：物质的和概念的。物质的转换模式是指用实际存在的一个客体作为信号物；概念的转换模式是指用一个观念而不是客体作为信号物。

有大量研究是在皮亚杰和维果斯基理论指导下进行的，他们的理论认为，随年龄增长，物质的转换模式减少而概念的转换模式增加。皮亚杰和维果斯基都认为，婴儿还不具有把意义从具体环境分离出来的能力，所以，婴儿的象征性转换不能从具体的世界分离出来。但是，在学前期随语言能力的发展，儿童逐渐能使用概念模式的转换。

Cole 和 LaVoie（1985）研究了2—6 岁儿童游戏转换的年龄差异，结果显示，随年龄增长，物质的转换模式下降而概念的转换模式增加。Doyle（1991）的研究结果也显示，5—6 岁儿童概念的转换模式在逐渐增加。但是，也有研究表明，3 岁和 4.5 岁儿童的概念转换模式并没有显著差异（Werebe，1991）。

最后，是对象征性转换来源的探讨。皮亚杰认为，转换源于日常生活的经验，随年龄增长，儿童由对直接经验的表征到对间接经验的表征。这看似很有道理，例如，一个 2 岁的婴儿会扮演（假装）母亲，给她的玩具娃娃喂食，而一个学前儿童却可以扮演（假装）成现实生活中她从未见过的巫婆。McLoyd（1984）等人的研究证实了上述观点，发现从 3.5 岁到 5 岁期间，儿童对事物意义的转换离他们的日常生活越来越远。

总之，除个别研究外，大多数的研究都支持随年龄增长学前儿童游戏转换更多地表现为概念模式的观点。但是，就此作出结论还为时过早，因为各研究的样本和程序不尽相同。为解决这一问题，可在研究中将年龄和转换模式（表征形式）分离开来。按照这种思路，Wall（1990）以 5 岁和 6 岁儿童为被试，只关注概念转换模式，结果发现，随年龄增长，角色游戏的数量和复杂性都在提高。但是，这种只操作一种转换模式的研究还不多，还需要进一步丰富。除了数量，还存在表征的质量问题，表征的质量是否随年龄增长而表现出差异。例如，年龄较大的儿童可以将一个角色演绎得详尽生动，而年龄较小的儿童对同一角色的扮演仅仅是几个孤立的动作。这说明，不同年龄儿童的表征质量是存在差异的，但是这方面的研究还很缺乏，不足以概括出有规律性的结论。另外，儿童使用何种转换模式是由儿童能力决定？还是由儿童的喜好决定？至少存在这种可能：尽管有概念转换的能力，但是儿童更愿意使用物质的转换模式。对这一问题目前尚缺少相关研究。

（三）情感表征

20 世纪 90 年代开始，对假装游戏中的情感进行的研究逐渐增多，因为心理发展理论认为，假装游戏伴随着内在情绪的调控。维果斯基（1978）认为，儿童的假装是为了满足现实生活中没有实现的愿望。皮亚杰（1962）和埃里克森（1972）则主张，儿童游戏中的假装是为了对有意义经验的情绪进行掌控。该领域的研究主要包括如下三个内容。

首先，一些研究试图寻找日常生活经验和游戏之间的关系。Corsaro（1983）观察到了一个 3 岁女孩与其同伴重现她的真实经历：她在电视屏幕里所看到的自己的弟弟。Field 和 Reite（1984）以 2—5 岁的儿童为被试，发现家中第一个孩子的假装游戏中，有母亲和弟弟（妹妹）出车祸的场景，这表达了儿童对弟弟（妹妹）的嫉妒、攻击和焦虑。Heath（1983）报告，一个 22 个月大的儿童，在她的假装游戏中再造了她与 Heath 吃冰激凌的对话。

其次，研究者关注儿童游戏中被表征的情绪种类。一些研究考察了儿童游戏与现实生活中人际关系之关系，发现儿童在游戏中的角色和人际关系是他们现实生活中人际关系的反映。Schwartzman（1978）发现，幼儿园中女孩在假装游戏中的支配性，反映了她们现实生活中的真实。Ariel（1992）分析了两个女孩（4.5 岁和 5.5 岁）假装游戏互动的详细过程，发现女孩利用假装游戏建构和调节她们的人际关系。

还有研究关注假装游戏中情绪对个体的意义。Fein（1989）是第一个以精神分析理论为基础系统分析假装游戏者。她认为，假装游戏可反映儿童五个方面的问题，这些问题都是两极状态：与他人的关系（依恋—分离）、身体健康（健康—身体伤害）、授权（掌控—无助）、社会控制（支持社会规则—反抗）、对待物质世界的态度（尊重—侵犯）。她研究的样本为中产家庭的 4—5 岁儿童，发现出现频率最多的问题是：与他人的关系、授权和身体健康。De Lorimier（1995）等人根据 Fein 的概括进行了相关研究，认为与非假装游戏相比，假装游戏的交流复杂而双向，假装游戏的互动有更多的情感投入。假装游戏所表现出的问题，会因为协商、沟通的增多而增加。目前，对假装游戏所表征的心理问题的研究还不够多，是今后仍需要关注的领域。

第三，情感表征如何成为假装游戏伙伴共同努力的方向。Göncü（1993）认为，随着元信息交流和转换能力的出现，儿童在 3 岁左右已经能够唤起假装游戏的图式，这些图式是儿童所经历的重要情感的象征。儿童认为，自己提议的假装游戏内容，对于其他伙伴应该是熟悉的。于是，他们为建构共享的假装游戏而展开商讨，达成共识后的游戏计划更为详尽。从 3 岁到 5 岁，儿童假装游戏的图式和情感表征越来越完善和多样化。

Sidera（2011）以 337 名 4—12 岁儿童为被试，研究儿童在欺骗和假装情景下对内在情绪和外在情绪的理解。结果显示，在假装游戏情景下，6 岁儿童能理解内在情绪和外在情绪的区别；消极情绪状态下对两者的区别优于积极情绪状态下的区别；4 岁时，儿童还不能意识到假装游戏情绪的外在表现与内在情绪感受的区别。

上述关于童年早期的研究大多是在西方文化背景下完成的。在西方，3—6 岁儿童的日常生活基本在幼儿园，教师鼓励儿童与同伴一起游戏。已有研究多关注幼儿园情景下同伴间的假装游戏，对于家庭和其他背景下的假装游戏关注不多。而且，上述研究可能反应了西方文化对语言交流的重视，多数研究关注游戏中儿童言语的发展而不是非言语的变化。研究多使用量化的取向，其他取向的研究还很少。

### 三　假装游戏与性别

关于假装游戏与性别的关系，早期的研究主要关注不同性别儿童在玩具、物品选择方面的差异，以及假装游戏主题的不同。后来，研究关注同伴间的互动、游戏环境特点与性别的关系。

关于假装游戏性别差异的研究，没有特定理论的指导。假装游戏的性别分离为理解男孩、女孩的差异提供了一个基本框架。参与和交流是比较性别差异的两个基本维度。

#### （一）参与假装游戏的性别差异

男孩和女孩，谁参与的假装游戏更多？对这一问题的研究，结论不一致。有些研究认为 4—6 岁的女孩比男孩参与假装游戏多些。这些研究具有半结构性，游戏材料与物品是由研究者选择的，游戏的同伴也由研究者指定，研究或在实验室进行（Wall，1990；Werebe，1991；Lindsey，1997），或在教室中观察（Jones，1991；Weinberger，1994）。但是，也有研究认为不存在性别差异，这些研究关注的是在教室内与同伴（Pellegrini，1989）的假装游戏，和在家中与同胞（Howe，1998）的假装游戏。还有人认为，在游戏室中男孩的假装游戏数量多于女孩（Doyle，1991）。对于这些矛盾的研究结论，很难予以解释。因为各研究使用的方法不同，研究设计和游戏背景都有可能导致结果的差异。因此，在未来的研究中还需要对该问题进一步关注，对影响结论的因素做进一步的控制。

有些研究者强调，游戏背景特点是假装游戏性别差异的原因之一。Pellegrini 和 Perlmutter（1989）发现，在有戏剧道具的教室里最容易出现假装游戏。与此相反的结论来源于 Howe（1993）等人的研究，认为 2—5 岁的女孩更喜欢传统的家务游戏（厨房、洋娃娃、服饰），男孩则喜欢新颖的游戏（海盗船、医院）。Dodge 和 Frost（1986）对 5 岁儿童游戏行为的研究显示，在有家庭、商店、办公室游戏材料的游戏室中，女孩会用所有东西进行游戏，而大部分男孩们选择商店游戏，并且排斥带有女性性别刻板印象的家庭游戏。

Lloyd 等人（1985；1988）以 2—4 岁儿童为被试，用观察法研究了特定游戏材料是否影响游戏的频率。在研究中给儿童选定典型的男孩游戏材料（卡车、锤子）和女孩游戏材料（厨房、娃娃）。结果显示，对于女孩来讲，女性化的游戏材料比男性化游戏材料容易诱发女孩的假装游戏；但对于男孩，两种游戏材料诱发的假装游戏无差异。

Neppl 和 Murray（1997）在研究假装游戏与性别关系时，给儿童提供特定的游戏材料而不是由儿童自己选择：男性化游戏材料（带人物的海盗船）和女性化游戏材料（有娃娃的游戏房间）。与前述研究的结果相反，本研究的结果显示，4 岁和 5 岁的儿童，用与自己性别相一致的游戏材料与同性别同伴游戏或两性混合游戏时，更容易参与假装游戏。

上述研究预示着，游戏环境的设计、可利用的游戏材料都会影响儿童参与假装游戏的频率。但是，就此得出确切的结论为时尚早，还需要更多的研究提供支持。

（二）人际交流的性别差异

假装游戏中人际交流的性别差异引起越来越多研究者的注意。该领域主要关注假装游戏的两个问题：语言使用形式（use of language forms）的性别差异、社会互动各维度的性别差异（言语的复杂性、言语的长度、风格）。Sheldon（1992；1996）研究了3—5岁女孩三人间游戏的商讨策略，发现平和（mitigation，斟酌言语表达以避免对方反对）是女孩游戏言语的主导特征，认为女孩使用的平和言语如同成年男性一般。Tykkylanen（2010）对5对儿童的研究结果显示，女孩在假装游戏时使用具体、合作、指向未来的协商策略。

但是，有一些研究的结论与Sheldon的不一致。Lloyd和Goodwin（1993）使用自然观察的方法，研究4岁儿童在教室内的游戏，发现女孩比男孩在言语使用上更多采用直接的方式。DeHart（1996）在家庭中观察3—4岁同胞间的游戏，这些儿童间的年龄差距在2岁以内，但没有发现平和言语使用的性别差异。这些结论不一致的研究提示我们，游戏的背景特征可能会影响到儿童游戏时的互动。

对游戏背景特征的研究认为，男孩和女孩言语交流的差异受性别和背景变量交互作用的影响，性别并非单独起作用。Ausch（1994）研究了同性和异性两个儿童之间的游戏，给他们提供的玩具相同，既有男性化的玩具和也有女性化的玩具。结果显示，在玩军事主题游戏时，女孩儿的言语交流表现出更多的挑衅性，而在玩家庭主题游戏时，女孩儿的言语交流中挑衅性较少。而在不同的游戏主题中，男孩儿没有表现出挑衅性言语的差异。这至少说明，游戏材料特点诱发了女孩儿互动风格的不同。比较儿童与同性同伴、异性同伴的游戏，Duveen和Lloyd（1988）发现，假装图式不存在性别差异，言语平均长度的差异与说者的性别无关，但与游戏同伴性别有关。这些不一致的研究结论可以说明，性别与变化的环境变量共同影响着儿童游戏的言语表达。

关注游戏互动的研究发现，与男孩儿相比，女孩儿的互动复杂且时间长，是社会取向的互动。Black（1989；1992）的观察研究发现，女孩的言语表达更为连贯，交谈时使用轮流的方式，而轮流与互动、交流存在相关，互动、交流的内容是给同伴提议游戏主题和角色。其他研究也报告了类似的结果，如女孩儿比男孩儿更善于较长的对话交流（Benenson，1997），女孩儿比男孩儿表现出更多的合作（Neppl，1997）。男孩的游戏以自我中心言语和拒绝他人想法为特征（Black，1992）。总之，这些研究结果都反映了游戏与非游戏背景下儿童社会互动是存在性别差异的。

（三）象征性表征的性别差异

关于物质转换和概念转换的性别差异，研究结论是矛盾的。一些研究认为，男孩参与物质转换的假装游戏要多于女孩儿（Cole，1985；Jones，1991），但也有研究结果与此相反（Wall，1990）。还有研究显示，参与概念转换假装游戏的女孩比男孩多（Göncü，1991），也有研究认为无性别差异（Cole，1985；Göncü，1988）。

对于男孩和女孩在假装游戏中所扮演角色数量的研究，结论也是矛盾的。有研究认为，在扮演假装角色方面，女孩比男孩多（Jones，1991；Wall，1990）；而另一些研究则认为角色扮演数量不存在性别差异（Cole，1985）。

假装游戏中所扮演角色的类型是否存在性别差异也受到研究者的关注。McLoyd 和 Warren 等人（1984）研究了家庭角色（母亲）、社会角色（医生）、想象角色（超人）和其他次要角色（司机）。结果显示，女孩几乎只扮演家庭角色，其他类角色扮演在男孩中无差异。这一研究与 Wall 等人（1990）、Connolly 等人（1983）的研究结论一致，即女孩经常扮演家庭角色，而男孩扮演各种人物角色。

游戏材料与儿童扮演角色的关系存在性别差异。Black（1989）的研究认为，游戏主题存在性别差异，与男孩儿相比女孩更多地从小道具中发展出游戏主题，而男孩的游戏主题与小道具无关联。Wall 等人（1990）的研究认为，相对于无生命的道具（石头），女孩更容易将有生命的道具（马）具体化，为游戏所用，男孩则与之相反。

最后是对扮演角色的言语与性别关系的研究。Sawyer（1996）发现，女孩儿使用直接的交流，游戏者扮演不同的角色，男孩倾向于集体扮演同一个角色，如一群士兵。

总之，已有研究结果说明，象征性表征的性别差异受到各种背景变量的影响：游戏材料、游戏场景、游戏同伴的性别等。然而，上述结论来源于设计、背景等各不相同的研究，并非是对性别差异的系统研究。因此，在今后的研究中，性别差异仍然是需要关注的问题。

本领域研究存在的另一个问题是方法，缺少自然情景下的研究。已有研究多是人为控制的：为儿童选择游戏材料、挑选游戏伙伴、团体等。这样的研究结果，无法反映儿童真实生活情景下的游戏行为。在自然背景下，儿童的选择范围很宽，从玩具到主题都有选择的权利。

### 四 假装游戏与社会阶层、文化背景

对社会阶层和文化的研究，源于这样的考量——已有研究可能对低收入阶层和非西方文化存在误解。McLoyd（1982）和 Schwartzman（1978）指出，对社会阶层差异、文化背景差异的研究在方法上存在缺陷。那种认为低收入家庭儿童、非西方文化背景下儿童的假装游戏不如西方儿童富有想象力的结论是需要重新审视的。

Gosso（2011）使用观察法，研究了在不同背景下生活的儿童的假装游戏，根据儿童生活背景的不同，将儿童分为5组：印度裔村民（6个男孩、6个女孩）、海边小镇居民（6个男孩、7个女孩）、城市中的低社会经济地位群体（10个男孩、10个女孩）、城市中的高社会经济地位群体（7个男孩、13个女孩）、城市中的中等社会经济地位群体（6个男孩、5个女孩）。结果显示，各组儿童都玩假装游戏；城市中社会经济地位居于高、中等级的儿童，表现出的假装游戏多于其他组；各组在假装游戏时的差异，主要表现为游戏内容的差异而非游戏结构的差异。

但是，仅从方法论角度关注假装游戏的社会阶层和文化差异是不够的。理解假装游戏的出现与否，还需要了解儿童生活社区的经济结构及其对假装游戏的影响。不同社区儿童假装游戏的差异，可能是由于成人和儿童的工作负担不同、对假装游戏价值观不同所致，而非儿童不具有假装游戏的能力。

学者普遍认为，游戏是童年期社会化的活动之一，通过游戏活动儿童认同生活中已有的价值观念。对不同阶层和不同文化假装游戏的认识，是以对社区背景的了解为基础的。因此，很多研究者使用主位研究取向来理解儿童的假装游戏，了解儿童可能拥有的游戏机会和实际表现。这就意味着不以西方理论和研究工具为羁绊，使用访谈和观察的方法考察假装游戏的本土定义、意义和实际表现。

有一系列的研究关注社区结构、成人价值观与儿童假装游戏的关系。下述内容将关注非西方文化背景下乡村与城市儿童的假装游戏。

#### （一）乡村中的假装游戏

Göncü 等人（2000）对婴儿的研究显示，家长持有的游戏价值观与他们所接受教育的水平、收入多少、收入来源密切相关。在印度的拉贾斯坦和危地马拉的圣佩德罗对村民进行了调查，村民认为成人—儿童间的假装

游戏，既不适合成年人，对儿童的发展也无意义。这些地区的儿童，通常是混合年龄群体进行游戏。与此不同的是，在美国盐湖城和土耳其的安卡拉中产及其以上收入阶层父母认为，假装游戏是有意义的，并与孩子玩耍假装游戏，有丰富的言语表达。

Gaskins（1999）报告了尤卡坦半岛的玛雅乡村儿童活动的民族志，认为三个因素导致该村庄儿童很少有假装游戏。这三个因素是：成人的工作是第一位重要之事；父母关于遗传和儿童发展重要性的认识；儿童动机的独立性。基于观察她发现，假装游戏很少出现在1—5岁儿童的日常生活中。Gaskins认为，这是由于对于这里的成人而言，工作是他们生活的主要内容，成人不认为假装游戏对儿童有什么意义；成人还期望儿童对家庭有所贡献。所以，抚养者不会给儿童提供玩耍假装游戏的时间。但是，由于他们对儿童活动动机独立性的尊重，因此，即使儿童有假装游戏出现，成人也能容忍。于是，Gaskins得出结论，玛雅儿童很少有假装游戏，并不能说明他们缺少象征性活动，而是缺少机会玩耍假装游戏和对假装游戏不重视。

Lancy（1996）在比里亚一个叫克配列（Kpelle）游牧村庄的调查发现，这里的成人不扮演儿童老师的角色，也不允许积极参与儿童的假装游戏。但是，4—11岁的儿童有假装游戏，游戏通常在村庄的广场进行，这样的场地使得成年人很容易监控儿童。与西方儿童的游戏主题相比，这些儿童游戏主题很少变换，基本是与日常生活关系密切的主题，如扮演铁匠和米农。

Goldman（1998）在巴布亚新几内亚南部高山省的观察发现，成人从不参与儿童（4—11岁）的社会性假装游戏。在一个成年人以务农为主的环境下，成年人通过谚语、比喻等方式使自己成为儿童假装角色的范例。Goldman对这些言语交流和元信息交流过程的分析发现，他们游戏的结构和角色与西方相似。假装游戏还反映了儿童对其文化中神话象征性形象“骗子”、“妖怪”的理解。

Martini（1994）描述了马克萨斯群岛尤阿普地区13个儿童（2—5岁）的游戏活动。这是一个男人捕鱼、女人做家务的村庄。与前述研究结果一致，Martini发现，成年人不参与儿童的游戏活动，儿童的社会性假装游戏偶尔会出现。儿童的假装游戏图式很简单，并且重复出现在不同的游戏中。不同儿童拥有的假装游戏图式不但简单，还很相似。Martini认为，保持简单、重复的游戏图式是儿童为了免于冲突、进行协商，从而保持游戏群体的和谐和已经建立起的等级。

Bloch（1989）研究了塞内加尔农村2—6岁儿童的游戏行为，发现塞内加尔儿童玩耍各种游戏，包括假装游戏，这些游戏的数量与美国儿童无异。儿童游戏场有不同年龄的人，但是，儿童游戏的伙伴是儿童不是成人。成年人支持儿童游戏，但是因为辛苦的劳作，他们不参与儿童的游戏。

总体来看，上述研究支持这一观点——非西方乡村存在假装游戏。在成人劳作负担重的乡村，儿童互为游戏伙伴，成人不参与儿童的游戏。

（二）城市社区的假装游戏

对城市儿童游戏的研究，多数是在美国进行的，研究对象主要为中产及其以上阶层的儿童。如Haight和Miller（1993）研究了欧裔美籍富人家庭儿童的假装游戏，儿童年龄在12—48个月之间。在这些家庭中，母亲是他们的主要监护人且不外出工作，母亲至少接受过高等教育，母亲认为假装游戏是儿童发展和教育的重要活动，母亲为孩子们的游戏提供空间和游戏道具。结果发现，道具在儿童的假装游戏中具有重要作用，这反映了该社区重视拥有物质财富的价值观念。儿童的游戏不仅局限于游戏室，还可以在起居室和厨房进行。

Haight和Miller的研究表明，母亲对婴儿期假装游戏的维持有很大影响，母亲通过提问、丰富儿童发起的游戏等方式影响儿童游戏的进程。在美国，当儿童只有12月大时，母亲就热情地发起假装游戏，而此时这个年龄段中一半的儿童尚无假装游戏的经历。当儿童过了2岁，母亲和儿童都会发起假装游戏，此时，儿童与同伴、母亲进行的假装游戏数量基本持平，但是儿童与同伴的假装游戏才是最持久的。

Haight（1999）与其同行的合作研究，考察了爱尔兰裔、中国裔美国中产阶层家庭儿童游戏的共性与个性，儿童年龄介于2.5—4岁，采用家长访谈的方法收集数据。结果显示，两个社区的父母都认为假装游戏对儿童发展和社会化很重要。与他们的认识相一致，两个社区的父母都参与儿童的假装游戏。但是，两个社区的父母参与儿童游戏的方式不同。中国父母认为假装游戏是他们进行文化传承教育的一种媒介，采用说教的方式，要求儿童表现出成熟的行为，游戏时强调社会惯例。与之相反，美籍爱尔兰人以孩子们为中心，去迎合孩子们的要求，支持他们的兴趣，并参与到孩子们的假装游戏中。在发起与父母游戏、与同伴游戏两个方面，美籍爱尔兰的儿童都要多于中国儿童。这反映了中国人和爱尔兰人对假装游戏价值观的差异。

Farver（1995）研究了韩裔、欧裔美国中产家庭学前儿童游戏的差异。通过对母亲的访谈发现，欧裔美国母亲认为游戏是学习经历，而韩裔美国母亲认为游戏主要是娱乐；观察表明，欧裔美国儿童参与社会性假装游戏要多于韩裔美国儿童。Farver 和 Shin（1997）的研究，进一步说明了两个文化的差异与儿童假装游戏的关系。她认为，两个文化背景下儿童假装游戏频率的差异，不是因为儿童假装游戏能力的不同，而是因为成长环境给儿童提供机会的不同。韩裔美国儿童成长的环境鼓励学业，而欧裔美国儿童成长的环境认为假装游戏是教育儿童的机会。于是，欧裔美国儿童在自由游戏时参与假装游戏要多于韩裔美国儿童。但是，在控制环境的实验背景下，两类儿童假装游戏的数量无差异。

Farver 和 Shin（1997）的研究，还发现了两类儿童社会性假装游戏交流的不同，他们的交流方式与各自社区的价值观念相一致。与美国强调独立、个人主义取向的自我相一致，欧裔美国儿童在游戏中对同伴表达自己的意愿时直接、明确。而韩裔美国儿童的交流也反映了他们互相依赖、集体主义取向的自我，在描述同伴的行为、提问、礼貌请求等方面都有体现，与欧裔美国儿童相比他们较少拒绝同伴。

对不同收入家庭儿童的游戏差异进行比较的研究还比较少。Doyle 等人（1991）报告了不同经济阶层儿童的游戏差异，认为这种差异类似于文化的差异，并非能力的不同。Tudge 和 Hogan 等人（1999）研究了学前儿童各种游戏的分布，这些儿童来自美国的格林斯波罗、俄罗斯的奥博宁思科、爱沙尼亚的塔尔图、韩国的水原，家庭为工人和中产家庭。该研究并没有得出关于假装游戏的特定结论，但值得注意的是，在各个国家的社区出现频率最高的活动是游戏。

自从 McLoyd（1982）对低收入家庭儿童游戏予以关注外，以后鲜见对低收入家庭儿童游戏的研究。只有少数几个研究对美籍非洲和波多黎各低收入家庭孩子们游戏行为的表述。上述研究提供了这样的事实：低收入、有色人种儿童的假装游戏与美国白人儿童无差异。这些研究的局限在于，观察研究的架构来源于对中产家庭白人儿童的研究，对这些少数族裔儿童游戏的全面理解，应该研究他们文化的观点，采用主位研究取向。

Göncü 等人（1999）对欧裔美国儿童、非裔美国儿童、土耳其儿童的研究发现，这些儿童玩耍一种“戏弄”（teasing）的假装游戏，但中产阶层儿童不玩这种内容的游戏。

### 五　小结

过去近三十年对学前儿童假装游戏的研究，在概念和实证研究方面都取得了进步。假装游戏是童年期一种普遍活动，该活动的本质特点是对经验的象征性表征和通过元信息交流表达的情感。然而，假装游戏的变化受社会阶层、文化背景、年龄和性别的影响。对这些影响因素的研究表明，对儿童从事假装游戏能力作出判断之前，需要了解儿童的游戏机会，然后决定是否对儿童假装游戏进行干预。

如果对西方的研究、跨文化的研究有所了解，将有助于理解社会阶层和文化的变量。西方的研究主要关注假装游戏的微观结构（如扮演的角色），而跨文化研究关注的是宏观结构（认识和行为的文化模式）。如果西方的研究者能搞清楚西方的文化与其儿童游戏内在结构的关联，如果跨文化研究对游戏环境是如何影响个体游戏的有更深入的了解，那么，将有助于了解儿童游戏中的文化差异、了解游戏不同的来源。在今后的研究中，需要同时考虑文化结构、独特事例和儿童对游戏的利用这三个方面。还有两个问题也需要研究者继续关注。首先，假装游戏的本质特征是什么，探讨不同文化背景下，儿童假装游戏与非假装游戏的差异。西方学者研究儿童假装游戏是实验范式，用心理理论作为理论指导（Woolley，1997；Lillard，1996）。然而，儿童的文化和语言是如何导致其区分假装游戏和非假装游戏的，儿童是如何通过交流来区分两者差异的，研究者并不清楚这些问题。其次，假装游戏对儿童发展的作用是什么。假装游戏与儿童语言、表达技巧、故事回忆、社交和情感技能都有关联。但是，对这些关系的研究还需要扩展到不同社会阶层、不同文化背景、不同种族中去，方能了解在各种背景下，假装游戏与语言、记忆、情感是否存在关联，以及关联是如何发生的。

## 第二节　嬉闹游戏

嬉闹游戏（Rough - and - Tumble Play，R&T）是一种常见的儿童游

戏形式，但这种游戏的价值与意义常常被忽略，对该类型游戏的研究也不够丰富。

### 一　什么是嬉闹游戏

嬉闹游戏是指参与者通过奔跑、肢体的接触与冲撞而获得快乐的一种游戏形式。嬉闹游戏很容易与攻击行为混淆，但是两者却是不同性质的行为。

从行为构成来看，嬉闹游戏一般由奔跑、追逐、逃跑、摔跤、掌击等组成；而攻击行为则由拳击、推打而组成。从角色结构来看，嬉闹游戏给参与者提供选择角色的机会，既可以是游戏中的追逐者也可以是被追逐者，在某些情况下那些强壮或年龄大一些的孩子们在游戏中会让步，故意让自己被抓住，以保证游戏的继续；对于攻击行为而言，攻击者从不与被攻击者交换角色，具有角色固定的特征。从目的与结果来看，嬉闹游戏并不以伤害对方为目的且有助于双方同伴关系的维护，打闹充满了欢笑；攻击则以伤害他人为目的且引起交往双方负面的情绪，伴随着皱眉、哭泣等行为。从行为出现的场景来看，嬉闹游戏通常发生在比较宽阔的场地或是软质的游戏场上、草地上；而攻击行为在任何地方都可能发生。

研究显示，大部分儿童的嬉闹游戏与攻击行为没有关联（Pellegrini，1988），控制嬉闹游戏和攻击行为的神经中枢不一样（Meaney，1985），嬉闹游戏和攻击行为的差异还具有跨文化的普遍性。

### 二　嬉闹游戏的发展

嬉闹游戏与攻击行为发展的路径是不同的，从数量上看，嬉闹游戏的发展是倒“U”型曲线轨迹。

Pellegrini 和 Smith（1998）认为，儿童的身体运动在婴儿期以机械重复为主要特征，到幼儿期以运动游戏为特点，之后为嬉闹游戏。最早的嬉闹游戏出现在孩子和父母之间，这是一种父亲与儿子经常玩的游戏。在4岁前，占到父母与孩子游戏总量的4%（Jacklin，1984）。在学前阶段与同伴的嬉闹游戏可以占到游戏总量的5%，在小学阶段增长到10%—17%，在中学阶段中下降到5%（Humphreys，1984）。这些数据有可能低估了儿童在嬉闹游戏上花费的时间，因为在多数情况下嬉闹游戏与假装游戏是同时发生的，这时游戏往往被认定为假装游戏而非嬉闹游戏。

（一）性别差异

灵长类雄性动物比雌性动物偏爱嬉闹游戏，在儿童中亦是如此。男性发起这种游戏的频率高于女性，面对嬉闹游戏女性表现出退缩的反应多于男性（Meaney，1985）。Tannock（2011）以加拿大儿童为被试的观察研究发现，在嬉闹游戏内容方面，男孩和女孩不存在差异，但是在频率上男孩表现出的嬉闹游戏行为远远多于女孩。这种差异从一个视角解释了童年期的性别分离。

嬉闹游戏的性别差异，可能是荷尔蒙、社会化共同作用的结果。如果在胎儿发育期受到雄性激素的干扰，那么，这样的男孩在童年早期就表现出对身体运动、嬉闹游戏的偏爱。社会化与荷尔蒙交互作用加剧了这种差异的产生。在婴儿期，与女儿相比，父亲花在儿子身上的时间更多（Parke，1981）。与儿子互动时，父亲会更多地和儿子进行身体游戏，包括嬉闹游戏（Carson，1993）。与男孩相比，女孩受到成人较为严格的监管，成人不鼓励女孩的嬉闹游戏（Maccoby，1998）。

（二）个体差异

多数情况下，嬉闹游戏不会和攻击行为同时出现，也不会发展成为攻击行为，而且各文化背景下的成人和儿童都能区别嬉闹游戏和攻击行为。但是，在嬉闹游戏的表达和感受上存在个体差异。

对二、四年级小学生的研究发现，那些被同伴拒绝且有攻击行为的男孩，表现出的嬉闹游戏数量与正常男孩无差异，只是前者的嬉闹游戏经常与攻击行为同时出现，即这两种行为出现的几率呈正相关（Pellegrini，1988）。这可能是因为嬉闹游戏演变成了攻击行为。另外，被同伴拒绝的男孩不如受同伴欢迎的男孩能准确区分嬉闹游戏与攻击行为（Pellegrini，1989）。那些在低年级行为过激且被同伴拒绝的男孩，到青春期依然没有变化；在青春期，这些男孩会表现出用这种游戏方式欺负同伴的倾向；当其他同龄人已经减少这种行为时，这些男孩嬉闹游戏仍偏多并与攻击行为相关（Pellegrini，1994）。Flanders（2009）追踪研究了学前儿童父子之间的嬉闹游戏与后期攻击行为之间的关系。结果发现，学前阶段父子间高频率的嬉闹游戏与5年后学龄期较多的攻击行为、低水平的情绪调控存在显著相关，这种相关只表现在父亲在嬉闹游戏中不占主导地位的儿童身上。这表明，童年早期的嬉闹游戏与后期的适应不良存在一定关联，这种关联受到游戏时父子关系的影响。

儿童将嬉闹游戏演变成了攻击行为，其原因有三。首先，多数儿童把游戏变成了攻击可能是意外，如不小心滑倒、出手过重等；这种情况通常可观察其表情而分辨，他们会表现出吃惊。其次，儿童可能故意利用该游戏的特点将游戏演变为攻击行为，如故意出手过重、固定游戏角色。如果是有意的，欺负者通常会道歉，好像是要表现他们对同伴的支配和控制地位。这种情况通常出现在有同伴围观或有比自己地位高的同伴在场。研究还发现，当一个新的同伴团体形成时，一些地位上升的孩子们就用这种方式对付那些地位高于自己的同伴，以提高自己在团体中的地位；同伴地位下降的儿童将这一做法用于地位低于自己的同伴（Pellegrini，1995）。可见，儿童在使用攻击行为时“老于世故”，这种策略的使用与觉知他人心理的能力有关（Pellegrini，1995）。最后，这种演变可能是因为儿童情绪激动而无法控制自己；或者是对模棱两可、挑衅等社会信息的错误理解，把嬉闹游戏理解为攻击行为进而作出相应的反应。

### 三 嬉闹游戏的作用

嬉闹游戏对儿童发展有积极的影响，这种影响可能是短暂的也可能是长期的。20 世纪，关于游戏对儿童影响基本持长期观，认为游戏是进入成年前的一种锻炼，儿童学到了以后在成人群体中能够用到的技巧与能力。这种观点在皮亚杰和维果斯基的游戏理论中都有所体现。这种长期影响观，源于发展心理学强调早期经验在发展中的重要作用，以及将心理发展理解为连续的。

嬉闹游戏的作用从两个方面来讨论。首先，从嬉闹游戏的频率来看，在童年中期，嬉闹游戏达到绝对频率高峰，占到自由游戏总量的 10%，然后在青春期呈下降趋势，占自由游戏总量的 5% 不到。嬉闹游戏高峰期正是同伴关系在儿童生活中变得越来越重要的时期（Waters，1983）。所以，嬉闹游戏有可能和同伴交往技能是有关联的。其次，从行为结构来看，嬉闹游戏是特征突出的行为，与攻击行为形式相像但本质不同，嬉闹游戏与攻击行为的结构不同。

#### （一）嬉闹游戏与社交技能

社交技能的一个重要方面就是对社会刺激的编码和解码能力，正确地编码和解码是发起并维持游戏的必要条件。想给同伴传递游戏的信息时，在行为上是夸张的，例如，与真正攻击行为相比，游戏的打闹行为夸张为张大嘴巴、举起拳头等。Parke（1992）等人的研究认为，对游戏信号的编码和解码能力源于童年早期亲子（特别是父子）间的充满活力的游戏，这种游戏从婴儿期开始持续到整个童年期。参与这种游戏的时间与学龄前儿童情绪解码的能力呈正相关，儿童情绪状态的表达与游戏时间长度呈正相关。Pellegrini（1988）发现，小学生对游戏信息解码的能力与参与嬉闹游戏数量、游戏中恰当的行为表现成正相关。

可能是父子间的游戏为儿童编码和解码情绪信息能力提供了基础，儿童运用这种能力指导自己和同伴的游戏。但是，这种假设也面临挑战。首先，上述结论皆来源于相关设计的研究，并没有明确的因果关系。其次，研究结果对该假设的支持度不高，因为女孩也拥有同样的情绪编码和解码能力，但是女孩参与嬉闹游戏的数量明显低于男孩。

Jarvis（2007）以5—6岁儿童（男孩9个、女孩9个）为被试，观察研究嬉闹游戏，结果显示，嬉闹游戏中的交流，表现出复杂的社会性，在这种自由游戏中儿童得到多方面的发展。

（二）嬉闹游戏与搏斗技巧（fighting skills）

传统观点认为，嬉闹游戏为个体提供了练习搏斗的安全渠道，这种搏斗技能在后期的生活中有用武之地（如打猎）。如果认为搏斗技巧是一种男性的活动，那么这种假定就与观察到的事实相符。但是，这种假设无法解释嬉闹游戏的年龄曲线。在青春期，这种技能练习应该是最重要的，但是研究结果却显示，嬉闹游戏在青春期是下降的。而且，对动物和人类的研究，几乎没有直接证据支持嬉闹游戏与搏斗（打猎）技巧相关。

（三）嬉闹游戏与支配关系

支配关系（dominance relationships）是个体间一种双向的、密切的关系。尽管，有时身体攻击会为支配服务，但支配不是攻击行为。攻击行为、亲密行为与童年期、青春期个体的支配状态相关（Pellegrini，2001）。支配地位的差异与所在群体或生态环境有关，即个体在不同团体或生态环境下具有不同的支配地位。支配地位的差异，能调节团体重要资源的分配，减少团体内部的攻击行为（Strayer，1980）。这样看来，支配地位的差异对个体和团体都是有益的。

嬉闹游戏对于同伴团体具有社会意义，特别是对男孩的意义更为明显。因为嬉闹游戏有助于团体领袖和支配地位的建立和巩固，这一点得到了实证研究的支持。男性通常利用类似竞争性的行为为自己的支配地位服务，如轻轻地拍打、踢踹、推拉等，在嬉闹游戏中也有类似的行为，这样的行为通常是在非正式背景下出现，踢打、推拉不是为了交流，动作力度轻；参与者面带微笑，对弱者让步。

Symons（1978）对嬉闹游戏与支配地位的相关提出异议。其依据是儿童对同伴的让步，游戏时推拉、踢打的力度不大，参与者在摔跤时轮流处于有利位置，轻度的肢体冲撞和轮流都可以否定支配的存在。所以，Symons 认为嬉闹游戏与支配地位的相关很难成立。Smith（1990）用两个事实否定 Symons 的“无关论”。首先，尽管故意让步，儿童依然能通过嬉闹游戏对他人的力量有一个估量。其次，在青少年中存在一定程度的欺骗行为，这种欺骗的出现是做给对手或旁观者看的，其目的是显示自己事实上的强壮。

还有观察研究支持嬉闹游戏与支配地位有关联。儿童会以不同的方式建立和维持自己的支配地位。女孩通常以语言的形式而非武力来获取和维持资源（Charlesworth，1987）。男孩使用的方法多样，有的使用武力获取资源，如抢夺玩具。当把搏斗的技巧、强硬的态度与亲和能力联系在一起时，搏斗的技巧、强硬的态度就成为男孩获得同伴地位、受同伴欢迎的重要因素（Pellegrini，2001）。可能是显示强硬行为之后，这些儿童会有和解、友好的表示（握手、送礼物），这种积极的表示保持了团体的和谐（DeWaal，1985）。此外，团体的领导者会通过强硬手段制止争斗、帮助同盟者（Strayer，1986）。

如果认为青春前期是建立支配地位的重要时期，那么支配地位的发展与嬉闹游戏的发展趋势是一致的。在青春前期，儿童肢体动作的幅度迅速变化，并随环境的不同而改变。所以说，男孩通过嬉闹游戏，使用竞争、亲和策略建立自己的支配地位（Pellegrini，2001）。

观察和访谈的结果显示，嬉闹游戏与支配地位的相关，可能通过两种渠道建立，这两个渠道都与年龄有关。

第一个渠道是间接的。嬉闹游戏为儿童提供了一个估测同伴力量的机会，估测之后决定是否与他人进行面对面的较量，有时这种面对面的较量会发展为攻击行为。嬉闹游戏通常发生在结构均衡的团体中，或者支配地位相似的同伴之间，参与嬉闹游戏的儿童声称他们知己知彼（Smith，1992）。嬉闹游戏还发生在朋友间（Humphreys，1987），发生在三、四个成员组成的团体间（Pellegrini，1993）。这说明，嬉闹游戏是一个既直观又安全的身体力量估测和身体力量表现的场所。因为嬉闹游戏发生在结构均衡的团体，儿童通过较量了解了同伴的力量，使得青春前期的儿童通过间接渠道了解同伴成为可能，并为如何与处于支配地位的同伴进行交往做了准备，所以，嬉闹游戏与支配地位存在一定的关联。

第二个渠道是直接的。嬉闹游戏给儿童提供了建立和维持支配地位的条件。游戏参与者利用游戏的打闹显示自己的强壮、表现出支配而使同伴处于劣势，如，恐吓同伴。事实上，这些参与者的行为可能是利用游戏的特点使同伴缺少安全感，或者通过让步等方式使自己处于有利地位。

有研究显示，青春前期儿童的嬉闹游戏与同伴提名的支配地位并不相关（Humphreys，1987），大多数情况下，嬉闹游戏不会立即导致攻击行为（Pellegrini，1988）。这说明，在青春前期儿童并不经常利用嬉闹游戏来直接建立自己的支配地位。

对于大多数小学生来讲，嬉闹游戏与攻击行为是分离的，但是有些儿童特别是那些被同伴拒绝的儿童，他们的嬉闹游戏与攻击行为是有关联的（Pellegrini，1988）。Sluckin（1981）用人种志的方法，研究了英国5—9岁儿童在学校操场游戏时表现出的行为，及对他们对游戏的认知。结果显示，儿童会利用嬉闹游戏欺骗同伴、控制同伴。类似的结论还有Oswald等（1987）对德国6—10岁儿童的研究，发现年龄较大儿童在游戏时存在伤害同伴的事例。

但是，进入青春期后情况截然不同。Neill（1976）最早提出男孩利用嬉闹游戏建立自己支配地位的论点。因素分析的研究结果显示，青春期男孩的嬉闹游戏与攻击行为经常同时发生。嬉闹游戏可能是这些男孩儿保持支配地位的手段，一旦较弱的一方宣布投降，那么攻击就转化成游戏，如果对手不就范，强势的一方就会增加攻击程度直到对手就范。

嬉闹游戏的功能随年龄而不同的观点，得到了有关研究的支持。该研究发现，支配地位是同伴选择嬉闹游戏玩伴的一个因素，而在7岁和9岁时这种现象不存在。在进行嬉闹游戏时，年幼儿童更愿意与势均力敌的同伴玩耍，而年长的儿童通常是那些强壮者向弱者发起游戏（Humphreys，1987）。这说明，强势的孩子们利用嬉闹游戏来建立对弱势孩子的支配。

Pellegrini（1995b）的另一项追踪研究，进一步阐释了这种年龄趋向。他发现中学一年级时出现了选择游戏伙伴的力量不均衡性，二年级时没有这种现象。一年级被同伴拒绝的男孩的嬉闹游戏与同伴提名的支配地位相关，这些男孩的嬉闹游戏与攻击行为有关，且嬉闹游戏导致攻击行为的出现；二年级男孩的嬉闹游戏仍与支配地位有关，但与攻击行为无关，也不会引起攻击行为。这些研究结果说明，嬉闹游戏在青春前期用于建立同伴支配地位，支配地位一旦建立，等级减少了攻击行为，等级也减少了嬉闹游戏。

概而言之，嬉闹游戏在青春前期的主要作用，是为男孩提供了一个估测他人身体力量以决定人际支配关系的条件。另一个作用可能是锻炼搏斗技巧，但需要足够证据的支持。在青春前期，男孩通过嬉闹游戏建立了自己在同伴群体中的支配地位，嬉闹游戏只是男孩获得支配地位的行为策略。而情绪编码、解码和调控能力的提高，不是嬉闹游戏的必然结果，这些能力通过其他渠道也能得到提高。

## 四　研究展望

到目前为止，对嬉闹游戏行为的研究还不是很充分。多数对学前儿童游戏的研究是以皮亚杰理论为指导的，主要研究假装游戏，对其他形式的游戏很少关注。事实上，假装游戏和嬉闹游戏是同时发生的，如果理论偏向于前者，势必低估后者。

### （一）新视角

未来对游戏的研究，应该改变原有的视角，引入新视角——游戏的假装维度、争斗（fighting）维度、追逐维度，重新考察嬉闹游戏在学前儿童发展中的地位与作用。之所以将游戏的争斗维度和追逐维度区分开来，是因为多数儿童特别是男孩更喜欢追逐，较少喜欢争斗（Smith，1992）。另外，对于年长儿童来说，追逐和争斗是两种不同的行为，两种行为的结果各不相同，游戏争斗与同伴的支配地位有关，而追逐与支配地位无关（Pellegrini，1995b）。类似的问题还有，在学前期游戏争斗和追逐达到什么程度会引发攻击行为？对小学生和中学生的研究显示，游戏争斗会导致被同伴拒绝的儿童产生攻击行为（Pellegrini，1988；1994）。这些事实提醒我们，在学前阶段被同伴拒绝的儿童、具有攻击倾向的儿童，他们的嬉闹游戏很有可能引发攻击行为。但是，这种推测还缺乏实证研究的支持。

### （二）同伴支配

在同伴支配关系方面，我们还需要知道能量充沛的肢体活动是如何被男孩利用的，用于建立和保持自己在同伴中的支配地位。根据已有研究可以做这样的假设：嬉闹游戏是预测儿童领导力（包括支配力）的一个重要变量，特别是儿童进入新的社会组织如学校，嬉闹游戏可能是预测领导力的一个重要变量。由此可见，有社交能力的儿童会利用各种竞争、合作手段来赢得他们在同伴中的地位（Vaughn，1999）。但是，在嬉闹游戏中"蒙骗"的策略不经常使用，"蒙骗"通常出现在群体背景下，并故意让他人看到"蒙骗"的结果。如，在嬉闹游戏中故意让同伴感到疼痛，借以获得他人的注意，使同伴知晓自己的"强硬"，然后再向"受害者"为自己的"不小心"致歉。

同伴地位也可能与嬉闹游戏的支配作用存在相互作用。那些被同伴拒绝的儿童，在嬉闹游戏中更容易使用"蒙骗"同伴的策略、在游戏中更多地使用攻击行为；相反，受欢迎的儿童，在游戏中处于支配地位却不会在游戏中经常或明显使用"蒙骗"策略（Boulton，1992；Pellegrini，1988；1995）。这可以理解为孩子们用不同的策略来追求权力。受欢迎儿童的策略是展示领导力、偶尔显示一下身体的力量，被同伴拒绝儿童的策略是通过嬉闹游戏、攻击行为展示自己的力量、支配同伴。如果真是如此，那么嬉闹游戏就成为儿童追求社会支配地位的策略之一。

游戏中学会的社交技能还包括识别"蒙骗"、调控肢体活动和嬉闹游戏。"蒙骗"识别能力的测量，可以通过对攻击行为的反应、对"蒙骗"的反应而实现。如，对"蒙骗"的反应可能是被"蒙骗"者终止游戏、然后离开。鉴于攻击行为出现的频率比较低，很难在日常场景中直接观察到，常用人工设置的情景观察儿童对攻击行为的反应，使用录音、录像等技术手段。

（三）性别差异

性别差异也是需要进一步研究的内容。了解男孩和女孩从婴儿期到青春期的嬉闹游戏的发展轨迹：观察儿童与父母、同伴进行嬉闹游戏的数量与程度，嬉闹游戏时间分配——与同伴游戏、与玩具打闹。这些观察还应与对儿童触觉敏感性测量结合起来，例如，男孩和女孩对嬉闹游戏发起行为的反应一样吗？

对物理刺激（肢体接触）的不同反应，可能与对嬉闹游戏偏爱的性别差异有关（Meaney，1985）。当然还有可能存在个体差异，在同一性别中对物理刺激的反应不同，还可能与先天性肾上腺皮质增生（CAH）有关。对 CAH 和非 CAH 儿童触觉敏感性的观察，对这些儿童与父母、同伴的嬉闹游戏的观察，都应该使用纵向追踪设计。从而考察早期的触觉敏感性及后期与父母、同伴的嬉闹游戏，为研究不同因素对嬉闹游戏的影响提供信息。

（四）游戏功能的成本效益分析

嬉闹游戏与积极结果（社会组织地位、社交技能）同时出现的事实，可以推论出游戏对儿童发展起作用。游戏发生于特定的年龄阶段，而这个阶段刚好是儿童某些技能发展的敏感时期，其结果是游戏影响到社交技能的发展。

对动物游戏功能的成本效益分析结果支持上述观点（Martin，1985）。进化论认为，在特定物种中观察到的典型游戏行为，其游戏成本应该给特定个体带来相应的效益，如果没有相应的效益，这种游戏就不会代代相传。对动物游戏的研究结果支持游戏成本与增值效益对等的观点（Fagen，1981）。

以肢体活动为主要形式的游戏成本通常以游戏中的时间消耗、卡路里或体能消耗来衡量，或者以游戏中的“伤亡情况”来衡量。高投入应该与高效益相连，低投入既可能是高收益，也有可能是低收益。游戏的收益不需要绝对高，只要比成本高即可。

对儿童游戏行为进行成本效益分析有多种意义。首先，可以测量这一被广泛接纳的假设——童年期的游戏是有成本的，包括时间成本和体能成本。其次，对时间和体能成本的描述，可以弥补该领域的不足。关键的第一步是记录体能成本。

Pellegrini（1998）提出，游戏体能成本的计算，可用游戏时卡路里的消耗与全天休息时卡路里的消耗（resting metabolic rate，RMR）之比来衡量。游戏新陈代谢率（play metabolic rate，PMR）计算的方法是对体能消耗的直接测量，如在儿童游戏和休息时，利用心率监测器（heart rate monitors，HRM）和加速度传感器进行测量。通过代谢速率之比来衡量游戏的成本消耗是比较标准的方法。此外，这些测量仪器还要用来测量日常平均代谢速率（average daily metabolic rate，ADMR），Martin（1982）估计 ADMR 会是安静时代谢速率的 1.5 倍到 3 倍。之后是对儿童一天中用于游戏时间（tp）的估计，可要求儿童自己和父母记录每日游戏时间，然后提供给研究者。Martin 认为，0.05 是对儿童日常游戏时间的“真实”估计，那么游戏时卡路里的成本消耗计算公式如下：

ECP = tp（PMR - RMR/ADMR）。

ECP：每日游戏卡路里消耗

Tp：游戏时间

PMR：游戏代谢速率

RMR：静止代谢速率

ADMR：平均日常代谢速率

这种方法被大量应用于动物游戏的研究中，结果显示，动物的肢体游戏所消耗的能量占总能量消耗的5%—10%（Martin，1985）。鉴于能量消耗成本低这一事实，研究者自然会研究其短期效益——社交技能和肢体活动技能。

如果把这种方法应用于儿童嬉闹游戏的研究，是相当烦琐的。更直接的方法是由儿童提供信息，看儿童何如评价嬉闹游戏的作用与意义。既可以使用问卷的方法，获得儿童对嬉闹游戏的概括性认识；也可以给儿童看嬉闹游戏的录像，然后根据录像内容进行访谈。这是两种广泛使用的方法。

（五）儿童对嬉闹游戏的认识

Costabile等（1991）和Smith等（1992）用问卷的方法，在英国和意大利研究了儿童对嬉闹游戏和攻击行为的认识：参与嬉闹游戏的频率、同伴在游戏中的角色、参与游戏的原因。结果显示，儿童能很明确地辨别嬉闹游戏和攻击行为；并有合理的依据支持自己的判断；他们参与嬉闹游戏是因为有趣。

用录像的技术研究嬉闹游戏有两种形式，一种是观看别人的录像，另一种是观看自己的录像，前者更为常用。

最常用的是让被试观看陌生儿童嬉闹游戏和攻击行为的录像，被试很容易区分开嬉闹游戏和攻击行为，并对行为原因做多种解释（Pellegrini，1989）。当然，个体差异依然存在，与受欢迎的孩子相比，被同伴拒绝的儿童对自己被拒绝既不能精确觉知，也不能对自己的看法给出充足的理由。这种差异可能是由社会信念加工缺陷所致。即被拒绝儿童对社会信息没有予以准确加工，对模糊不清的行为（既可能是嬉闹游戏也有可能是攻击行为）常做消极的归因，于是将嬉闹游戏视为攻击行为。

与学校中的其他“问题儿童”一样，在访谈时这些被同伴拒绝的儿童同样表现出消极的态度，消极态度被投射到嬉闹游戏中，把游戏视为攻击。而对自己的这种消极判断所给出的理由却很少（嬉闹游戏与攻击在很多方面是有差异的）。简而言之，对嬉闹游戏的这种反应，可能是这些“问题儿童”表达对学校中成年人蔑视、反抗的一种方式。

被同伴拒绝儿童在游戏时的表现与其认知是一致的。研究显示，被同伴拒绝且被同伴视为强势的男孩，在选择游戏同伴时目的性很强，他们选择那些比自己弱的男孩作为自己的游戏伙伴、发起嬉闹游戏，而这些“弱”的儿童也被同伴视为“受害者”。这种力量对比失衡的游戏很容易升级为攻击行为（Pellegrini，1994）。由此推论，嬉闹游戏很可以成为那些“暴力”男孩欺负弱小男孩的借口。这种推论与有关研究的结论相一致，Sutton（1999）的研究显示，某些欺负同伴、有攻击行为的儿童善于推断同伴的心理。

Smith（1993）以儿童和老师为被试，研究儿童和老师对嬉闹游戏认识。将儿童的嬉闹游戏录像，在游戏发生的当天和两周后放给儿童自己看（个别进行），用同样的方式把录像给游戏参与者的老师和同学看。研究者认为，通过询问，了解儿童对游戏的评价，可能更深刻地反应游戏的意义。进而，通过让他们的同学和老师对游戏进行评价、解释，可以比较同学和老师对同一行为的不同理解。最初，研究者推测老师的解释会不同于儿童，是不准确的，与儿童的解释相悖。结果显示，参与嬉闹游戏的儿童，对游戏和攻击行为解释的一致性很高，这种一致性从游戏结束当天一致保持到再次测量的两周后。然而，没有参与游戏的同学和老师对嬉闹游戏和攻击行为的解释高度一致，这些没有参与嬉闹游戏的同学和老师对游戏和攻击行为的解释与参与游戏儿童的解释截然不同。

参与者与旁观者对嬉闹游戏的理解和解释的不同，可能是因为嬉闹游戏参与者之间的关系更为密切、是朋友。相对于一般同伴，朋友更容易进行嬉闹游戏（Humphreys ，1987）；与非朋友关系的同伴相比，朋友间彼此更为了解。这就可以解释为什么游戏参与者能相互认同，因为他们是朋友。

这些研究结果对科学研究和教育政策制定都有意义。对研究者而言，需要对儿童的不同解释做更深入的探索；对政策制定者而言，要想了解特定的某种行为，例如嬉闹游戏和攻击行为，老师和学校的管理者必须对参与者和他们的朋友进行访谈，而不是依赖于旁观者的看法。

## 五　小结

本节讨论了嬉闹游戏，它与攻击行为不同，两者的发展路径、结果、对儿童社会认知的影响皆有差异。对于儿童、特别是男孩，嬉闹游戏是一种正常或积极的游戏行为。参与嬉闹游戏为儿童提供机会编码和解码社会信息，游戏中角色的轮换有助于观点采择能力的发展。这些在嬉闹游戏中习得并得到锻炼的技能，被应用于社会交往，如青春期的合作游戏。

在青春期会出现一个有趣的变化，此时，嬉闹游戏对社会认知发展不再有积极促进作用，游戏主要为儿童支配地位服务。嬉闹游戏究竟对儿童有什么影响，要受儿童的社会地位（被拒绝、受欢迎）和发展阶段（童年早期、青春期）的制约。

已有研究显示，并非所有的儿童都需要这种游戏形式。嬉闹游戏是男孩特有的现象，很多男孩用它来提高自己的社会认知水平。女孩和部分男孩不参与嬉闹游戏，但不影响他们正常发展，女孩会使用其他的方式发展自己的社交能力。与男孩相比，女孩参与假装游戏多，这说明对女孩来讲，是假装游戏而非嬉闹游戏提高了她们的社会认知水平。简而言之，儿童发展不一定走相同的径路，可以殊途同归。

### 游戏与文化

游戏是儿童最喜欢的活动，是人生早期的主导活动。游戏是儿童社会性发展的载体，也是儿童社会性发展的表现。游戏承载着文化，文化在游戏中延续并发展。不同文化背景下的儿童，其游戏方式不尽相同。通过观察，研究者不能完全理解儿童的游戏，只有在理解游戏的社会文化背景基础上，研究者才能真正理解游戏的性质，理解儿童在游戏中所表现出来的知识、技能、价值观和行为。

如果强调在文化背景下来理解和研究儿童的游戏，那么发展功能模型

(the developmental niche model) 则具有启发意义。该模型认为，文化与其他变量交织在一起，共同影响行为和发展。在分析儿童游戏与文化的关系时，应同时考虑三个背景维度：自然和社会环境；参与者的内部心理状态，尤其是抚养者关于儿童发展、社会化和教育的心理表征；有关养育儿童的文化风俗（张珊明，2005）。

心理学对儿童游戏的研究，基本是实证范式的。而用实证范式考察游戏的文化背景，在方法论上存在着困境。因此，研究视角的转换和研究技术的改变，将为心理学更好地理解儿童游戏提供帮助。

## 参考文献

刘焱：《儿童游戏通论》，北京师范大学出版社 2008 年版。

张珊明："国外有关儿童游戏的文化研究概述"，《比较教育研究》2005 年第 11 期。

Ariel, S. (1992). Semiotic analysis of children's play: A method for investigating social development. *Merill – Palmer Quarterly*, 38, 119 – 138.

Ausch, L. (1994). Gender comparisons of young children's social interaction in cooperative play activity. *Sex Roles*, 31, 225 – 239.

Benenson, J. F., Apostoleris, N. H., & Parnass, J. (1997). Age and sex differences in dyadic and group interaction. *Developmental Psychology*, 33, 538 – 543.

Black, B. (1989). Interactive pretense: social and symbolic skills in preschool play groups. *Merrill – Palmer Quarterly*, 35, 379 – 397.

Black, B. (1992). Negotiating social pretend play: Communication differences related to social status and sex. *Merril – Palmer Quarterly*, 38, 212 – 232.

Bloch, M. (1989). Young boys' and girls' play at home and in the community. A cultural – ecological framework. In M. Bloch & A. Pellegrini (Eds.), *The Ecological Context of Children's Play* (pp. 120 – 154). Norwood, NJ: Ablex.

Bosco, F. M., Friedman, O., & Leslie, A. M. (2006). Recognition of pretend and real actions in play by 1 – and 2 – year – olds: Early success and why they fail. *Cognitive Development*, 21, 3 – 10.

Boulton, M. J., & Smith, P. K. (1992). The social nature of play – fighting and play – chasing: Mechanisms and strategies underlying cooperation and compromise. In J. H. Barkow, L. Cosmides, & J. Tooby (Eds.), *The Adapted Mind* (pp. 429 – 444). New York: Oxford University Press.

Carson, J., Burks, V., & Parke, R. (1993). *Parent – Child Physical play: Deter-*

*minants and Consequences.*

In K. MacDonald (Ed.), *Parent – child play* (pp. 197 – 220). Albany, NY: State University of New York Press.

Charlesworth, W. R., & Dzur, C. (1987). Sex comparisons of preschoolers' behavior and resource utilization in group problem solving. *Child Development*, 58, 191 – 200.

Cole, D., & La Voie, J. C. (1985). Fantasy play and related cognitive development in 2 – to 6 – yearolds. *Developmental Psychology*, 21, 233 – 240.

Connolly, J., Doyle, A., & Ceschin, F. (1983). Forms and functions of social fantasy play in preschoolers. In M. B. Liss (Ed.), *Social and Cognitive Skills: Sex Roles and Children's Play* (pp. 71 – 92). New York: Academic Press.

Corsaro, W. A. (1983). Script recognition, articulation and expansion in children's role play. *Discourse Processes*, 6, 1 – 19.

De Lorimier, S., Doyle, A., & Tessier, O. (1995). Social coordination during pretend play: Comparisons with nonpretend play and effects on expressive content. *Merrill – Palmer Quarterly*, 41, 497 – 516.

DeHart, G. B. (1996). Gender and mitigation in 4 – year – olds pretend play talk with siblings. *Research on Language and Social Interaction*, 29, 81 – 96.

DeWaal, F. B. M. (1985). The integration of dominance and social bonding in primates. *Quarterly Review of Biology*, 61, 459 – 479.

Dodge, M. K., & Frost, J. L. (1986). Children's dramatic play: Influence of thematic and nonthematic settings. *Childhood Education*, 62, 166 – 170.

Duveen, G., & Lloyd, B. (1988). Gender as an influence in the development of scripted pretend play. *British Journal of Developmental Psychology*, 6, 89 – 95.

Doyle, A. – B., Ceschin, F., Tessier, O., & Doehring, P. (1991). The relation of age and social class factors in children's social pretend play to cognitive and symbolic ability. *International Journal of Behavioral Development*, 14, 395 – 410.

Doyle, A. – B., Doehring, P., Tessier, O., de Lorimier, S., & Shapiro, S. (1992). Transitions in children's play: A sequential analysis of states preceding and following social pretense. *Developmental Psychology*, 28, 137 – 144.

Erickson, E. (1972). *Play and development.* New York: Norton.

Fagen, R. (1981). *Animal Play Behavior.* New York: Oxford University Press.

Farver, J., Kim, Y., & Lee, Y. (1995). Cultural differences in Korean – and Anglo – American preschoolers' social interaction and play behavior. *Child Development*, 66, 1089 – 1099.

Farver, J. M., & Shin, L. (1997). Social pretend play in Korean – and Anglo – American preschoolers. *Child Development*, 68, 544 – 556.

Fein, G. G. (1975). A transformational analysis of pretending. *Developmental Psychology*, 11, 291 – 296.

Fein, G. G. (1989). Mind, meaning, and affect: proposals for a theory of pretense. *Developmental Review*, 9, 345 – 363.

Field, T., & Reite, M. (1984). Children's responses to separation from mother during the birth of another child. *Child Development*, 55, 1308 – 1316.

Flanders, J. L., Simard, M., & Paquette, D. (2009). *Rough – and – Tumble Play and the Development of Physical Aggression and Emotion Regulation: A Five – Year Follow – Up Study*. Biennial meeting of the Society for Research on Child Development, April, Denver, Co, USA.

Gaskins, S. (1999). Children's daily lives in a Mayan village: A case of culturally constructed roles and activities. In A. Göncü (Ed.), *Children's engagement in the World: Sociocultural Perspectives* (pp. 25 – 61). New York: Cambridge University Press.

Goldman, L. (1998). *Child's Play: Myth, Mimesis and Make – believe*. New York: Berg.

Gosso, Y. (2011). Pretend Play of Brazilian Children: A Window Into Different Cultural Worlds. *Journal of Cross – cultural Psychology*, 38, 539 – 558.

Göncü, A. (1993). Development of intersubjectivity in social pretend play. *Human Development*, 36, 185 – 198.

Göncü, A., & Kessel, F. S. (1988). Preschoolers' collaborative construction in planning and maintaining imaginative play. *International Journal of Behavioral Development*, 11, 327 – 344.

Göncü, A., Tuermer, U., Jain, J., & Johnson, D. (1999). Children's play as cultural activity. In A. Göncü (Ed.), *Children's Engagement in the World: Sociocultural Perspectives* (pp. 148 – 170). New York: Cambridge University Press.

Göncü, A. Mistry, J., & Mosier, C. (2000). Cultural variations in the play of toddlers. *International Journal of Behavioral Development*, 24, 321 – 329.

Haight, L. W., & Miller, P. (1993). *Pretending at Home: Early Development in a Sociocultural Context*. Albany, NY: State University of New York Press.

Haight, W. L., Wang, X., Fung, H., Williams, K., & Mintz, J. (1999). Universal, developmental, and variable aspects of young children's play: A cross – cultural comparison of pretending at home. *Child Development*, 70, 1477 – 1488.

Heath, S. B. (1983). *Ways with Words: Language, Life, and Work in Communities and Classrooms*. New York: Cambridge University Press.

Howes, C. , & Matheson, C. C. (1992) . Sequences in the development of competent play with peers: Social and social pretend play. *Developmental Psychology*, 28, 961 -974.

Howe, N. , Moller, L. , Chambers, B. , & Petrakos, H. (1993) . The ecology of dramatic play centers and children's social and cognitive play. *Early Childhood Research Quarterly*, 8, 235 -251.

Howes, C. , Unger, O. , & Matheson, C. C. (1992) . *The Collaborative Construction of Pretend.* Albany, NY: State University of New York Press.

Howe, N. , Petrakos, H. , & Rinaldi, C. M. (1998) . "All the sheeps are dead. He murdered them": Sibling pretense, negotiation, internal state language, and relationship quality. *Child Development*, 69, 182 -191.

Howe, N. , Petrakos, H. , Rinaldi, C. M. & LeFebvre, R. (2005) . "This Is a Bad Dog, You Know…": Constructing Shared Meanings During Sibling Pretend Play. *Child Development*, 76, 783 - 794.

Humphreys, A. P. , & Smith, P. K. (1984) . Rough - and - tumble play in preschool and playground. In P. K. Smith (Ed. ), *Play in Animals and Humans* (pp. 241 - 270) . Oxford, England: Blackwell.

Humphreys, A. P. , & Smith, P. K. (1987) . Rough - and - tumble play, friendship, and dominance in school children: Evidence for continuity and change with age. *Child Development*, 58, 201 -212.

Jacklin. C. N. , DiPietro, J. A. , & Maccoby, E. E. (1984) . Sex - typing behavior and sex - typing pressure in child/parent interaction. *Archives of Sexual Behavior*, 13, 413 - 425.

Jarvis, P. (2007) . Monsters, magic and Mr Psycho: a biocultural approach to rough and tumble play in the early years of primary school. *Early Years*, 27, 171 -188.

Jones, A. , & Glenn, S. M. (1991) . Gender differences in pretend play in a primary school group. *Early Child Development and Care*, 77, 127 -135.

Lancy, D. (1996) . *Playing on the Mother Ground: Cultural Routines for Children's Development.* New York: Guilford Press.

Lillard, A. S. (1996) . Body or mind: Children's categorizing of pretense. *Child Development*, 67, 1717 -1734.

Lindsey, E. W. , Mize, J. , & Pettit, G. S. (1997) . Differential play patterns of mothers and fathers of sons and daughters: Implications for children's gender role development. *Sex Roles*, 37, 643 -661.

Lloyd, B. , Duveen, G. , & Smith, C. (1988) . The social representation of gender and young children's play: A replication. *British Journal of Developmental Psychology*, 6, 83 -

88.

Lloyd, B., & Goodwin, R. (1993). Girls' and boys' use of directives in pretend play. *Social Development*, 2, 122 - 130.

Lloyd, B., & Goodwin, R. (1995). Let's pretend: Casting the characters and setting the scene. *Journal of Developmental Psychology*, 13, 261 - 270.

Lloyd, B., & Smith, C. (1985). The social representation of gender and young children's play. *British Journal of Developmental Psychology*, 3, 65 - 73.

Maccoby, E. E. (1998). *The Two Sexes.* Cambridge, MA: Harvard University Press.

Martin, P., & Caro, T. (1985). On the function of play and its role in behavioral development. In J. Rosenblatt, C. Beer, M. Bushnel, & P. Slater (Eds.), *Advances in the Study of Behavior*, 15 (pp. 59 - 103). New York: Academic Press.

Martin, P. (1982). The energy costs of play: Definition and estimation. *Animal Behaviour*, 30, 294 - 295.

Martin, P., & Caro, T. (1985). On the function of play and its role in behavioral development. In J. Rosenblatt, C. Beer, M. Bushnel, & P. Slater (Eds.), *Advances in the study of Behavior*, 15 (pp. 59 - 103). New York: Academic Press.

Martini, M. (1994). Peer interactions in Polynesia: A view from the Marquesas. In J. Roopnarine, J. Johnson, & F. Hooper (Eds.), *Children's Play in Diverse Cultures* (pp. 73 - 103). New York: State University of New York Press.

Matthews, W. S. (1977). Modes of transformation in the initiation of fantasy play. *Developmental Psychology*, 13, 212 - 216.

Meaney, M. J., Stewart, J., & Beatty, W. W. (1985). Sex differences in social play. In J. Rosenblatt, C. Beer, M. C. Bushnel, & P. Slater (Eds.), *Advances in the Study of Behavior*, Vol. 15 (pp. 2 - 58). New York: Academic Press.

McLoyd, V. (1982). Social class differences in sociodramatic play: A critical review. *Developmental Review*, 2, 1 - 30.

McLoyd, V., Warren, D., & Thomas, E. A. C. (1984). Anticipatory and fantastic role enactment in preschool triads. *Developmental Psychology*, 20, 807 - 814.

McLoyd, V., Thomas, E. A. C., & Warren, D. (1984). The short - term dynamics of social organization in preschool triads. *Child Development*, 55, 1051 - 1070.

Meaney, M. J., Stewart, J., & Beatty, W. W. (1985). Sex differences in social play. In J. Rosenblatt, C. Beer, M. C. Bushnel, & P. Slater (Eds.), *Advances in the Study of Behavior*, 15 (pp. 2 - 58). New York: Academic Press.

Neill, S. R. StJ. (1976). Aggressive and non - aggressive fighting in twelve - to - thirteen year old preadolescent boys. *Journal of Child Psychology and Psychiatry*, 17, 213 -

220.

Neppl, T. K. , & Murray, A. D. (1997) . Social dominance and play patterns among preschoolers: Gender comparisons. *Sex Roles*, 36, 381 - 393.

Oswald, H. , Krappmann, L. , Chowduri, F. , & Salisch, M. (1987) . Gaps and bridges: Interactions between girls and boys in elementary schools. *Sociological Studies of Child Development*, 2, 205 - 223.

Parke, R. D. , & Suomi, S. J. (1981) . Adult male infant relationships: Human and nonhuman primate evidence. In K. Immelman, G. W. Barlow, L. Petronovitch, & M. Main (Eds. ), *Behavioral Development* (pp. 700 - 725) . Cambridge, England: Cambridge University Press.

Parke, R. D. , Cassidy, J. , Burks, V. , Carson, J. , & Boyum, L. (1992) . Familial contributions to peer competence among young children: The role of interactive and affective processes. In R. D. Parke & G. Ladd (Eds. ), *Family - peer Relationships* (pp. 107 - 134) . Hillsdale, NJ: Erlbaum.

Parten, M. (1932) . Social participation among preschool children. *Journal of Abnormal and Social Psychology*, 27, 243 - 269.

Pellegrini, A. D. (1988) . Elementary school children's rough - and - tumble play and social competence. *Developmental Psychology*, 24, 802 - 806.

Pellegrini, A. D. , & Perlmutter, J. C. (1989) . Classroom contextual effects on children's play. *Developmental Psychology*, 25, 289 - 296.

Pellegrini, A. D. (1989a) . Elementary school children's rough - and - tumble play. *Early Childhood Research Quarterly*, 4, 245 - 260.

Pellegrini, A. D. (1989b) . What is a category? The case of rough - and - tumble play. *Ethology and Sociobiology*, 10, 331 - 341.

Pellegrini, A. D. (1993) . Boys' rough - and tumble play, social competence and group composition. *British Journal of Developmental Psychology*, 11, 237 - 248.

Pellegrini, A. D. (1994) . The rough play of adolescent boys of differing sociometric status. *International Journal of Behavioral Development*, 17, 525 - 540.

Pellegrini, A. D. (1995a) . *School Recess and Playground Behavior.* Albany, NY: State University of New York Press.

Pellegrini, A. D. (1995b) . A longitudinal study of boys' rough - and - tumble play and dominance during early adolescence. *Journal of Applied Developmental Psychology*, 16, 77 - 93.

Pellegrini, A. D. , Horvat, M. , & Huberty , P. D. (1998) . The relative cost of children's physical activity play. *Animal Behaviour*, 55, 1053 - 1061.

Pellegrini, A. D. , & Bartini, M. (2001) . Dominance in early adolescent boys: Affiliative and aggressive dimensions and possible functions. *Merrill – Palmer Quarterly*, 47, 142 – 163.

Piaget, J. (1962) . *Play, Dreams, and Imitation in Childhood.* New York: Norton.

Pellegrini, A. D. , & Smith, P. K. (1998) . Physical activity play: The nature and function of a neglected aspect of play. *Child Development*, 69, 577 – 598.

Sawyer, R. K. (1996) . Role voicing, gender, and age in preschool play discourse. *Discourse Processes*, 22, 289 – 307.

Sawyer, R. K. (1997) . *Pretend Play as Improvisition: Conversation in the Preschool Classroom.* Mahwah, NJ: Erlbaum.

Schwartzman, H. (1978) . *Transformations: The Anthropology of Children's Play.* New York: Plenum.

Singer, D. J. , & Singer, J. L. (1990) . *The House of Make – believe: Children's Play and the Developing Imagination.* Cambridge, MA: Harvard University Press.

Sheldon, A. (1992) . Conflict talk: Sociolinguistic challenges to self – assertion and how young girls meet them. *Merrill – Palmer Quarterly*, 38, 95 – 117.

Sheldon, A. (1996) . You can be the baby brother, but you aren' t born yet: Preschool girls' negotiation for power and access in pretend play. *Research on Language and Social Interaction*, 29, 57 – 80.

Sidera, F. , Serrat, E. & Rostan, C. (2011) . Do Children Realize That Pretend Emotions Might Be Unreal? *The Journal of Genetic Psychology*, 172 (1), 40 – 55.

Singer, D. J. , & Singer, J. L. (1990) . *The House of Make – believe: Children's Play and the Developing Imagination.* Cambridge, MA: Harvard University Press.

Sluckin, A. M. (1981) . *Growing up in the Playground: The Social Development of Children.* London: Routledge & Kegan Paul.

Smilanksy, S. (1968) . *The Effects of Sociodramatic Play on Disadvantaged Preschool Children.* New York: Wiley.

Smith, P. K. , & Boulton, M. J. (1990) . Rough – and – tumble play, aggression and dominance: Perception and behavior in children's encounters. *Human Development*, 33, 271 – 282.

Smith, P. K. , Hunter, T. , Carvalho, A. , & Costabile, A. (1992) . Children's perceptions of playfighting, play – chasing and real fighting: A cross – national interview study. *Social Development*, 1, 211 – 229.

Smith, P. K. , Smees, R. , Pellegrini, A. D. , & Menesini, E. (1993) . *Play Fighting and Serious Fighting: Perspectives on Their Relationship.* Paper presented at the biennial meetings of the International Society for the Study of Behavioral Development, Recife, Brazil.

Stambak, M., & Sinclair, H. (Eds.) (1993). *Pretend Play among 3 - year - olds.* Hillsdale, NJ: Erlbaum.

Strayer, F. F. (1980). Social ecology of the preschool peer group. In W. A. Collins (Ed.), *The Minnesota Symposia on Child Development*, Vol. 13: Development of cognition, affect, and social relations (pp. 165 - 196). Hillsdale, NJ: Erlbaum.

Strayer, F. F., & Noel, J. M. (1986). The prosocial and antisocial functions of aggression: An ethological study of triadic conflict among young children. In C. Zahn - Waxler, E. M. Cummings, & R. Iannotti (Eds.), *Altruism and Aggression* (pp. 107 - 131). New York: Academic Press.

Sutton, J., Smith, P. K., & Swettenham, J. (1999). Socially undesirable need not be incompetent: A response to Crick and Dodge. *Social Development*, 8, 132 - 134.

Symons, D. (1978). *Play and Aggression: A Study of Rhesus Monkeys.* New York: Columbia University Press.

Tudge, J., Hogan, D., Lee, S., Tammeveski, P., Meltsas, M., Kulakova, N., Snezhkova, I., & Putnam, S. (1999). Cultural heterogeneity: Parental values and beliefs and their preschoolers' activities in the United States, South Korea, Russia, and Estonia. In A. Göncü (Ed.), *Children's Engagement in the World: Sociocultural Perspectives* (pp. 62 - 96). New York: Cambridge University Press.

Tannock, M. (2011). Observing young children's rough - and - tumble play. *Australasian Journal of Early Childhood*, 36, 13 - 20.

Tykkyla¨inen, T., & Laakso, M. (2010). Five - year - old girls negotiating pretend play: Proposals with the Finnish particle jooko. *Journal of Pragmatics*, 42, 242 - 256.

Vaughn, B. E. (1999). Power is knowledge (and vice versa): A commentary on "Winning some and losing some: A social relations approach to social dominance in toddlers". *Merrill - Palmer Quarterly*, 45, 215 - 225.

Vygotsky, L. S. (1978). *Mind in Society. The Development of Higher Mental Processes.* Cambridge: MA: Harvard University Press.

Waters, E., & Sroufe, L. A. (1983). Social competence as a developmental construct. *Developmental Review*, 3, 79 - 97.

Wall, S. M., Pickert, S. M., & Gibson, W. B. (1990). Fantasy play in 5 - and 6 - year - old children. *Journal of Psychology*, 123, 245 - 256.

Werebe, M. J. G., & Baudonniere, P. M. (1991). Social pretend play among friends and familiar preschoolers. *International Journal of Behavioral Development*, 14, 411 - 428.

Weinberger, L. A. , & Starkey, P. (1994) . Pretend play by African - American children in head start. *Early Childhood Research Quarterly*, 9, 327 - 343.

Woolley, J. D. (1997) . Thinking about fantasy: Are children fundamentally different thinkers and believers from adults? *Child Development*, 68, 991 - 1011.

Wyman, E. , Rakoczy, H. & Tomasello, M. (2009) . Young children understand multiple pretend identities in their object play. *British Journal of Developmental Psychology*, 27, 385 - 404.

# 第九章　社会化经验及其结果

儿童发展是一个不断社会化的过程，这个过程持续数十年。在这个社会化的过程中，早期的发展与后期的发展有何关系？早期的经验一定会对后期发展产生影响吗？童年期的经验能否决定成人期的人格特征？童年期到成人期的发展是连续的吗？如果是连续的，那么这种连续性是如何表现的？其机制是什么？简而言之，童年期的发展有何重要意义？这就是本章要讨论的问题。

上述问题是非常复杂的，在早期经验与后期发展之间建立关系通常需要考察许多变量，到目前为止，我们对有些问题还没有一个确切的答案。但是这些问题又是非常重要的，如果能从儿童早期的发展情况预测后期的结果，至少可以使我们预防危机、干预危机和阻止消极行为。

## 第一节　发展的可逆性

### 一　婴儿期的精神创伤与发展的关键期

现在，人们普遍认为早期经验在人的发展中是重要的，弗洛伊德就特别强调这一点，认为童年期的经验是成人期心理障碍的导源。

但是，弗洛伊德的理论并没有得到实证研究结果的支持。实证研究的结果显示，早期的经验与后期人格发展之间没有密切的联系。可以从三个方面来解释这种理论与实证研究之间的不一致。首先，弗洛伊德的研究依靠的是成人记忆，而成人对童年事情回忆的准确性是值得探讨的；其次，弗洛伊德的研究对象都是有心理问题的成年人，这些人对问题认识能力的可靠程度需要质疑；最后，弗洛伊德对儿童早期经验的研究，将早期经验与其存在的背景割裂开来，而任何发展都是在一定背景下发生的，所以，忽略了发展背景也可能是导致早期经验与后期人格发展没有关系的一个原因。

从弗洛伊德的理论中，我们可以看到他强调童年期在人生历程发展中的重要性，认为是发展的关键时期，与后来洛伦兹提出的关键期不谋而合。洛伦兹通过观察发现，动物出生后的很短一段时间，是幼崽与母亲建立依恋关系的关键时期，在关键期内学习某种技能是最佳时期——容易学且速度快，否则，过了这个时期学习这一技能就比较困难。在这个时期学习的技能可以保持终生，具有不可逆性。如果小动物在关键期没有形成对母亲的依恋，那么以后也不会形成依恋这种情感。关键期在小动物身上是有严格界限的，在关键期习得的技能对一生的发展都有影响。

弗洛伊德与洛伦兹一样，都是极端的关键期支持者，认为早期经验具有不可逆性。但是，继洛伦兹之后对低级动物的研究结果，并没有像洛伦兹描述的那样，关键期的学习具有不可逆性，即关键期并非像洛伦兹所说的那样严格，关键期学习也并非像洛伦兹描述的那样具有终身性。于是，使用敏感期这一概念来替代关键期，认为在特定的时期学习特定的内容比较容易，而过了这个时期再学习这个内容就比较难了。

那么对动物敏感期的研究适用于人类吗？如，用关键期（敏感期）理论指导儿童依恋形成的研究，就意味着儿童依恋的形成与儿童发展的准备状态相关，依恋的发展是在一段时间内完成的，如果错过了这个时期就不可能形成依恋。鲍尔贝对儿童依恋发展就持有这样的观点，他认为如果儿童被剥夺了形成依恋的机会，那么他将是一个没有情感的生物，即永远不能与他人建立起有意义的关系。受洛伦兹的影响，鲍尔贝认为依恋的形成是在出生后特定时期内出现的，在出生2.5岁后再好的母亲也无法使儿童建立起依恋的情感，该经验（形成或没有形成依恋）将对儿童一生的发展都产生影响。

但是，Tizard（1977）的研究，推翻了鲍尔贝的观点。该研究的对象是福利机构的儿童，他们从出生后的几周就生活在福利院，并度过了出生后的第一年。在福利院，这些儿童被众多的工作人员抚养，他们不可能有机会与他人建立依恋关系。之后这些儿童被他人领养，领养时至少在2.5岁以后，有的甚至到7岁时才被领养。在这些儿童8岁和16岁时，考察了他们的发展情况，特别是与他人建立人际关系的能力。结果发现，与常态儿童相比，这些儿童在某些方面的表现是不恰当的，如对人通常友好过度，甚至对陌生人也如此，在学校他们的朋友少，受欢迎程度低。但是，大多数儿童与领养者之间能建立依恋情感关系，不但迅速而且很密切。没有出现鲍尔贝预言的那样结果，儿童也没有成为“没有情感的生物”。

在 Tizard 的研究中，领养时年龄最大的儿童是 7 岁，这个儿童一样可以与领养者之间建立密切的依恋关系。该研究结果说明，儿童与抚养者之间所建立的情感关系，可在任何一个年龄段产生，并不像鲍尔贝所说的那样，过了某个时期就不能建立了。

### 二 对强烈情感创伤的研究

前文已讨论过，早期经验不一定对后期的发展存在不可逆转的影响。但是，那些儿童经历过的紧张、焦虑情感，在当时对儿童产生了强烈的影响，儿童在很多年后还可能有深刻的记忆，这些记忆对儿童发展有长期的影响吗？

父母自杀是儿童经历过的最消极的经验之一，对这些儿童进行了追踪研究（Shepherd，1976）。结果显示，在事件发生时儿童受到的影响很大，父母自杀是他们经历的主要创伤。几年之后，与对比组儿童相比，这些儿童存在比较多的心理问题，而且这种经验对儿童发展存在长期的影响。这些儿童中，有一部分人存在心理问题，而有的儿童则表现正常，导致儿童发展差异的原因可能与自杀者自身的特征有关。如果自杀者具有酗酒、暴力、精神异常的行为特征，对家庭和婚姻造成危害，在自杀事件发生后儿童情感创伤表现得多；如果自杀者是一个能够自我控制的人，他们的孩子在经历了自杀事件后表现出的情感创伤则要少一些。可见，自杀事件对儿童的影响要放在一定的环境背景中来考察才更有意义。

对其他问题的研究也得到了类似的结果。对儿童经历地震、火山爆发、洪水、飓风、火灾等自然灾害的研究结果显示，这些自然灾害发生期间，的确对儿童产生了消极影响，但并非一定存在长期的消极影响。在澳大利亚曾发生过小规模的战争，在战争中许多家庭和农场被毁，大量牲畜死亡，McFarlance（1988）研究了这一事件对 240 名儿童的影响。结果表明，在事件发生的最初两年内，儿童的确受到了严重的消极影响，但还不是引起儿童心理障碍的主要因素。两年之后，有 1/5 的儿童出现心理问题，其他儿童表现正常。在研究中发现，消极事件本身并非一定产生消极的后果，消极事件所引发的后续生活环境的变化，对儿童的影响最重要，如父母如何应对这种消极事件带来的压力。一般来讲，儿童所受到的消极影响与其家庭所受到的物质损失成正比，即家庭物质损失越大，儿童所受到的伤害也就越大。研究发现，一个时期经历的消极生活事件能否对儿童的长期发展有影响，取决于这个事件是否引发了后续的问题——父母的消极情绪、不良的家庭环境等，如果消极事件引发了后续问题，则消极事件对儿童的发展会有长期的消极影响，否则不会产生长期的消极影响。可见，父母如何应对消极事件是消极事件是否产生长期影响的一个变量。

常见的儿童早期焦虑是与父母的分离，如住医院或去幼儿园等。儿童在6个月至5岁期间是非常脆弱的，与父母的任何分离对该阶段儿童来说都是消极的经验，特别是在陌生的环境由陌生人来照看。但是，研究结果显示，暂时的分离对儿童没有长期的消极影响，一旦儿童与母亲重聚，在重聚之初儿童可能会出现一些消极行为，但是如果母亲对儿童的需要敏感，是一个合格的母亲，那么儿童很快就能淡忘分离而表现正常。研究还发现，多次的分离对儿童有累积效应，如，儿童心理调试能力与其住院治疗的经验存在相关；没有发现住院一次的孩子在后期存在心理适应问题，而具有多次住院治疗经验的儿童，则与后期的心理适应存在相关，这种相关随儿童住院的次数和住院的时间长度而增强。这说明，儿童经历的危险因素越多，越有可能具有长期的消极影响，经历一次紧张、焦虑情绪的儿童比没有经历紧张、焦虑情绪的儿童，在表现出的问题行为上没有差异，但是，经历多次紧张、焦虑情绪就增加了儿童日后具有心理问题的可能性。Quinton（1976）等人的研究结果也证实了上述研究结论，他们的研究发现，分离因素对处境不利家庭中儿童的影响比常态家庭中的儿童大，如果儿童因为某种原因已经经历了不安、创伤，那么分离这种因素对儿童的消极影响比没有消极经历的儿童影响大，甚至一次暂时的分离对儿童都会有消极的影响。

所以说，不是某个具体的紧张、焦虑情绪导致儿童后期的心理问题，而是儿童生存的环境在儿童后期心理发展中处于决定的地位。

### 三　长期的消极生活经验

对成人的心理问题与童年经验关系的研究，已从寻找成人的心理问题与童年的某一消极经验的关系，发展到在成人的心理问题与儿童特定的消极生活经验以及该经验的持续“后效”之间建立联系。早期经验的确在儿童发展中扮演着重要的角色，早期经验奠定了儿童发展的基础，这种经验对后续的生活存在影响。早期经历的消极生活实践可能会引起进一步的不良经验，这就形成了一个消极链环，这种链环的结果就是心理失调。心理失调的原因是生活链环整体导致的，并不是某一具体的生活事件，所以一旦这个链环被打破，心理失调也就不可能成为发展的必然结果。

（一）对早期生活环境不利儿童的研究

下面将引用一个研究，用以说明长期的消极经验对人的消极影响，以及儿童发展滞后是如何得到补偿的。Dennis（1973）研究了 6 岁以前在孤儿院生活的儿童，这些儿童在孤儿院缺少一对一的护理，在出生以后很少有人跟这些儿童说话、玩耍、拥抱，饿时就给一个奶瓶子放在枕头上，儿童很少有机会离开自己的床，只是待在房间里，也就是说，这些儿童的生活环境是非常贫乏的。出生不久后的智力测验显示，这些儿童的智商为 100，处于平均水平，到 1 岁时他们的智商仅为 53，即 12 个月婴儿的智商相当于 6 个月婴儿的水平。这种发展滞后的现象在这些生活在孤儿院的儿童身上将继续存在，例如，有一半的儿童到 21 个月时还不会坐，不到 15% 的儿童在 3 岁时才能行走。这些儿童在发展的初期是正常的，智商在常态范围内，但由于童年期恶劣的生活环境导致了这些儿童发展的滞后。

当这些儿童 6 岁时，被送到其他的适合于年龄较大儿童生活的机构中，男孩和女孩分别被送到不同的机构，还有一些儿童被家庭领养。在新机构中对这些儿童进行追踪研究，结果显示，女孩仍处于发展滞后的状态，在 16 岁时智商是 50 分，有明显的智力障碍。但是男孩的情况要好于女孩，他们的智商达到了 80 分，尽管智商低于平均水平，但属于常态范围，这些男孩的发展有了明显的改善。那些被领养儿童的发展也比较好，2 岁前被领养的儿童在少年时智商达到 95 分（见图 9—1）。那么，造成这些儿童发展差异的原因是什么？这种差异主要是儿童生活环境的不同，女孩的生活环境与他们 6 岁之前相差无几，而男孩的生活环境则要好一些，工作人员的素质高、提供了更多的教育、有娱乐设施、对每个个体予以关注，当然被领养儿童的生活环境会更好。可见，没有父母的抚育，儿童的发展就极端滞后，但是这种消极影响是可以得到弥补的。

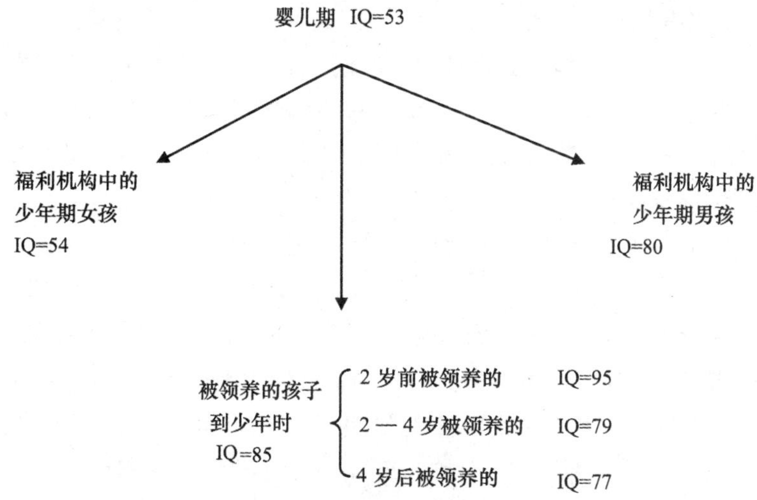


图 9—1　被剥夺了父母养育条件的儿童智商发展情况

（资料来源：Dennis，1973。）

Dennis 只考察了智力的发展，其他方面的发展情况如何呢？有研究（Koluchova，1976）显示，其他方面的发展也具有同样的规律。该研究考察的是一对双生子，他们由父亲和继母抚养，被放置在几乎与世隔绝的环境中：不允许走出房间，甚至不允许进起居室，他们的房间很小、没有取暖设施、睡在地板上、经常受到严厉的惩罚、房间里空荡荡的，玩具只有几块砖头。这种生活环境持续了 7 年，直到他们被人们发现。他们被发现时状况极其危险：几乎不能行走、只能用手势与别人交流、对新的事情非常害怕、社交技能极低。此后，由两名专职人员照顾这两个孩子，担当着养父母的角色，慢慢地这两个孩子发展到能够上学，他们的智力水平和言语表达能力能适应学校的生活，最终智力处于常态水平。教育使他们受益颇多，能与其他人正常地相处、交往，而且他们也在不断地进步，23 岁时从一所职业技术高中毕业做了电工，他们的智力与情绪发展正常。

这个事例再一次说明，长期消极的生活经验对儿童造成的不利影响是可以得到弥补的，但是这个“期限”的临界值应该是多久我们并不清楚，是否任何长度时间的消极生活经验都可以得到弥补？我们也不清楚。

（二）对生活在矛盾冲突家庭中儿童的研究

尽管上述案例在生活中少见，但是，类似的对儿童伤害程度低一些的事例还是很多的。如在冲突迭起家庭中长大的儿童就是一个典型，随着离婚率上升，有很多儿童生活在冲突不断、最终以离婚告终的家庭中，这种家庭的冲突往往在离婚前会持续一段时间，有的甚至在离婚之后依然冲突不断，据统计美国儿童在16岁之前，有40%的孩子经历过家庭解体。这种持续的家庭冲突对儿童的发展是非常不利的，已有研究（Emery，1982；Hetherington，1993）总结了离婚对儿童的消极影响：

1. 离婚对任何年龄段的儿童至少都有短期的影响，这种影响是多方面的；

2. 这种影响的性质、严重程度、持续的时间具有很大的个体差异；

3. 有事实表明，离婚对男孩的短期消极影响大于女孩；

4. 这种影响对童年中期儿童的作用，大于对学前期和青春期儿童的影响；

5. 离婚对儿童的消极影响在家庭内外都有表现，影响到儿童与同胞、父母的关系，影响到与家庭之外同伴关系的建立；

6. 许多儿童在父母离婚2—3年后，能逐渐适应这种生活；

7. 离婚是否对儿童发展有长期影响，对儿童成年后的婚姻关系与离婚是否存在影响，仍是一个存在争议的问题。

那么，离婚到底对儿童有哪些影响？离婚与离婚相伴随的一些因素共同对儿童的发展产生着影响，有的因素影响大，有的因素影响小。但是有研究（Amato，1991）表明，最关键的因素是离婚前后父母的冲突，这一结论可以用下面的事实加以说明：同是生活在完整家庭中的儿童，家庭冲突多的儿童比家庭冲突少的儿童表现出较多的问题行为；来自单亲但没有冲突家庭的儿童，比那些来自完整家庭但为家庭冲突困扰的儿童心理适应能力强；因为离婚而成为单亲家庭，和因为死亡而成为单亲家庭，对儿童的影响是不同的，前者对儿童的消极影响要大于后者；那些正在离婚的父母，如果尽量避免冲突，比那些有冲突但没离婚的父母，对儿童发展的消极影响要小；家庭冲突越多，儿童会表现出更多的消极后果；在父母真正离婚之前，儿童经常表现出行为问题。

下面的研究考察了父母离婚对儿童的影响，该研究对象是3岁儿童，这些儿童在3岁左右时父母离婚。研究发现，（1）父母离婚的儿童比那些父母在一起的儿童表现出更多的心理问题，（2）早在父母实际分开以前的很长时期儿童就表现出了心理问题。父母离婚对儿童所产生的影响早在真正离婚以前就已经存在了，在父母分开之前家庭生活就充满了不和谐的气氛、紧张的空气。研究还发现，离婚的父母比那些没有离婚的父母在教育孩子的问题上分歧大，离婚的父母对儿童的支持程度和关注程度低于没离婚的父母。所以，父母的婚姻问题殃及到孩子。

那么，为什么父母之间的冲突对儿童的影响如此之大？

儿童见证父母冲突的同时，也是一个消极情绪唤起的经验，这是直接的结果。家庭的冲突还可以对儿童有间接的影响，因为家庭的冲突会导致家庭成员之间关系的扭曲，这种扭曲的关系可能进一步导致问题的出现。如父母对儿童的要求不一致，对儿童干扰、控制增多；一些父母对儿童冷淡，一些父母对儿童过度溺爱；相对于父母之间的冲突来说，教育孩子的问题是次要的，那么疏于监督管教的孩子自然会问题不断。

毫无疑问，父母长期的不和谐关系对儿童的影响是消极的，但有两个问题需要强调。首先，并非所有的儿童都受到同样的影响，有的儿童尽管经历了大量的家庭冲突，但是他们能应对这种糟糕的经历，没有心理异常的表现。儿童（8—12 岁）的这种应对形式是多样的，如与兄弟姐妹待在一起、向朋友倾诉、安慰父母、把父母的争吵看做是好事。其次，尽管儿童可能经历了父母之间长期的婚姻冲突，这种婚姻冲突带给儿童的消极影响未必是长久的。前面曾提到，儿童可以在父母分开 2—3 年的时间恢复到正常水平，学会调整自己的新生活。但并不是所有的儿童都能恢复正常的生活，能否恢复取决于给儿童提供的生活环境是否恰当。

那么如何改善儿童的生活环境？以下六个方面对改善儿童生活环境有帮助：(1) 减少父母冲突。即使父母离异之后，父母在孩子的许多问题方面还需要合作作出决定，父母之间能“和平”地商讨问题对儿童的心理健康是非常有利的。(2) 调节与非监护人一方父母的关系。尽管作为监护人角色的父母可能再婚，但是调节儿童与非监护人一方的关系仍然是必要的。(3) 作为监护人的父母，心理一定要健康。作为监护人的父母，其心理健康取决于能否成功地调整自己生活，适应单独抚养儿童的现状，因为父母调试生活的能力决定着能否给儿童提供一个稳定、安全的环境。(4) 保持家庭生活的风格。大多数单亲家庭的经济条件有下滑的趋势，避免经济下滑趋势的能力越强，避免消极结果出现的可能性也随之增强。(5) 离婚之后尽量减少对儿童生活的改变。父母离婚之后通常是伴随着搬家、换学校、儿童失去了原有的朋友，增加了孩子的适应难度，不利于儿童的适应。(6) 在再婚家庭中与继父（母）建立良好的关系。再婚对儿童有积极的一面也有消极的影响，新家庭中的人际关系性质决定着再婚对儿童影响的性质，与继父（母）建立良好的人际关系有利于儿童的心理健康。

## 第二节　发展的多种结果

如果认为儿童的早期经验总是导致成年期特定的行为特征，这就把问题简单化了。因为儿童的早期经验不能有效地预测后期的发展，甚至长期的消极经验也不是一定就能造成不可逆转的影响。将经历过某种消极生活事件和没有经历过该生活事件的儿童进行比较，这种研究有助于发现危害儿童发展的因素，但是不能解决这样的问题：为什么有的儿童受消极生活事件影响大？而有的儿童则不受这种生活事件的影响？例如，有1/3的身体残疾儿童长大后发展成毒品使用者（Kaufman，1987），所以，身体残疾是儿童发展的一个危险因素，但是不要忘记，还有2/3的儿童没有成为毒品的使用者，因而，对这1/3与2/3群体的区分是非常有必要的。因此，要研究那些经受消极生活事件影响儿童的个体差异，以便理解为什么相同的经验导致不同的结果。我们知道，发展的结果在很大程度上依赖于早期的生活经验，于是顺着这条相互联系的反应链条，研究每一个链条，最终可以看到儿童是如何发展成为一个成熟个体的。此外，还要考察对某些儿童发展来说是危险的因素，而对另外一些儿童来说不是危险的变量。

### 一　发展的脆弱性与适应性

儿童面对压力的反应是不同的，在相同条件下，有的儿童被压力击倒，而有的则安然无恙，这是为什么？

研究最初的焦点放在那些“受害者”身上，考察那些遭受虐待、承受压力和生活环境被剥夺的儿童，毫无疑问，这些儿童是最需要帮助的对象。后来，研究才开始关注那些“幸存者”——经受不幸但没有心理问题的儿童。研究发现，不幸的经历不足以导致儿童的心理问题，其他的因素在儿童发展中也起着作用，即危险因素对儿童的发展起消极作用，而保护因素对儿童发展起积极作用。

在该领域最有影响的研究是由Werner（1993）做的，该研究的被试是夏威夷698名出生1岁的婴儿，追踪研究到32岁，分别在2、10、18和32岁时收集数据。这些儿童生活的背景多种多样，有一半生活在贫困

家庭，许多儿童经受产前或围产期并发症、父母心理不健康、酗酒、家庭破裂等严重消极因素的影响。发展的结果表明，这些儿童中的大部分存在行为问题，但也发现没有问题的儿童，到成年早期依然是正常状态。该研究中有 2/3 的儿童，在童年期的确表现出了严重的心理或教育方面的问题：犯罪记录、怀孕少女，在成年早期存在心理健康问题。剩下的 1/3 儿童的发展却完全不同，在家庭中能应对压力、在学校表现好、社会生活成功，是一个有能力、自信和关心他人的成年人。那么这究竟是什么因素导致了这些处境不利儿童发展结果的大相径庭？

性别是影响这些儿童发展差异的一个因素。面对生理和社会心理压力，10 岁前的女孩比男孩能承受更大的压力。在围产期男孩比女孩存在更多的问题，因严重围产期并发症死亡的儿童中大部分是男孩，在此后的发展中男孩容易表现出行为问题、学校适应困难、因严重疾病而需要医治，有精神不健康的征兆和犯罪记录。10 岁以后，儿童的这种发展趋势发生变化，到 18 岁时，女孩出现新问题的比例高于男孩。可见，在童年期女孩应对各种压力的能力高于男孩。

另一个因素是儿童的气质，“容易型”的孩子倾向于表现出较强的适应能力，而“困难型”的孩子倾向于表现出脆弱的特征。即使在出生头一年，适应能力强的儿童就能表现出积极的吸引他人注意力的特征，如被父母夸奖为可爱、宝贝、乖巧等，他们的饮食和睡眠都没有问题，在童年期他们经常能得到父母的夸奖和支持，与同伴的关系积极友好。但是，那些表现出脆弱特征的儿童，对他人的影响经常是消极的，与他人的关系也是消极的，在面对压力时不能得到他人的支持；成人期他们的自我概念不够积极，缺少责任感与自信，成就取向低。

Werner 还发现了将儿童的脆弱性与适应性区分开的因素。例如，适应力强的儿童通常生活在少于 4 个孩子的家庭中，与其他兄妹的间隔在 2 年以上，在早期很少有与家人分离的经历，与家庭中的成员形成亲密的关系，能从家庭之外，如教师、朋友和亲属那里寻求和获得情感上的支持。童年期，完整的家庭是一个非常重要的积极因素，一些在少年时期有过犯罪经历的，如果他们生活在完整的家庭，成人期不会发展成为严重的问题；而生活在不完整家庭中的有犯罪经历的少年，在成人期出现问题的可能性增强。此外，其他的研究也发现了一些儿童战胜压力的因素，详见表 9—1。

表 9—1　　　　　　　　　**影响儿童应对压力的因素**

| 自身因素 | |
|---|---|
| 性别 | 在早期女孩比男孩适应性强，但在青春期则相反。 |
| 气质 | 在气质特征上表现为“容易型”的儿童，比“困难型”儿童应对压力的能力强。 |
| 智力 | 尽管有来自其他方面的挫折，学业成绩好的儿童有更高的自尊。 |
| 出生时的情况 | 早产、出生并发症的儿童适应压力的能力低。 |
| 外界因素 | |
| 家庭和谐 | 生活在和谐家庭中的儿童，比生活在冲突迭起家庭中的儿童适应力强。 |
| 依恋 | 依恋加强了儿童的适应力，与父母一方良好的依恋甚至能抵御来自儿童因对另一方父母不满而造成的消极影响。 |
| 父母的教养方式 | 权威型教养方式有利于儿童自尊的发展，为他们应对各种压力提供了信心。 |
| 替代父母的抚养者 | 尽管儿童失去了父母，但是如果有祖父母的关爱，对儿童来说是一个积极的因素。 |
| 分离 | 如果儿童与父母的分离少、生活稳定，有利于儿童应对生活压力能力的形成。 |
| 家庭中孩子的数量和间隔时间 | 如果儿童需要自己去争取父母的关注，他们就会具有较强的应对压力的能力。 |
| 父母的精神状态 | 如果父母有心理疾患或吸毒，他们的孩子就缺少安全感，比较脆弱。 |
| 贫穷 | 与贫穷相关的压力致使儿童容易受任何消极因素的影响。 |

综合上述研究，可以得出如下的结论。

1. 影响儿童应对压力的因素有内在和外在两个方面

内在因素包括出生时具有的特征，如性别、气质和智力，以及后天获得的性格特征如自尊。外在因素包括家庭关系、教养方式及与父母分离的经历。

2. 内在因素与外在因素是相互作用的

一个生来具有“容易型”气质特征的儿童，容易使父母与孩子之间建立、形成关心、支持的亲子关系，而这种关系对儿童将来的发展具有积极作用。

3. 儿童的适应性与脆弱性是可以相互转化的

一个脆弱的孩子可能发展成为一个适应性强的孩子，同理，一个适应性强的孩子也可能发展成为一个脆弱的孩子。同时，过去的经验对儿童的适应性有着重要的影响，成功的体验有利于儿童增强应对压力的能力，而消极的生活经验不利于儿童应对后来的压力。

4. 自尊是中介变量

过去经验对儿童现在的影响受到儿童自尊这个中介变量的影响，成功的经验能增加儿童的自信，他们相信自己能应对压力，而失败的经验正好相反。

5. 免受消极影响的策略

对儿童适应性与脆弱性影响因素的了解，能帮助我们找到干预儿童免受消极影响的策略，或者说将消极影响降低到最小限度的策略。Masten（1994）提出了四种策略：通过控制出生并发症和贫穷减少儿童的压力；给单亲家庭提供帮助与服务，减少冲突，减少儿童应对压力的可能性；提醒教师哪些儿童是“高危”群体，给处于危险境地的儿童更多的支持；动员积极保护因素的形成，如积极亲子关系的建立。

## 二　发展的路径

早期经验与后期人格特征的关系不是简单的一对一的联系，而是相当复杂的，儿童并非沿着一条道路发展，而是多种不同的经验引导着儿童向着不同的方向发展。这种发展的路径只有通过纵向追踪设计才能研究清楚，目前这种纵向追踪研究并不多。

下面介绍在美国加利福尼亚州所做的两个著名研究（Elder，1974；1985；1988），一个起始于 1930 年在加利福尼亚进行的“奥克兰（加利福尼亚西部港口城市）发展研究”，参加研究的儿童出生于 1920—1921 年。另一个是“伯克利（加利福尼亚州西部城市）指导研究”，被试是 1928—1929 年出生的儿童。由于经济大萧条，这两个追踪样本的成长，都经历了多种的磨难——失业、经济困难。这必然对家庭有着深刻的影响，下面主要讨论经济萧条是如何通过家庭影响儿童发展的。

这种影响因儿童的年龄和性别的不同而有所差异。在经济大萧条时奥克兰样本的被试已进入青春期，由于家庭经济条件的突然变化，这些儿童要面对经济问题，在家庭中的角色也会发生变化。由于失业，父亲在家庭中已不是核心人物，相应地母亲和青少年的责任在增加，那些找到工作支撑家庭的母亲在家庭中的权力增加。如果家庭经济比较差时，青少年也是支撑家庭的一份力量，特别是男孩要找到一份挣钱的工作贴补家用，而女孩则比以前做更多的家务。所以，这些孩子比那些没有承担过额外责任的孩子成熟得早，他们独立性强，比同龄孩子更认同成人价值观念。但是，这群孩子的观念和行为存在性别差异。由于男孩较早离开家庭走向社会，也就较早地脱离家庭的传统束缚，有比较多的时间在家庭外度过，他们用参与同伴群体活动的方式应对来自家庭的压力。所以，在成年期他们的文化是工业文化，习惯于跳槽。而女孩由于承担家庭责任较多，没有经济来源花在女孩子喜欢的事情上——服装、化妆品等，所以她们的社会活动比较少，约会次数少。在成年后她们的家庭观念强，比同龄的其他女孩结婚早、做母亲早。可见，尽管男孩和女孩在青春期都遇到了经济萧条带来的压力，但是他们的发展成长道路不同。这个事实说明，儿童在早期所承担的责任有利于他们的迅速成长。

经济大萧条时期伯克利研究的样本年龄还比较小，作为学前期的儿童，他们对家庭的依赖性很强，家庭的不稳定对他们影响非常大，这种消极影响远远大于对奥克兰青少年样本的影响。伯克利所研究的儿童，不仅表现出行为问题，甚至在青春期还表现出缺少自信、抱负水平低、学业成绩差的问题；且男孩表现出的这些问题比女孩明显；其他的研究也显示，童年早期男孩对压力的适应力比较弱；与父亲关系的变化对男孩的影响大于对女孩的影响。

经济压力与儿童的适应是因果关系，这种因果关系对儿童的影响可以是直接的，也可以是间接的，这取决于父母如何应对危机、困难。失业和经济困难给父母带来的是情绪上的变化，儿童以各种消极的方式适应父母的这种变化。父母情绪上的变化导致其教养行为上的变化，夫妻关系会因经济压力而恶化。这些变化都会使儿童问题行为产生的可能性增加，而有问题的儿童致使父母比较紧张，使用惩罚和专制的教养行为增多。

后来的一个研究（Elder，1992）表明，经济困难增加了父亲的消极行为（惩罚），父亲的这种变化使儿童的攻击行为和消极情绪增加。所以，家庭遭遇的经济问题并不直接作用于儿童，而是通过导致家庭关系紧张作用于儿童，产生消极的作用。父亲情绪的变化，加上婚姻关系紧张，导致教养行为的变化，使得经济困难对儿童的发展产生了消极影响。如果面对经济困难，父母能冷静对待、处理好婚姻的冲突，教养行为适当，那么儿童就可能避免受到消极影响。可见，经历可能是相同的，但是结果却不一定是相同的。

其他的研究也表明，家庭关系和教养性质是一个重要的中介变量。一般认为，成人期的抑郁是童年期失去父母所致，但是试图在两者之间建立联系、找到关系的研究却以失败或矛盾的结论而告终。Brown（1988）研究了成人妇女抑郁的童年期先兆，该研究考虑到了中介变量的影响作用，他的研究结论如下：（1）17 岁前失去母亲或与母亲长期分离的成年妇女表现为临床抑郁症状的可能性大；（2）那些由忽视孩子或拒绝孩子的母亲抚养大的女孩，比那些失去母亲、离异家庭的女孩，在成人期出现问题的可能性更大，失去与母亲建立起的关系比失去母亲本身更为重要；（3）对这些儿童影响最大、导致他们以后抑郁的最重要因素是，失去母亲后随之失去的良好抚养行为。

表 9—2　**童年期经验与成年女性抑郁的比率**　（单位:%）

| 童年期的经验 | 良好的教养 | 不良的教养 |
| --- | --- | --- |
| 母亲去世 | 10 | 34 |
| 与母亲分离 | 4 | 36 |
| 父亲去世 | 0 | 0 |
| 与父亲分离 | 12 | 50 |
| 父母双全 | 3 | 13 |
| 没有失去母亲 | 4 | 21 |

（资料来源：Harris，1986。）

从表 9—2 可以看出，那些失去母亲但仍能接受良好教育的女孩，在成年期出现抑郁的概率不比父母双全的儿童高。同理，尽管那些失去父亲的儿童处于发展的不利境地，但是这些儿童仍能从母亲那里受到良好的抚育，所以他们出现问题的概率很小。因此，我们可以这样概括，童年失去母亲是将来成年期发展为抑郁的一颗种子，这颗种子是以长期的不良教养行为为土壤而生根发芽的。

Brown 的研究显示，失去母亲、特别是母亲忽视、拒绝儿童，将孩子推向了非常不利的境地。如图 9—2 所示，失去母亲就意味着有 3.6 倍（与正常儿童相比）的可能性遭遇不良的教养行为，她们长大后婚前怀孕的可能性增加了 2.5 倍，致使自己找一个不负责任丈夫的可能性增加、社会地位低下；同时缺少父母的关心使这些孩子感到无助。上述所有因素共同起作用，导致这些女孩在成年期表现出抑郁的特征。

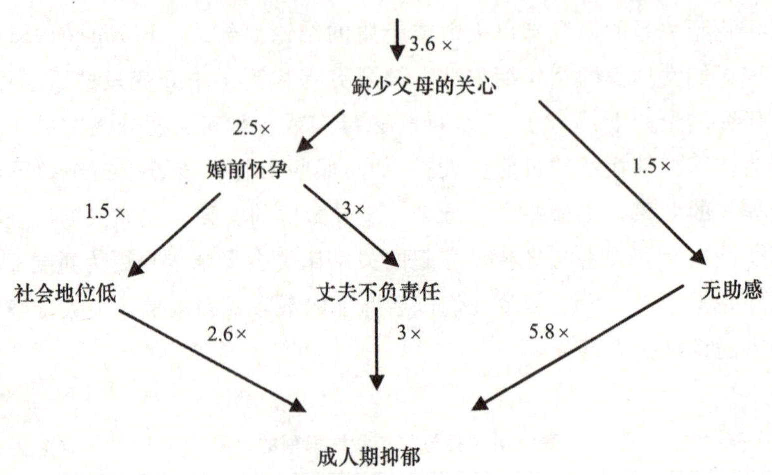


图 9—2 童年期经验发展为成年抑郁的路径图

（资料来源：Brown，1986。）

需要强调的是，这个发展路径不是必然的。不利的发展路径可以在任何一个结点上被终止，因为这个发展路径是受其他因素影响的，如果其他因素介入就有可能使这条发展路径中断（Rutter，1989）。这种其他因素的介入，使先前的生活出现变化，这种变化可能强化了先前的不利经验，也可能使儿童逃脱厄运。Quinton 和 Rutter（1988）的研究对这一问题予以了很好的解释。其研究目的是考察童年期不利的教养经验是否影响到他们将来做母亲时的教养行为，结果显示，那些在童年期经历了消极教养经验的女孩，长大成人做了母亲，与正常母亲相比，她们不够敏感、对孩子缺少支持、关心不够。图 9—3 显示了儿童如何从自己的经验一步一步发展成为一个不具备良好教养行为母亲的过程。

并不是所有在童年期缺失良好教养经验的女孩，在成人期一定会表现出不良的教养行为，只是童年期消极的教养行为使她们将来表现出不良教养行为的可能性增加，而事实上在这个群体中的确存在着个体差异。这种差异可以通过童年期到成人期各个联系环节的改变来说明，图 9—4 说明了这种变化。在学校表现优秀的女孩，集智力和学业成绩好于一身，她们计划自己未来的工作和婚姻的可能性是其他女孩的三倍，这就意味着她们因为积极的因素而结婚的可能是其他女孩的 12 倍，从而使婚姻对自己的支持增加了 5 倍，最终使自己的社会地位及良好教养行为的出现增加了 3 倍。

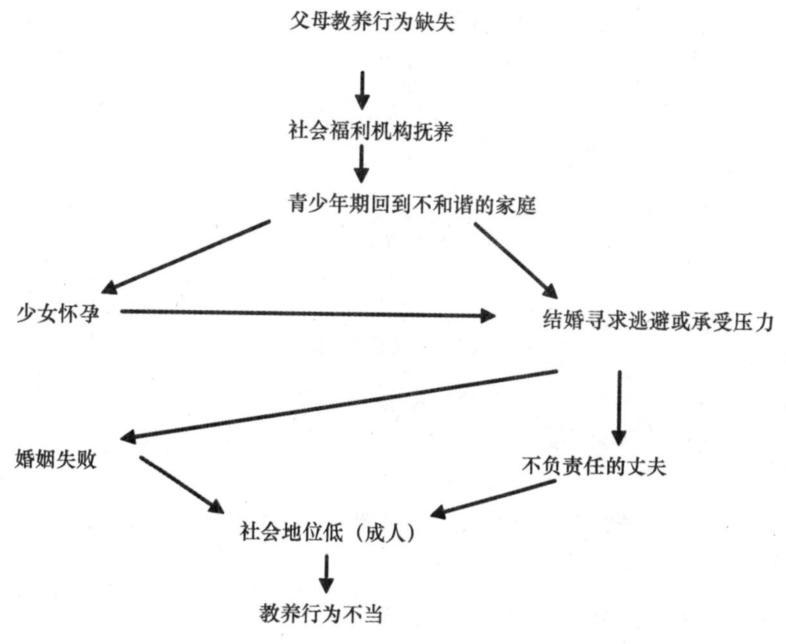


图 9—3　不恰当教养行为发展过程图

（资料来源：Rutter，1989。）

这些研究结果，帮助我们了解了为什么相同的早期经验对儿童影响结果的不同。早期的消极经验将儿童放置在发展的不利境地，有可能在将来产生问题，但是，我们已经多次看到，发展中的干预对儿童的影响非常大，环境中的每一次变化对儿童来说都可能是一次转折点。这种变化通常需要自己去选择：继续留在学校还是离开？找一份无须太多技能的工作还是继续学习？终止无计划的怀孕还是继续妊娠？跟一个特别的人结婚还是马马虎虎找一个？这些选择并不都是随意的，经常是不得已而受环境的左右，这些环境通常在当时是占主导地位的。所以，在发展的各个时期都存在着影响儿童发展方向的多种因素，这些因素决定着儿童向哪个方向发展。因此，在儿童发展的过程中，存在着各种转机，并不是沿着“预定不变”的道路前进。

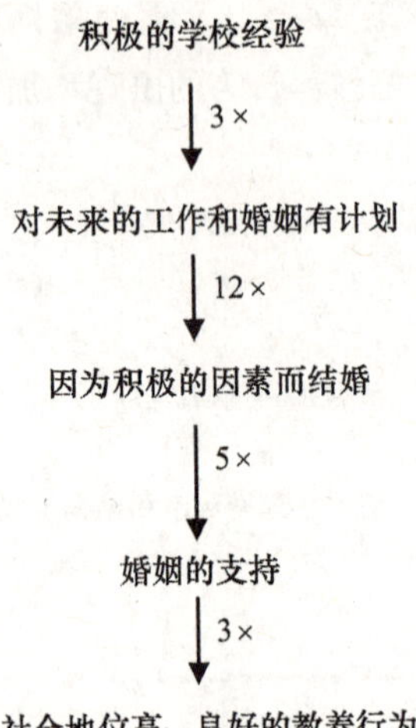


图 9—4 恰当教养行为发展过程图

（资料来源：Rutter，1989）

## 第三节 发展的连续性与非连续性

### 一 对发展连续性与非连续性的理解

儿童心理发展究竟是一种怎样的过程，是连续的还是非连续的？连续论者认为，儿童心理发展是不间断的，后期的发展特征是早期发展的结果；非连续论即阶段论者认为，儿童心理发展是呈阶段性的，各个阶段的发展是不同的，当然阶段之间也是存在联系的。对发展连续性与阶段性的争论，不仅涉及如何看待发展的性质，还涉及实践问题——对后期心理发展的预测。如果后期的发展直接来源于早期的发展，那么，心理发展的预测将是一个非常简单的问题；如果儿童心理的发展呈现阶段性，那么早期发展与成人期发展的关系就不是显而易见的了。到目前为止，这两种极端的观点仍处于争论不休之中。

从某种意义上说，连续性与非连续性都是存在的。一方面，尽管人们认为儿童在发展，但儿童仍然是原来的那个儿童。但另一方面从定义来看，发展指的是变化。变化可以是多种多样的，有数量的发展——词汇随年龄增长而增多，也有质的发展——从直观动作思维发展到抽象逻辑思维，还有新结构的出现——婴儿的依恋等；上述发展都具有必然性。如果用儿童行为表现的一致性来衡量发展的连续性，那么我们发现早期人格与后期人格之间存在正相关，但这种相关是很弱的，特别是婴儿期的测量结果与后期的结果相关更低。导致这种相关低的主要原因是，同一种心理特征在不同年龄阶段的行为表现是不同的，如攻击行为在早期可能表现为身体上的攻击，但在后期可能主要表现为言语的攻击。与此类似的是智力现象，研究显示，婴儿期的智商与童年期的智商没有关系，但是，婴儿期的某些加工信息能力却能预测后期的智商。

所以，研究的重点不是寻找心理结构在不同阶段的一致性，而是探索同一心理结构在不同阶段的不同表现，从而进行预测。这种研究的范例有对早期安全型依恋关系与后期同伴关系的预测研究；还有对早期的兴奋性、粗心、冲动与童年期攻击行为关系的研究，也属于这种思路。这种研究思路对“连续”的理解是内在的，是指内在的心理特征或结构，但是它的外在表现形式可能是不同的，就如同蝌蚪变成青蛙，但这种动物的性质没有变化。所以对“连续性”问题的研究，需要我们对各个年龄段有意义而且存在联系的行为予以研究，才能很好地理解发展的“连续性”，这项工作将是非常困难的。

## 二　精神病理学的预测研究

在研究发展异常时，连续性是研究者最感兴趣的问题。早期出现的行为问题，除问题本身引起人们的关注外，行为问题对将来发展的影响同样也是引起人们关注的一个原因。那么，早期的发展能预测以后的发展吗？早期的发展障碍与成人期的心理问题有关系吗？或者，早期的问题能否短暂地预测后期的障碍？对上述问题的回答是一个实践问题，如果认为早期的问题行为与后期的问题存在关系，那么早期问题行为的干预措施应该加强。如果某些问题从早期到后期一直持续存在，那么对导致这些问题存在的因素应加以鉴别，为干预措施的制定提供依据。

表 9—3　　**从童年期到成年期三种相互影响的连续方式**

| | 童年期的表现 | 成年期的表现 |
|---|---|---|
| 消极的气质特征 | 对挫折和限制性情急躁 | 易怒、喜怒无常、无职业迁升、与上司不友好 |
| 害羞 | 情绪抑制、在人际交往中感到不安、反应慢 | 不自信、不愿意活动、结婚晚、做父母晚、有一个稳定职业晚 |
| 依赖 | 寻求注意、同伴、支持、强烈的依恋 | 关心、观察力强、对婚姻满意，与大多数人结婚、做父母、职业稳定的时间一样 |

（资料来源：Capsi，1990）

对问题的预测是比较难的，其原因如下。首先，问题存在的形式会随年龄的增长而变化，问题不是总以一种形式存在，通过不同表现形式寻找问题的本质不是很容易的。其次，适用于一种心理问题的规律未必适合于另外一个问题，不同的症状对后期问题预测的重要性可能是有差异的。此外，还存在其他变量的影响，如儿童的性别、发展状况、预测的时间跨度等都是影响预测的因素。所以，高度的概括，形成一般性的结论，也许对于精神病理学是不适合的。

研究显示，连续性表现得最稳定的是反社会行为（Martin & Hoffman，1990），违法少年通常在童年期就表现出各种违法行为：打架、不遵守规则甚至偷盗、吸毒等，尽管他们的发展模式不尽相同，但反社会行为的倾向一直没有改变。下面介绍两个著名的纵向追踪研究，一个是在美国做的（Eron，1987），一个是在英国做的（Farrington，1991）。这两个研究显示，反社会行为的倾向呈现出很强的稳定性，在8岁时攻击行为强的男孩，在25年后有很大的可能性成为一个有暴力行为的人。外显行为问题（攻击行为、犯罪）比内隐问题（抑制、退缩、自我问题）呈现出的稳定性强（Fisher等，1984），该研究对500名学前儿童进行了7年追踪，结果发现，外显行为问题表现出了较高的跨时间稳定性，而内隐问题则没有这种跨时间的稳定性。但是，研究者还指出，尽管我们看到了外显行为问题表现出的跨时间稳定性，但是发展所表现出的复杂性与可塑性给人留下了更深的印象，似乎非连续性比连续性表现得更为普遍。

由此可见，研究的重点应该放在影响连续性与非连续性产生的条件上，而不是研究哪些心理特征具有连续性。Richman（1982）对此持赞成的观点，他的研究表明，近70%的3岁伦敦儿童存在中度或重度心理问题，有15%的样本有中等程度的心理问题，5年后这些儿童中61%的人仍然存在明显的心理问题。一般来讲，男孩心理问题跨时间的稳定性要高于女孩，中度或重度问题儿童在后期表现出问题的可能性大于轻度的儿童。

问题行为发展的连续性表现为症状，如儿童早期的活动性强是后期问题行为的先兆，导致后期反社会行为的出现。这一研究结果与其他外显行为问题研究的结论是吻合的。然而，Richman（1982）等人的研究发现，早期的内隐问题与后期的神经质有密切的关系，这些儿童的母亲在追踪研究的 5 年中表现出高频率的心理问题，这些儿童的父母存在婚姻问题和身体健康问题。

在寻找问题根源时，上述研究结果使我们关注家庭因素与心理问题的关系，两者之间存在的关系是非常复杂的。这种关系可以是直接的，即不利家庭条件的持续作用，导致儿童出现问题。然而，父母与儿童的问题有关，也可能来自于相同的基因。还有可能是问题儿童对父母造成了影响，是儿童对父母的影响。Egeland（1990）等人的追踪研究结果说明了这种关系的复杂性。研究发现，从学前期到小学低年级行为适应的一致性很强，在早期表现为适应良好的孩子，在后期仍然具有这种特征，而那些在学前期就表现出问题的孩子在小学期间仍然表现出有问题的倾向。但是也有例外，早期表现出适应良好的孩子，在后期也可能出现问题行为，而早期显现问题的儿童在后期却适应良好。进一步的研究发现，这些例外的儿童可能是以下原因所致，要么是母亲的变化（抑郁症状的出现），要么是家庭环境的变化（经济收入问题），或者是家庭环境的质量发生了变化。上述的变化带给儿童的积极和消极影响都是多方面的。儿童心理发展跨时间的一致性，似乎与环境的稳定性有关联，特别是早年的环境稳定性。环境的稳定性主要是指来自家庭的影响是稳定的，家庭因素主要指父母的教养行为及其变化。

儿童所表现出的问题，尽管在问题的种类上具有较强的跨时间稳定性，但是所表现出的具体症状的跨时间稳定性却差。表 9—4 是对儿童问题具体症状变化的描述，该表显示，学前期所表现出的问题会随年龄的发展而有差异，所表现出的症状也因年龄而有所不同。尽管在具体的症状上，儿童已经从早期的一种表现转换为另一种，但是所表现出的问题性质并没有发生变化。

表 9—4　**早期行为问题的稳定性表现的百分比**

| 行为表现 | 1—1.5 岁 | 1.5—2 岁 | 2—3 岁 | 3—4.5 岁 |
|---|---|---|---|---|
| 晚间哭闹 | 41 | 54 | 25 | 14 |
| 食欲不好 | — | 23 | 65 | — |
| 异食癖 | — | 25 | 31 | — |
| 发脾气 | — | — | 45 | 34 |

（资料来源：Jenkins，1984。）

因此，心理病理学对问题行为的预测不应该从早期症状入手，而应该是从早期的更一般或更普遍的人格机能开始。例如，同伴关系对后期的适应性具有很强的预测力，研究表明，被拒绝的儿童在以后的生活中会遇到比较多的问题，特别是那些表现出外显问题而被同伴拒绝的儿童；再如，对依恋的研究显示，不安全的依恋在后期容易产生问题行为。那么，究竟是什么导致了早期的同伴关系、依恋性质与后期问题行为有联系？尚需进一步研究。但是这种联系不是巧合，同伴关系、依恋都是与人际关系有关的。

### 三 发展机制

在研究发展机制时，具有相同特征或经验的儿童，却有着不同的发展结果这一事实，引发了人们的思考。这一事实告诉我们，他们的发展过程是不同的，如早产儿就是一个例证。与足月儿相比，早产儿的认知和社交技能都偏低，但是这些儿童最后都成为了正常的儿童，所以这两类儿童的发展路径或过程肯定是不一样的。早产儿本身不能使我们预测以后的发展，早产的程度差异也与以后的心理发展没有必然联系。所以，只能把环境因素同时考虑进来探讨儿童的发展。因为早产儿的父母通常对儿童更为关注和精心，父母的这种教养行为能抵消早产带来的消极影响，父母的教养行为也避免了儿童自身的消极因素成为儿童发展的主导者。这种现象在大脑损伤儿童身上同样可以看到，如果这些大脑损伤儿童生活在不利的家庭环境中，他们的发展将是非常糟糕的，但是如果给这些儿童提供积极的家庭环境，他们的发展与前者将有很大的差异。只考虑儿童自身的因素来预测其以后的发展，这种预测的效果是不会好的。

为此，Sameroff 和 Chandler（1975）提出过一个相互影响的线性模型，该模型在探讨早期经验对后期的影响，得到了很多人的认可。该模型认为儿童早期的特征或生活环境具有长期的预测作用，包括成人时期的行为。相互影响模型强调儿童和父母双方在每一次互动中的作用，互动会导致双方心理上的变化，这种变化效果是可以累加的。所以，某一特定阶段所表现出的行为是多重互动的结果（见图9—5），不是简单地决定于某些具体的事件，还要考虑这些事件对环境的影响。

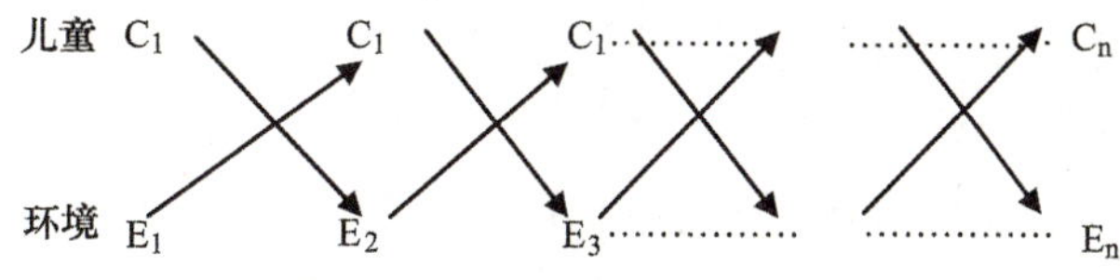


图 9—5　儿童与环境相互作用与影响

对相互影响思想的理解必须把握以下三个方面：对发展有影响的儿童特征是他们与生俱来的先天特征；环境因素影响发展的路径或过程；上述双方面的相互作用决定着最终的发展结果。目前，我们对上述三个方面的认识仍然是有限的，只是在第一个行为基因方面有一定的了解，发现遗传基因在儿童行为发展中扮演着重要的角色，儿童出生时就带有自身的发展"程序"，这个程序决定着儿童的发展。在儿童发展的最初，某些方面的发展打上明显的遗传印记，如依恋就是一个例证，因为儿童出生时所表现出的气质特征对依恋的形成有影响。

对于遗传的影响可以这样理解，在某些方面，遗传所起的作用要大一些，如生理特征、感知觉；而对于某些方面来讲，遗传所起的作用要小一些，更多地依赖后天经验，如社交技能等。

对于环境这一概念，最早是指自然存在的文化、社会阶层、收入、家庭等，用这些范畴概括对儿童产生影响的环境因素。现在对环境概念的理解更强调儿童与环境相互作用的过程，因此，现在更关注人际关系这一环境变量，因为在人际交往中儿童获得社会生活所需的社交技能，并使这些技能完善。儿童如何与他人交流、如何控制自己的情绪、使用哪些方法控制自己，正是对这些问题的研究，使我们不但了解了儿童社会化的结果，也了解了儿童社会化过程。但是，心理学对环境因素的了解是源于行为遗传学的发展，行为遗传学认为，对个体发展影响大的是非共享的环境因素，不是共享的环境因素。因为即使同在一个家庭中长大，个体之间的差异却很大。这要求研究者更关注家庭内部因素而不是外部因素。因此对环境因素的分析不能脱离儿童的个体差异进行研究。

关于有机体与环境的相互作用，早期的心理学分别探讨遗传和环境对儿童发展的影响。发现几乎所有的行为特征中都有遗传因素的影响，于是，研究的重点不再是探讨遗传和环境在发展中各起多大的作用，而是关注两者是如何共同对发展产生影响的。遗传和环境是交织在一起的，是不能分开的，这已经得到了广泛认同，但是这种“交织”的性质我们尚不清楚。

有机体与环境的相互影响是双向的，不仅仅是环境对儿童的影响，也包括儿童对环境的影响。儿童会根据自己的遗传特征与积累的经验，通过选择和创造环境来建构自己的环境，与自己的特征相匹配，即儿童具有主动适应环境的倾向性。如，儿童在选择朋友时就能体现出这一点，如果他们有机会选择朋友，他们通常选择与自己特征一致的人做朋友；另外，在选择体育活动项目时，也会体现出这种主动性。所以，环境不是简单地单向地对儿童有影响，环境是儿童“操纵”的一部分，通过儿童对环境的“操纵”从而使环境成为发展过程的有机组成部分。

总之，儿童不是被动接受所遇到的环境，而是积极主动地选择、拒绝、评价和解释所遇到的环境，建构和改造所遇到的环境。因素决定论早已被人们否定，遗传决定论和环境决定论都不能很好地解释儿童的发展。发展的多因素影响模式被人们普遍接受，多因素中就包括儿童自身的努力，所以遗传、环境和儿童自身因素共同影响着儿童的发展。

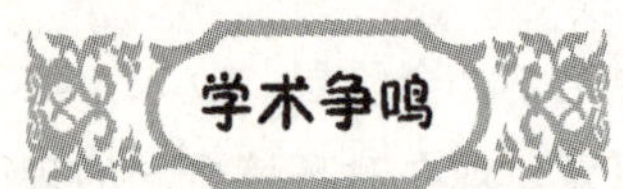


### 为了孩子是离婚还是维持僵死的婚姻？

随着社会发展，离婚率呈上升趋势。离婚不仅给当事人带来痛苦，而且对孩子发展产生着影响，因此，离婚不仅仅是父母的事情，还必须考虑到孩子的利益。

父母离婚带给孩子的消极影响是客观存在的，已有很多研究证明了这一点。为此，一些父母认为，为了孩子不能离婚。尽管保住了婚姻，但这种名存实亡的婚姻往往带有一系列的消极特征：争吵、冷漠、敌意、压抑等。这种缺少温暖的“健全家庭”，对孩子的发展不一定有利。研究表明，生活在争吵不断家庭中的儿童，并不比生活在离婚家庭中的儿童发展得好。事实也表明，有些生活在离婚家庭中的孩子发展是正常的，甚至发展得很好。

可见，婚姻的维持与解体只是对儿童发展产生影响的符号标记，而家庭中和谐、温馨的氛围才是最重要的。所以，从儿童发展的角度来看，不是简单地选择维持婚姻就是可取的。

## 参考文献


Amato, P. R. Keith. B. (1991). Parental Divorce and the Well – Being of Children: A Meta – Analysis. *Psychological Bulletin*, 110 (1), 26 – 46.

Brown, G.. W., Harris, T. O., & Bifulo, A. (1986). The long term effects of early loss of parent. In M. Rutter, C. E. Izard, & P. B. Read (Eds.), *Depress in Young People*. New York: Guilford.

Brown, G. (1988). Causual paths, chains and strands. In M. Rutter (Eds.), *Studies of Psychosocial Risk: The Power of Longitudinal Data*. Cambridge, UK: Cambridge University Press.

Capsi, A., Elder, G. H., & Herbener, E. S. (1990). Childhood personality and prediction of life – course pattern. In L. N. Robins & M. Rutter (Eds.), *Straight and Devious Pathways from Childhood to Adulthood*. Cambridge, UK: Cambridge University Press.

Dennis, W. (1973). *Children of the Creche*. New York: Appleton – Century – Crofts.

McFarlane, A. C. (1988). Recent life events ans psychiatric disorder in children: The interaction with preceding extremeadversity. *Journal of Child Psychology and Psychiatry and Allied Disciplines*, 29, 677 – 690.

Egeland, B. Kalkoske, M., Gottesman, N. & Erickson, M. F. (1990). Preschool Behavior Problems: Stability and Factors Accounting for Change. *Journal of Child Psychology and Psychiatry and Allied Disciplines*, 31 (6), 891 – 910.

Elder, G. H. (1974). *Children of the Great Depression*. Chicago: University ofChicago Press.

Elder, G. H., & Caspi, A. (1988). Ecnomic stress in lives: Developmental Perspectives. *Journal of Social Issues*, 44 (1), 25 – 45.

Elder, G. H., Conger, R. D., Foster, E. M., & Aedelt, M. (1992). Families Under Economic Pressure. *Journal of Family Issues*, 13 (1), 5 – 37.

Elder, G. H., Nguyen, T. V., & Caspi, A. (1985). Linking Family Hardship to Children's Lives. *Child Development*, 56 (2), 361 – 375.

Emery, R. E. (1982). Interparental conflict and the children of discord and divorce. *Psychological Bulletin*, 92, 310 – 330.

Eron, L. D. (1987). The development of aggressive behavior from the perspective of a developing behaviorism. *American Psychologist*, 42 (5), 435 – 442.

Farrington, D. P. (1991). Children aggressive and adult violence: Early precursors and later – life outcomes. In D. J. Pepler & K. H. Rubin (Eds.), *The Development and Treatment of Childhood Aggression*. Hillsdale, NJ: Erlbaum.

Fischer, M., Rolf, J. E., Hasazi, J. E., & Cummings, L. (1984). Follow – Up of a Preschool Epidemiological Sample: Cross – Age Continuities and Predictions of Later Adjustment with Internalizing and Externalizing Dimensions of Behavior. *Child Development*, 55 (1), 137 – 150.

Harris, T., Brown, G., & Bifulco, A. (1986). Loss of parent in childhood and adult psychiatric disorder: the role of lack of adequate parental care. *Psychological Medicine*, 16 (3), 641 – 659.

Hetherington, E. M. (1993). An Overview of the Virginia Longitudinal Study of Divorce and Remarriage With a Focus on Early Adolescence. *Journal of Family Psychology*, 7 (1), 39 – 56.

Jenkins, S,, Owen, C., Bax, M., & Hart, H. (1984). Continuities of common behaviour problems in preschool children. *Journal of Child Psychology and Psychiatry*, 25 (1), 75 – 89.

Kaufman, J. & Zigler, E. (1987). Do abused children become abusive parents? *American Journal of Orthopsychiatry*, 57 (2), 186 – 192.

Koluchova, J. (1976). Severe deprevition in twins: A case study. In A. M. Clarke & A. D. B. Clarke (Eds.), *Early Experience: Myth and Reality*. London: Open Books.

Martin, B. & Hoffman, J. A. (1990). Conduct disorders. In M. Lewis & S. M. Miller (Eds.), *Handbook of Developmental Psychology*. New York: Plenum.

Masten, A. D. (1994). Resilience in individual development: Successful adaptation despite risk and adversity. In M. C. Wang & E. W. Gordon (Eds.), *Educational Resilience in Inner – city America*. Hillsdale, NJ: Erlbaum.

Quinton, D. & Rutter, M. (1976). Early hospital admissions and later disturbances of behaviour: an attempted replication of Douglas′findings. *Developmental Medicine and Child Neurology*, 18 (4), 447 – 459.

Quinton, D. & Rutter, M. (1988). *Parental Breakdown: The Making and Breaking of Intergenerational Links*. Aldershot, UK: Gower.

Richman, N., Stevenson, J., & Graham, P. (1982). *Preschool to School*. London: American Press.

Rutter, M. (1989). Pathways from Childhood to Adult Life. *Journal of Child Psychology and Psychiatry and Allied Disciplines*, 30 (1), 23 – 51.

Sameroff, A. J., & Chandler, M. J. (1975). Reproductive risk and the continuum of caretaking casualty. In F. D. Horonwitz (Ed.), *Review of Child Development Research* (Vol. 4). Chicago: University of Chicago Press.

Shepherd DM; Barraclough BM. (1976). The aftermath of parental suicide for children. *British Journal of Psychiatry*, 129, 267-276.

Tizard, B. (1977). *Adoption: A Second Chance.* London: Open Books.

Werner, E. E. (1993). Risk, resilience and recovery: Perspectives from the Kauai longitudinal study. *Development and Psychopathology*, 5, 503-575.

# 后记

人的生存和发展是不断适应环境的过程，环境由自然环境和社会环境两个部分构成，对自然环境的适应主要依靠智力，对社会环境适应的能力在心理学中被称为社会性。

社会性是指与他人交往时表现出的行为、情感、认知模式，如果通俗地理解就是如何与人相处和交往的行为总和。儿童良好社会性的发展是心理健康的基础，社会性发展不良是心理不健康的表现，早期社会性发展不良往往是后期心理问题出现的先兆。在现实生活中，那些智力超常但难于适应生活、工作业绩差的天才，往往是社会性发展滞后所致。"第十名现象"也说明，仅仅学业成绩好，还不足以获得很好的工作业绩。因此，研究儿童社会性发展对于人健康成长、适应现代生活，意义巨大。

社会性的获得与发展不是靠间接经验完成的，而主要靠直接经验，是在与人互动、交往过程中实现的。因此，给儿童时间和空间，让他们有丰富的人际互动、交往经验，是良好社会性发展的途径。

在选择攻读博士学位研究方向时，因儿童社会性发展领域与现实生活的联系密切，于是我义无反顾地选择了这个方向。在多年的研究、教学和咨询工作中，我亦进一步领悟了儿童社会性发展的应用性、趣味性和重要性，对这个研究领域的态度由工具转化为需要，才有了本书的构想与写作。

我的导师——北京师范大学心理学院博士生导师陈会昌教授，在百忙之中为本书做序并提出了宝贵的意见，在此向恩师表示衷心的感谢和敬意！

本书的出版得到鲁东大学人才引进基金的资助。在写作和出版过程中得到鲁东大学社科处、鲁东大学教育科学学院的大力支持，在此一并致谢！

存在的疏漏和错误，恳请同行学者、专家及广大读者批评指正！

郑淑杰

2012年4月于烟台